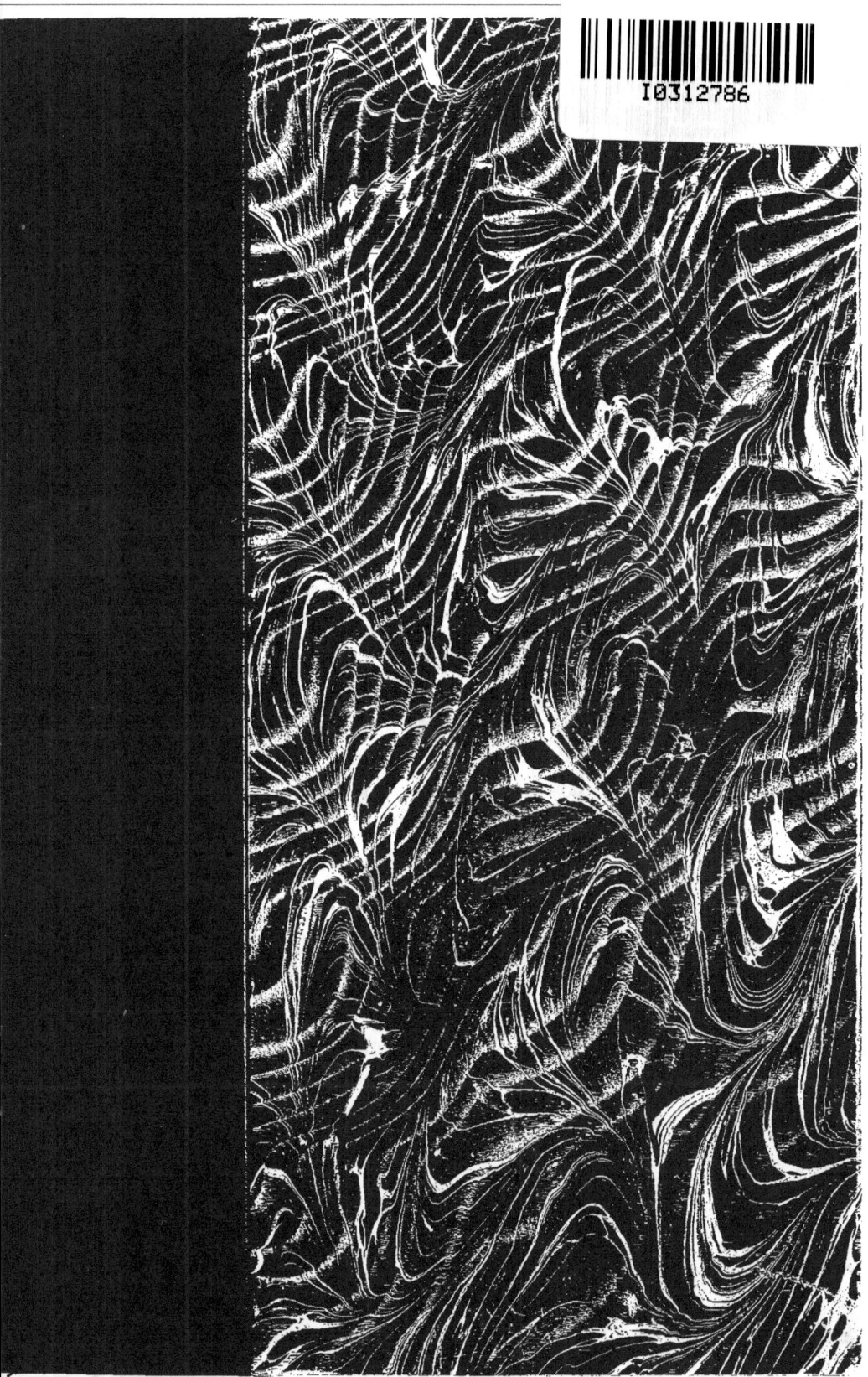

NOTRE CAPITALE

PARIS

PAR

CHARLES DELON

PARIS

GEORGES MAURICE, LIBRAIRE-ÉDITEUR

4 bis, RUE DU CHERCHE-MIDI, 4 bis

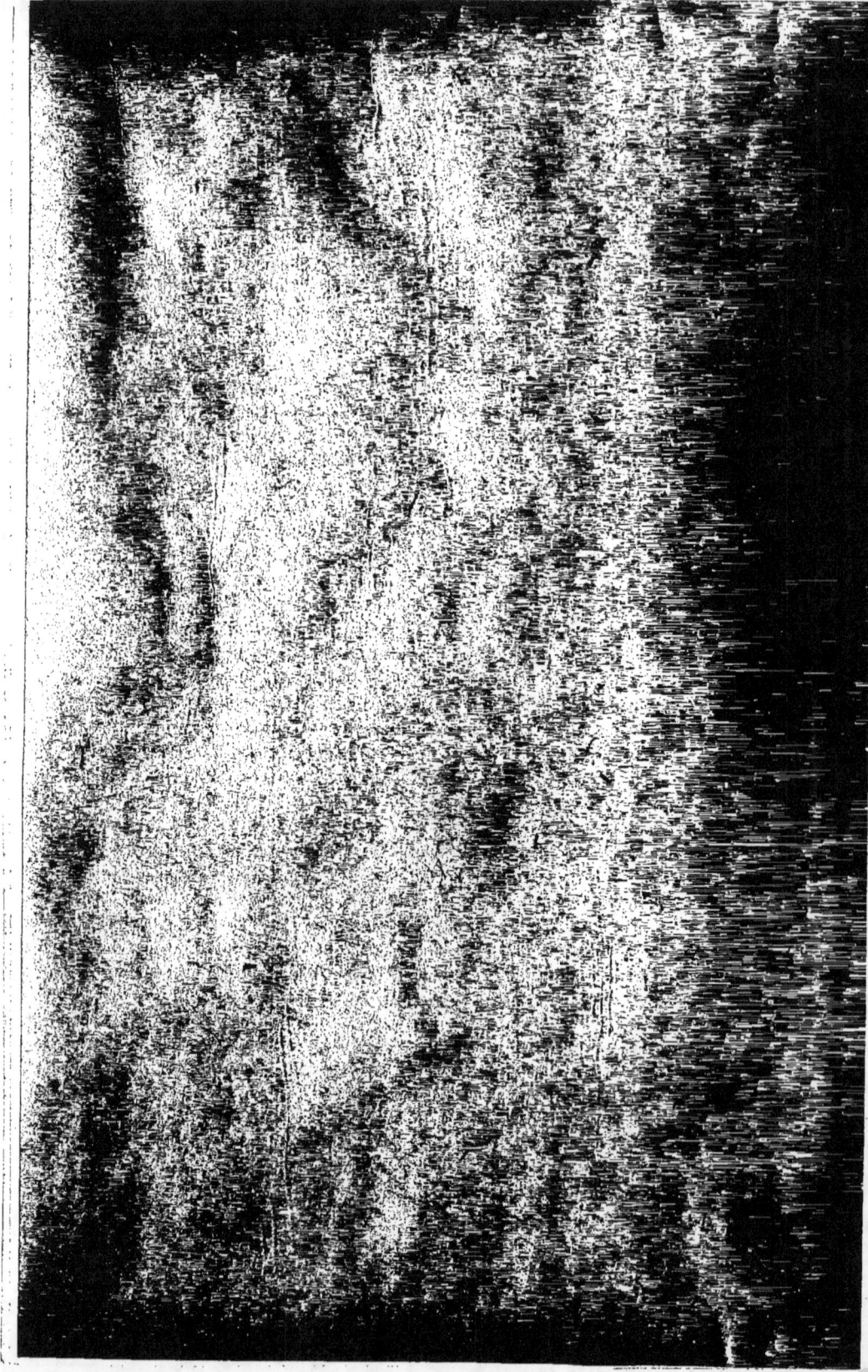

NOTRE CAPITALE

PARIS

LES TOURS DE NOTRE-DAME.

NOTRE CAPITALE
PARIS

par

Charles Delon

avec une préface de

Léon Cladel

―

Deuxième édition

PARIS
GEORGES MAURICE, LIBRAIRE-ÉDITEUR

4 *bis*, rue du cherche-midi, 4 *bis*

―

1888

PRÉFACE

n duc qui ne croit plus à l'aristocratie dont ses aïeux furent les plus beaux ornements et qui, parfois, se montre très fier du titre de citoyen que certains socialistes de ma connaissance lui donnent avec plaisir, parce qu'il se conduit toujours et partout en homme libre et sage, qui voit en tous ses congénères non pas des supérieurs, mais des égaux, un seigneur qui fréquente plus les petits que les grands; enfin, bref, un noble qui ne se regarde pas comme au-dessus des vilains, naguère, à Sèvres, en mon jardin, où jouaient, avec son garçon, deux autres blondins, l'un fils de la bourgeoisie et l'autre enfant du peuple, élevés ensemble à l'Ecole communale d'abord, ensuite ailleurs, et finalement arrivés au point où tout adolescent, grâce à l'éducation qu'il a reçue, est à même de choisir une carrière et de la suivre à son gré, me disait à la bonne franquette : « Il me serait très agréable que mon gamin allât en la société de ses deux inséparables camarades que voilà se promener au

loin, en Europe, en Asie, en Afrique, en Amérique, voire en Océanie ; oui, mais je voudrais qu'ils fussent tous les trois accompagnés d'un mentor à la fois doux et grave, sachant un peu de tout, afin de les renseigner à chaque minute sur les êtres et les choses aperçus en voyage ; y a-t-il quelque part un oiseau rare, un merle blanc à même de les piloter ainsi que je le souhaite ? Indiquez-le moi, si par hasard il existe, et, quelles que puissent être ses conditions, elles seront acceptées d'avance. » « Ah ! vous me demandez un professeur qui tienne lieu de bibliothèque ambulante à ce trio de moutards ? » « Oui, c'est cela même, en connaissez-vous un ? » « Oui, non pas plusieurs, mais un seul, qui pour rien ne consentirait à se déplacer. » « Ha ! diable et quel emploi donc occupe-t-il en ce monde ? » « Aucun. » « Hein ! aucun, et pourquoi ? » « La raison en est bien simple, attendu que si les gens comme lui, modestes et pourtant en mesure d'apprendre tout et le reste à ceux que la faveur a lotis, étaient les collègues de ces heureux, ils feraient rougir les arrogants ou les sots en place de leur effronterie ou de leur incapacité. » « Je vous entends à merveille, oui, me répliqua mon interlocuteur, et puis après une pause, il ajouta lentement : « Où pourrai-je voir celui de qui vous me parlez ? » « Ah ! voilà !... Dans quelque musée, ou bien au milieu des nuages, en ballon ; ou tout au fond d'un puits de mine, en France, ou peut-être à l'étranger, en un collège de civilisés ou même encore parmi les sauvages de quelque tribu... que sais-je ? » « ... Hé quoi ! vous plaisantez, allons donc !... » « C'est ainsi... Mais soyez tranquille, ex-prince et cher ci-devant, il ne vous sera point nécessaire, pour le rencontrer quelque part, de sortir d'ici, puisqu'il est sur le point d'y entrer. » Et je tendis l'index vers la plaine herbue que domine la terrasse de ma villa. Celui qui la traversait à pas accélérés avait à peine doublé le cap de la quarantaine et ne ressemblait guère à l'un des mille passants que chacun de nous coudoie soir et matin en l'une des rues ou sur l'un des boulevards de la Capitale, ou par les routes ou les sentiers de la banlieue. Un peu grêle et basané, la moustache tombante en fer à cheval, et chevelu comme l'un de ces Gaulois qui se ruèrent avec Vercingétorix sur les cohortes romaines, il était morose comme quiconque est réputé pour savoir tout et souffre de ne rien savoir... « Hé! s'écria le duc de X..., quel étrange personnage est-ce là? » « L'un de mes amis, et que je préfère à beaucoup d'autres, puisqu'il m'apprend toujours quelque chose en causant. » « Il a positivement l'air d'un sorcier, d'un magicien! » « A merveille, Altesse; oui, c'est cela même: un enchanteur comme Maugis ou Merlin, avec cette différence que toute sa sorcellerie à lui vient de sa science. » « Et sa science, quelle est-elle? » « On vous l'a déjà dit : universelle! » « Oui, mais encore? » « Eh! monsieur... ou plutôt citoyen, il peut à l'improviste, ici, là, partout où bon lui semblera, mettre au courant de toutes les questions scientifiques, artistiques et littéraires, Sa Majesté le Peuple Souverain, ou ceux qui l'oppriment après avoir été ses courtisans, ses valets, empereurs ou rois, ou ministres, ou... n'importe qui; tenez, hier, il nous initiait à la *Grammaire française d'après l'histoire* et nous démontrait par A + B, à l'instar d'un algébriste, que la plupart des vocables allemands, français, anglais, italiens, espagnols et bien d'autres ont tous la même origine et tiennent de près au sanscrit, qu'il déchiffre et dont il glose, lui, comme jadis un Hindou du temps des Védas et du Ramayana; tantôt ici vous l'ouïrez, il disserte sur l'électricité, l'aérostation, la télégraphie, la navigation, la balistique et la téléphonie avec la même facilité; vous dépeint Baal, Jéhovah, le dieu trinaire d'aujourd'hui, comme s'il avait vécu dans leur propre peau; bref, c'est un lettré qui, comme Théophile Gautier, sait le nom de tous les outils dont se servent tous les artistes, tous les ouvriers, tous les paysans du Nord et du Midi, de l'Est et de l'Ouest, un humaniste qui sait par cœur et sur le bout du doigt tous les primates de la pointe des orteils à celle des cheveux, y compris les orangs-outangs, les sapajous, les chimpanzés, tous les singes, voire Voltaire et Littré. La terre et le ciel, la chair et l'esprit de nos pareils, anciens ou modernes, ont peu de secrets pour lui. Quant à Paris, il le possède si bien de fond en comble, qu'il en décrit les monuments, entre autres Notre-Dame, avec l'exactitude d'un Viollet-le-Duc et le lyrisme d'un Victor Hugo ; précis comme un mathématicien, profond comme un philosophe et clair comme... un garde-champêtre en ses procès-verbaux, à ce point que chacun, l'ignorantissime et le savantissime, les femmes, les enfants, les vieillards, les éphèbes, chacun peut les lire avec le même intérêt, autant de profit et sans la moindre difficulté... Tel est le plus ferré des compatriotes de Chateaubriand et de Lamennais, et comme eux insurgé, mon excellent ami l'Armoricain, le Breton, Charles Delon, de Saint-Malo.

Léon CLADEL.

Sèvres, 13 juin 1888.

✷
✷ ✷

Nous sommes Français ; notre capitale est Paris. — Que l'Angleterre soit fière de son immense Londres, la plus grande ville du monde ; que l'Italie garde sa glorieuse Rome, aïeule des nations : Paris est à nous. Qui aime la France aime Paris. Qui ne connaît Paris ignore la France. — Pourquoi ? Parce que Paris, c'est la France.

Paris n'est pas une capitale pour ainsi dire artificielle, improvisée sur le sol pour une nécessité politique ou par le caprice d'un despote. C'est une capitale naturelle, œuvre lente des siècles et de l'histoire, née des entrailles de la nation. Mais si la France a fait Paris, Paris a bien aidé aussi la France à se faire. Il lui a façonné son esprit national et sa langue. Il a pensé et agi, il a combattu, il a souffert pour elle. Dans l'histoire de France, Paris est le héros, Paris est le martyr.

« Poésie, tout cela! dira l'un, hyperbole sentimentale, flatterie à l'adresse de la Grande Ville… » — Non pas. Quand je dis : « Paris résume la France, » j'entends tout d'abord énoncer un fait, un fait matériel, à traduire en chiffres. J'aurais pu dire autrement : « La population de la capitale est composée d'éléments originaires de toutes les parties de la France. » Ou encore : « Paris est fait de province. » — C'est la même chose.

Ah! vous ne saviez pas cela, vous, peut-être, qu'il n'y a pour ainsi dire pas de Parisiens à Paris? — j'entends Parisiens de race, de père en fils, depuis une couple de siècles, par exemple. J'imagine que vous soyez planté en faction sur la place de la Concorde, au pied de l'obélisque, arrêtant tous les passants pour les forcer à décliner leur origine… combien en trouveriez-vous, de ces Parisiens-là? Un sur sept? ou sur dix? ou moins encore[1]? — Nous nous rencontrons sur le trottoir, travailleurs, commerçants, artistes, hommes de science ou hommes de lettres : « D'où donc êtes-vous? » — « Moi, je suis de Marseille. » — « Et moi, de Lille. » — « Et moi, de Montpellier. » — « Et moi, de Saint-Malo. » — Français du Nord et du Midi, en se serrant la main, se regardent au visage et se reconnaissent frères. Normands sérieux, vifs Provençaux, francs Bourguignons, Bretons rêveurs ici se mêlent, se croisent ; de ces esprits divers, de ces tempéraments en contraste une sorte de moyenne

---

1. On peut estimer à un dixième de la population l'élément parisien de race.

se fait, qu'on peut bien appeler l'esprit français, le tempérament français[1]. *Paris est le brûlant creuset où tous ces éléments se fondent en un alliage*[2].

Moyenne? alliage, ai-je dit? N'y a-t-il que cela, vraiment? Oh! si; il y a quelque chose en outre. Il y a l'excitation mutuelle, la fermentation des idées mises en commun, la chaleur qui se dégage de la combinaison des éléments opposés, l'étincelle qui jaillit du frottement. Il y a ce grand mouvement, ce courant irrésistible de vie, de pensée et de production, qui soulève et qui entraîne, qui vous force d'être, de penser et d'agir. Paris vous retravaille un homme et en fait un autre homme. On vient de sa province imbu, souvent, de préjugés d'enfance, de vieilles idées des vieux siècles qui traînent encore par là, je ne sais comment. Paris, en arrivant, vous fait respirer l'air du temps, — je veux dire les idées modernes, — vous fait homme de votre époque et de votre nation. On vient Picard ou Berrichon; on vient Rennais ou Nîmois: Paris vous fait Français[3] *et patriote. Et du même coup républicain... Or c'est là, justement, ce que certains ne lui pardonnent pas.*

1. Il fut un temps où Paris n'était qu'une ville de province et parlait patois... C'était quand la France elle-même n'était qu'une province grande comme quatre ou cinq de nos départements. La population, toute locale, faite de gens du pays, parlait le patois du pays, le dialecte de l'Ile-de-France et des campagnes voisines. Plus tard, devenu capitale des provinces du Nord, des pays de langue d'oïl, comme on disait, il se recruta de toutes ces régions : Normands, Picards, Bourguignons affluèrent, chacun apportant son tempérament, chacun aussi son parler; de tous les dialectes de l'oïl, fondus dans celui de l'Ile-de-France, retravaillés par la culture, se forma la langue française. Puis enfin quand la France se fut constituée dans sa vaste unité, Paris, mêlé de toute province et de tout dialecte, se trouva résumer l'esprit moyen et le tempérament moyen de la nation. Mais quant au langage, la belle langue d'oc, la riche, la sonore, toute pleine de soleil, n'avait plus assez de vitalité pour influer beaucoup sur le parler du Nord : l'Église l'avait tuée.

2. La diversité ne disparaît pas, mais les oppositions s'atténuent.

3. Sans pour cela nous faire oublier notre pays d'origine, auquel nous tous, Parisiens d'adoption, gardons toujours un coin du cœur, le plus chaud et le plus intime.

Oh! quelle pitié de ne voir dans Paris que « la ville de luxe et de bruit, de désordre et de vains amusements! » — Ah! oui, n'est-ce pas, « la Babylone moderne, la grande débauchée, le réceptacle des vices... » Nous connaissons cette litanie. Nous savons aussi pourquoi elle a été mise en circulation, et par qui. — La vérité est qu'il y a des vices, dans la grande ville, hélas! comme partout ailleurs; mais pas plus[1]. Seulement le goût effréné du luxe et des fastueux plaisirs y trouve, plus qu'ailleurs, occasion de se satisfaire. — Ils sont là quelques milliers d'oisifs, venus de tous les coins de la province et de l'étranger, jetant l'or en prodigalités folles, et leur temps, et leur vie... Comme ils n'ont rien à faire nulle part, on les voit partout, et toujours les mêmes; ils simulent un grand peuple! Pour eux, comme pour ceux qui vivent de leurs vices, Paris est bien, en effet, « la ville où l'on s'amuse. » Mais vous pouvez nous en croire, nous qui en savons quelque chose : c'est par-dessus tout « la ville où l'on travaille[2]. » Nulle part, voyez-vous, sur cette machine ronde, on ne travaille, on ne laboure comme dans cette « ville de plaisir; » c'est une fièvre, c'est un combat. Paris est le champ de bataille du travail. — Et sans plus parler de ces autres ouvriers, savants et artistes, hommes d'étude, qui viennent y chercher des enseignements et des moyens qu'on ne trouve pas ailleurs, combien d'hommes intelligents y sont amenés et fixés, non par le goût des vains amusements, mais par les nobles plaisirs de l'esprit, par les trésors des arts, par l'at-

---

[1]. Et moins de crimes en proportion de la population : chose qui étonnera peut-être. Paris ne peut pas être rendu responsable des actes de tous les malfaiteurs qui s'y rendent de toutes parts pour y rencontrer des occasions d'exercer leurs criminelles industries, ou pour se perdre dans son immensité comme dans un océan.

[2]. Et c'est aussi « la ville où l'on donne. » Les sommes dépensées de toutes manières en œuvres de bienfaisance publiques et privées, à Paris, sont incroyables, et nulle ville du monde n'en approche à cet égard. C'est la vraie gloire de notre capitale.

trait d'une conversation étincelante d'idées ; car Paris est en même temps un salon, un musée : pour tout dire une école, et la première du monde.

Paris n'est pas seulement le centre de vie, le cœur palpitant d'une puissante nation : c'est plus encore. C'est le grand atelier universel du travail et de la pensée, la grande forge où tout se forge et prend forme, le métal et l'idée. Quand cette usine gronde, halète à la tâche, tout roule ; si elle chôme, tout travail languit. Que sa fournaise rayonne, tout s'échauffe et s'éclaire ; si elle s'assoupit, le jour baisse partout. Paris libre, vivant, agissant, les peuples espèrent ; s'il est enchaîné, muet, il se fait un lourd silence. Ses jours de défaillance sont des jours de tristesse, et ses jours de colère des jours d'effroi pour toute la terre. Et par là, en un certain sens, il appartient à la France non seulement, mais à l'Europe civilisée et au monde. Paris amoindri, ce serait un désastre pour la France. Paris éteint, comme le rêvaient nos ennemis de là-bas, — d'autres encore peut-être... ce serait une calamité pour l'Europe des Nations. Paris anéanti, ce serait une catastrophe pour l'humanité. — « Le foyer et la lumière, » voilà ce qu'est Paris.

C'est pourquoi ceux-là mêmes qui lui portent haine et envie ont les yeux fixés sur lui ; ceux qui le maudissent ne peuvent s'en passer. Vienne le jour où les peuples, comprenant que les ambitions dynastiques seules les divisent, abjureront leurs vieilles discordes pour fonder l'éternelle paix du monde sur de solides alliances [1], Paris, rendez-vous des nations, initiateur des idées généreuses et universelles, est désigné d'avance pour devenir la Ville Fédérale [2] des futurs États-Unis d'Europe.

1. Sans pour cela renoncer à leur autonomie ; en garantissant, au contraire, à chacun une patrie libre et sûre dans la grande patrie.
2. C'est le titre de la ville de Washington où se réunit le congrès des États-Unis d'Amérique.

Saluons l'avenir, que nos petits-fils verront peut-être...
— Et maintenant, écoutez le passé. Ce vieillard a bien des choses à nous apprendre ; ses erreurs, tout d'abord, ses tristesses. Sévère leçon ! Mais les peuples, comme les individus, ne s'instruisent que par l'expérience. « Sachons l'histoire, pour ne pas la recommencer[1]. »

1. *Les Paysans.* — C. Delon.

INTRODUCTION

Une mer grise, aux flots tièdes, sous un soleil ardent déroule à perte de vue ses vagues au delà des lointains horizons, voilés de brumes légères. Sa nappe peu profonde s'étale sur son lit de roche blanche comme l'eau d'une fontaine dans sa vasque de marbre. Là-bas, au couchant, la lame ronge le pied de brunes falaises granitiques ; vers l'orient et le midi, elle vient mourir sur des plages en pente douce, bordées de calmes lagunes et de marécages fréquentés par les oiseaux de mer. Puis, sur les rivages, de vastes prairies coupées de larges fleuves, d'étangs paisibles ; des bois touffus, des fourrés, où, parmi la verdure sombre des chênes et des aunes, se détache le feuillage léger des acacias en fleurs ; entre les sapins noirs, les grands ifs, des palmiers épanouissent leur couronne dans l'atmosphère brûlante. Les fleurs éclosent pressées, larges, éclatantes, sans cesse renouvelées, au souffle chaud et humide d'un été perpétuel ; les lianes pendent aux arbres en grandes draperies trainantes, le beau *lys des étangs*[1] aux corolles parfumées couvre l'eau des marécages de ses larges feuilles flottantes, et des forêts mobiles de roseaux géants bordent les flaques verdâtres.

Des animaux de formes étranges et monstrueuses sont les seuls habitants de ces régions. Le limon des fleuves sert d'asile aux lourdes phalanges des tortues ; de monstrueux crocodiles s'abritent parmi les roseaux. Des hérons de taille gigantesque, de massifs pélicans pêchent dans les petites anses de la rive ; les légères hirondelles de mer rasent l'eau des lagunes, et des nuées d'insectes vibrants dansent dans l'atmosphère alanguie qui dort au-dessus des marais. — Un ciel de flamme, adouci de vapeurs, des arbres que l'hiver ne dépouille jamais, des fleurs qui ne sont pas les nôtres et dont nul œil n'a jamais contemplé l'inutile beauté, des êtres d'espèces perdues[2], *un monde sans pensée*, d'où l'homme est absent... rêvez avec moi ce rêve ; puis au milieu de l'immense nappe d'eau un point précis, un doigt qui vous le montre à travers la profondeur liquide : « Ici sera Paris ! »

Des siècles et encore des siècles, des milliers et des milliers d'années ont passé. Tout est changé. — Il fait froid ; la neige couvre la terre et charge les branches des sapins. C'est le règne de l'hiver.

La mer s'est retirée ; un puissant cours d'eau, occupant tout le fond de sa vallée, s'étale sur la plaine en un vaste lac,

1. Nénuphar, nymphea.
2. Tous les végétaux et les animaux des époques géologiques anciennes, ceux mêmes qui sont désignés par les noms d'espèces analogues actuelles, appartenaient à des espèces plus ou moins différentes, aujourd'hui éteintes.

glacé la moitié de l'année. Sur les plateaux, aux pentes des collines, de grands bois sauvages, des forêts de chênes dépouillés par la bise, de trembles, de frileux bouleaux. Les loups, les renards rôdent par les foulées ; des ours énormes font craquer sous leurs pas les branches mortes. Par les clairières, les chèvres sauvages, les cerfs à grands bois broutent la rare verdure des buissons ; des troupes de rennes grattent du pied la neige pour paître l'herbe rase et la mousse. Là-bas, parmi les roseaux des marécages, se cachent de monstrueux hippopotames ; des rhinocéros, de gigantesques éléphants poilus errent aux bords des fleuves, tandis que les hyènes, les tigres, tapis dans leurs cavernes, attendent les ombres du soir pour aller à la proie.

Au milieu de cet âpre paysage et dans cette singulière compagnie un être étrange apparait, à face humaine, mais d'aspect sauvage, demi-nu, famélique et hagard, laid, sale, grognant des murmures rauques ; intelligence douteuse, âme encore pleine d'ombre... Ils sont là quelques centaines, épars aux bords du lac. Pour vêtements, ils ont des peaux de bêtes ; pour armes, pour outils, des os aiguisés en pointe, des éclats de pierre tranchants emmanchés dans des branches fendues. — Voyez-les errant par les bois, cherchant des fruits sauvages, guettant la proie qui passe ; ou encore, sur la brisée des bêtes fauves creusant avec leurs ongles, avec des branches appointies, la fosse où, cette nuit, quelque animal viendra trébucher, peut-être. Voyez-les, dans l'ombre de leur repaire, accroupis en rond sur la terre dure, dans les cendres, autour du foyer dispersé, hommes et femmes, enfants nus, déchirer à belles dents la chair saignante, à peine grillée sur les charbons, ronger les os, brouter des racines crues... La maison : une caverne ; un trou de rocher obscur, humide, enfumé, où la nuit, pêle-mêle, ils se blottissent. Puis encore, au bord de l'eau, ce sont des groupes irréguliers de huttes basses, à demi enfouies dans le sol creusé, avec un toit de branchages et de terre amoncelée : des tanières plutôt que des cabanes. — La nuit tombe, pleine de frayeurs et de bruits menaçants, hurlements des loups par les bois, rires sinistres des hyènes qui

LES HOMMES DU PREMIER AGE

flairent autour des huttes l'odeur de carnage, et, par intervalle, le rauquement des tigres dans le lointain. Alors, autour du lac plongé dans l'obscurité noire, çà et là apparaissent de petites étoiles rougeâtres qui grandissent et diminuent, lueurs vacillantes des feux allumés pour écarter les bêtes féroces...

Ah ! il me semble que je me réveille d'un rêve étrange et laborieux, quand je rappelle à moi ma pensée qui s'enfonçait dans ce passé obscur. La vision disparait. Je reviens à notre monde, à nos temps, à moi-même. Je rouvre les yeux ; et voilà que devant ma vue éblouie, sous la clarté vive d'un beau jour de soleil, dans une perspective immense et lumineuse, emplissant l'horizon, s'étend la Grande Ville. Spectacle imposant et merveilleux ! — D'abord la marqueterie pointillée des façades blanches et des toits gris ou rouges, avec des carrés de verdure ; puis, au delà, les maisons qui se rapprochent, se tassent, s'alignent, les toits qui se confondent, les détails qui se perdent, la masse houleuse qui s'étale, fuit sous le regard, va montant, ondulant, se déroulant à perte de vue, se fondant aux gris lointains ; et du milieu de cette houle, des tours qui se dressent, des dômes qui se soulèvent, des flèches qui s'élancent, des blocs d'édifices, des cordons de remparts, des arches de ponts qui se détachent. C'est grandiose et c'est effrayant. Ce n'est pas une ville, cela ; c'est un monde !

A cette apparition splendide, plus d'un cœur français a battu de légitime et irrésistible orgueil. « Voyez s'il est grand, s'il est beau, notre Paris ! » — Est-ce donc seulement la grandeur matérielle, l'immensité d'une capitale, la seconde[1] du monde entier par sa population, et par ses monuments la première, l'*unique*, qui peut émouvoir ainsi les âmes ? ou bien la somme effrayante de travail accompli, d'efforts accumulés que cette énormité représente ? N'est-ce pas plutôt la pensée de tout ce qu'il y a là dedans concentré de vie intense, d'activité, d'idées, de passions, tout cela bouillonnant, fermentant ensemble, débordant comme d'un cratère ? Puis encore les souvenirs d'un long passé, la vie de Paris, agitée, orageuse, dans la grande

---

[1]. Londres étant la première.

traversée des siècles ; son rôle dans le drame de l'histoire, en face de la France et du monde, son présent, laborieux, et l'avenir que nul ne sait... voilà ce qui jette votre esprit dans la rêverie.

Et moi, devant ce vaste sujet, en présence de ma tâche, je me recueille et je pense. Je me dis que jamais je ne pourrai vous faire comprendre Paris, sa vie, son accroissement irrésistible, sa part dans nos annales et ses grandes destinées, si d'abord je ne pose dessous le ferme fondement de son sol ; si je ne fais commencer son histoire *avant l'histoire*, par ce que la nature, en attendant l'homme, a fait pour lui.

Paris s'explique par sa situation géographique, son emplacement, merveilleusement préparé, son terrain riche d'une variété inouïe de matériaux qui ont permis de construire là, — là, et non pas ailleurs, — « une ville unique au monde[1]. »

Là et non pas ailleurs. Laissons pour un moment l'histoire, et faisons de la géographie. Prenons la France telle qu'elle est. Regardez la carte ; où pourriez-vous placer ailleurs la capitale, je vous prie ? Plus au centre peut-être ? Mais le *Plateau Central* est là, justement, avec son sol montagneux, pauvre, son âpre climat, qui rejette au loin la population, entrave toute activité commerciale. La capitale d'une grande nation ne peut pas se percher sur les rochers, loin des fleuves, ou se blottir dans la coulée d'un ravin. Elle doit nécessairement occuper le centre d'un pays de plaines fertiles, qui puisse la nourrir ; un lieu de large passage et de facile accès, au bord des grands cours d'eau : c'est-à-dire être située vers le milieu d'un vaste bassin géographique[2]. Or, il y en a, en France, quatre, sans plus, à choisir. Sur les bords de la torrentueuse et peu navigable Loire, vers

---

[1]. E. Reclus.
[2]. « Ceux qui se sont étonnés de ne pas trouver la capitale de la France à Bourges ont montré qu'ils ne connaissaient que d'une manière superficielle la géographie de leur pays. » Élie de Beaumont. *Description géologique de la France*.

Tours ou Angers, ce serait trop loin du continent, à qui elle doit faire face. Direz-vous la Garonne, le Rhône? Vous n'auriez là que la capitale du Midi. D'ailleurs le bassin du Rhône n'est qu'une étroite vallée entre les Alpes et les Cévennes. Le bassin de la Seine, au contraire, est large, ouvert, modérément accidenté, arrosé d'un grand fleuve paisible et de beaucoup de rivières navigables; région fertile et facile, où les populations descendent d'elles-mêmes et se tassent[1]. Là, Paris n'est pas au centre, il est au cœur de la France.

Examinez maintenant la situation de la grande ville dans ce bassin. Elle occupe justement le fond de cette étendue légèrement creusée en cuvette, le lieu où de toutes parts se réunissent les eaux, le point à partir duquel toutes les grandes rivières, excepté l'Eure qui se branche plus bas, vont s'étalant en éventail. Situation sans pareille pour l'alimentation de la ville et pour son commerce! Combien cette condition a d'importance, vous le jugerez mieux quand je vous aurai dit une chose qui vous étonnera peut-être : qu'avec sa *marine d'eau douce*, Paris n'en est pas moins le *troisième* des ports de commerce de France, après Marseille et le Havre! Ajoutez qu'en même temps il se trouve au point de croisement des deux grandes voies historiques des peuples par les larges vallées et les *seuils* les moins élevés : l'une de la Manche à la Méditerranée, par les vallées de la Seine et du Rhône, l'autre coupant la France en diagonale, du nord continental vers l'Océan et l'Espagne[2].

Et pour la défense, comme pour le commerce, Paris est avantageusement situé. Le bassin, creux au milieu, se relève vers les bords ; ces relèvements forment des espèces de crêtes continues, saillantes, comme des sillons. Les rivières les fran-

1. « Le bassin de Paris est le *centre attractif*, comme le plateau central est le *centre répulsif.* » Élie de Beaumont. *Description géologique de la France.*

2. De ces deux grandes voies, qui sont en même temps les chemins naturels du commerce, la première, entre la Seine et la Saône, franchit le plateau de Langres ; la seconde, de la Belgique à Bayonne, s'élève sur le plateau d'Orléans, suit la Loire jusque vers Tours, et de là par Poitiers et Angoulême se dirige sur Bordeaux, contournant, évitant l'impénétrable massif granitique du plateau central.

chissent par des défilés étroits, faciles à garder. Vers la Belgique, le terrain s'aplanit, et le passage est, pour ainsi dire, de plain pied[1]. Mais du côté de l'Allemagne il n'y a pas moins de six rangées parallèles de crêtes, dressées comme autant de remparts devant l'invasion et derrière lesquelles s'abrite Paris. Dans toutes nos grandes guerres[2] ces hauteurs ont formé nos lignes de défense. — Hélas! la dernière a trop bien montré que ces remparts naturels sont insuffisants pour protéger la capitale, quand la défense du pays est désorganisée par l'incurie et la trahison! Bien appuyés, ils n'en seraient pas moins un obstacle formidable[3].

1. De même aussi du côté du bassin de la Loire.
2. Surtout dans la campagne de 1814.
3. « Sur la crête la plus intérieure se trouvent les champs de bataille de
» Montereau, Nogent, Sézanne, Vauxchamps, Montmirail, Champaubert,
» Epernay, Craonne et Laon. Sur la seconde, Troyes, Brienne, Vitry-le-
» Français; Sainte-Menehould; là aussi se trouve Valmy! La troisième, moins

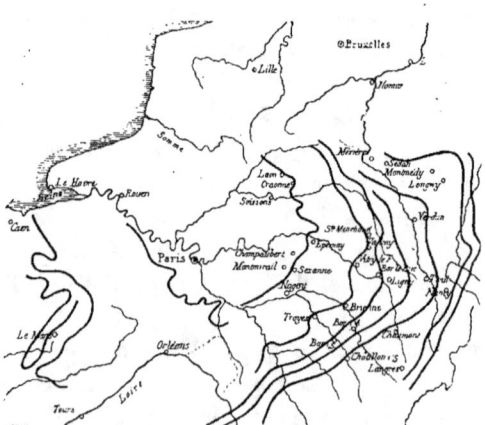

Le bassin géologique de Paris et ses relèvements.

» relevée et plus inégale, présente cependant les défilés de l'Argonne. Près
» de la quatrième ligne saillante se trouvent Bar-sur-Seine, Bar-sur-Aube,
» Bar-le-Duc et Ligny. Près de la cinquième sont Châtillon-sur-Seine,
» Chaumont, Toul et Verdun. La sixième est formée par les coteaux élevés
» qui dominent Nancy, et suivent sans interruption depuis Langres jusqu'à
» Montmédy, et jusqu'aux environs de Mézières. Paris occupe le centre de
» cette sextuple contrevallation opposée aux incursions de l'Europe... »
Élie de Beaumont. *Description géologique de la France.*

Et pour son assiette même, pour la configuration et la nature du sol qui le porte, Paris n'est pas moins favorisé. Au confluent de ses rivières une large plaine pour s'étendre à loisir, une ceinture de hauteurs qui la défendent, de riches coteaux entre les deux grandes terres à blé de la Beauce et de la Brie, c'est là, certes, une position riante et heureuse.

L'espace où s'étendre et de quoi se nourrir, c'est bien; mais ce n'est pas tout, pour une ville. Il faut trouver de quoi se bâtir. Imaginez-vous Paris manquant de matériaux, comme par exemple telle petite ville de Normandie obligée de s'élever en bois faute de pierre! Ou bien, seulement, supposez la pierre de mauvaise qualité, peu résistante et peu durable; ou trop tendre, s'écrasant sous le poids, ou trop dure, ne pouvant se tailler; ou trop grossière, ne pouvant se sculpter... Une ville peut-elle se faire venir de quinze ou vingt lieues, pierre à pierre, par charrette ou par bateau? — Mais non, tout au contraire, Paris est sorti en entier, avec ses monuments splendides, des entrailles de son propre sol[1]. La nature avait rassemblé là une profusion merveilleuse de matériaux divers et excellents; le constructeur n'a, pour ainsi dire, qu'à étendre la main. Voici la pierre à bâtir, ici fine de grain pour recevoir la plus délicate sculpture; là, grossière, pour fournir des moellons; à côté, la *meulière* rude, inaltérable, pour les fondements, les remparts

---

1. Le plateau méridional, Montrouge et ses environs, fournissent la pierre à bâtir au Paris moderne. Toutes les carrières actuellement exploitées sont situées en dehors des fortifications. Les unes sont de larges excavations à ciel ouvert; on peut y observer la disposition de la roche en grandes couches horizontales (stratifications) caractéristique de son origine *aqueuse*, et les coquilles *fossiles* très nombreuses qu'elle renferme, autre preuve irrécusable de son mode de formation. Les autres carrières sont souterraines, exploitées à la façon des mines, par le moyen de *puits* et de *galeries* tortueuses. Tout ce massif rocheux est en dessous miné, fouillé, criblé de trous.

Le vieux Paris, lui, est sorti presque tout entier de la partie avancée du même plateau, aujourd'hui comprise dans l'enceinte de la ville. Les immenses carrières, excavées, fouillées pendant des siècles, ont formé sous les quartiers élevés de la rive gauche des vides énormes. En beaucoup d'endroits elles sont à double étage : abîme sous abîme. Le Luxembourg, l'Observatoire, le Panthéon, les rues, les maisons, les jardins ont dessous cette ombre effrayante. Ces carrières, aujourd'hui abandonnées et fermées, sont ce qu'on appelle les *Catacombes* de Paris. — Une partie de ces souterrains a été transformée en ossuaire; les ossements du grand cimetière des Innocents et de plusieurs auet les voûtes ; un peu plus loin le grès pour les pavés, le dur caillou pour empierrer les routes. Voici la pierre à chaux et la pierre à ciment ; la pierre à plâtre pour les enduits, le sable pour les mortiers, le gravier pour le béton, l'argile pour les briques et les tuiles des toits : que sais-je ? Le bois des forêts arrivera flottant, par le fleuve. — Tout est prêt ; que l'homme vienne, et travaille, et construise.

Ainsi la géographie explique l'histoire[1]. Mais la géographie elle-même, qui l'expliquera ? Comment s'est constitué ce bassin ? Qui a tracé les ramifications concourantes de ces rivières ? Qui a nivelé cette plaine, arrondi les croupes de ces coteaux ? Comment se sont trouvés entassés ces matériaux divers ? — C'est que le sol lui-même a son histoire. Sa structure, son aspect actuel sont des effets, dont les causes sont bien loin dans le passé de la terre. Sa *formation* nous explique sa *forme*. — La parole est à la *Géologie*.

Et voilà pourquoi j'ai placé aux premières pages de ce livre le tableau de *notre monde avant nous*, à cette lointaine époque où Paris était encore sous la mer... — Tous vous savez que la superficie entière[2] des continents a jadis été couverte par les

---

tres qui existaient au milieu de Paris y ont été transférés, entassés ; et c'est cette cave funèbre qu'on désigne particulièrement sous le nom de *Catacombes*. Le gouffre a englouti les restes de cette population qui, siècle après siècle, s'agita pleine de vie, bâtit, remplit Paris, fit l'histoire, — et disparut dans la grande nuit.

Les vastes carrières de Montmartre, de Belleville et des collines du Nord fournissent, non plus la pierre à bâtir, mais la pierre à plâtre, ainsi que les collines et plateaux de l'Est, à l'extérieur ; les coteaux de Meudon, la chaux et l'argile ; les plaines de Grenelle et de Boulogne, l'ancien fond de lac, les sables et les graviers. Les hauteurs du Midi, vers Orsay et Marcoussis offrent le *grès à paver*, que l'on fait aussi venir de Fontainebleau ; le plateau de Châtillon est exploité pour la *meulière*, etc., etc.

1. On voit que l'emplacement de Paris avait été préparé par la nature, et » que son rôle politique n'est pour ainsi dire qu'une conséquence de sa » position. » Elie de Beaumont, *Description géologique de la France*.

2. Ou presque entière.

grandes eaux. Mais le terrain sur lequel s'élève Paris a plus longtemps dormi sous la nappe liquide que le reste des étendues terrestres; le dernier il est apparu du fond des mers. C'est ce que j'ai voulu vous dire dès l'abord; et maintenant il me reste à vous en montrer les conséquences.

L'immensité des temps accomplis depuis l'apparition des premières terres comprend quatre grandes *époques*[1]. A l'origine, quelques iles granitiques surgissaient seules au milieu de l'universel océan, premiers fondements, pierres d'attente de la construction des continents futurs. Alors, aux lieux où s'étend notre belle contrée française, si riche et si variée, deux iles seulement, deux noirs blocs de rochers nus et stériles, se dressaient au-dessus des flots sombres, entourées de quelques écueils[2] : l'une, cette vieille roche de Bretagne; l'autre, l'énorme massif du vaste *Plateau Central*, — qui n'avait pas alors ses volcans. Mais déjà vers la seconde époque[3], les terres soulevées successivement formaient de vastes étendues couvertes d'une végétation fougueuse, peuplées d'animaux monstrueux. Le massif de Bretagne se reliait avec les terrains mis à sec d'Angleterre et d'Irlande; vers la Belgique et l'Allemagne du Nord une large bande de continent était à découvert, tandis que la plus grande partie de la surface de notre France gisait encore sous les eaux de la *mer secondaire*[4].

Elle était déjà presque entièrement émergée à l'aurore de la troisième époque[5]; ses plages, sous un climat torride, offraient cet aspect dont j'ai essayé de vous esquisser les grands traits, et qui rappelle les paysages de la zone tropicale actuelle, aux bords des grands fleuves du nouveau monde[6]. Seul alors le *bassin* de Paris, légèrement creusé en cuvette, retenait encore les eaux dans sa concavité[7]. La grande *mer*

---

1. Elles-mêmes subdivisées en plusieurs périodes distinctes
2. Période *silurienne*.
3. Époque *secondaire*.
4. L'océan à l'époque *secondaire*.
5. Époque *tertiaire*, période éocène.
6. Le climat de ces régions était, en effet, à peu près celui de notre zone torride actuelle, dans ses parties humides.
7. Concavité relative, abstraction faite de la courbure terrestre.

tertiaire[1] formait là un immense golfe presque fermé, sorte de Méditerranée qui recouvrait les emplacements actuels de Paris, de Londres et de Bruxelles. C'est le *golfe parisien*, large, peu profond, aux rives indécises, bordé de lagunes et de marécages[2]. Plus d'une fois, au cours des effrayantes périodes de siècles qui suivirent, le golfe lui-même, par les eaux douces qu'y versaient de grands fleuves, se trouva transformé en une vaste lagune limoneuse et saumâtre; puis, à la suite de quelque mouvement du sol, les eaux salées de la mer y faisaient

1. L'océan à l'époque *tertiaire*.
2. Le bassin géologique parisien, correspondant à l'étendue du *golfe tertiaire parisien*, comprend en France la partie concave des bassins géographiques actuels de la Seine et de la Somme, et une partie de celui de la Loire.

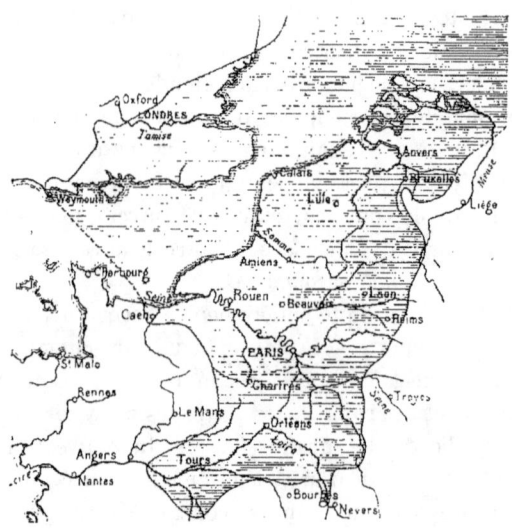

Le Golfe Parisien à l'époque tertiaire.

Le même golfe couvrait également de ses eaux une partie de la Belgique, de l'emplacement actuel de la Manche et tout le sud-ouest de l'Angleterre. Au midi, un autre golfe entamait moins profondément le contour actuel de notre territoire, vers les Landes, entre Bordeaux et Dax. Il y avait, en outre, plusieurs grands lacs. La carte ci-jointe représente le golfe parisien à la période éocène (étage inférieur, *argile plastique*), d'après la carte de M. Dollfus.

de nouveau irruption. Vers la fin seulement de cette longue suite d'âges l'ensemble du bassin se trouva définitivement mis à sec; le territoire de notre patrie eut à peu près son étendue et sa configuration actuelles : la *quatrième époque*[1] allait commencer.

Or, c'est justement à ce long séjour sous les eaux, à ces alternatives, que Paris et son bassin doivent la richesse de leur sol et la variété des matériaux dont il se compose.

Pour comprendre ceci, il faut avoir présent à la pensée qu'à part le granit et quelques pierres dures plus ou moins analogues, les laves rejetées par les volcans[2], toutes les *roches* dont est constitué le sol sur lequel nous marchons, le plancher solide des continents, ont été formées au sein des eaux, étalées en grandes couches sur les surfaces submergées, à la façon des limons qui se déposent au fond d'un étang. Ces matières, lentement accumulées en épaisseurs énormes, par la pression, avec le temps, se sont tassées; selon leur nature, leur composition, selon les circonstances, elles se sont consolidées en masses plus ou moins consistantes, plus ou moins dures, telles que nos pierres à bâtir communes, molles et tendres comme les argiles, ou bien enfin sont restées désagrégées et meubles comme les sables. Par suite, ces masses rocheuses présentent la forme de *tranches* superposées, les unes recouvrant les autres par ordre de dates, les plus anciennes au fond, les plus nouvellement déposées à la surface. Ainsi les assises profondes de notre sol parisien sont formées des matières entassées pendant la première époque; puis au-dessus s'étalent les *strates* déposées pendant la longue époque secondaire, et dont la dernière est un lit de craie tendre et blanche extrêmement épais. Enfin, à l'époque tertiaire, tandis que les terrains environnants, déjà émergés, ne recevaient plus rien, toute l'étendue que couvraient les eaux du grand golfe parisien continuait, elle, à s'exhausser de nouveaux apports, de nouvelles strates ajoutées dont l'ensemble constitue ce que nous appelons le *terrain tertiaire*[3]. Or,

1. Époque *quaternaire*, dont l'âge actuel forme comme le prolongement.
2. Les roches massives et éruptives, les roches volcaniques.
3. On dit de même : *terrain secondaire*, *terrain primaire*.

comme ces dépôts étaient différents suivant les lieux, les temps, la profondeur et la qualité des eaux, vous entrevoyez déjà combien les matériaux de ce terrain seront variés : ici des sables, là des argiles, des limons ; ailleurs des couches *calcaires*[1] qui pourront se cimenter, se consolider en roches fermes, à la façon d'un mortier qui durcit.

Vous imaginez ces couches superposées, plus ou moins consistantes, étalées sur toute la superficie du vaste bassin. Le sol s'est soulevé lentement, d'un mouvement d'ensemble ; la mer s'est retirée. S'il n'était rien survenu depuis, toute cette large étendue formerait une immense plaine ou plutôt un plateau très peu élevé, uniforme, ras, nivelé, imperceptiblement concave vers le centre et incliné du côté de la mer. Or, voici qu'au commencement de la quatrième époque, sur ce sol dénoyé roulent, se précipitant suivant la pente du terrain, d'énormes courants d'eau dont nos rivières et nos fleuves ne sont plus, pour ainsi dire, que l'égouttement. Ces eaux violentes sillonnaient, ravinaient les terrains, — comme une route en pente que creusent les petits torrents d'une pluie d'orage ; — elles rongeaient, déblayaient les couches déposées[2], surtout les sables, les molles argiles, faisaient ébouler les roches, enlevaient, transportaient à la mer tous ces matériaux meubles et même de grosses pierres. Les parties les moins fermes du sol furent, avec le temps, profondément corrodées : ainsi se creusèrent nos vallées, nos plaines basses ; les parties plus résistantes ou moins attaquées demeurèrent intactes ou à peu près : elles forment nos collines, nos plateaux.

Toute cette histoire est écrite, mieux que dans un livre, sur le terrain même, dans les formes du sol, à Paris et aux environs. — L'observatoire le plus favorable pour saisir d'un coup d'œil l'ensemble, l'aspect parlant des lieux, c'est la haute terrasse naturelle du parc de Saint-Cloud, au lieu où s'élevait naguère cette sorte de phare qu'on appelait la *Lanterne de*

---

1. Contenant de la chaux.
2. C'est le phénomène général qu'on nomme *érosion*, et qui se continue encore aujourd'hui, avec moins de puissance.

Démosthène[1]. De là se découvre cette splendide perspective que j'ai tenté de vous esquisser.

Devant vous, s'ouvre la plaine, dominée de toutes parts. Mais vers le sud et l'ouest, c'est un massif plateau, entaillé de petites vallées, qui va se continuant au loin, se rattachant aux terres de la Beauce ; vers le nord et l'est, au contraire, ce sont des collines détachées, des buttes isolées dont votre œil saisit les profils étagés jusqu'aux horizons qui se dérobent vers Montmorency et Pierrefitte. Une sorte de cap du plateau méridional fait pointe, s'avance dans la plaine jusqu'à la boucle de la Seine, en face des îles, nous cachant l'entrée du fleuve et l'étroite vallée de la Bièvre ; ce sont les croupes de Montrouge et la montagne Sainte-Geneviève. En face se dresse la butte isolée de Montmartre ; puis, vers l'est, les hauteurs de Belleville et de Ménilmontant, qui forment aussi une colline détachée. La ville s'étend dans la plaine, s'étage aux pentes du plateau méridional, grimpe aux flancs de la colline de Belleville, enveloppe Montmartre, partout débordant ses remparts.

[1]. Les Prussiens se sont amusés à la démolir en 1871.

Eh bien, cette vaste dépression dont votre œil mesure l'étendue, où serpente la Seine, où s'abrite Paris, n'est pas autre chose qu'un fond de lac mis à sec[1]. Au commencement de l'époque quaternaire[2], quand toutes les masses d'eau du vaste bassin se précipitaient vers le fond du pli, — c'est-à-dire vers l'emplacement de Paris, — les deux énormes courants dont la Seine et la Marne d'aujourd'hui sont les restes, se rencontrant, se heurtant, tourbillonnant ensemble, ont creusé, rongé les

1. Le lac formé à la rencontre de la Seine, de la Marne et de l'Oise, dans la plaine Parisienne affouillée par les cours d'eau débordés de l'époque dite *diluvienne*, occupait les emplacements actuels de Paris, de Saint-Denis et d'un grand nombre de localités voisines. La carte ci-jointe, dressée d'après

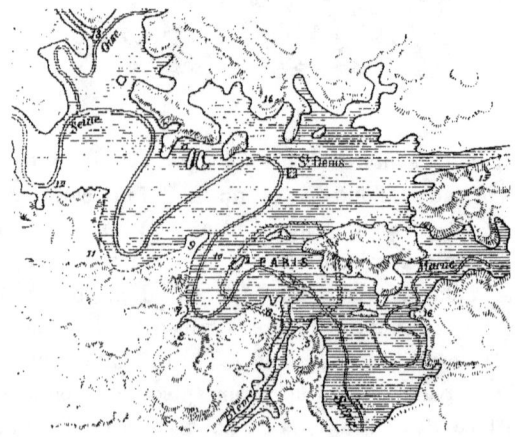

Le lac parisien à l'époque quaternaire. (*Age de la pierre éclatée*).

les travaux de M. Belgrand, montre son étendue et la forme de ses rivages. Ses grèves *anciennes*, reconnaissables aux plages de sable et de cailloux roulés, ont été retrouvées sur un grand nombre de points.
 1. Butte Montmartre. — 2. Butte de Passy. — 3. Hauteurs de Ménilmontant et d'Avron. — 4. Coteau de Charenton. — 5. Hauteurs de Villejuif. — 6. Hauteurs de Montrouge. — 7. Terrasse naturelle de Saint-Cloud. — 8. Hauteurs boisées de Meudon. — 9. Gennevilliers. — 10. Plaine de Boulogne. — 11. Saint-Germain-en-Laye. — 12. Poissy. — 13. Pontoise. — 14. Hauteurs de Montmorency. — 15. Collines de Vaujours. — 16. Hauteur de Champigny.
 2. Quatrième époque.

couches de roches, entrainant au loin les débris, et largement déblayé l'espace pour s'y étaler. Le plateau du midi, plus solide, moins directement heurté, a résisté ; ne pouvant l'emporter, les eaux, du moins, l'ont affouillé au pied, mettant à nu, sur toutes les pentes, les *tranches* des strates rocheuses superposées dont il est constitué. Le remous est venu creuser le golfe dominé par les escarpements d'Issy, qui se dressent au-dessus du fond plat de Grenelle comme une falaise au-dessus d'une plage ; puis le courant, heurtant le massif inébranlable, se repliait sous Meudon et Saint-Cloud, pour s'échapper par la large trouée du nord[1]. Quelques blocs isolés de terrains plus résistants ou moins attaqués sont restés en saillie sur le fond déblayé, formant des îles au milieu du lac : Montmartre, la colline de Ménilmontant, d'autres encore, plus loin.

Ce grand travail d'érosion a dû coûter des siècles et des siècles. Plus tard, les courants s'apaisèrent, le niveau baissa ; mais à l'époque *glaciaire*, quand nos pauvres ancêtres, les hommes des cavernes, chassaient sur ses bords l'éléphant et le renne, le *lac de Paris* couvrait encore de ses eaux son lit de sable et de cailloux à plus de trente mètres au-dessus du niveau actuel du fleuve ; sa largeur était de plus de six kilomètres. Ses flots rongeaient les escarpements au pied desquels glisse la tranquille Seine. Puis enfin, peu à peu, ils se retirèrent[2] ; le lac diminua, s'asséchà[3] ; il resta, errant par la plaine, le filet d'eau que vous voyez.

1. Entre le mont Valérien et Saint-Denis. Voir la carte, page 22.
2. Par suite d'un mouvement d'ensemble de relèvement du sol sur toute l'étendue du bassin, et surtout par l'abaissement progressif, par l'érosion des *seuils* de déversement du lac, aux défilés de Chanteloup et de Meulan.
3. Dans une seule promenade aux environs de Paris, partant du Bas-Meudon pour s'élever sur les collines boisées de Meudon et de Bellevue, on peut observer toute la succession des couches du terrain parisien. Au bas, tout au fond du golfe, au lieu si remarquable des *Moulineaux*, dans une belle carrière on verra la *craie*, qui formait le lit primitif du *golfe parisien*, entremêlée de silex noirs disposés par couches : les silex dont nos Parisiens de l'âge de pierre taillaient leurs informes outils. Dans la même carrière, au-dessus, on observera la couche épaisse d'*argile plastique*. — S'élevant encore davantage, aux excavations des carrières ouvertes dans le massif d'une espèce de cap, près du viaduc du chemin de fer de l'Ouest, on verra les assises superposées du *calcaire grossier parisien*, dont sont construits nos édifices. Là, en brisant

Dès cette quatrième époque, sans doute même à la fin de la période tertiaire, il y avait des hommes sur la terre. En ce temps-là le climat, si chaud à l'époque précédente, se refroidis-

quelques fragments, on découvrira dans la roche les moules, d'une admirable netteté, les empreintes vides des coquilles *marines* fossiles dont ces couches sont pour ainsi dire pétries; preuve irrécusable du séjour des eaux marines et de l'origine aqueuse de la roche elle-même. — Les coquilles les plus communes et *caractéristiques* dont on trouve les empreintes sont les *cérithes*, en spirale allongée, noueuse; les *turritelles*, spiralées aussi, finement rayées; une petite *bucarde (cardium)*, coquille à double *valve* comme l'huître, striée de stries régulières, une petite *cythérée* à double valve aussi, plus aplatie et plus ovale, lisse. — Remontant davantage, après avoir franchi les arcades du viaduc, aux flancs du vallon on marche sur des *marnes* tendres, dont on peut reconnaître la nature dans les tranchées, aux talus des chemins ; la couche supérieure, dite des *glaises vertes*, très remarquable, sera facilement aperçue, à cause de sa couleur caractérisée.

Entrant dans le bois, après avoir gravi le versant, vous observez le sable dit de *Fontainebleau*, qui forme le sol forestier. Toutes les collines des environs sont également couronnées de bois, partout où cette même couche sableuse apparaît. Ce sable, très fin, meuble sous le pied, très maigre, n'est propre qu'à la végétation forestière. — Cette couche est comme un filtre qui boit les eaux tombées sur les collines et les rend clarifiées en nombreuses petites sources. — Enfin, en s'élevant sur les points culminants du plateau (par exemple au lieu dit la *Capsulerie*), vous observerez la croûte dure de *silex meulière*, âpre, rouillée, percée de trous, cariée, étendue par dessus la couche molle des sables. Un peu plus loin, dans quelques clairières défoncées de carrières, vous reconnaîtrez la tranche superficielle du sol, un limon rougeâtre et caillouteux : c'est le *diluvium* ou *limon des plateaux*, dernière couche et la plus moderne.

Coupe de la colline de Meudon, montrant les couches superposées du terrain.

1. Craie (visible au Bas-Meudon), lit du golfe parisien (époque secondaire). — 2. Argile plastique (époque tertiaire). — 3. Calcaire, dit calcaire grossier parisien. — 4. Sables (de Beauchamp). — 5. Calcaire (dit de Saint-Ouen). Ces deux couches sont très peu développées à Meudon. — 6. Marnes et glaises vertes. — 7. Sables (de Fontainebleau). — 8. Meulière. — A la superficie, une couche de limons (*diluvium*, époque quaternaire).

Le gypse ou pierre à plâtre est absent des collines de l'ouest et du midi ; il n'existe que dans les massifs de l'est et du nord. C'est une haute couche de

sait graduellement. Puis il devint extrêmement rigoureux. Nos régions, alors, eurent à peu près la température et l'aspect de la Norwège actuelle, ses frimas, ses longs hivers, sa nature âpre et pauvre. Les Vosges avaient des neiges persistantes, des glaciers ; et ceux des Alpes, par-dessus la Suisse ensevelie, s'étendaient jusqu'au confluent du Rhône et de la Saône. La mer Baltique était *prise* comme les mers polaires de nos jours, et l'Angleterre était un Groënland. Cette époque a été appelée la *période glaciaire* [1].

C'est à ce moment que je vous ai montré l'homme, notre prédécesseur sur le sol parisien, errant désarmé, au milieu d'une nature hostile et sous un ciel de fer. Pauvre être, si rude-

---

roche tendre, intercalée dans l'épaisseur de l'assise des *marnes*. On l'observera facilement, aux portes de Paris, dans les carrières de Bagnolet.

La localité la plus favorable pour observer le *calcaire parisien*, sa disposition en couches horizontales et ses fossiles, c'est le plateau méridional, vers Montrouge, Châtillon, Bagneux, etc., où sont exploitées de nombreuses carrières, soit souterraines, soit à ciel ouvert.

Disposition des couches du calcaire parisien dans une carrière de Montrouge.

Pour voir les sables et graviers formant l'ancien fond du *lac parisien*, il faut descendre dans la plaine ; partout où sont ouvertes des carrières de sable, notamment à Grenelle, à Billancourt, à Neuilly, à Levallois-Perret, on observera ces dépôts relativement modernes, avec la chance très grande d'y rencontrer des ossements plus ou moins fracturés et même des silex taillés. *Promenades géologiques aux environs de Paris.* C. Delon.

1. On a même reconnu les traces de deux périodes glaciaires successives, séparées par un intervalle de température adoucie.

ment traité par la nature, qui a tout contre lui, les bêtes féroces, le climat ; qui ne possède ni la force musculaire de l'ours, ni la griffe terrible du tigre, ni l'agilité du renard, pas même la chaude toison du renne contre l'aigre bise qui balaie la neige ; à peine une lueur d'intelligence obscurcie par l'inconscience des instincts... — s'il doit être un jour *le roi de la création*, c'est bien, en attendant, le plus misérable et le plus dénué des êtres ! — Hélas ! combien différent de l'homme demi-dieu des légendes orientales dans ses jardins enchantés, fils bien-aimé des dieux, conversant avec les dieux, — l'homme demi-bête, plutôt, le contemporain des espèces perdues, l'homme des bois, l'homme des cavernes, l'*homme de l'âge de pierre !*

La science, vous le savez, a ainsi désigné l'époque prodigieusement lointaine où nos pauvres ancêtres, ignorant les métaux, avaient pour matière première de leurs grossiers outils la pierre dure. — Mais quand il s'agit du premier âge de l'humanité on ajoute : *de la pierre éclatée*[1]. En effet, c'était par le choc seulement qu'ils détachaient du bloc un éclat naturellement tranchant, retaillé ensuite à petits coups. Dans nos régions, la pierre employée était le silex. Les fragments détachés recevaient des formes toujours à peu près les mêmes, et le travail était souvent si grossier qu'il faut une certaine habitude pour discerner du premier coup d'œil un outil de silex taillé du premier fragment venu. Voyez, par exemple, ce silex plat, allongé, arrondi d'un bout, pointu de l'autre, ébréché sur les bords : c'est une *hache de pierre*[2]. « Emmanché d'une branche fendue, c'est l'instrument pour ainsi dire universel : arme du chasseur[3], *casse-tête* du guerrier, outil pour entamer le bois. Un éclat plus mince, naturellement tranchant, sert de couteau pour dépecer la chair de l'animal tué à la chasse ; un autre, un peu arrondi, est un *grattoir* pour gratter les os, un *râcloir* pour râcler la peau. Ajoutez des éclats d'os pointus, des fragments de bois de renne... Maintenant, par les outils, jugez de l'ouvrage ; par

---

1. *Paléolithique.*
2. Forme dite en *amande* (type Acheuléen).
3. Un peu plus tard ils eurent l'arc et la flèche.

l'ouvrage, des ouvriers¹ ! — Représentez-vous-les, sauvages entre les sauvages ; allez chercher, pour vous faire une idée de cette condition infime et de ces mœurs farouches, un terme de comparaison chez les peuplades les plus dégradées de l'Australie anthropophage, ou de l'affreuse Terre de Feu; ou bien encore chez les Esquimaux tapis dans leurs sombres terriers². » Ils ont pour abri les cavernes, absolument comme le grand ours leur contemporain³. Pour ressource, la chasse⁴, peut-être aussi la pêche; la cueillette des fruits sauvages par les bois. Nulle culture. Point de troupeaux, d'animaux domestiques : pas même le chien. Nulle industrie, si ce n'est la plus grossière : la taille du silex, la confection des vêtements de peaux de bêtes, avec des boyaux tordus pour fil et un os apointi pour alène.

Les plus anciennes peuplades dont on a pu retrouver quelques traces, d'intelligence obscure et d'aspect bestial, étaient, parait-il, douces d'instinct et pacifiques. Puis une autre race

1. Un nombre énorme de ces armes, outils, silex taillés, etc., ont été découverts aux environs de Paris, sur les plateaux, dans la plaine, surtout

Hache, pointes de flèches, grattoir et couteau en silex. (Fouilles de Paris).

dans les carrières de sable et de graviers, avec des ossements des animaux contemporains, mammouths, rhinocéros, etc.
2. *Le Sol*, C. Delon.
3. Probablement aussi des huttes de terre et de branchages, à demi enfoncées dans le sol à la façon des *terriers* des Esquimaux. En effet, les hommes à cette époque étaient déjà nombreux sur les rivages de notre lac et sur les plateaux voisins ; et quelques antres qui pouvaient se rencontrer aux environs n'eussent pas suffi pour les abriter tous.
4. Le renne, le cheval étaient leur proie habituelle, le mammouth parfois et le rhinocéros, l'ours ; mais à défaut de gros gibier, on se rabattait sur de moindres pièces: on mangeait fort bien du loup, du renard... Surtout ils faisaient une grande consommation de rats d'eau.

— celle-là même que nous voyons à l'époque glaciaire occuper les bords de notre lac parisien, — était survenue, plus intelligente déjà, mais non moins sauvage ; énergique, remuante, violente même et féroce, guerrière, elle avait couvert le sol de l'Europe et tout le nord du monde. Cette race avait à peu près les traits, quelque chose aussi du caractère de certaines populations actuelles des régions du Nord : les Mongols, les Lapons, les Finnois, les Esquimaux[1]. — Au portrait que je vous ai dessiné j'ajouterai encore un trait seulement : laissez-moi vous dire tout bas, à l'oreille, que nos arrière-grands-pères, les Parisiens de l'âge de pierre, étaient très probablement... anthropophages[2].

Mais l'homme, si bas qu'il soit, est perfectible. Au milieu même de ces tribus sauvages et féroces, avec le temps, les efforts, sous la pression de la nécessité, un certain progrès se fit. Lent progrès, oh ! bien lent ! Car le *premier âge de pierre*, cette vie des forêts et des cavernes, dura des milliers et des milliers d'années, ou même de siècles. Ce progrès se montra dans leur industrie quand ils eurent inventé — quel trait de génie ! — d'user, de polir par le frottement sur une pierre dure l'outil de pierre ébauché par le choc, afin de rendre le tranchant plus égal. — Et c'est pourquoi le second âge est appelé *âge de la pierre polie*[3].

En même temps, un grand changement s'était accompli sur la terre. Non pas en un jour, mais siècles après siècles, gra-

---

1. Qui probablement sont les restes plus ou moins altérés par le temps et les mélanges de cette race de l'âge de pierre.
2. Pour certaines tribus voisines, du même temps, cela est certain.
3. *Néolithique*. — Les haches et autres instruments tranchants de cette époque étaient polis et aiguisés par le frottement sur un grès. Ces objets,

Hache de silex polie. (Fouilles de Paris).

assez communs aux environs de Paris, se rencontrent nombreux en d'autres régions, notamment dans le midi de la France, en Belgique et en Suisse.

L'AGE DE LA PIERRE POLIE. — LE RETOUR DE LA CHASSE.

D'après, un tableau de Cormont.

duellement, la température s'était adoucie ; l'*époque glaciaire* avait pris fin. — Puis le climat devint à peu près ce qu'il est aujourd'hui.

Les eaux avaient baissé, pris un cours régulier et tranquille au fond de leurs vallées ; notre lac peu à peu s'était asséché, et le fleuve serpentait à larges replis à travers la plaine marécageuse envahie par les hautes herbes. Les grands animaux de l'âge précédent, les éléphants, les rhinocéros, les hippopotames, les tigres et les hyènes, les ours des cavernes avaient disparu ; le renne, animal des neiges, se retira vers les régions du nord. La végétation engourdie par le froid se ranima, plus riche et plus variée ; les fleurs s'épanouirent plus nombreuses et plus belles. — Et l'homme aussi profita de cet adoucissement de la nature. Sous un ciel plus clément, il essaya les premières cultures ; il apprivoisa des animaux ; le chien d'abord, compagnon de la chasse, puis le bœuf, la chèvre, la brebis. De chasseur, le voilà qui se fait pasteur, agriculteur. Plus sûr alors de sa vie, il pense, il cherche, il s'ingénie. Avec ses outils de pierre déjà moins grossiers, le travail est devenu moins lent et moins pénible. On délaisse la noire et humide caverne ; on veut une hutte plus large et plus habitable. On apprend à tordre le lin et le chanvre en fils, à tresser des filets pour la pêche, plus tard à tisser de grossières étoffes, à en confectionner des vêtements. D'autres ont inventé de façonner des vases d'argile et de les durcir au feu. A mesure que la condition matérielle s'améliore, l'intelligence aussi se développe, et les mœurs s'adoucissent un peu. — Le second âge, l'*âge de la pierre polie*, doit se mesurer comme le premier, par centaines de siècles. La nature n'est pas pressée. Elle prend son temps, et il faut bien que l'homme, hélas ! attende...

Un grand événement vint hâter le progrès : l'arrivée en nos régions d'une nouvelle race, plus noble et plus belle.

Sur le versant occidental des monts Bolor, au nœud des grandes chaînes de l'Asie[1], vivait, à une époque excessivement

---

1. Sur les plateaux de Pamir et les rives de l'Oxus (Amou-Daria), régions occupées par les Turcomans. Il n'est pas certain que ce soit là le lieu d'origine

reculée, une race d'hommes déjà en voie de civilisation, laboureurs et pasteurs à la fois, et par eux-mêmes appelés les *Aryas*¹. C'était, dis-je, une belle race, intelligente et fière, puissante et féconde ; surtout éminemment, indéfiniment éducable et progressive. Quoique guerriers, ils avaient les mœurs très douces relativement au temps et comparativement aux autres hommes.

« C'était un peuple encore enfant ; mais, doués d'un esprit observateur, d'une imagination très vive, artistes au suprême degré en matière de langage, ces enfants étaient destinés à devenir les instituteurs de l'humanité. Les hommes de cette race² ont été les grands penseurs, les grands raisonneurs, parmi les hommes ; — les grands rêveurs aussi, honneur qui se fait payer cher. Avec cela religieux à l'excès, grands faiseurs de dieux, poètes par-dessus tout³. »

A l'époque dont nous parlons, ils avaient déjà derrière eux un long passé ; ils avaient franchi les premières étapes de la vie sociale. Ils possédaient une certaine civilisation, des arts, une naissante industrie ; ils connaissaient les métaux, l'or, le bronze et le fer. Leur rapide multiplication rendant trop étroite la région qu'ils occupaient, ils débordèrent, selon la coutume des peuples anciens, en vastes émigrations armées⁴.

Le premier flot d'invasion se répandit vers l'Occident, c'est-à-dire vers l'Europe, occupée alors par les sauvages tribus de l'âge de pierre⁵. Ne vous figurez point une grande émigration subite, un exode immense, un déplacement en masse jetant toute l'Asie en Europe. Non : cela se fit lentement, de proche en

---

de la race ; ce qui est constant, c'est que nous la voyons occuper pendant longtemps cette région, d'où elle descendit, en franchissant l'*Hindou-Kouch*, dans les vallées de l'Indus.

1. C'est-à-dire les *nobles*, les *dominateurs*... La modestie n'était pas encore inventée dans ces temps-là. Pour parler plus rigoureusement, c'est le nom que leurs descendants les plus directs et les plus purs de l'Inde et de la Perse donnaient à leur propre race originelle, pour la distinguer des autres races, moins nobles et moins belles, avec lesquelles ils étaient en contact.

2. Et de celles auxquelles ils infusèrent leur sang et leur pensée.

3. *La Grammaire française d'après l'histoire*, C. Delon.

4. Rappelons-nous les grandes émigrations des Gaulois à l'époque historique, les invasions des barbares, des Germains, des Huns, etc.

5. Plus tard les Aryas envahirent l'Inde et la Perse. C'est dans l'Inde que la race s'est conservée la plus pure, parmi la caste supérieure des *Brahmanes*.

proche et par poussées successives : ainsi sur la grève où monte la mer le flot pousse le flot et le recouvre. Surtout il ne faudrait point vous imaginer que les anciens habitants aient pour cela disparu de la terre. Les envahisseurs asiatiques, moins nombreux, mais bien supérieurs d'intelligence, mieux armés et organisés en guerre, soumirent ces pauvres peuplades[1]. Ils allaient imposant partout aux vaincus leurs dieux, leur langue[2], faisant subir à ces races arriérées les rudes bienfaits d'une éducation forcée... Puis vainqueurs et vaincus se mêlaient, se confondaient[3].

Le flot d'invasion s'étendit ainsi jusqu'à l'extrême Occident. De ces mélanges divers des Aryas d'Asie avec les anciennes races se formèrent les grands peuples de l'histoire, souches des nations de l'Europe moderne : les Grecs, les Latins, les Germains, les Slaves ; et de même aussi nos Gaulois[4], autrement dit les *Celtes*[5].

Ceux-ci étaient partis des premiers : mais ils restèrent

---

1. A peu près comme les Romains, plus avancés en civilisation et mieux disciplinés, soumirent plus tard la Gaule divisée et encore barbare.

2. A part quelques obscurs idiomes (le basque, le magyare, etc.), toutes les langues de l'Inde, de la Perse et de l'Europe, le grec ancien et moderne ; le latin avec les langues romanes, italien, français, provençal, espagnol, roumain, etc. ; le parler germanique dans ses diverses variétés, gothique, allemand, hollandais, anglais, etc.; les langues slaves dont font partie le russe, le polonais ; les langues celtiques dont l'erse, le gallois et le bas-breton sont les derniers débris ; enfin, en Asie, les langues anciennes de la Perse et de l'Inde, le vieux *zend*, le splendide *sanscrit*, avec les dialectes voisins, sont dérivées de la primitive langue aryenne, comme notre français lui-même est dérivé du latin, par de lentes altérations et des mélanges.

3. Tels encore, pour achever le parallèle, les envahisseurs romains se fondaient sur notre sol avec la population gauloise, à laquelle ils avaient imposé, eux aussi, « leur langue et leurs dieux », quoique peu nombreux relativement, et d'avance très mêlés.

4. Et, en Asie, les peuples de la Perse et de l'Inde, nos frères par le sang et par la pensée : tous les peuples enfin dits de race *aryenne*, quoiqu'ils soient formés de mélanges très divers ; mais ils tiennent des Aryas surtout par le côté intellectuel, par toutes choses de pensée, par le langage.

5. Ce nom de *Celte* parait n'appartenir légitimement qu'à une fraction de de la race *aryanisée* cantonnée, au temps de César, vers la Loire et l'Auvergne. Généralement employée par extension pour désigner l'ensemble des populations Gaëliques et Kymriques, il faut bien accepter, jusqu'à plus ample informé, cette dénomination, en l'absence de toute autre plus rigoureuse, après définition et explication toutefois.

longtemps en route ! Ils firent halte aux bords de la mer Noire, puis encore dans les plaines du Danube, — combien de siècles, on ne sait, — avant de reprendre leur chemin vers le couchant. Dans ce flot qui couvrit la Gaule[1] on distingue deux grands courants, deux races bien différentes d'aspect, quoique tenant d'une origine commune[2], les *Gaëls*, les *Kymris*[3]. Les Celtes *Gaëls* étaient de petits bruns ; les Celtes *Kymris* de grands blonds : ceux-ci arrivés les derniers.

Ces retardataires étaient des héros, à la manière barbare. C'est d'eux qu'entendent surtout parler les historiens anciens quand ils nous dépeignent les Gaulois, — « ces grands corps blancs et mous, ces géants enfants qui s'amusèrent à brûler Rome[4] !» Ce sont les Kymris qui firent les fameuses expéditions gauloises[5], qui refluèrent jusqu'en Asie, débordèrent jusqu'en Afrique ; eux qu'on rencontrait partout où il y avait aventure à courir, en toute chose folle et héroïque ; eux encore qui élevèrent les « grandes pierres[6], » les *menhirs*, les mystérieux *dolmens*. — Les Gaëls étaient plus sédentaires. Ces deux races sœurs se mêlèrent sur notre sol ; les Gaëls dominèrent dans la population au midi de la Loire, les Kymris au nord[7]. De leur fusion se forma la plus éducable, la plus sympathique des races humaines.

L'Asie avait fait à notre Occident un don, entre autres, inappréciable : le métal. — Le premier mis en œuvre ne fut pas le fer, mais le *bronze*, le cuivre durci par l'alliage de l'étain. Pour la première fois donc nos ancêtres furent en possession d'une matière facile à travailler, pouvant prendre toutes les formes pour servir à tous les usages, résistante, susceptible d'une grande dureté, d'un tranchant vif et fin. Qui retenait les

---

1. Et l'Espagne, l'Angleterre, partie de l'Allemagne et de l'Italie, etc., etc.
2. Origine commune quant à l'élément aryen ; mais ils différaient pour l'élément autochtone.
3. Nom que les Romains traduisirent par le mot de *Cimbres*.
4. Michelet.
5. Sigovèse, Bellovèse, etc...
6. Mégalithes ; voir page 57.
7. Il y faut encore compter un troisième élément dans le midi, vers la Garonne et les Pyrénées : les *Ibères*, dont les *Basques* actuels sont les descendants.

populations dans les limbes de la primitive sauvagerie ? Une chose surtout : l'absence d'un bon outil, ou plutôt l'ignorance de la matière première d'un bon outil. Maintenant l'âge de pierre est fini ; surgit *l'âge de bronze.*

Avec le perfectionnement du travail un grand progrès se fait en toute chose. Des gens qui fondent, cisèlent le métal, façonnent des outils, des vases, des bijoux, de belles et bonnes armes, ces gens-là, vous le sentez, s'ils sont encore des *barbares*, ne peuvent plus être des *sauvages*. Attendez quelques milliers d'années seulement[1], et quand enfin le fer est connu, le métal usuel, l'outil par excellence, l'arme universelle dans la grande guerre du travail, alors avec *l'âge de fer*[2] vont s'ouvrir les temps historiques[3].

L'histoire avait déjà commencé depuis longtemps, mais sous d'autres cieux et pour d'autres peuples. L'Orient, la mystérieuse et profonde Asie, avait ses civilisations, aujourd'hui disparues ; l'Inde rêveuse avait ses poèmes[4], l'antique Égypte ses institutions immuables et ses monuments de granit, quand nos prédécesseurs sur la belle terre de France en étaient

---

1. On peut estimer entre 2000 et 3000 ans la durée de *l'âge de bronze* dans nos régions.

2. « Ces expressions : *âge de pierre, âge de bronze, âge de fer*, désignent beaucoup moins des *époques*, des dates dans le temps, que des degrés dans le développement, des étapes dans la condition humaine en voie de progrès, qui, selon les lieux et les races, correspondent à des périodes très différentes de la chronologie : car l'humanité n'a pas marché partout du même pas, tant s'en faut ! » — *Le Cuivre et le bronze.* C. Delon.

3. *L'âge de fer*, dans le midi de l'Europe, paraît coïncider avec les *temps héroïques* de la Grèce, l'époque demi-fabuleuse des Argonautes et de la guerre de Troie. « Le *fer* est plusieurs fois cité dans *l'Iliade*. Le poète en parle comme d'une matière peu connue encore, précieuse par sa rareté, et fort appréciée des héros ; la plus grande partie des armes est encore d'*airain*, c'est-à-dire de bronze. — Sur notre sol gaulois et dans le nord de l'Europe, le fer était en usage bien avant l'invasion romaine. D'immenses amas de *scories* (résidus de fabrication) de fer, entassés aux environs de mines profondément fouillées, accusent une grande activité de travail et une longue période d'exploitation. » — *Le Fer*, C. Delon.

4. Les *Védas*, les *Lois de Manou.*

encore à tailler leurs silex. Et même avec les Gaulois[1], si vifs d'intelligence, la Gaule reste longtemps barbare. La civilisation, éclose aux chauds pays d'Orient, « marchant dans le sens du soleil, » gagnait lentement vers le couchant. Elle illumina d'abord la belle et jeune Grèce, touchant à l'Asie, encore asiatique à moitié, puis l'Italie et la côte Africaine, avant de s'étendre vers l'extrême Occident et le Nord. — Notre monde est le dernier.

Voici la terre : la scène ; voici les hommes : les acteurs. Et maintenant le grand drame de l'histoire va s'ouvrir par un prologue d'une poésie sauvage et héroïque, je veux dire la guerre de l'indépendance gauloise.

1. Après l'arrivée des émigrations aryennes, à l'âge de bronze et au commencement de l'âge de fer.

LUTÈCE

GAULOISE

. . . .

N jour (moment immortel!) au lever du soleil ils arrivèrent au bord d'un fleuve aux eaux tranquilles, verdâtres, qui serpentait dans un lit embarrassé d'herbes et de joncs, à travers une forêt de chênes, de bouleaux et de hêtres. Les deux rives étaient couvertes d'ombre et de mystère; le lieu paraissait inhabité, hormis par des hérons immobiles sur

la lisière des marécages et par quelques pics-verts, qui, debout contre le tronc des vieux chênes, attendaient qu'une voix d'oracle sortit de la moelle des arbres centenaires [1].

Au milieu du fleuve, nos voyageurs aperçoivent une île boisée, plantureuse, bordée de peupliers qui perçaient un brouillard épais ; elle avait la forme allongée d'une barque dont la proue fend le cours de l'eau. Ils n'y entendirent, en s'approchant, aucun bruit, si ce n'est le gloussement d'une poule et les cris d'une volée de moineaux effrayés qui s'abattaient bruyamment sur un pommier. A ce bruit, Merlin tourne la tête ; la brume dont la terre était enveloppée venait de s'éclaircir au premier souffle du jour ; elle laissa voir un petit village de chaumines, ramassé au milieu de l'îlot sous le massif frissonnant des aunes. La fumée des cabanes se perdait dans l'air bleu avec la vapeur matinale qu'un beau rayon d'automne achevait de dissiper.

— Quel lieu plaisant ! s'écria l'Enchanteur, et que je voudrais y aborder !

Or, il y avait justement tout près de là un bûcheron qui venait de couper sa charge de ramée, et il se préparait à entrer dans une barque ; déjà il détachait la corde de chanvre par laquelle elle était liée au rivage.

— Prenez-nous avec vous, cria Merlin.

— Volontiers, dit le paysan.

Merlin et Viviane s'assirent en souriant dans le fond de la barque, sur la ramée amoncelée.

— Quel est ce fleuve ? dit Merlin.

— La Seine.

— Et ce village ?

— Lutèce !

Une enceinte de palissades aiguës pour s'abriter contre la terreur nocturne des forêts inconnues, une tour de bois pour le veilleur dont la trompe a annoncé le lever du jour, quelques cabanes moussues de pêcheurs, au large toit, des enclos d'épines, des filets suspendus sous l'auvent prolongé des chaumières, des oies errantes, criardes, sous les pas de Merlin, à travers les places ; çà et là une filandière farouche sur son seuil, un enfant suspendu à la mamelle, un pêcheur qui tresse sa nasse d'osier, un laboureur qui parque ses deux taureaux demi-domptés dans l'endroit du refuge, une odeur de paille jonchée, d'étables fumantes, de poissons béants au soleil, peut-être aussi de vigne [2] ou de sureau, des aboiements de chiens de bergers, des

---

1. Allusion à la Mythologie.
2. Voir la note 2, page 51.

sonneries de troupeaux, des bruits d'avirons, des cris de bateliers, au loin le hurlement sonore d'un louveteau dans la forêt du Louvre[1] : oui, voilà Lutèce !

Merlin, avant d'aborder, contempla à loisir, sur les deux rives, les lieux déserts, la forêt profonde, sacrée, d'où surgissaient alors les cimes ombragées de Montmartre, de Saint-Cloud, du mont Valérien, comme les têtes chevelues des noirs bisons s'élèvent par-dessus les pâturages tout humides de l'eau des sources invisibles.

La plaine herbeuse, sorte de savane d'Europe, se déroulait au loin, çà et là tachetée d'or ou éclairée d'un blanc mat par le reflet d'une eau dormante où le soleil plongeait, et qu'il illuminait de feux éblouissants sous le feuillage lustré des chênes. Le vent qui passait sur la cime grêle des bouleaux leur arrachait comme un vagissement de nouveau-né. Un seul sentier, à peine tracé, fréquenté par de grandes couleuvres à la robe d'émeraude, traversait la plaine depuis le village jusqu'à Montmartre.

. . . .

Ces lignes charmantes, pourquoi les ai-je détachées d'un livre merveilleux, comme on cueille une rose dans un jardin enchanté[2] ? Ai-je fait seulement comme la jeune fille qui emporte la fleur cueillie et la met dans sa chambre étroite, afin qu'entre les murs gris et au milieu des bruits de la ville quelque chose encore lui rappelle le soleil, l'air libre et pur, toute la poésie des champs ? Est-ce pour qu'il s'ouvre du moins par une page souriante et toute ensoleillée, ce récit qui aura, je le prévois, plus d'une page sérieuse et même sombre ? — C'est encore pour signifier que toute histoire, dans le lointain des temps, commence par des légendes, des traditions vagues et merveilleuses. Ces deux voyageurs qui se promènent à travers le monde, et découvrent, pour ainsi dire, le lieu, sauvage encore et ignoré, où s'élèvera plus tard la Grande Ville, c'est l'*Enchanteur* Merlin,

---

1. Dans l'emplacement actuel du Louvre ; allusion à une étymologie hasardée, mais accréditée autrefois, du nom de *Lupara* (Louvre) qui semble signifier : « repaire de loups ».

2. *Merlin l'Enchanteur*, Edgard Quinet.

c'est Viviane la *Fée*[1]. Cela veut dire que nous sommes transportés par la pensée à une époque reculée, obscure, avant toute histoire écrite[2], suivie et positive. Mais si les personnages sont imaginaires, le paysage, lui, ne l'est pas ; la description, si poétique, est en même temps très exacte. Vous retrouvez là notre ciel, notre climat, nos arbres ; jusqu'au cours lent du fleuve et à la couleur de ses eaux, jusqu'au brouillard matinal qui enveloppe la vallée à l'automne et que dissipent les premiers rayons du soleil. — L'horizon étendu des bois, la solitude de la plaine, les loups dans les fourrés, le marais sur la rive, le hameau de cabanes dans l'île verdoyante : « oui, voilà bien Lutèce ! »

Quelques mots seulement encore pour achever le tableau. — La plaine, légèrement ondulée, ce fond de lac que vous savez, bordée vers le sud-ouest par l'escarpement d'un plateau dont les découpures forment des caps et des anses, se prolonge vers l'est et le nord jusqu'aux bandes grises de l'horizon ; mais du milieu de cette vaste étendue s'élèvent, comme trois îles, trois buttes isolées, une grande et deux petites[3].

Au temps des vieux Gaulois tout notre pays n'était qu'une immense forêt, une forêt *sans fin*[4] avec quelques espaces clairs de distance en distance, des landes sur les plateaux rocheux, des prairies dans les vallées, des marécages au bord des fleuves. — Représentez-vous la plaine couverte, ici de hautes herbes vives, là de petits buissons touffus ; le long de la rive gauche du fleuve verdoient de fraîches prairies[5] ; à la rive droite commence la noire forêt de chênes[6] qui va s'étendant à perte de vue. Sur

---

1. Merlin est un personnage réel, le barde breton Myrddhyn, célèbre dans les anciennes traditions des pays celtiques, et dont les légendes ont fait un être mystérieux, mythologique, un prophète, un *enchanteur*, un magicien d'une puissance merveilleuse.
2. En ce qui concerne notre Occident encore barbare.
3. Hauteurs de Ménilmontant, Belleville, Montreuil, Romainville ; Montmartre ; la butte de Passy.
4. *Perpetua sylva.*
5. Plaine de Grenelle, Vaugirard.
6. Appelée depuis *forêt de Rouvre*, c'est-à-dire *de chênes*. Elle descendait jusque vers le Louvre, et venait rejoindre, par un cercle immense, le confluent de la Marne à Charenton. Les bois de Meudon, de Saint-Cloud, de Vincennes sont les restes de la grande forêt gauloise.

toutes les hauteurs, de grands bois sauvages ; aux pentes, d'épais taillis. Les buttes isolées surgissent comme des dos au-dessus de la masse de verdure, tandis qu'à l'orient, au pied des collines et jusque vers la grève du fleuve, s'étale un marécage encombré de roseaux, peuplé d'oiseaux aquatiques et de grenouilles coassantes. Parfois aussi, à l'automne, de blanches volées de cygnes sauvages s'abattent sur les étangs ou sur les ondes calmes du fleuve. — Un ruisseau traversant la plaine égoutte les eaux du marécage[1] ; sur la rive opposée se déverse une petite rivière[2].

La Seine, qui depuis son confluent avec la Marne jusqu'à la mer va se tortillant à grands anneaux, comme une couleuvre dans l'herbe, commence ici ses replis par une large boucle arrondie ; et juste au milieu de la courbure elle embrasse un groupe d'îles basses, formées par les eaux elles-mêmes avec des sables et des limons lentement entassés et consolidés. La plus grande de ces îles et la mieux défendue contre les crues du fleuve[3] ressemble, par sa forme allongée et pointue, à une barque échouée au milieu du courant[4]. De temps immémorial elle a servi de refuge aux barbares des *clans* environnants pendant leurs guerres continuelles.

Vers cette époque, — je veux dire un siècle environ avant l'ère chrétienne, — le pays était habité par une petite peuplade de Gaulois, faible et peu nombreuse. On les appelait les *Parises*[5]. C'étaient, dit-on, des fugitifs, qui, chassés par la guerre de leur ancien séjour, étaient venus se réfugier là sous la protection d'une tribu plus considérable et plus puissante[6]. Le terri-

1. Appelé le ruisseau de Ménilmontant. Prenant sa source dans le Marais, sous la butte, il venait se jeter dans la Seine à Chaillot. Il n'existe plus.
2. La Bièvre.
3. Ile de la Cité. Les deux ou trois autres îles, appelées depuis *l'île Saint-Louis*, *l'île Louviers* (cette dernière réunie en 1843 à la terre ferme) étaient fort basses, et très souvent submergées par les crues.
4. Sauval.
5. En latin, *Parisii*. Ce nom, d'origine gauloise, affublé par les Romains d'une terminaison latine, peut signifier, dit-on, *habitants des frontières ;* cette étymologie est très incertaine.
6. La tribu des *Senones*, qui occupait le territoire de *Sens* et les pays environnants.

toire qu'ils occupaient était peu étendu : une vingtaine de lieues de tour, à peine[1].

Leurs mœurs étaient celles des autres Gaulois. Plus pauvres peut-être encore et plus rustiques, ils n'avaient point de villes[2], à peine des villages ; ils vivaient, dispersés par les campagnes en petits hameaux de cabanes, dans les clairières de la forêt et le long des rivières. Ils cultivaient quelques champs d'orge et de blé, d'avoine et de seigle au penchant des coteaux, un peu de chanvre et de lin sur les rives ; ils élevaient de nombreux troupeaux de bœufs et de vaches, de moutons et de chèvres, et chassaient par les halliers épais ces petits porcs sauvages dont les forêts alors étaient remplies. Quelques-uns étaient pêcheurs.

Nos pères les Gaulois, vous le savez, étaient dans l'habitude d'établir, sur certains points de leurs territoires, des espèces de forteresses, ou plutôt des *camps retranchés*[3] pour s'y réfugier en cas de guerre. On choisissait un lieu naturellement facile à défendre, c'est-à-dire difficile d'accès : le sommet d'une colline escarpée, le plus souvent ; parfois une île[4]. On entourait cet espace d'un rempart, d'une sorte de *levée* de terre et de pierres ; tout au moins d'une palissade, c'est-à-dire d'une forte barrière de gros pieux. S'il était nécessaire, on creusait alentour un fossé large et profond, qui se remplissait d'eau ; restait-il à sec, c'était encore un obstacle. Quand l'ennemi menaçait, tous les habitants des campagnes voisines accouraient en désordre vers le lieu de refuge, avec femmes et enfants, chassant devant eux leurs troupeaux. La tribu entière s'entassait dans cet étroit espace ; on construisait à la hâte des abris, des huttes de feuillée ; on y accumulait tout ce qu'on pouvait trouver de vivres et de provisions, et on se préparait à se défendre vaillam-

---

1. Il était resserré entre Pontoise, Meaux, Melun ; Saint-Germain-en-Laye même n'en était pas.
2. Les villes des Gaulois n'étaient guère que de gros villages populeux.
3. *Places de refuge* ou *de sûreté*.
4. Par exemple, la même tribu des *Sénones* avait pour *place de refuge* une île de la Seine, le village fortifié de *Melun*, dans une situation analogue à celle de *Lutèce*.

ment. On recreusait les fossés, on relevait les remparts, on renforçait les barrières ; les guerriers veillaient à tour de rôle... — La paix revenue, vainqueurs et vaincus se dispersaient. Heureux celui qui retrouvait sa cabane, son coin de forêt, ses champs, déjà envahis par les chardons ! La forteresse, un moment tumultueuse et remplie comme une ville, redevenait silencieuse et déserte. Les huttes abandonnées tombaient en ruine, bientôt effacées sous les grandes herbes ; les ronces et les houblons sauvages s'entrelaçaient aux palissades demi pourries, la pluie ravinait les levées, les roseaux cachaient l'eau fangeuse des fossés. A peine restait-il un groupe de cabanes et quelques bergers qui faisaient paître leurs chèvres parmi les décombres.

Or, vous disais-je, la *place de sûreté* de la tribu des Parises était la plus grande des îles de la Seine. Le lieu, il faut en convenir, était bien choisi pour la défense. Là, pas n'était besoin d'un haut rempart, d'une puissante muraille de pierre : le fleuve protégeait assez le refuge. Il l'entourait de ses deux bras et lui servait de fossé : un beau fossé, n'est-ce pas, large, profond, jamais à sec, impossible à combler, impossible à franchir sans bateau. Et même avec ce secours il n'eût pas été facile aux ennemis d'aborder, quand les guerriers de l'île, massés sur le rivage, s'apprêtaient à les cribler de flèches, à les écraser de pierres, à couler les bateaux avec leurs gaffes, au moment du débarquement. Un peu plus tard, il est vrai, on établit deux ponts, ou plutôt deux étroites passerelles de bois, situées à peu près l'une en face de l'autre, vers le milieu de la longueur de l'île, pour la rattacher aux deux rives. Mais en temps de guerre il suffisait d'abattre quelques pieux et d'enlever quelques planches pour couper le passage. Les marécages étendus sur les deux rives du fleuve étaient encore une défense, car ils empêchaient une armée ennemie d'approcher de ce côté.

Donc la place pouvait se passer de remparts ; aussi n'en avait-elle point, mais seulement des levées de terre et des palissades pour abriter les défenseurs. Il devait y avoir, selon la coutume gauloise, à chaque entrée de la cité, c'est-à-dire au bout de chaque pont, une petite tour de bois, — quelque chose comme une grosse guérite, où pouvaient s'abriter cinq ou six guetteurs pour surveiller le passage. Voyaient-ils approcher quelqu'un de suspect, ils devaient donner l'alarme en soufflant dans leurs cornes, qui rendaient un son rauque et sauvage. Puis encore là-bas, au delà du fleuve et des prairies, sur la butte isolée[1] qui domine la plaine, une autre *guette* était placée : de là les sentinelles, si elles découvraient au loin l'ennemi, pouvaient faire signal aux guerriers retranchés dans l'île, en allumant de grands feux dont on apercevait de nuit la flamme, et de jour la fumée.

En temps de paix, quand les gens de la tribu sont dispersés par le pays dans leurs cabanes éparses et leurs hameaux, le lieu reprend l'aspect tranquille et rustique dont Merlin nous a retracé le poétique tableau. Il reste là quelques familles de laboureurs, des bergers qui font paître leurs troupeaux sur les pâturages de la terre ferme, et les ramènent dans l'île à la tombée du jour ; surtout des pêcheurs et des bateliers, dont les chaumières rondes, « au toit moussu, » se groupent en désordre sur la rive ; tandis que leurs lourds bateaux plats, amarrés par des câbles de chanvre à des piquets, à des troncs d'arbre, se serrent contre le bord pour s'abriter du courant. Le soir venu, les troupeaux rentrés avec les enfants, les planches du pont enlevées dans la crainte des loups, quand le soleil

---

1. Montmartre.

a disparu derrière les collines boisées sous l'ombre desquelles glisse là-bas le fleuve et que les rougeurs du couchant décroissent au ciel et sur le miroir calme des eaux, que de légères brumes reculent les plans étagés de la forêt, vous croiriez voir s'endormir dans la sécurité de notre âge quelque humble hameau de chaumières de ma pauvre et rêveuse Bretagne, au bord de la Rance ou du Trieux[1].

La bourgade de l'île s'appelait d'un nom — d'un nom gaulois, bien entendu — que plus tard les Romains rendirent par le mot *Lutetia*[2], en français *Lutèce*. D'où venait ce nom et que signifiait-il? Nous n'en savons rien[3]. On a fait plus d'une conjecture. Mais au lieu de nous attarder à discuter le sens perdu des mots, allons plutôt avec Merlin rendre visite à nos premiers compatriotes dans leurs humbles masures, au milieu de leurs rustiques travaux.

Je n'ai pas l'intention de décrire par le détail les mœurs et coutumes des Parises de Lutèce. Ce sont, ai-je dit, des Gaulois;

---

1. La Bretagne est, en effet, de toute la France, la région qui a conservé le mieux la physionomie celtique, et quelque chose de *druidique* aussi dans les mœurs, les idées et le caractère : « pays devenu tout étranger au nôtre, dit Michelet, parce qu'il est resté trop fidèle à notre état primitif; peu français, tant il est gaulois. » — C'est là, chose qui paraîtra à plus d'un étonnante, qu'il faut aller chercher des termes de comparaison pour comprendre la Gaule et la vieille France, — même la France Neustrienne, Parisienne.

2. Prononcez à la romaine, *Loutétia*. Ainsi prononçait César; mais d'autres écrivaient *Lutecia*, ou bien encore *Lucotetia* (Ptolémée), *Lucotokia* (Strabon); et une colline sur la rive gauche, en face de l'île, était appelée par les Romains *Mons Lucotitius* (aujourd'hui la Montagne Sainte-Geneviève, où est situé le Panthéon). Julien qui habita longtemps Lutèce, disait *Leuchetia* (pron. : Leukétia). Ces Romains avaient l'habitude de défigurer sans souci ni scrupule tous les noms étrangers, en les affublant de terminaisons latines.

3. On a proposé plusieurs étymologies plus ou moins acceptables. La plus vulgairement accueillie est de toutes la plus absurde : c'est celle qui fait venir *Lutetia* du mot latin *lutum*, limon. Et alors, dit-on, *Lutetia* doit signifier quelque chose comme *village de boue*, bourgade aux maisons de terre.... Notez bien, en passant, que tous les villages gaulois étaient de terre et de chaume, aussi bien que Lutèce. Mais cela a été dit, et on le répète; et on ne se demande pas « comment il pourrait se faire qu'un nom *gaulois* fût formé d'une racine *latine!* » Évidemment il faut chercher l'origine du mot de *Lutèce*, comme celle d'un très grand nombre de nos noms de lieux, dans l'ancienne langue gauloise : recherche dans laquelle on est guidé par l'étude comparative des idiomes celtiques modernes, le *Breton*, l'*Erse*, le *Gallois*.

ils ont l'extérieur, les habitudes, toute la manière de vivre des autres Gaulois. Quelques mots cependant. — C'est que, voyez-vous, l'histoire nous présente surtout les chefs, les nobles d'une nation, ceux qui ont brillé dans les batailles ou accompli de grandes actions ; elle nous décrit de préférence les costumes guerriers, les armures... Et cela nous tromperait si nous n'étions pas prévenus. A ce seul mot de Gaulois vous voyez tout de suite apparaitre un guerrier de fier aspect et de haute stature, à l'œil bleu, froid et dur, à la longue chevelure ondulée et tordue, d'un blond roux avec des reflets comme de feu, crânement rebroussée sur les tempes. Il a rejeté son manteau pour combattre; sa tunique, à carreaux de couleurs éclatantes[1], étroite, écourtée, échancrée au col, laisse voir ses bras nus ; ses *braies*[2] rayées, larges, descendent jusqu'à ses pieds, chaussés de brodequins de cuir ; sur son col nu et blanc un collier d'or en torsade ; à ses reins une ceinture, bouclée par une agrafe d'or, retient les plis de sa tunique et supporte sa courte épée, à poignée de bronze ciselée ; d'une main il saisit sa pique et s'appuie de l'autre sur son bouclier. — Oui, voilà bien le chef de *clan*, le noble, le guerrier de profession. Mais les simples et pauvres gens, pacifiques, les laboureurs, pâtres ou bateliers, les hommes de travail, — le peuple, enfin, c'est-à-dire presque tout le monde ? Ah ! ils étaient faits autrement. Moins d'orgueil et moins de parure. Et d'ailleurs, ce n'est pas tous les jours bataille ou revue ; on ne va pas aux champs, à la chasse, en tenue de combat. C'est pourquoi je tiens à vous montrer l'habitant de notre Lutèce dans son négligé d'intérieur. Oubliez pour un instant notre héros de tout à l'heure, et voyez passer sur le petit placitre, entre les cabanes, ce bonhomme de paysan avec son humble vêtement de couleur grise ou brune un peu flétri par l'usage. Il a l'air rude et demi sauvage, mais point du tout agressif, ni soucieux de paraitre ;

---

1. Les Gaulois aimaient fort les étoffes à raies et à carreaux de couleurs vives et tranchantes obtenus par le tissage, semblables à ces étoffes que nous appelons *écossaises*, et qui sont, justement, de tradition celtique.
2. Pantalons larges. Le mot, quoique vieilli, est encore français. — Ce sont les *bragou-braz* bretons.

PAYSANS GAULOIS DE LUTÈCE, D'APRÈS LES MONUMENTS.

sa barbe négligée et ses cheveux en broussaille vous disent assez qu'il a d'autres pensées. Sa tunique, d'étoffe grossière et non teinte, tissée de laine ou de laine et de lin mêlés[1], a des manches pour protéger ses bras; et comme il n'a pas de collier à montrer, elle ferme plus haut au col, par un bouton d'os. Cette sorte de blouse ou plutôt de *vareuse*[2] s'appelle la *saie*[3]. La ceinture de cuir suspend, non pas une épée, mais un simple couteau de fer, à lame large et courte, dans sa gaine de cuir; parfois une hachette ou un marteau. Des braies larges et flottantes tombant jusqu'aux pieds le gêneraient au travail; les siennes sont plus étroites et s'arrêtent à mi-jambe; elles sont d'étoffe de lin l'été, l'hiver, d'épais tissu de laine. Porte-t-il en dessous une chemise? J'en doute très fort. Une chemise, ici, c'est presque un objet de luxe. Si le temps devient froid, notre paysan jette sur ses épaules un manteau court de chaude et lourde bure[4], rattaché au cou par une agrafe de bronze; ou bien encore c'est un manteau de peau de chèvre avec son poil, qui le fait ressembler à un ours... Avec cela, il va pieds nus, presque toujours. C'est rude; pourtant on s'y endurcit. Par les temps froids, du moins, quand la pluie ruisselle ou que la neige est sur la terre, chaussera-t-il ses lourdes *galoches*[5] de cuir, à semelles de bois. Le plus souvent aussi il est tête nue; mais les laboureurs aux champs et les bergers dans les pâturages ont pour s'abriter du soleil des chapeaux de jonc tressé à larges bords; et pour se garder de la bise, aux temps froids, ils se couvrent de chaperons pointus dont les bords flottants retombent sur les épaules et se nouent sous la gorge, en sorte qu'on peut rejeter le capuchon sur le dos ou le ramener sur la tête à volonté.

---

1. Des tissus dont la chaîne est de fil et la trame de laine sont encore communs dans nos campagnes; c'est une tradition gauloise.
2. Blouse de laine des matelots.
3. La saie de travail. La saie militaire avait de larges manches pendantes. On la quittait pour combattre.
4. Étoffe grossière de laine.
5. Du latin *gallica*, chaussure gauloise. (Cf. *Basilica* = *Basoche*.)

Mais voyez, près du rivage, dans cette barque qu'il vient d'amarrer au tronc d'un saule ébranché, ce batelier : c'est, j'imagine, celui-là même qui a passé Merlin et sa fée... Depuis les temps légendaires son costume n'a pas changé ; avec son pantalon de toile et sa vareuse brune, sur ses cheveux gris ce *berret* de laine[1], il me semble l'avoir déjà rencontré quelque part...[2] Et peut-être vous viendra-t-il à vous aussi un souvenir, en apercevant cette femme de Lutèce, la « filandière farouche » qui file debout sur son seuil. Grande et bien faite, blanche de peau, avec ses yeux clairs, ses cheveux blonds partagés sur le front en épais bandeaux et relevés en torsade par derrière, elle a dans ses traits sérieux, dans sa pose, je ne sais quelle grâce fière, malgré ses humbles vêtements. Sa robe de laine, un peu courte, un peu échancrée au col, avec des manches étroites, est serrée à la taille et retombe en libres plis flottants ; un petit

---

1. En latin *birrus*, diminutif *birretum*, berret.
2. Le vêtement gaulois rustique, tel qu'il est ici décrit, diffère peu, en réalité, de celui que nous portons aujourd'hui. Les *braies*, avec un vêtement court, serré au corps et pourvu de manches étroites, constituent notre costume national, qui a pu varier beaucoup dans le détail, mais s'est perpétué, parce qu'il est dégagé et commode ; naturel, en ce qu'il suit la forme des membres, il se prête aux mouvements, n'embarrasse ni le travail ni la marche. Mon bonhomme de Lutèce ressemble singulièrement à quelque pauvre paysan de nos provinces du Centre et de l'Ouest, bouvier dans la plaine ou bûcheron aux bois. Les braies écourtées, la tunique avec son ceinturon, reparaissent exactement dans le costume de nos écoliers : le manteau à capuchon a persisté également, non seulement dans le capuchon des moines, mais dans l'usage général en plus d'une localité rustique. Quant au batelier de Lutèce, avec son pantalon court, sa vareuse et son béret, c'est encore à très peu de chose près le costume de nos matelots. La tradition gauloise s'est mieux encore conservée dans le vêtement des femmes : le tablier, la coiffe blanche à bords tombants, ou le petit carré d'étoffe, le *mouchoir* enveloppant les cheveux. Telle paysanne de la Loire, simple fille de ferme, en son vêtement de travail, vous représente exactement une ménagère de Lutèce, par le costume comme par la physionomie.

Non seulement la forme du vêtement, mais encore bien des traits de caractère et de mœurs, des habitudes, des procédés de travail se sont ainsi perpétués depuis nos ancêtres Gaulois, malgré les siècles, malgré la domination romaine et la conquête germaine, et beaucoup mieux dans les campagnes que dans les villes, surtout encore dans les régions du Centre et de l'Ouest. C'est donc, dis-je, en province, en Bretagne, en Auvergne, et à la campagne, chose curieuse, qu'il faut aller, pour retrouver quelques traits de ce que fut autrefois Paris... — Nous signalerons, en passant, plusieurs de ces traits persistants qui nous rattachent à nos lointaines origines nationales.

tablier de toile, attaché sur les hanches, protège la robe par devant. Une coiffe de lin, carrée sur le front, couvre sa chevelure; les bords retombent des deux côtés, comme des ailes, sur les oreilles et sur le cou. Souvent aussi elle enveloppe ses cheveux d'une pièce de lin carrée, nouée sur le côté. Par les jours froids elle couvrira sa tête et ses épaules d'une *capeline* de laine brune; elle chaussera ses pieds nus de brodequins à semelles de bois rattachées avec des courroies. Les enfants, avec leurs cheveux d'or bouclés et leurs airs d'oiseaux effarouchés, vêtus de tuniques étroites et de braies écourtées, jouent autour d'elle sous l'auvent de la chaumière.

Rude et pauvre est leur existence à tous; durs travaux, grossière nourriture. Nous ne verrons point de four au village : c'est que le pain est inconnu[1]. La femme sue à broyer, sous une petite meule de pierre, le grain, orge ou seigle ou avoine, récolte des maigres sillons; elle en fera d'épaisses bouillies, ou de lourdes galettes qu'elle cuira sur un disque de fer[2]. Elle a aussi le laitage d'une vache et de deux ou trois chèvres, elle sait fabriquer des fromages.

---

1. Le pain ne fut connu en Gaule que peu avant l'invasion romaine, et plus tard dans le Nord que dans le Midi.
2. Galetier. Ces bouillies et ces galettes tiennent encore une grande place dans la nourriture des paysans. Dans la région de l'Ouest, le blé, l'orge ou l'avoine sont communément remplacés pour cet usage par le *blé noir* ou *sarrasin*, plante d'origine orientale, comme son nom l'indique, et cultivée en Occident depuis les croisades.

Mais la principale ressource de la famille, c'est encore la viande, qu'on mange bouillie dans l'eau ou rôtie sur les charbons ardents ; la chair des agneaux et des chevreaux, du gibier tué dans la forêt, surtout celle des petits porcs demi sauvages dont les bois environnants abondent, qu'ils savent saler et fumer[1] ; — enfin le poisson que le mari, les fils ont pêché dans le fleuve. On a pour boisson l'eau de la Seine. Point de vin : la vigne ne sera cultivée ici que plus tard[2]. Les Gaulois, il est vrai, savent préparer avec le miel de leurs ruches cette liqueur fermentée que nous appelons *hydromel* ; avec l'orge, la *cervoise*, une sorte de bière. Mais vous penserez comme moi que nos petites gens du village, pâtres ou pêcheurs, y goûtent rarement, à ces boissons de luxe avec lesquelles s'enivrent les guerriers dans leurs bruyantes orgies.

Telle la vie, pauvre et dénuée ; pour compensation, une certaine liberté sauvage qui a bien son charme ! Et telle aussi la demeure. Les chaumières de Lutèce, — ces premières maisons de Paris, — ne sont que des huttes de bois et de terre, rondes, coiffées d'un large toit pointu en façon d'abat-jour, de paille ou de roseaux ; toutes pareilles, du reste, aux cabanes des hameaux environnants.

En beaucoup de lieux nos pères les Gaulois étaient dans l'habitude d'enterrer, pour ainsi dire, à demi leurs maisons dans le sol. On creusait une excavation circulaire, d'un mètre ou un mètre et demi de profondeur ; les murailles bâties alentour s'élevaient peu, et le toit en éteignoir s'abaissait presque jusqu'à terre. Alors il fallait descendre quatre ou cinq marches pour entrer, et l'habitation se trouvait représenter quelque chose d'intermédiaire entre un rez-de-chaussée et une cave... Mais cette curieuse manière de construire, bonne dans les en-

---

1. Le porc salé est encore, en beaucoup de provinces, la seule viande que mangent les paysans pauvres.
2. La vigne, qui croissait à l'état sauvage dans les régions du Midi, n'a été cultivée dans le Centre et le Nord de la Gaule qu'après l'invasion romaine. Il était nécessaire d'établir cette distinction, l'auteur de *Merlin* ayant eu, pour réunir dans sa description des traits appartenant à des époques différentes, des raisons spéciales qu'il serait trop long d'exposer ici.

droits élevés et secs[1], sur les collines qui environnent Lutèce, était impraticable dans les fonds bas et humides et sur le terrain plat et spongieux de l'île, presque à fleur d'eau[2]; à chaque orage, à la moindre crue du fleuve, la cabane eût été inondée. Il fallait donc établir le sol de la demeure tout au moins au niveau du terrain environnant, ou plutôt un peu au-dessus. Les maisons de nos Parises insulaires sont ainsi moins basses, moins sombres à l'intérieur et d'un aspect plus propre. Plusieurs ont alentour, sous l'avancée du toit, une sorte d'auvent ou de porche, soutenu par des poteaux, comme une rustique colonnade; c'est pour abriter les outils de labour, les filets. La maison souvent n'a qu'une seule ouverture, la porte, fermant par un lourd ventail de bois; les plus grandes possèdent une ou deux petites fenêtres carrées, également pourvues d'un contrevent de bois. Point de vitres, est-il besoin de le dire; en sorte que si le vent, le froid obligent à clore la porte ou la fenêtre, on ne voit plus dans la cabane.

Mais le jour est pur et vif, un rayon de soleil oblique glisse par la fenêtre; à la faveur de cette chaude clarté, jetons un

---

1. Il existe encore en certains lieux des excavations circulaires, appelées dans les campagnes *marges*, *madelles*, *fosses à loups*, qui marquent l'emplacement de cabanes gauloises. (Voir le dessin ci-dessus.) Nos pères construisaient ainsi pour mieux abriter leurs maisons contre l'effort des grands vents qui emportaient les toitures trop légères.

2. Le sol de l'île était alors beaucoup moins élevé qu'à présent; il s'est depuis de plus en plus exhaussé par des terres rapportées et les débris accumulés des édifices.

regard à l'intérieur[1]. « La première chose qui nous frappe, c'est qu'il n'y a rien ici qui ressemble à ce que nous appelons un meuble. Le lit, c'est une couche de fascines étendues à terre pour éloigner l'humidité du sol; et sur ces fascines quelques bottes de paille étalées. Sur la paille on jette, tout au plus, des peaux de mouton avec leur laine, qui forment une espèce de tapis : cela remplace le matelas : puis une couverture de peau de chèvre ou de laine grossière. Point d'armoire, puisqu'il

[1]. Essayons de nous faire une idée de cette architecture primitive et grossière de nos vieux Gaulois, ne serait-ce que pour la comparer avec la magnificence des monuments que nous verrons s'élever aux mêmes lieux. — A l'époque gauloise, il n'y a pas à Lutèce d'édifices publics, j'ai dit pourquoi ; je ne vois en fait de constructions que les habitations avec leurs dépendances, les défenses et les ponts.

Les maisons sont construites de bois et de terre, non pas de pierres. Pourquoi ? C'est que la terre se trouve partout ; que, dans ce pays de forêts, le bois est abondant ; de plus, les troncs abattus de préférence sur les bords des cours d'eau et jetés au courant du fleuve peuvent être amenés facilement et viennent échouer sur la rive ; tandis que la pierre est pénible à extraire, lourde à transporter, difficile à mettre en œuvre. Dans cette façon de construire, l'œuvre principale est celle des charpentiers ; et déjà nos charpentiers gaulois sont assez habiles, pour des barbares.

Construction d'une maison gauloise sans auvent et avec auvent.

La charpente de la hutte se composait d'une rangée circulaire de troncs d'arbres ébranchés, grossièrement équarris à la hache, solidement enfoncés, coupés à la même hauteur et réunis par des traverses. Ces pièces de charpente étaient assemblées au moyen d'entailles, fixées, non avec des clous, — le fer, trop rare et trop précieux, était réservé pour les armes, les outils, pour la pointe du soc et le tranchant de la bêche, — mais par de grosses *chevilles* de chêne enfoncées à coups de maillet dans des trous pratiqués avec la *tarière*, ainsi que le font encore nos charpentiers. De longues et légères pièces de bois obliques, appuyées d'une part sur les têtes des poteaux et sur les tran'y a point de linge à serrer[1]. Dans certaines maisons nous pourrions voir un coffre posé à terre. Quelques vêtements, des armes, des outils, pendent accrochés aux murailles; là, dans un coin, une quenouille chargée de filasse, et des fuseaux; à terre, un ou deux paniers, des corbeilles d'osier. Pour tout ustensile de ménage nous trouvons quelques pots de terre destinés à renfermer et à faire cuire les aliments, peut-être un petit baril ou un seau de bois. Peut-être aussi y a-t-il une table formée de quelques planches clouées sur des piquets, et un banc pour s'asseoir : mais cela n'est pas bien sûr. Point de foyer ni de cheminée... ou plutôt vous appellerez foyer, si vous voulez,

verses, réunies en pointe au sommet et liées avec des *harts* d'osier, formaient les *chevrons* du toit conique. Si la cabane devait être grande et la toiture vaste, on plantait au centre un haut et fort pilier pour consolider cette charpente ; souvent même on construisait toute la cabane sur l'appui d'un gros arbre vivant dont le feuillage protégeait la toiture. — Les chevrons, réunis par des branches transversales, forment le grillage sur lequel on fixera le chaume. — Si la maison doit avoir un portique, on plante une seconde rangée circulaire de poteaux, reliés entre eux et avec les premiers par des traverses qui soutiendront le prolongement du toit au-dessus de l'espace couvert. La porte se construit de deux *montants* enfoncés dans le sol, réunis en haut par une traverse ; la fenêtre a de plus, en bas, une seconde traverse formant appui. — La carcasse de la maison est achevée, toute à jour comme une cage ; il ne s'agit plus que de boucher les vides. Le plus ordinairement, on élève entre les piliers de petites murailles d'argile pétrie, mêlée de foin haché, de bourre, tassée, pilée, bien dressée sur les faces, et qui en séchant forme un bloc. Souvent le pied de la muraille, jusqu'à une certaine hauteur, est bâti en pierre, afin que l'humidité ne détrempe pas l'argile. D'autres fois, on remplit les intervalles des poteaux de branchages entrelacés, et sur cette sorte de treillage on applique un *torchis*, un enduit d'argile, ainsi que nous faisons des cloisons en appliquant un enduit de plâtre sur un treillage de *lattes*. Ces sortes de cloisons sont solides, durables, assez propres. Parfois enfin on se contente de clore les intervalles avec des roseaux *bottelés*, liés à l'aide de brins d'osier, ou bien encore avec des écorces, des planches minces fendues, comme font nos bûcherons et nos charbonniers dans les bois ; mais les cabanes ainsi construites, bonnes pour un abri de quelques saisons, défendent mal les pauvres habitants ; elles peuvent suffire pour les étables, les granges, les hangars. — Reste la toiture. Nos Parises et tous les Gaulois couvrent leurs masures de chaume de blé et d'orge, de roseau, de scirpe, sorte de jonc aux longues feuilles étroites, raides et rudes, que les marais voisins fournissent en abondance; absolument comme les paysans de beaucoup de nos provinces, aujourd'hui encore, font les couvertures de leurs étables, de leurs granges, de leurs hangars, très souvent aussi de leurs habitations, dans les localités pauvres.

1. Ou du moins très peu.

une aire de pierres plates, au beau milieu de la maison ; là on allume le feu pour se chauffer, pour faire la cuisine, — pauvre cuisine ! La fumée s'élève, monte vers le toit, séjourne, s'en va comme elle veut par la fenêtre ou par de petits trous ménagés au haut de la couverture[1]. »

Vous la trouvez, sans doute, cette cabane de Lutèce, bien triste, bien noire et enfumée... Mais il faut songer que nos pères les Parises ne passaient pas comme nous les journées entières à la maison. Pour eux, simples barbares et plus près de la nature, la vie est au dehors, en plein air, aux bois, aux champs, au pâturage, à la chasse, à la pêche : la hutte n'est qu'un abri pour la nuit, un refuge contre le mauvais temps. Même l'ouvrier sédentaire, le vannier, le tisserand, travaille plutôt à sa porte, sous l'auvent de chaume. La femme, gardienne du logis, ne séjourne guère dans l'ombre du fond de la maison; elle se tient au dehors, tout au moins près du seuil, filant ou cousant. Presque toujours aussi, à moins qu'il ne fasse trop grande pluie, elle fait sa cuisine en plein air, comme on fait au camp : et voici, devant la porte, la place noire de charbon et les trois grosses pierres qui tiennent lieu de trépied pour poser sa marmite de terre. Se retirant si rarement dans leur habitation, si ce n'est pour dormir, ces gens ont peu souci qu'elle soit belle, claire et gaie. Puis surtout ils n'en sentent pas le besoin ; ils ne se font pas même l'idée de ce que nous appelons les commodités de l'existence, le bien-être. — Lutèce est un pauvre hameau d'une petite et pauvre tribu ; mais dans ces gros villages populeux qu'on appelle en Gaule des grandes villes, parmi les plus puissantes tribus, les maisons des chefs eux-mêmes ne sont pas autrement construites; plus vastes peut-être, elles ne sont ni plus belles, ni mieux meublées[2]. « Ces fiers *colliers d'or*, qui marchaient au milieu de leurs guerriers vêtus de saies rayées de couleurs brillantes, de tuniques bordées de pourpre et bro-

---

1. *Les Paysans, histoire d'un village.* C. Delon.
2. Surtout dans le centre et le nord de la Gaule. Les Gaulois du midi, près des côtes de la Méditerranée, en contact avec des peuples civilisés, les Romains, les Grecs, les Africains, étaient un peu plus civilisés eux-mêmes et commençaient à rechercher le bien-être.

chées d'or, ornés de bracelets d'or, d'agrafes d'or, couchaient sur des fagots et de la paille comme le premier venu des paysans. Leur orgueil était de réunir autour de leur table de nombreux guerriers, leurs compagnons, moitié amis, moitié serviteurs. Ils étalaient quelque luxe dans leurs vêtements, surtout dans leurs armes ; mais c'était un luxe barbare, mêlé de toutes sortes de privations[1]. » — Y a-t-il, dans la bourgade de l'île, tout au moins un petit chef, un de ces guerriers qui s'appellent fièrement les *nobles*, les *libres*, et qui dédaignent de faire autre chose que la guerre ou la chasse ? Je ne sais. C'est possible. Mais vous essaieriez en vain de reconnaître sa cabane entre les cabanes.

En vain aussi chercherions-nous quelque chose qui ressemblât à un édifice public, à un monument, si simple, si humble qu'il fût. Point de salle de réunion : les Gaulois tiennent leurs assemblées en plein air, sur la lande, au pied du *menhir*. Point de temple, non plus ; nos pères barbares, religieux à leur façon, n'adorent les dieux que sous le dôme des forêts, au pied des colonnes majestueuses qui soutiennent leur voûte sacrée : je parle des troncs puissants des vieux chênes. — Seulement[2],

1. *Les Paysans*.
2. Vers l'emplacement actuel de Notre-Dame de Paris. — Les religions changeaient, et les lieux consacrés restaient les mêmes. Nous verrons le temple de *Jupiter* et l'autel de *Nautes*, qui remplacèrent le bosquet sacré des Gaulois, le *némède* druidique, céder à son tour la place à la *basilique* chrétienne.

NOTRE CAPITALE PARIS 57

par-dessus les toits moussus, j'aperçois, à la pointe orientale de l'île, la cime touffue d'un bouquet d'arbres; une haie d'aubépine l'entoure : c'est le petit bois sacré, le *némède* de Lutèce. Mais bien loin des habitations, là-bas, au delà du fleuve et des marécages, dans la profonde solitude de la forêt[1], enveloppé d'ombre et d'une religieuse horreur, s'élève le funèbre *dolmen*, la grande *table de pierre*, autour de laquelle s'assemblent, à des jours marqués, les druides en robes blanches[2]. Sur l'autre

1. Sur l'emplacement actuel de la rue *Pierre-Levée*, dont le nom porte témoignage. Ce dolmen a été retrouvé en 1782. Un autre existait près de Vincennes.
2. Les druides vénéraient comme objets sacrés les *mégalithes*, c'est-à-dire les monuments composés d'énormes pierres brutes, auxquelles on donne souvent le nom de *pierres druidiques;* mais elles existaient avant le sacerdoce druidique. La science attribue ces gigantesques monuments à la puissante race des *Kymris*, l'une des deux grandes races qui ont peuplé la Gaule. Ces pierres, quoiqu'on en ait détruit un grand nombre, sont encore très communes en France, notamment aux environs de Paris. Il en est de plusieurs sortes. Une seule pierre, fichée en terre comme une borne gigantesque, porte en

Dolmen.

breton les noms de *menhir*, de *peulven;* en français *pierre debout, pierre fiche*, ou *pierre fitte*. Une sorte de table formée d'une grosse pierre plate posant sur deux autres est un *dolmen*, une *table de pierre*. Les dolmens ont été regardés comme des espèces d'autels ; autels sinistres, servant à d'horribles sacrifices, des sacrifices humains... Mais cette tradition n'est pas bien fondée. Ce qui est certain, c'est que les dolmens étaient des tombeaux.
On nomme *allée couverte* une sorte de corridor étroit formée d'une double rangée de blocs fichés en terre, sur lesquels reposent d'autres blocs formant plafond (voir le dessin, page 35). Ce sont encore des sépultures. Le plus ordinairement l'allée couverte était cachée sous une butte arrondie en dôme, formée de terres rapportées, appelée par les historiens *tumulus* en latin, en français *tombelle*. Il y avait aussi des tumulus consistant en de simples mottes ou buttes de terre, sans allée couverte ni dolmen dessous.

rive, vers l'Occident, dans un pli caché du plateau se dresse au milieu des taillis une *pierre debout*, un *menhir* [1], comme une borne géante : signe muet, symbole mystérieux dont le sens est déjà perdu. Puis, éparses aux lieux déserts, des *tombelles* [2], envahies par les broussailles, cachent, fidèles, sous leur dôme de verdure, les ossements sacrés des héros ; — des héros qui brillèrent jadis dans les batailles, et dont les vieillards ont oublié les noms.

Mais j'ai hâte : le temps fuit ; et nous avons un si long voyage à faire à travers les âges ! — Or donc, quand nous aurons fait le tour de l'ilot par le sentier de ronde, le long des palissades, observé en passant la construction curieuse des *levées* [3] de pierre,

---

1. Menhir dit la *Pierre au Moine* dans le bois de Meudon. Voir le dessin page 56. Une autre *pierre debout* existait probablement au lieu actuellement encore appelé *Haute-borne*, à Ménilmontant ; une autre près de Saint-Denis, au village de *Pierrefitte*.

2. Une grande tombelle, avec allée couverte, existait à Meudon. Elle a été détruite en 1845. Le dessin ci-dessus la représente *restituée* d'après les documents.

3. Les levées qui servaient de remparts aux forteresses gauloises étaient d'une construction tout à fait originale et ingénieuse. Sur le sol dressé au moyen de pierres et de curailles, on commençait par coucher, dans le sens de la longueur de la levée, de longs troncs d'arbres ébranchés, bout à bout, sur trois ou quatre rangs parallèles, distants de deux ou trois pieds (75 cent. ou 1 mètre). Puis sur ces *longrines* on posait en travers, à distances égales, d'autres troncs plus courts, liés au moyen de branches flexibles tordues et entrelacées. Cela formait à terre une sorte de grillage. On remplissait alors les intervalles avec des blocs de pierre entassés, de la terre foulée ; puis on con-

de bois et de terre entremêlés qui renforcent la barrière aux endroits faibles où le courant ronge la rive, visité le petit port du midi, — une simple grève devant les cabanes de pêcheurs,

tinuait d'élever cette sorte de muraille de grosses pierres brutes et de terre, jusqu'à la hauteur d'un pied environ (ou 40 cent.) au-dessus des bois. Cela fait, on posait dessus de nouveaux troncs d'arbres, en long d'abord, puis en travers ; et on avait soin de placer les traverses non pas au-dessus de celles du premier grillage, mais correspondant aux intervalles ; on remplissait encore les vides de pierres et de terre, et ainsi de suite ; selon le besoin, on élevait deux, ou trois, ou quatre assises semblables, ou davantage. La surface supérieure dressée avec des curailles et des terres bien foulées, la construction a pris l'aspect d'une sorte de digue, de *chaussée* relevée, haute de deux ou trois mètres, large de trois ou quatre. — En élevant ainsi la chaussée, on a dressé, du côté *des dehors* de l'enceinte, une rangée serrée de troncs d'arbres verticaux, ne laissant entre eux que d'étroits intervalles ; leurs pieds engagés dans la construction les maintiennent inébranlables. On coupe alors les pieux à une hauteur de deux mètres environ, et on les apointit pour rendre la *palissade* plus difficile à franchir. L'espace qui reste sur la chaussée derrière la palissade forme un chemin relevé, le *chemin de ronde* où circulent les veilleurs, où se placent les défenseurs en cas d'attaque. De petits plans inclinés ou *glacis*, situés à l'intérieur de distance en distance, y donnent accès.

Construction d'une levée gauloise avec palissade.

Tels étaient les travaux de défense des Gaulois. César, qui s'y connaissait, les admire. « Ce sont, dit-il, des ouvrages fort bien faits. Entremêlés de bois et de pierre, le feu n'y a pas de prise, ni le *bélier*. » Le bélier, redoutable machine de guerre, était une énorme poutre armée de fer dont on heurtait les murailles pour les faire écrouler, les portes pour les enfoncer. Les troncs retenant les pierres, les pierres chargeant les troncs, il était très difficile de faire brèche dans un pareil rempart. — En certaines contrées de montagnes, notamment en Savoie, on construit encore de la même manière des levées et des piles de ponts.

Ainsi devaient être construites les levées qui défendaient Lutèce, si du moins Lutèce avait des levées, ce qui n'est pas absolument certain. D'après

avec des piquets enfoncés dans le lit du fleuve, où sont amarrés les bateaux[1], un autre semblable au nord[2], jeté un coup d'œil sur les deux ponts étroits, ouvrages grossiers et pourtant hardis[3], faits de troncs d'arbres à peine ébranchés mais assemblés avec un certain art[4] ; enfin examiné la structure étrange

ce qu'on sait des habitudes des anciens Gaulois, il est très probable que l'île ne possédait, sur tout son contour, qu'une palissade de pieux simplement enfoncés dans la terre et aiguisés en pointe ; et des *levées* seulement à certains endroits où le terrain trop bas et miné par les eaux avait besoin d'être exhaussé et consolidé contre les inondations, et encore sur quelques points, importants pour la défense, notamment aux abords des ponts.

1. Près de *Notre-Dame*, au lieu autrefois dit le *Port-l'Évêque*, aujourd'hui *quai de l'Archevêché*.

2. Au lieu appelé pendant le moyen âge *Port Saint-Landry*, aujourd'hui *quai Napoléon*.

3. Ouvrages considérables, pour le temps. — A cette époque la place de Lutèce devait avoir une certaine importance comme forteresse, pour qu'on fit les frais de tels travaux.

4. Les ponts des anciens Gaulois étaient des ouvrages de charpente massifs, élevés au moyen de troncs d'arbres à peine dégrossis, mais ingénieuse-

Construction d'un pont gaulois.

ment disposés et assemblés. De gros pieux solidement enfoncés, — c'était là le difficile ! — dans le lit du fleuve, et reliés par des *traverses* et des *longrines*, en formaient la charpente, sur laquelle on établissait un épais et rude plancher et de légères barrières latérales. De gros *étais* obliques, en aval, appuyaient la construction ; en *amont*, des troncs enfoncés au pied des poteaux brisaient l'effort du courant et l'empêchaient de heurter directement les pièces essentielles de la charpente.

A l'une des *travées* du pont (espace entre deux piliers) les *longrines*, au lieu d'être fixées par des chevilles, étaient seulement posées : en retirant quelques planches, sans rien défaire, en un instant le passage est coupé, et peut être rétabli aussi facilement. Ceci est l'origine du *pont-levis*.

et rustique des deux *tours de guet* qui les défendent [1], vous connaîtrez assez la petite Lutèce des Parises [2].

Petite : mais elle grandira. Pour le prédire, il n'est pas besoin d'être prophète, comme le bon Merlin. Elle grandira, parce qu'elle est heureusement située pour la guerre comme pour la paix, pour la défense comme pour le commerce. Et surtout parce que ses habitants, avec leur rudesse barbare, sont actifs, industrieux.

1. Là, selon la coutume gauloise et les nécessités de la défense, devaient s'élever les petites *tours de bois*.
Les *tours de bois* gauloises étaient de forme carrée, construites au moyen de troncs d'arbres couchés, empilés, superposés, assemblés à leur extrémité par de profondes entailles : ainsi sont encore aujourd'hui construits les cha-

Une *tour gauloise*, restituée d'après Viollet-le-Duc.

lets de nos Alpes. Une autre rangée de troncs, horizontale, forme la couverture, et donne une plate-forme entourée d'un parapet, sur laquelle se placent les défenseurs ; le rez-de-chaussée devient un petit *poste* pouvant abriter quelques guerriers ou veilleurs. De petites ouvertures ménagées entre les troncs, dans les murailles et le parapet, permettent de voir au dehors et de lancer des flèches sans se découvrir, de surveiller et de défendre le *front* des levées.
2. *Lutetia Parisiorum*.

Elle grandissait en effet. La population augmentait, les cabanes se serraient contre les cabanes. Et alors vinrent s'établir dans l'île non plus seulement des bergers et des pêcheurs, mais des ouvriers, des gens de métier, qui vivaient de leurs rustiques industries. Il y eut, par exemple, des vanniers, pour tresser des corbeilles et toutes sortes d'ustensiles de ménage, des nasses pour les pêcheurs, avec l'osier qui croissait en abondance aux lieux bas et humides sur les rives du fleuve ; des tisserands pour fabriquer des étoffes vulgaires avec la laine et le lin filés par les ménagères du village. Il y eut des cordiers, qui tordaient le chanvre en cordes, pour les bateliers; des tanneurs et pelletiers pour préparer les cuirs, les peaux dont on faisait si grand usage. Il fallait bien deux ou trois forgerons pour façonner ou réparer les instruments de labour, les socs et les bêches, les outils, pour ferrer les chevaux[1] ; peut-être forgeaient-ils des armes. Il devait y avoir des charpentiers pour construire les maisons, et des couvreurs pour les couvrir ; je pense aussi des constructeurs de bateaux, puisqu'il y avait des bateliers. Il y avait, non pas dans l'île même, mais sur la colline prochaine, au midi[2], là où l'argile se rencontre en abondance, des potiers ; et, dans les bois des environs, sous leurs huttes de feuillage, s'abritaient des bûcherons et des charbonniers.

Si simple et si pauvre que soit la vie, dès qu'il y a des ouvriers il faut qu'ils vendent leurs produits; dès qu'il y a *industrie* il faut qu'il y ait *commerce ;* ne serait-ce qu'un commerce d'échange des habitants entre eux et avec les tribus voisines. La monnaie était rare, alors, et un ou deux siècles auparavant absolument inconnue. On faisait, dis-je, des échanges. On donnait, par exemple, une brebis pour avoir une tunique, une peau de chèvre pour une paire de chaussures. Le pêcheur troque un beau poisson qu'il vient de prendre contre une nasse d'osier ; la ménagère une oie élevée autour de sa cabane contre le pot de terre dont elle a besoin...

Mais les affaires ne peuvent pas toujours se traiter si sim-

1. Les Gaulois ferraient leurs chevaux, et leur cavalerie était nombreuse.
2. Au lieu où est actuellement le Luxembourg. On a retrouvé et les débris de poteries et les trous creusés pour enlever l'argile.

plement. Il y a bien des choses que la localité ne fournit pas, et dont on ne peut pas se passer, pourtant. Il faut des métaux, par exemple, du fer pour les armes et pour les outils de labour ; du bronze, c'est-à-dire du cuivre et de l'étain, de l'argent même et de l'or pour les armures des guerriers et pour la parure des femmes. Il faudra donc aller chercher, tout au moins, les matières premières là où la nature les offre ; et c'est loin, sans doute. Mais plutôt il vaut bien mieux acheter les objets tout faits aux lieux où se sont établis d'habiles ouvriers, qui fabriquent meilleur et à moins de frais ; acheter, par exemple, les armes, les outils à ces villages de forgerons et d'armuriers qui se sont formés, tout naturellement, aux environs des mines de fer. — Et de même pour toutes sortes de produits, indispensables même à des barbares : tissus, peaux, laines, sel pour saler les viandes, que sais-je ?

Ces produits et les objets d'échange, il faut les transporter au loin : dès qu'il y a du commerce, il faut des transports et des transporteurs. Or à cette époque, dans ce sauvage pays de Gaule tout couvert de forêts et de landes hérissées, il n'y avait presque point de routes : seulement de petits sentiers à travers les plaines, aux flancs des collines, allant d'un hameau au hameau voisin, et quelques percées à travers les fourrés, de clairière en clairière. Les rivières seules, alors, étaient des chemins ; malgré les détours et le courant parfois rapide, et les chutes, et les mauvais passages, il était encore plus facile de faire flotter un bateau sur une rivière que de traîner un chariot à travers les halliers... Donc partout les transports se faisaient par eau. Sur toutes les rivières navigables il y avait des bateliers, qui poussaient leurs barques étroites et plates, leurs petits chalands, tantôt à la perche, tantôt à l'aviron, descendant et remontant le cours de l'eau. — Mais chaque fleuve a ses obstacles : le Rhône est trop fougueux, la Loire trop changeante. De tous les *chemins d'eau* de la Gaule, le plus beau et le plus fréquenté, c'était notre Seine, le grand fleuve au cours paisible et assez égal, jamais à sec, rarement débordé, donnant communication avec beaucoup de rivières navigables qui se ramifient sur toute l'étendue du pays. Pour tout le Nord de la

Gaule, la Seine était la grande route des transports, du commerce ; et des centaines et centaines de barques sans cesse descendaient et remontaient son cours. Combien l'île de Lutèce était favorablement située, tout au centre du vaste bassin, entre les embouchures de la Marne et de l'Oise, les deux grands affluents : une île au beau milieu du fleuve, là où le courant s'élargit et s'étale, se calme en se divisant... Mais dites plutôt que dans un tel lieu les gens ne pouvaient pas s'empêcher de devenir bateliers, transporteurs.

Et non moins forcément ils vont se faire marchands. — Tout d'abord le batelier se charge de transporter sur sa barque telle ou telle marchandise en tel lieu ; pour sa peine, on lui donne un salaire : tant de blé ou d'orge, tant d'étoffe, ou toute autre chose. Mon batelier, en cette façon, est simplement commissionnaire. Mais si cet homme est intelligent, il ne s'en tiendra pas là, certainement. Il remarquera certains objets qui lui sont le plus souvent demandés ; un beau jour l'idée lui viendra d'acheter pour son compte une provision de ces objets. Il les apportera chez lui : et plus tard, quand ses voisins en auront besoin, il les leur revendra, en faisant sur l'échange un certain profit, qui sera le paiement de sa peine et le bénéfice de sa prévoyance. Et alors de simple transporteur qu'il était, le voilà passé au rang de marchand, de trafiquant. — Son commerce prospère, son petit domaine s'agrandit. Chacun se dit : « pourquoi n'en ferais-je pas autant ? » Plusieurs l'imitent, réussissent comme lui. — En prenant l'habitude de communiquer ainsi de village à village, de tribu à tribu, peu à peu on devient moins sauvage. On se voit, on se lie ; on oublie les anciennes querelles, on s'aperçoit qu'on a tout intérêt à vivre en paix. En échangeant des produits, on échange aussi des idées. On voit le travail d'autrui, on veut faire aussi bien, mieux s'il se peut ; on observe, on s'instruit. Et c'est ainsi que le commerce devient un moyen de paix et de civilisation.

Ce fut son destin, à cette pauvre Gaule, que son histoire commence juste au moment où sa vie finit, sa vie indépendante; où elle cesse d'être elle-même [1]. Que serait-il arrivé si elle eût pu vivre, se civiliser librement et suivant son propre génie, par le travail, la paix, le commerce, les relations avec les autres peuples? On ne sait; une histoire tout autre, sans doute, non seulement pour elle, mais pour tout l'Occident et pour le monde entier.

Mais vous savez la sombre aventure. Le Romain César ayant besoin de gloire militaire pour asservir sa patrie, — ce fut toujours le moyen des tyrans, — se jeta sur la nôtre, l'envahit, profitant de ses divisions; pendant dix ans il la tint sous le fer, la ravagea en long et en large, égorgeant, dépeuplant, incendiant, faisant partout la solitude et le désert. Il la foula, l'écrasa... Cela lui réussit; et conquérant chez nous, il fut des-

1 Et un autre malheur encore : d'avoir pour historiens ses ennemis.

pote-chez eux : lui-même nous vengea de nos vainqueurs. La résistance acharnée et le suprême effort de Vercingétorix furent inutiles ; vaines aussi toutes les tentatives de révolte qui eurent lieu plus tard. La libre Gaule était morte, et l'âme elle-même, l'âme héroïque des vieux Gaulois, semblait avoir péri.

Après ses premières victoires, César en personne vint à Lutèce. Il ne fit que passer [1]. Mais l'année suivante, tout le pays se soulevait, la révolte gagnait comme un immense incendie. Trop tard, pour son éternel malheur, la Gaule se reconnut elle-même ; elle comprit enfin ce qu'était le Romain. Abjurant leurs fatales discordes, qu'il avait si perfidement suscitées et entretenues, les tribus se confédérèrent ; les chefs et les guerriers jurèrent de mourir pour la liberté de la terre natale. Depuis les rivages d'Armor[2] jusqu'aux landes Vascones[3] et aux montagnes sacrées des Arvernes[4] courait comme un cri de vengeance la sauvage *Marseillaise* des clans :

Fer, oh ! fer ! fer ! — feu ! feu !... fer et feu !

Les Romains entendirent ; et plus d'un, dit l'histoire, regarda du côté des Alpes.

César, trop occupé ailleurs, envoya son lieutenant *Labienus* contre les Parises et les tribus voisines. La guerre se portait vers la Seine. Dans cet orage, la pauvre petite Lutèce eut un sort tragique : elle fut brûlée par ses propres défenseurs. — Un vieillard, un héros, commandait les Gaulois ; il s'appelait *Camulhen*[5]. Forcé de réunir ses troupes en plaine, il pensa qu'il ne fallait pas laisser l'ennemi se loger dans la forteresse ; il détruisit les deux ponts et mit le feu aux cabanes. Les chaumières flambèrent comme un tas de paille... Sacrifice inutile ! Les Romains, à l'aide d'une ruse habile, trompèrent

1. Il avait rassemblé là les chefs des tribus déjà vaincues et soumises, pour en obtenir un secours contre celles qui résistaient encore (an 54 av. J.-C.).
2. *Armorique*, Bretagne.
3. *Vasconia*, Gascogne.
4. *Auvergne*.
5. C'est-à-dire *fils de Camul*, une divinité Gauloise ; nom transcrit en latin par *Camulogenes*.

nos simples compatriotes. Par un temps affreux ils passèrent le fleuve sous les collines de l'Occident[1], à l'endroit de la courbure. Il y eut là, dans la plaine [2], un combat acharné, sanglant, longtemps incertain ; à la fin, pourtant, malgré leur bravoure emportée, les Gaulois furent vaincus, taillés en pièce. Presque tous périrent. Ce fut un désastre pour notre patrie. Quelques mois plus tard ses derniers défenseurs, — huit mille de nos Parises étaient du nombre, — mouraient pour elle au siège d'Alésia [3].

1. Aux îles du *Bas-Meudon*.
2. Plaine de *Grenelle* et d'*Issy* (51 av. J.-C.).
3. *Alise Sainte-Reine*, près de Semur (Côte-d'Or). Il y eut encore, sous César (51 avant J.-C.), des révoltes, et même une bataille livrée à *Uxellodunum* (*Puy-d'Issolu*, Quercy). Mais après celle d'Alésia, la cause de l'indépendance gauloise était perdue.

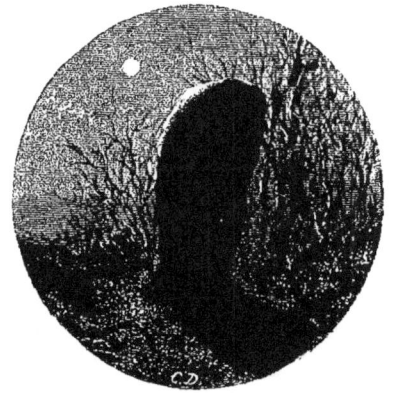

LUTÈCE ROMAINE

ur la rive gauche de la Seine, à peu de distance du fleuve, au centre d'un brillant quartier neuf, vous apercevez en passant un jardin plein d'ombre et de fraîche verdure, enclos d'une grille de fer[1]. Parmi les gazons et le long des allées, des débris épars : colonnes rompues, chapiteaux écornés, statues mutilées, sculptures rongées par le temps, inscriptions à demi effacées sur la pierre; au fond, un bâtiment d'apparence antique, et de grandes ruines sombres vêtues de lierre. Ce jardin, cet édifice, ces ruines, c'est le rendez-vous des savants, des hommes d'étude, des artistes, de tous ceux qui s'intéressent à l'histoire

---

1. Hôtel, jardin et musée de Cluny, ruines des Thermes.

et aux choses de l'histoire. Il faut y venir vous-mêmes, si vous aimez l'histoire, si vous tenez à comprendre le passé de votre patrie. Ces débris, ces objets précieusement recueillis sont les témoins de ce passé. Ces pierres parlent ; elles racontent les événements lointains ; elles disent surtout les mœurs, les arts, les idées des hommes d'autrefois. — Regardez, par exemple, ces hautes murailles décrépites, en tout petits matériaux, d'un sombre gris de terre, avec de larges fenêtres béantes : elles tiennent debout depuis seize siècles, et tiendront longtemps encore. — C'est ainsi que bâtissaient les Romains.

Pendant leur domination, qui a duré cinq cents ans, ils ont couvert la Gaule de routes, de ponts, d'aqueducs, de somptueuses *villas*[1], de palais, de temples, de théâtres, d'arcs de triomphe[2]. A Paris, il nous reste d'eux quelques vestiges épars, des fondements de murailles ensevelis[3] sous les décombres, et ces ruines encore fières, que nous allons parcourir.

Entrez et voyez. Il ne tient qu'à vous de vous croire transportés à Rome, parmi les débris des palais, des *bains* antiques. — C'est que, savez-vous, ces Romains étaient un singulier

---

1. Maisons de campagne, entourées de nombreuses dépendances.
2. Il nous reste encore beaucoup, en France, de débris de ces édifices : huit arcs de triomphe, soixante-quatre théâtres, etc.
3. Au Palais de Justice, dans la Cité, aux Arènes.

peuple. Partout où ils allaient, — et ils allèrent bien loin ! — dans les pays les plus divers, parmi les populations les plus différentes, ils restaient Romains. Ils gardaient les idées, les mœurs, les lois, les habitudes romaines ; ils vivaient, ils s'habillaient, ils s'amusaient, — ils bâtissaient *à la romaine*. Ils bâtissaient en Gaule ou en Bretagne absolument comme en Afrique ou en Syrie, comme en Italie. Ils ne daignaient tenir compte ni des lieux ni des climats. Le climat se vengeait, parfois. — Mesurez de l'œil ces vastes salles : celle-ci a encore sa voûte, qui s'arrondit au-dessus de vos têtes à près de dix-huit mètres de hauteur; celle-là, défoncée, reste ouverte sous le ciel, et vous pourriez vous croire au milieu d'une cour. D'autres, alentour, laissent voir de grands pans de murailles.

Et ce n'est rien encore : car il y a ici beaucoup plus sous la terre que dessus : d'immenses souterrains, treize salles, des passages, de longs couloirs, des réservoirs, des canaux... Tout cela n'est qu'une partie d'un vaste et somptueux édifice, d'un palais romain ; et bien certainement la moindre partie : les *thermes* seulement, c'est-à-dire les bains[1]. La grande salle haut voûtée comme une église, c'est la salle des bains froids[2] ; et voici sur l'un des côtés une profonde excavation, le bassin où l'on se plongeait, avec les marches pour y descendre. L'autre grande pièce, aujourd'hui découverte[3], servait aux bains chauds ; de larges niches dans la muraille sont les emplacements des baignoires. Là-dessous les fourneaux et le calorifère[4] qui chauffait la salle entière à la température d'une étuve. Pour fournir à ces bains une eau plus pure et la distribuer dans les jardins du palais[5], on a été chercher au loin de belles sources,

---

1. Les bains, il est vrai, tenaient une grande place dans la vie des Romains; les salles de bains et leurs portiques étaient les lieux ordinaires de réunion et de conversation.
2. En latin *Frigidarium*. Elle a 20 mètres de long sur 11 mètres 50 de large. Voir le dessin, page 72.
3. En latin *Tepidarium*. Elle a 17 mètres de long sur 15 mètres de large.
4. En latin *Hypocaustum*, hypocauste.
5. Ces jardins, enclos de murs, s'étendaient des Thermes jusque vers l'église Saint-Germain-des-Prés ; ils se terminaient par un fossé et une tour sur la Seine vers l'emplacement actuel de l'Institut.

et on les a amenées ici à grands frais[1], à travers collines et plateaux, par des canaux, des conduits souterrains. Mais une large et profonde vallée, celle de la Bièvre, se trouve sur le chemin des eaux... Eh bien, pour la franchir, on fera un magnifique aqueduc[2], œuvre immense, à deux étages d'arcades superposées. — La peine ? la dépense ? Qu'importe aux maîtres de la terre !

Mais achevons d'examiner ces ruines. Levez les yeux vers ces larges voûtes, mesurez l'épaisseur des murailles. Vous les voyez nues et dégradées ; mais pour avoir une idée de l'édifice, essayez de reconstruire par la pensée ce que le temps, les barbares, ont détruit ; imaginez les dallages de marbre poli, les murs revêtus de marbre, de stuc, ornés de riches peintures ; les colonnes de marbre ; dans les baies des immenses fenêtres,

1. De Rungis, de Paray et de Montjean (10 et 14 kilomètres au sud de Paris).
2. L'aqueduc romain d'Arcueil sur la vallée de la Bièvre. Il avait 400 mèt. de longueur, 50 mètres de hauteur. Il en reste encore les débris d'une ou deux arches. Voir le dessin, page 69, d'après une restitution de M. Hoffbauer.

des treillis de bronze; pour fermer le vide des arcades, de lourdes portières d'épaisses étoffes retombant à grands plis. Représentez-vous les statues de marbre sur leurs piédestaux, les baignoires de marbre, les *lits*[1] de marbre, couverts de riches coussins; des trépieds de bronze où brûlent des parfums. Voilà le luxe romain, grandiose. — Et maintenant par les bains, jugez du palais. — Cela dut coûter cher! Qui payait? — Les vaincus.

— Hélas! c'est à quoi je songeais tout à l'heure.

Et non seulement ils payaient, mais en réalité c'était eux qui construisaient les édifices. Les Romains commandaient et dirigeaient. Dans leur manière de bâtir, tout exprès combinée, ils n'avaient besoin que d'un petit nombre de savants architectes, d'habiles conducteurs de travaux, de quelques bons maçons et charpentiers. Mais pour extraire, transporter des masses énormes de pierres, abattre les arbres, cuire la chaux, faire le mortier, monter les matériaux, il leur fallait une multitude innombrable de manœuvres, de véritables armées de travailleurs. Ils prenaient les gens du pays, les hommes du peuple, surtout les paysans. Ils y employaient aussi les soldats : c'était le peuple encore. Toute la population grouillait, comme une fourmilière, autour de la bâtisse. Les pauvres gens étaient forcés de venir y travailler tant de jours par semaine, — et *pour rien*. Cela s'appelait une *réquisition*. A qui ne vient, l'amende, le bâton, le fouet. Les paysans, en outre, étaient *requis* d'amener leurs bœufs, leurs chariots pour faire les transports. Cette multitude, hommes et bêtes, se nourrissait comme elle pouvait. Par de semblables moyens, on faisait des merveilles! — Ainsi ont été construits ces murs que vous voyez, et le vaste palais, les conduits souterrains de quatre lieues de longueur, et le splendide aqueduc, et d'autres édifices encore, dont nous parlerons tout à l'heure. Ainsi ont été exécutés, dans la Gaule comme dans toutes les provinces conquises, une quantité immense de travaux, les uns d'utilité publique, comme les ponts, les remparts des villes, les autres

---

1. Sortes de canapés.

monuments de luxe et d'orgueil. Pour cela, et pour bien d'autres dépenses encore, le *fisc*, c'est-à-dire l'impôt, extorquait aux populations soumises des sommes énormes, en argent, en denrées, en *réquisitions* ; le plus clair du produit de la culture et de l'industrie y passait. A grand'peine restait-il à ces pauvres gens de quoi manger. — Les Romains, il est vrai, avaient apporté en Gaule la paix intérieure, l'ordre, la civilisation, les arts ; ils se faisaient payer tout cela.

Nos Gaulois, ingénieux de nature et fort adroits, se hâtèrent de profiter de ces leçons qui coûtaient si cher ; et bientôt ils surpassèrent leurs maîtres. Ils apprirent bien vite la langue, les procédés de travail ; ils prirent goût aux arts et devinrent d'excellents ouvriers en toutes sortes d'industries. Et alors, à leur tour, ils se faisaient payer. Malgré l'impôt, ils se tiraient d'affaire.

Voilà du moins comment les choses se passaient dans les villes. Mais les campagnes, qui n'avaient pas d'autre industrie, pas d'autre ressource que labourage et pâture, souffraient cruellement. Si les gens de la ville faisaient en partie les frais du luxe, des dépenses, des beaux édifices, du moins ils profitaient des travaux ; les tristes rustiques payaient, et rien ne leur en revenait. Ils étaient ruinés, écrasés. Presque tous étaient des *colons*, — autant dire des esclaves[1], ou plutôt ce qu'on a appelé au moyen âge des *serfs* ; ils appartenaient à des maîtres durs et rapaces, qui les faisaient travailler sans trêve et leur prenaient tout le profit... Voilà comment il se fait qu'en ces temps-là il y eut en Gaule de grandes et belles villes, pleines de beaux monuments, civilisées et prospères, tandis que les campagnes étaient barbares et misérables. — Mais les campagnes, en somme, c'est le *pays*. Et quand, à force de concentrer dans les cités toute vie et toute richesse, en épuisant, jusqu'à les tarir, la sève de la terre et le sang des malheureuses populations rurales par l'impôt, les exactions, les réquisitions, la milice[2], les campagnes abandonnées redevinrent sauvages,

1. Il y avait aussi beaucoup d'esclaves dans les villes, domestiques ou artisans travaillant pour un maître.
2. Service militaire.

que les sillons nourriciers se couvrirent de ronces et de chardons, — alors un moment devait venir où les villes, elles aussi, souffriraient et maigriraient, où l'état tout entier se disloquerait... C'est ce qui arriva.

Or, avant de quitter ces ruines, laissez-moi vous dire quelques mots encore sur l'architecture des anciens. A propos de toutes sortes de monuments, parisiens ou autres, antiques ou modernes, on entend à chaque instant parler d'*architecture grecque*, d'*architecture romaine* ; il faut avoir au moins une idée de l'une et de l'autre, ne serait-ce que pour ne pas les confondre : car ce sont deux choses très différentes.

En fait d'architecture, — et du reste en toutes choses, — les Grecs étaient des artistes et les Romains des hommes de métier, fort habiles il est vrai. Les Grecs aimaient le *beau*, les Romains aimaient le *grand*. Les Grecs, par exemple, n'ont jamais bâti que des édifices de dimension médiocre, ou même petits : leur beauté, à ces édifices, c'est la simplicité de leur structure, l'élégance de leurs formes, la juste proportion de toutes leurs parties, la finesse des détails, la perfection des sculptures, le bon goût des ornements. Les Romains, eux, se plaisaient à élever des bâtiments énormes, dont le mérite était un aspect majestueux, imposant, un grand air de puissance et de solidité. Or, un grand édifice ne peut se bâtir comme un petit. — Les Grecs, vous disais-je, avaient un système de construction très simple. Voulaient-ils élever un mur, ils posaient les pierres d'aplomb les unes sur les autres, *jointives*, c'est-à-dire joignant bien, et *sans mortier* : elles tenaient par leur poids. Ils faisaient leurs murs minces et leurs bâtisses légères ; ils couvraient leurs maisons, leurs temples, tout simplement avec des toitures de charpente[1]. Ils ne faisaient ni *voûtes*, ni *arcs* ; les ouvertures des portes et des fenêtres étaient carrées. Fallait-il soutenir en l'air une certaine partie de la construc-

---

[1]. Certains temples n'étaient pas couverts ou ne l'étaient pas entièrement.

tion, je suppose, un plafond : ils plantaient des colonnes d'une seule pierre, et posaient dessus les poutres du plancher. Les Romains couvraient leurs monuments par des voûtes de pierre. C'est plus beau, certainement, plus majestueux qu'une charpente dont on voit en dessous les poutres et les chevrons... Mais une voûte de pierre, c'est très lourd ; pour porter son poids énorme, pour résister à sa pression écrasante, il faut absolument dessous des murs très épais et de très gros piliers, lourds, massifs, inébranlables. Comme l'architecte romain fait un grand édifice, il veut de grandes portes et de grandes fenêtres : le voilà obligé de terminer la partie supérieure de ses ouvertures par des arcs. Les pierres ne sont plus toutes posées d'aplomb les unes sur les autres : il en est qui surplombent, qui sont comme suspendues au-dessus du vide : celles des voûtes et des arcs. Pour que la construction tienne solide, il faut alors que toutes les parties soient comme soudées ensemble et ne fassent pour ainsi dire qu'un seul bloc ; c'est pourquoi les Romains *lient* les pierres avec une grande quantité d'excellent mortier de chaux, — le fameux *ciment romain*, — un ciment qui devient plus dur que la pierre[1]. Encore aujourd'hui,

---

1. On nomme *appareil* la manière d'assembler les pierres dans la construction. Quand les pierres sont taillées, posées par assises ou rangs horizontaux, l'appareil est dit régulier ; sinon il est irrégulier. Les Grecs ont

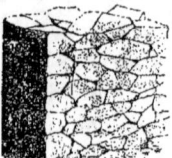
Appareil irrégulier.

Petit appareil romain.

employé, suivant les cas, tantôt l'un, tantôt l'autre ; mais toujours les pierres étaient posées d'aplomb les unes sur les autres, jointives et sans mortier. Les Romains employaient des mortiers. Tantôt ils élevaient leurs édifices en grandes pierres taillées : c'est ce qu'on nomme le *grand appareil* ; le plus souvent ils employaient de petites pierres carrées : c'est le *petit appareil*. Et alors presque toujours il y a, à diverses hauteurs, des assises en briques

avec un marteau, un pic, vous auriez peine à arracher un moellon de ces murailles ! Et comme les grosses pierres sont plus difficiles à transporter que les petites, plus difficiles à élever

plates, trois ou quatre rangs superposés, ainsi qu'il est facile de le reconnaitre en examinant les murailles de nos Thermes. Mais ce sont les *parements* seuls des murailles (c'est-à-dire les surfaces) qui sont ainsi construits; l'intérieur est tout simplement rempli de *blocage*, c'est-à-dire d'un entassement de petites pierres et de cailloux empâtés dans du mortier. Le mortier venant à durcir, toute la maçonnerie ne fait plus qu'un bloc.

Les édifices des Grecs, temples ou demeures, avaient, en *plan*, la forme d'un rectangle, avec un toit à double pente ; c'est, du reste, la plus simple, la plus commode, et aujourd'hui encore la plus ordinaire, du moins pour les maisons. Deux des murs se terminent en pointe plus ou moins aiguë, sous le toit : ce sont les deux *pignons*. Chez les Grecs et les Romains, les toits étaient couverts de tuiles, peu inclinés, et par conséquent les pignons formaient un angle très obtus.

Le mode de construction des Grecs était très simple. Par exemple, pour réserver le vide d'une porte, le moyen qui se présente le premier à l'esprit est de poser en travers, sur deux piliers d'une seule pierre ou deux *jambages* construits de plusieurs pierres superposées, une longue pierre ; c'est ce qu'on appelle un *linteau*. Sur ce linteau, on peut continuer d'élever la muraille : il en supportera le poids. Ainsi faisaient les Grecs, et cela se fait encore par-

Porte avec piliers et linteau.

Porte avec jambages et linteau.

tout. Est-ce une construction toute à jour, que nous voulons, afin qu'on puisse y circuler sans obstacle, disposition d'un portique, qui convient spécialement à un temple, où la foule doit avoir un facile accès : l'architecte dresse une rangée de colonnes d'un seul bloc chacune, véritables poteaux de pierre ; sur les têtes de ces colonnes il posera des traverses de pierre que nous appellerons *architraves* (c'est-à-dire *maîtresses poutres*). Sur les architraves on fera porter ou un plafond, ou un toit, ou un mur, un *fronton* : — un fronton n'est pas autre chose qu'un *pignon* porté sur des colonnes. Toutefois, il faut bien observer que ces traverses de pierre ne peuvent pas être assemblées, fixées, comme celles de bois. Elles ne sont que posées ; pour qu'elles soient solides, il faut qu'elles portent sur une surface assez large. Or s'il y a une suite de colonnes, chaque traverse de pierre ne peut aller que du milieu d'une colonne au milieu de l'autre. Pour qu'elle porte sur une sur-

sur la bâtisse et à mettre en place, le plus souvent ils construisent, comme vous le voyez ici, avec de très petits matériaux, de petites pierres cubiques qui ressemblent à des pavés,

face plus large, pour qu'elle ait plus d'*assiette*, comme on dit, notre Grec pose sur la tête de la colonne une pierre plus large qu'elle, qui la déborde tout autour : c'est le *chapiteau* ; puis, sur le chapiteau, l'architrave ; tout le poids porte bien d'aplomb sur la colonne. — On mettra quelquefois sous le pilier de pierre un bloc de maçonnerie, une *base*, un piédestal. Voilà donc les trois parties de la colonne : le *fut* (partie cylindrique, allongée), le *chapiteau*, la *base*. Selon les proportions des diverses parties de la colonne, de l'architrave et des autres pièces essentielles de la construction, nous aurons ce qu'on appelle un *ordre* d'architecture. En Grèce, il y eut *trois* ordres seulement : l'ordre *dorique*, l'ordre *ionien*, l'ordre *corinthien*, différents par leurs proportions et leurs ornements, qui furent adoptés et modifiés par les Romains.

Les trois ordres grecs : 1. Ordre dorique ; 2. Ordre ionien ; 3. Ordre corinthien.

Voyons maintenant les conséquences de cette manière de construire, si simple et si naturelle. Les traverses de pierre, les linteaux et les architraves, ne doivent pas être trop longues ; sinon, appuyées seulement par les deux bouts, chargées du poids de tout ce qu'il y a au-dessus, elles se briseraient par le milieu, et l'édifice s'écroulerait. Il faut donc que les colonnes soient assez rapprochées. De même il nous sera impossible de faire de très grandes portes ou fenêtres, puisqu'il faut que le linteau n'ait pas trop de longueur. En conséquence ce mode de structure ne convient qu'à des édifices de dimension médiocre.

Le système de construction des Romains est tout autre, et moins simple.

et des briques. Mais quand il le faut, ils savent très bien aussi mettre en œuvre de gros blocs de pierre, les tailler, les ajuster soigneusement.

Pour pouvoir *franchir* de grandes largeurs de vide, ils employaient l'arc. Imaginez deux piliers verticaux de pierre: des pierres taillées obliquement *en coin*, sont posées de manière à se rejoindre au dessus du vide. Pour que l'une de ces pierres pût se détacher et tomber, comme elle est taillée en coin, il faudrait qu'elle chassât les deux autres qui l'appuient à droite et à gauche; celles-ci sont contenues de même par leurs voisines, et la dernière de chaque côté par les piliers : donc l'ensemble se soutiendra au-dessus du vide. C'est l'arc. Les pierres taillées obliquement se nomment *claveaux* (CCC) et le claveau du milieu porte le nom de *clé* (A).

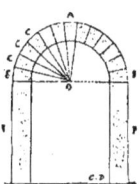
Théorie de l'arc.

Toutefois, chacun de ces claveaux, la clé, par exemple, tend à écarter les autres; l'ensemble tend à écarter les deux piliers, les pousse en dehors : cet effet inévitable est ce qu'on appelle la *poussée* de l'arc. Si les piliers, par exemple, étaient simplement posés sur le sol et minces, l'effort d'écartement, la poussée de l'arc les ferait se déverser, s'incliner en dehors, et les claveaux s'écrouleraient entre les deux. Un arc comme celui-ci est une construction très solide, mais à une condition : c'est que les piliers qui le portent et qui subissent toujours cet effort oblique soient ou assez larges, lourds et massifs par eux-mêmes pour résister à cette

Fenêtre avec archivolte plein cintre.

Fenêtre avec archivolte en arc bombé.

poussée, ou qu'ils soient appuyés des deux côtés, en dehors, par d'autres parties de la construction. A cette condition, l'arc peut non seulement se soutenir, inébranlable, mais porter un poids énorme de maçonnerie entassé au-dessus.

Les Romains, pour *fermer* en haut les portes, les fenêtres d'une maison, les arcades d'un portique, employaient, et nous employons à leur exemple deux sortes d'arcs : des arcs arrondis en complet demi-cercle, qu'on nomme

Les Romains, il faut enfin le dire, imitèrent souvent les Grecs. Ils trouvaient fort belles les colonnes... ils voulurent en mettre, eux aussi, dans leurs édifices. Mais alors ces colonnes

pleins cintres; et des arcs moins élevés, ne formant qu'une petite portion de cercle, que l'on nomme *arcs bombés*.

Quand il s'agit non plus seulement de franchir le vide d'une ouverture, mais de *couvrir* un espace plus ou moins étendu en surface, comme une pièce d'appartement, un passage, on a la *voûte*, construction qui repose sur le même principe que l'arc. La voûte est également une construction courbe, formée de claveaux en forme de coin, qui s'appuient et se soutiennent par leur pression mutuelle. Les Romains employaient habituellement, et nous employons aussi comme eux trois sortes de voûtes : les voûtes en *berceau*, les *coupoles*, les voûtes *d'arête*.

Imaginez deux murs verticaux : de l'un à l'autre, par-dessus le vide, une suite d'arcs égaux qui se touchent et se relient sans laisser d'intervalle : vous avez la voûte en *berceau*. Cette sorte de voûte, dont la surface est cylindrique, concave en dessous, convexe en dessus, convient surtout, comme sa forme même l'indique, pour couvrir des espaces étroits et allongés, des galeries, des passages. Une voûte en berceau étant une suite d'arcs, qui chacun produisent leur effet de poussée, vous voyez que l'ensemble de la voûte pousse en dehors les deux murs qui la supportent ; et ces murs seront renversés, s'ils ne sont très épais et très solides pour résister à l'effort, ou bien

Voûte en berceau (théorie).   Voûte en coupole (théorie).

s'ils ne sont appuyés en dehors par d'autres parties de la construction qui les empêchent de fléchir. Un berceau peut être aussi porté sur deux rangs de piliers et de colonnes, à la condition encore que ces piliers soient ou très massifs, ou appuyés du dehors. On peut construire les berceaux en *plein cintre*, c'est-à-dire en demi-cylindre, ou bien en courbe moins élevée, seulement bombée, *surbaissée*, comme on dit. — Vous aurez un excellent exemple de cette forme de voûte en observant les *arches* de nos ponts, qui sont des berceaux très vastes, très hardis, quelquefois en plein cintre, plus souvent en courbe *surbaissée*, pour prendre moins de hauteur.

Supposez qu'il s'agisse de couvrir un espace *circulaire* : nous avons la *coupole* (souvent appelée aussi *dôme*). Imaginez un mur rond, en façon de cylindre creux vertical ; dessus posez une *calotte*, une *demi-sphère* creuse ; c'est la coupole. Les claveaux qui la composent sont également taillés en coin

ne faisaient pas partie essentielle de la construction, elles étaient là comme une simple décoration, elles ne soutenaient rien, et on eût pu les enlever sans ébranler aucunement la

en tous sens : ils s'entr'appuient et se soutiennent de toutes parts absolument comme les claveaux de l'arc ; et ni la *clé*, qui est au centre, ni aucun des claveaux ne peut se détacher. On peut également supporter une coupole sur une rangée circulaire de colonnes. Mais cette voûte a aussi, naturellement, son effet de poussée qui tend à rejeter les murs ou les colonnes en dehors tout autour, tandis que la voûte s'effondrerait au milieu : et cela aura lieu, en effet, si les murs ou les piliers ne sont pas assez épais pour résister, ou convenablement appuyés, comme *épaulés* du dehors. Beaucoup de nos grands édifices parisiens, le Panthéon, le Val-de-Grâce, l'Institut, les Invalides, etc., sont ainsi voûtés en coupole. Les Romains élevaient aussi des espèces de demi-coupoles, en façon de ciels de niches, couvrant des espaces en demi-cercle : c'est ce qu'on appelle voûtes en *cul-de-four*.

Enfin supposons qu'un Romain ait à couvrir un espace carré. Il élève d'abord quatre murs suivant les quatre côtés de la salle. Cela fait, reconnaissant qu'il pourrait également bien construire une voûte en berceau dans un sens ou dans l'autre, il imagine de faire à la fois deux berceaux qui s'entrecroisent, se *pénètrent* l'un l'autre. Ces surfaces courbes s'entrecoupant forment quatre plis profonds, qui se rejoignent au milieu : plis creux à l'extérieur,

 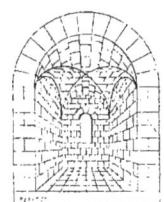

Voûte d'arête, extérieur (Théorie.)   Voûte d'arête, intérieur (Théorie.)

à l'intérieur saillants, et produisant des angles vifs, des *arêtes* ; d'où le nom de *voûte d'arête*. Il peut également, s'il veut un espace ouvert de toutes parts, élever pour porter sa voûte quatre piliers seulement aux coins. Cette sorte de voûte, comme toutes les autres, pousse en dehors, sur les angles, les murs ou les piliers qui la portent. — La partie centrale de la voûte de la grande salle des Thermes est une voûte d'arête. (Voir le dessin, page 1.)

Toutes ces voûtes produisant une poussée d'autant plus forte qu'elles sont plus vastes, les Romains en prennent leur parti : ils mettent dessous, pour les porter, des murs extrêmement épais, massifs, inébranlables, ou d'énormes piliers. Cela est solide ; cela est majestueux d'aspect. Mais il faut avouer que ces gros murs, ces gros piliers, excessivement coûteux d'ailleurs, rétrécissent l'espace, gênent les passages et diminuent les jours. Dans nos pays où le ciel est couvert, où le soleil ne brille pas, comme en Italie, d'un éclat aveuglant, les édifices romains ou imités des Romains paraissent sombres à l'intérieur.

massive bâtisse, qui n'a nullement besoin de tels appuis[1].

Qu'il y ait ici un si vaste et si somptueux palais, et plusieurs autres édifices importants dont bientôt nous parlerons, cela nous dit assez que Lutèce est maintenant une ville[2]. — Mais reprenons d'un peu plus haut l'histoire.

Après l'incendie et la bataille, la paix faite et la Gaule définitivement soumise, nos Parises avaient rebâti leur village. Puis des Romains vinrent s'y établir, de plus en plus nombreux. — Quand les Romains avaient conquis un pays, ils s'installaient au milieu des populations vaincues pour les *administrer*, c'est-à-dire pour leur faire payer l'impôt et les plier aux lois romaines. Ainsi firent-ils en Gaule, partout, et ici de même. Ils étaient trop intelligents pour ne pas comprendre les avantages de la situation de Lutèce. Il y vint donc, non pas des administrateurs seulement, des receveurs d'impôts et des juges, mais aussi des propriétaires, des marchands romains. Ils élevèrent dans l'île des maisons à *la romaine*, plus ou moins grandes et riches, mais toutes en forme de carré long, avec des murs de pierre et de chaux, des toits de tuiles à double pente et un pignon à chaque extrémité. Nos Gaulois imitèrent, eux aussi, cette construction. Ils renoncèrent à leurs cabanes rondes, et firent bien. Même ceux qui par pauvreté bâtissaient encore en bois et en terre, couvraient de chaume leurs masures, les faisaient du moins de forme carrée, reconnaissant qu'elles étaient ainsi plus logeables et plus commodes à meubler. Cela seul changeait beaucoup l'aspect du village.

Mais déjà il devenait une ville. L'île se remplissait de mai-

---

1. Les Romains copièrent même purement et simplement les Grecs dans leurs temples et leurs basiliques. Mais alors ce ne sont plus en réalité des édifices romains; ce sont des édifices grecs bâtis par des Romains.
2. Au IIIe siècle.

sons. Il fallut tracer des rues, ménager une place pour le marché. Les ponts avaient été reconstruits, en bois toujours. La population allait croissant rapidement, vivant, s'enrichissant par l'industrie et le commerce. Puis, se trouvant à l'étroit dans l'île, elle déborda. Ce n'étaient plus, comme autrefois, des bergers et des laboureurs : qu'auraient-ils fait là, quand il n'y avait plus ni pâturages, ni terrain à labourer, l'espace étant occupé par les maisons ? Les habitants de Lutèce étaient presque tous alors des ouvriers, des marchands; enfin, des bateliers qui formaient une association riche et nombreuse sous la protection des Romains. Ils s'appelaient les *Nautes* de Lutèce[1]. Et même il vint un moment où les commerçants et les gens de métier tout au moins aisés eurent à peu près seuls des maisons dans l'île ; les ouvriers pauvres, les petits pêcheurs, les laboureurs[2] se bâtirent des cabanes sur la grande terre, où l'espace ne manquait pas, où le terrain était pour rien. Sur la rive droite du fleuve, à la tête du pont, il se forma, en face de la ville, un gros village de chaumines, un *faubourg*[3] pauvre et populeux; un autre moins étendu, au midi, près du petit pont de la rive gauche[4]. En même temps, de riches propriétaires romains venaient bâtir de belles villas dans la plaine du nord[5] et sur les buttes isolées qui la dominent[6]; d'autres plus loin, sur la rive opposée, au penchant des collines du sud-ouest[7].

Les généraux romains, de leur côté, comprenant qu'il fallait garder la place, y mirent des soldats. Sur les pentes[8] qui dominent la rive, au midi, ils dressèrent un *camp permanent* où séjournait un corps d'armée; il y eut une *place d'armes* pour

---

1. Mariniers; en latin *Nautæ*. De semblables associations existaient sur le Rhône à Nîmes ; à Valence, à Lyon ; sur la Loire, sur la Garonne, etc.
2. Gens presque tous de condition servile, comme les *colons* des campagnes.
3. Faubourg du Nord; emplacement actuel de l'Hôtel de Ville et du Châtelet.
4. Faubourg du Midi ; environs de la place Maubert.
5. Emplacement du Palais-Royal et environs.
6. Montmartre, Passy.
7. Quartier de Vaugirard.
8. Pentes du Luxembourg, boulevard Saint-Michel, Sorbonne.

les exercices ; on bâtit des casernes[1], des bains : toute une ville militaire qui s'élevait en face de la ville du travail et du commerce, et la surveillait d'en haut.

S'ils opprimèrent les Gaulois, les Romains, du moins, eurent le bon esprit de ne pas les mépriser. Ils ne craignirent pas de se mêler avec les anciens habitants du pays. Vainqueurs et vaincus vivaient sous les mêmes lois, les lois romaines[2]. Le marchand, l'ouvrier, qui avaient affaire ensemble chaque jour, s'inquiétaient peu de l'origine de leurs voisins ou de leurs clients. A Lutèce, comme dans toutes les villes, une population *gallo-romaine* se formait, Gaulois et Romains mélangés. Il faut dire aussi que nos compatriotes, le premier moment de rancune passé, se laissèrent bien vite apprivoiser. Ils prirent beaucoup des mœurs romaines, — trop même, — des costumes romains[3]: en un mot, ils se *romanisèrent*... Tout le monde parlait latin, à Lutèce : mauvais latin, il est vrai. Même ils oublièrent le vieux parler *celtique*, la langue de leurs pères[4]. Ils oublièrent aussi leurs druides ; non pas leurs dieux pourtant : mais ils adoptèrent en même temps, — bizarre mélange ! — les divinités des vainqueurs.

Au milieu de cette salle des Thermes où sont rassemblés tant de débris précieux pour l'histoire, voyez ce pilier carré, grossièrement sculpté sur les quatre faces. Ceci est un autel. Il était dressé non pas ici, mais vers la pointe orientale de l'île, auprès du port, là où fut jadis le petit bois sacré druidique, là même où s'éleva depuis la grande cathédrale chrétienne. Autour se rangeaient d'autres autels encore[5] ; puis une inscription en latin nous explique la chose : *Sous Tibère-César-Auguste*, les

---

1. Près du Panthéon.
2. Mais non pas, d'abord, sur le pied d'égalité.
3. Dans les villes, dis-je ; dans les campagnes, au contraire, il y eut une très longue résistance. Les villes étaient romaines et les campagnes gauloises.
4. Elle subsista longtemps dans les campagnes, surtout au Nord et à l'Ouest. La langue bretonne en est chez nous le dernier débris, altéré par le temps.
5. Également retrouvés, ornés de figures de dieux gaulois et romains, avec des inscriptions latines.

Nautes Parisiens ont élevé publiquement cet autel à Jupiter, très bon, très grand. — Ainsi donc, là était le temple de Lutèce, l'autel *votif*[1] des *Nautes*. Sous *l'empereur Tibère*[2], c'est-à-dire un demi-siècle après la conquête, cette population de marchands avait déjà adopté le culte des envahisseurs! — Mais quoi! Regardez les sculptures de l'autel : d'un côté, *Jupiter*, le grand dieu romain ; sur l'autre face, *Ésus*, la principale divinité gauloise. Tout près, un autre dieu latin, le dieu travailleur, Vulcain ; puis un taureau, trois grues, des feuillages, vieux emblèmes celtiques[3]. Les dieux ont fait la paix comme les hommes. Que chacun offre l'encens au sien, l'autre en prend aussi sa part[4]... Ceci, voyez-vous, dit naïvement la pensée de Rome. Pensée toute politique : c'était un moyen de concilier les populations. Ils adoptaient très volontiers les dieux des vaincus, dieux grecs, orientaux, africains, n'importe ; beaux ou laids, civilisés ou barbares[5]... Pourquoi pas aussi ceux des Gaulois ? « Quelques-uns de plus ou de moins... nous en avons déjà tant, à Rome ! » — Point fanatiques du tout[6], ces Romains ; au fond

Autel votif des Nautes

---

1. Élevé par vœu.
2. De l'an 14 à l'an 37 après J.-C.
3. Avec les noms écrits pour que personne ne s'y trompât : *Iovis, Esus, Volcanus, Tarvos Trigaranus*. Voir la restitution, page 109.
4. On a retrouvé jusqu'aux charbons et à l'encens dans les ruines du temple.
5. Le plus curieux encore de la chose, c'est que leurs *Grands Dieux* mêmes, les *Dieux de l'Empire* ne leur appartenaient point légitimement : ils n'étaient pas nés romains. C'étaient des dieux *volés ;* on les avait pris aux Grecs, avec tant d'autres choses. — Il y avait encore, il est vrai, d'antiques divinités latines, un vieux *Janus*, un *Februo*, une déesse *Acca*, etc.... Mais c'étaient de pauvres diables de dieux, incapables de faire bonne figure dans le monde : on les négligea.
6. Ce qui ne les empêchait pas d'être très superstitieux. Ils persécutèrent, par exception, les druides et les chrétiens, mais pour des raisons toutes politiques. Puis ces derniers, et dès le commencement, s'annonçaient comme voulant non seulement adorer leur dieu en liberté, mais abolir tous les autres

même très peu religieux. Ce peuple de soldats n'était réellement dévot qu'à une seule divinité : la *Victoire*.

Dans le même esprit de conciliation, ils avaient pris le parti de laisser les gens des villes arranger entre eux leurs petites affaires locales. À Lutèce, les commerçants riches et surtout les chefs de l'association des Nautes étaient des autorités dans le pays ; les gouverneurs romains avaient beaucoup d'égards pour eux. Puis vint l'empereur Claude (vers 50 ap. J.-C.) qui donna à un très grand nombre de Gaulois et de villes gauloises le *droit de cité* ; c'est-à-dire que ces Gaulois devenaient les égaux des Romains, ces villes gauloises, égales en droits à Rome même...
— Les vrais Romains de Rome ne le lui pardonnèrent jamais.

« S'il eût vécu, disaient-ils plus tard, il eût donné le *droit de cité* à tout l'Empire ! » Cette seule idée révoltait leur orgueil. Un siècle et demi après il fallut pourtant en venir là (212). Cette fois, plus de Romains et de barbares ; tous égaux, tous citoyens : — j'entends parler des hommes libres, car les esclaves, qui étaient très nombreux, étaient *hors du droit*. — Lutèce donc, elle aussi, fut une *cité* ; et, depuis ce temps, l'île, centre de la ville, en a gardé le nom. Les *citoyens* de la *cité* constituaient un *municipe* : et les principaux d'entre eux, les *notables*, comme nous dirions aujourd'hui, formaient un *conseil municipal* que l'on nommait alors la *Curie*. Ceux qui en faisaient partie, les *curiales*, étaient chargés de répartir l'impôt, s'occupaient des affaires de la ville, des dépenses publiques. Il y avait en tout ceci de l'ordre et une certaine liberté. Malheureusement cela n'empêchait pas l'impôt d'être écrasant pour les populations.

La cité prit plus d'importance quand, vers la fin du IIIᵉ siècle, Constance *le Pâle*, d'abord gouverneur des Gaules, puis em-

---

cultes. Cela fâcha l'orgueil romain. Qu'on osât toucher aux *dieux de l'Empire !* — auxquels ils croyaient si peu, — c'était toucher à l'Empire même.

pereur, l'adopta pour lieu de résidence¹ (292-306). C'est alors qu'il fit bâtir ce beau palais des Thermes, dont nous admirions les ruines, nous efforçant de les relever en imagination. — Et c'est pourquoi nous choisissons ce moment pour visiter la *Lutèce Romaine*².

Or, si d'après cela, vous alliez conclure que notre Paris, en ce temps-là, soit déjà devenu quelque chose comme une capitale, une grande ville, vous seriez dans l'erreur. Non, c'est une petite ville encore, une *ville de province* bien modeste³. La grande capitale des Gaules, c'est Lyon.

Qu'est-ce, dis-je, que Lutèce dans son île, en comparaison des vraies grandes villes gallo-romaines, Lyon, Marseille, Narbonne, Arles, Vienne, Nimes avec sa lieue et demie de remparts, Autun avec ses deux cent vingt tours, ses trois immenses théâtres... Lutèce n'a pas même de murailles ! — Voyez, dans l'étroit espace de la Cité, serrées les unes contre les autres, les maisons gallo-romaines, avec leurs murs de pierre grise et leurs toits de tuiles, la plupart fort simples, quelques-unes élégantes et gracieusement décorées. Elles ont, tout au plus, un étage au-dessus du rez-de-chaussée. Mais ce qui vous étonnera, c'est de ne point apercevoir de cheminées au-dessus des toits... Point de cheminées, dans un pays où, nous autres, nous faisons du feu la moitié de l'année ! Mais les Romains venaient d'un beau pays au ciel pur, au soleil ardent, où l'on se chauffe rarement. En Italie, ils n'avaient point de cheminées⁴; bâtissant sous le ciel changeant de la Gaule, ils n'ont pas daigné, vous disais-je, modifier leur manière de construire. Les salles de bains, certaines salles de palais sont chauffées en dessous, au moyen de calorifères (*hypocaustes*); et dans les appartements, si on a froid, on

---

1. Constance Chlore, père de Constantin, le premier empereur chrétien.
2. Suivre sur le plan, page 91.
3. Elle faisait alors partie de la province Lyonnaise (1ʳᵉ division). Plus tard (fin du IVᵉ siècle), la trop vaste province Lyonnaise fut divisée en quatre parties ; Lutèce appartenait à la quatrième partie, avec Sens pour capitale ; villes principales : Chartres, Auxerre, Troyes, Orléans, Meaux, enfin Lutèce.
4. La plupart des maisons de l'Italie méridionale en sont encore dépourvues.

allume un feu de charbon sur un petit fourneau portatif. Or, songez que les fenêtres n'ont pas de vitres... On les fait petites, pour donner moins de passage au vent et à la pluie ; on les ferme avec des volets de bois, on les couvre avec des rideaux épais ; alors on ne voit plus dans la pièce. Pour nous, hommes du Nord, hommes d'intérieur et de vie en famille, une maison sans foyer n'est pas une vraie maison. Mais les habitants des villes gallo-romaines, les hommes du moins, aiment la vie au dehors ; c'est sur la place publique, et, s'il fait mauvais temps, dans les édifices publics, dans les salles de la *Curie*, des bains publics, que l'on fait la conversation, que l'on traite les affaires. Au logis, les appartements étant sombres, on se tient de préférence dans une petite galerie couverte, donnant sur la cour intérieure de la maison. Les chambres à coucher sont petites, la plupart n'ont pas d'autre ouverture que la porte : pour dormir, il n'est pas besoin de voir clair...

Les maisons se groupent le long des rues ; — car il y a enfin des rues à Lutèce, et même des rues assez bien alignées, *pavées*, assez propres ; beaucoup mieux alignées, et plus claires et plus propres qu'elles ne le seront plus tard, au moyen âge ; la curie prend grand soin de la salubrité de la ville. La rue principale est celle qui joint les deux ponts. Vers le milieu de l'île, voici le *forum*, la place publique pour les marchés, la vente à la criée, entourée des maisons des marchands. C'est là que l'on convoque le peuple, s'il y a quelques réunions à tenir, quelque loi à publier.

A l'occident du forum et de l'île s'élève le principal monument, le *Palais de la Cité*[1], vaste et somptueux édifice, demeure des gouverneurs et administrateurs romains, des empereurs lorsqu'ils passent par Lutèce ; en même temps *tribunal* : c'est déjà le *Palais de Justice*. Plusieurs bâtiments publics s'élèvent à l'orient près du principal port des Nautes : probablement les

---

1. Emplacement du Palais de Justice actuel. On a retrouvé les ruines du bâtiment romain. — Le Palais, centre politique de la Cité, a conservé pendant tout le moyen âge sa double affectation.

bâtiments de la *Curie*[1]. Là bas, un autre monument, orné de sculptures : un arc de triomphe ; c'est quelque chose comme un autel que ces ingénieux Romains se sont élevé à eux-mêmes, à leur propre orgueil, en mémoire de je ne sais quelle victoire[2]. Mais voici les vrais autels : ici, à l'orient, le fameux temple des Nautes que vous savez ; un autre temple existe près du Palais ; un temple à *Mercure*, un temple à *Mars* se dressent sur le *Mont de Mars*, au nord de la ville[3]; d'autres encore dans la plaine. Ce ne sont pas les dieux qui manquent ici ! Et, en outre du culte public, chacun, dans sa maison, a ses petites dévotions particulières : son petit *Jupiter*, ou Dieu-Père, son petit *Mercure*, sa petite *Mère des dieux*[4], en bronze, en marbre ou en simple terre cuite, dans une niche devant laquelle on se prosterne pour faire sa prière et brûler quelques grains d'encens sur les charbons. — Mais déjà un dieu est né qui doit les détrôner tous[5].

Nous laisserons les faubourgs, amas insignifiant de cabanes ; nous ne nous attarderons pas non plus à parcourir les riches *villas* que des grands propriétaires romains ont élevées dans la plaine[6], quoiqu'il y ait pour les embellir un aqueduc et deux beaux bassins qui reçoivent ses eaux. Mais il nous faut dire un mot des routes qui conduisent à Lutèce ; car les *voies* sont parmi les travaux des Romains les plus grands et les plus utiles. La chaussée d'une *voie romaine* est pavée, comme celle des rues, de gros quartiers de roc, irréguliers, mais bien assujet-

---

1. Ce que nous appellerions l'*Hôtel de Ville*, la *Mairie*. Emplacement du *Parvis Notre-Dame* actuel. — Il existait d'autres *ports des Nautes*, notamment un au nord, l'autre près du Palais.
2. Le *monument triomphal* de Lutèce, probablement en forme de porte; son emplacement précis n'est pas connu. Plusieurs auteurs le rapportent à une date postérieure et l'attribuent à Maximin.
3. En latin *Mons Martis*, d'où Montmartre. Plus tard, ce nom a été interprété par une autre étymologie : *Mons Martyrum*, mont des Martyrs. Une des rues qui y conduit porte encore le nom de *rue des Martyrs*.
4. *Cybèle*.
5. Au temps de Constance Chlore il y avait déjà des chrétiens à Lutèce.
6. Vers le Palais-Royal actuel, le Louvre ; aux environs de Montmartre, etc. L'aqueduc dont nous parlons apportait les eaux des sources de Passy dans deux bassins situés sur l'emplacement du Palais-Royal.

tis, bien joints, bien dressés à leur surface : c'est comme un mur horizontal, ce pavé ; il est légèrement bombé pour l'écoulement des eaux[1]. A droite et à gauche sont de larges trottoirs de terre battue et de curaille pour les piétons, et de demi-lieue en demi-lieue des bornes de pierre se dressent, portant inscrites les distances. Ce sont des ouvrages presque indestructibles ; il en reste encore de nos temps de nombreuses traces dans toute la France.

Cinq voies principales partent de Lutèce et rayonnent dans toutes les directions. D'abord, sur la rive gauche, la grande voie de la Loire et du Midi ; prenant du *Petit-Pont*[2], c'est-à-dire du pont qui franchit le petit bras du fleuve, elle traverse le quartier militaire, longeant le palais des Thermes, la place d'armes, le camp, les casernes, et grimpant par une pente raide sur le plateau[3]. Sur l'autre rive, une large rue partant du *Grand-Pont*[4] et traversant le faubourg du Nord, se divise, à la sortie, en quatre embranchements qui sont autant de grandes voies. Deux de ces voies, avant de se séparer, se suivent longtemps dans la plaine à peu près parallèlement. L'une est la voie du Nord, qui conduit en Belgique ; l'autre se détourne vers les forêts noires des Ardennes et la sauvage Germanie[5]. Vers le cours de la Marne se dirige la voie de l'Est[6] ; tandis

---

1. Un fragment du pavé d'une des voies romaines de Lutèce est reconstitué dans la *salle découverte* des Thermes.
2. Emplacement du Petit-Pont actuel.
3. Voie d'Orléans et du Midi. Elle suivait le parcours actuel de la rue Saint-Jacques et de la rue du Faubourg-Saint-Jacques.
4. Pont franchissant le grand bras du fleuve, au nord. Emplacement du pont Notre-Dame actuel.
5. Ces deux anciennes routes forment aujourd'hui les deux rues parallèles si remarquables, Saint-Denis et Saint-Martin. La première, la *Voie des provinces du Nord*, suivait à peu près les rues Saint-Denis et du Faubourg-Saint-Denis pour se diriger par Saint-Denis. La seconde voie, par Senlis (*Augustomagus*), s'infléchissait vers Soissons et Reims, pour se diriger vers la Meuse et le Rhin. Elle suivait exactement la rue Saint-Martin et celle du Faubourg-Saint-Martin, puis la rue d'Allemagne actuelle.
6. *Voie des provinces de l'Est ;* elle suivait la direction de la rue Saint-Antoine, de la rue du Faubourg Saint-Antoine et de la rue de Montreuil, inclinant ensuite vers Meaux et Châlons-sur-Marne.

qu'à l'opposé la *voie de la mer* fuit à l'occident[1], sous la colline de Mars[2].

Mais en outre des grandes routes, il y a des chemins, pavés également, pour desservir les cultures et communiquer

1. Transversalement par les Halles actuelles, la Bourse, l'avenue de Clichy : aucune grande voie moderne ne suit son parcours général. — De là, elle se dirigeait vers Rouen et l'embouchure de la Seine, avec embranchement vers l'Ouest et *l'Armorique* (Bretagne).
2. Ces voies, dans leur allure générale, ont persisté; à mesure que la ville grandissait et s'étendait, elles devenaient des *rues*, et la plupart de ces rues existent encore, suivant à peu près le même parcours, ainsi que nous l'avons dit et qu'on peut le reconnaître sur le plan ci-joint.

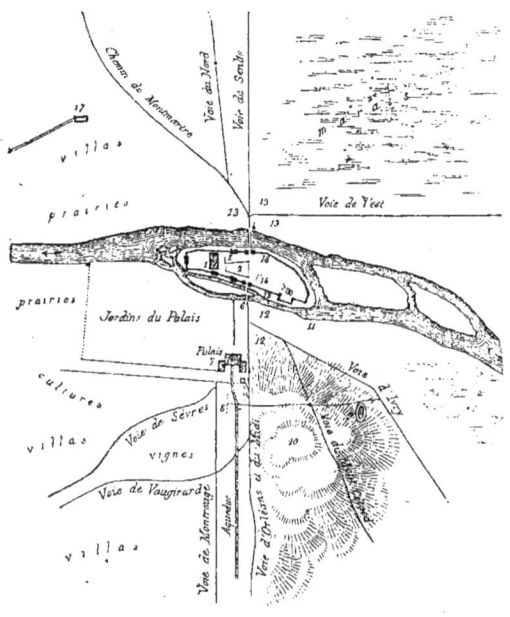

Plan de Lutèce et de ses voies au temps des Romains.

1. Palais de la Cité. — 2. *Forum*, place. — 3. Temple des Nautes. — 4. Grand-Pont. — 5. Prison de Glaucin. — 6. Petit-Pont. — 7. Palais des Thermes. — 8. Place d'armes. — 9. Arènes. — 10. Mont *Lucotitius*. — 11. Port de la rive gauche. — 12. Faubourg du Midi. — 13. Faubourg du Nord. — 14. Emplacement de la Curie. — 15. Port principal des Nautes. — 16. Port du Nord de l'île. — 17. Aqueduc et réservoirs de la rive droite.

aux villages des environs : le chemin des prairies d'aval, sur la rive gauche, et ceux qui se dirigent, à travers les cultures, les vignes et les figuiers[1], vers les collines boisées de l'ouest[2]. Une route grimpe sur le plateau du midi, deux autres serpentent vers la petite rivière, montant et descendant les versants des collines[3]; tandis que sur la rive opposée, un sentier très fréquenté se détournant de la grande *voie de la mer*, amène les dévots pèlerins aux temples de Mars et de Mercure sur leur butte isolée.

Selon la coutume romaine, toutes les grandes voies, à l'approche de la ville, sont bordées de tombeaux[4]. Ainsi le voyageur, avant d'apercevoir les toits des vivants, rencontre sur sa route les monuments des morts, plus ou moins simples ou ornés de sculptures et d'inscriptions : tout au moins un nom sur la pierre, et les mots sacrés qui demandent au passant un souvenir, une bénédiction, un pieux souhait d'éternel et paisible repos.

J'ai réservé pour finir un dernier édifice ; monument funèbre aussi : mais il faut l'entendre autrement. — C'est à quelque distance de la ville, sur la rive gauche du fleuve, au penchant des collines qui regarde le levant, tout près du quartier des soldats[5], un vaste et lourd bâtiment découvert, de contour

---

1. La vigne et les figuiers étaient cultivés dans le pays vers le temps de Probus (276.)
2. L'une suivait le parcours actuel de la rue de Vaugirard jusqu'au Luxembourg ; l'autre conduisait à Sèvres. Elles sont désignées sur le plan par les noms modernes.
3. Chemin de Montrouge ; chemin du Mont Cétard, actuellement, par corruption, rue *Mouffetard*, et avenue des Gobelins ; chemin d'Issy.
4. Un vaste cimetière existait en outre au revers du Mont Lucotitius, vers l'emplacement actuel de la rue de *Lourcine*.
5. Sur la pente du Mont Lucotitius, actuellement Montagne Sainte-Geneviève ; emplacement de la rue Monge.

arrondi. Vous entrez : voici l'enceinte ovale, concave, semblable à une cuve immense ; au fond, un large espace, plat, sablé, gardé d'une forte barrière ; alentour, des rangs étagés de gradins... — Ils ne peuvent pas s'en passer, ces Romains, de ces jeux atroces. C'est une fureur, ils l'ont dans la moelle des os. Partout où ils passent, la première chose qu'ils bâtissent c'est l'*amphithéâtre*. Chaque ville a le sien : la petite Lutèce aussi, qui n'a pas de remparts.

Faites l'effort de les relever par la pensée, ces murailles dont il ne reste plus que les fondements enterrés sous les décombres[1]. Vous représentez-vous l'*arène*, où tant de sang a coulé, le sang des animaux et celui des hommes, le sang des criminels et celui des martyrs ? Sur les gradins voyez-vous, en rangs pressés, la foule frémissante, dix mille spectateurs, graves magistrats, curiales, soldats ; puis le peuple, hommes, femmes et enfants, accourus pour voir les *jeux* ? Et les jeux des Romains

---

1. Les ruines des *Arènes* de Paris ont été retrouvées en 1869, et en partie dégagées par des fouilles. Voir le dessin ci-dessus, représentant une partie du mur d'enceinte et une des cages des bêtes féroces.

sont des combats ; d'abord d'animaux féroces entre eux, ours, lions, panthères, taureaux affolés, qui s'entre-déchirent dans une mêlée furieuse : mais ce n'est pas assez[1]. Alors ce sont des combats d'hommes contre les bêtes féroces ; puis des combats de *gladiateurs*[2], homme contre homme. Non pas des simulacres de bataille, comme nos innocents *tournois* du moyen âge[3] : non, il faut de vraies batailles, où l'on tue, où l'on meure pour tout de bon, le sang rouge sur le sable et l'odeur du carnage. Qu'ai-je dit, des combats ? Mais ce sont des hommes désarmés, le plus souvent, demi-nus, — horreur, — des femmes, qu'on livre aux bêtes de l'arène. Le spectacle, c'est le supplice, c'est l'angoisse, les contorsions, les cris de la victime ; l'intérêt du drame, de voir comment la bête s'y prendra pour la dévorer. Alors, la foule, graduellement enivrée d'une sorte de délire, se dresse sur les bancs pour mieux voir, applaudit, rugit ; les bêtes féroces, dans leurs cages, répondent... Voilà pourtant la fête romaine ! Sinistre fête, odieuse leçon de cruauté donnée par des

1. D'après l'examen de ces ruines, le cirque devait se composer d'un soubassement en maçonnerie, surmonté d'une construction en bois ; des piliers de bois supportaient le *velum*, la grande toile destinée à abriter les spectateurs assis sur les gradins de pierre. De certaines découvertes, les archéologues ont conclu que le cirque a été incendié vers l'an 400 *pendant une représentation* (probablement par les chrétiens). Il n'est pas certain que des martyrs chrétiens aient péri dans les *arènes* de Lutèce ; mais c'est très probable. Les arènes, avant leur destruction, servaient aussi de lieu de réunion pour l'association des Nautes, pour les assemblées et délibérations publiques, etc. On voit par une phrase de *Julien* (voyez page 97), que, de son temps et dans nos contrées du moins, les jeux du cirque n'étaient plus de sanglantes orgies, comme aux premiers siècles de la conquête. Ils consistaient probablement en combats d'animaux, exercices équestres, pantomimes, combats simulés : des espèces de *tournois*.— Le cirque brûlé fut restauré sous les Mérovingiens, et on y célébra des jeux. — A, aqueduc. C,C,C, cages.

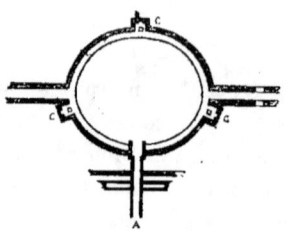

Plan des Arènes de Lutèce.

2. Esclaves armés et dressés pour ces luttes meurtrières.
3. Les fameux combats de taureaux de l'Espagne sont les derniers restes des sauvages *jeux du cirque*.

gens civilisés à ces populations qu'ils appellent barbares! C'est donc cela qu'ils sont venus faire chez nous !...[1]

Le cœur m'a failli. Avec ce rêve sanglant devant les yeux je n'ai plus le courage de vous parler des arts, des richesses, des industries que les Romains ont apportés ici. Ah! laissez-moi regretter les chaumières enfumées de nos Gaulois, la pauvreté insouciante et demi-sauvage, quand le chevrier aux jambes nues parquait ses bêtes dans une enceinte de branchages là où s'élèvent maintenant des palais! Oui, il y a dans la Lutèce romaine un langage poli, des esprits cultivés, des lettres et des livres; il y a des industries, des arts autrefois inconnus. Vous avez là des tisserands qui tissent de fines étoffes, et des teinturiers qui les enrichissent de vives couleurs; des armuriers, des fondeurs en bronze, des ciseleurs; vous avez des architectes, des sculpteurs, des peintres; là haut sur la colline, des potiers artistes, d'un talent merveilleux, couvrent leurs vases de dessins élégants, de figures en relief d'un travail délicat. Il y a dans le vêtement un certain luxe, de l'aisance dans les habitations. Je le sais; et peu m'importe. Car ces avantages matériels de la vie civilisée ne sont que pour un petit nombre: tous n'en ont pas leur part. Le petit peuple des faubourgs, les ouvriers en sont-ils moins misérables, écrasés par l'impôt? Et pouvons-nous oublier les esclaves, si nombreux, pauvre bétail humain qu'on vend et qu'on achète, qu'on fait travailler comme le bœuf à la charrue; plus dénués que le barbare des forêts sous sa hutte de branchages, et qui n'ont pas pour consolation la liberté des forêts?

---

1. Les malheureux dont les supplices étaient ainsi donnés en spectacle étaient souvent des criminels, mais parfois aussi des innocents, des esclaves, des vaincus, des prisonniers de guerre; puis, lors des persécutions, des chrétiens. — Toutefois, le nombre des chrétiens ainsi sacrifiés a été énormément exagéré par les légendes. Voir la note page 99.

Les temps étaient bien durs, sous l'empereur Constantin et sous Constance son fils (306-358), pour nos pauvres habitants de Lutèce comme pour toute la Gaule. L'impôt allait toujours augmentant ; le *fisc* dévorait tout. Le désordre, le pillage étaient partout, le pays ruiné, l'armée désorganisée ; les *barbares* venaient par bandes immenses ravager la contrée, et on ne les repoussait plus. Les paysans, les colons, désespérés, laissaient leurs terres en friche ; les propriétaires, eux-mêmes ruinés par l'impôt, abandonnaient leurs maisons, et s'enfuyaient au hasard.

Un homme essaya de sauver la Gaule. Il battit les barbares, leur reprit vingt mille prisonniers gaulois et les chassa du pays. Pour cela, il lui avait fallu former et entretenir de nombreuses armées ; et pourtant, chose merveilleuse, par la justice, la bonne administration, l'économie, en quelques années il parvint à réduire les impôts au quart de ce qu'ils étaient avant lui. Ce fut un grand soulagement. On reprit à la vie, à l'espoir. « On recommençait, dit un historien du temps, à se marier, à voyager, à faire du commerce. » Celui qui fit cela n'était pas un ambitieux, comme César, comme Auguste, comme le violent Constantin : il ne voulait pas de l'empire, on le fit empereur de force ! C'était un sage. Doux, tolérant, modéré en toute chose, il se fâcha pourtant un jour : c'est qu'on lui apportait à signer un édit ordonnant une augmentation d'impôt : il jeta l'édit à terre et le foula aux pieds.

Simple de mœurs, économe, austère, fort instruit lui-même, il se plaisait à la conversation des philosophes et des savants ; et cela ne l'empêchait pas de causer familièrement avec les pauvres gens du peuple dans leur naïf patois[2]. Ses ennemis lui en faisaient reproche, et il les laissait dire. Il aimait notre patrie, ce Romain ; il l'adoptait du cœur, il l'appelait sa « chère

---

1. La résolution que prit Constantin de transporter le siège de l'Empire à l'extrême orient de l'Europe, dans sa capitale de Constantinople, causa les plus grands maux aux provinces d'Occident et à tout l'Empire.

2. Le *latin vulgaire*, déjà beaucoup défiguré, et qui, s'altérant de plus en plus, devint cet ensemble de patois locaux qu'on appelle la langue *romane*, puis le français moderne.

Lucèce[1]. » Il habitait alors le palais des Thermes ; et c'est pourquoi cet édifice a été appelé de son nom les *Thermes de Julien*, quoiqu'il ne l'ait point fait bâtir[2]. Nul séjour ne lui fut plus agréable ; il aime à s'en souvenir, et dans ses écrits il vante la grâce du lieu, la douceur du climat, la beauté du fleuve, les cultures de vignes et de figuiers. Les mœurs un peu rustiques de nos compatriotes lui allaient mieux que le luxe des villes grecques. « Ces gens, au moins, disait-il, sont honnêtes ; ils vivent en famille. Ils boivent du vin, mais sans excès. On ne voit pas chez eux la licence de vos spectacles, à vous autres Romains d'Orient[3]. »

Il n'eut qu'un tort : il crut qu'une religion morte pouvait revivre. S'ils n'étaient pas morts absolument, les anciens dieux étaient du moins bien malades ! Dans les villes, surtout, on ne les prenait guère au sérieux ; et la religion *officielle* n'était plus qu'une cérémonie[4]. Le christianisme faisait beaucoup de progrès en Gaule ; Julien essaya, mais sans violence, de restaurer, en la purifiant, l'antique religion de l'empire[5]. Les moines qui ont écrit l'histoire ne lui pardonnèrent jamais ; ils lui jetèrent comme une injure le surnom d'*Apostat*, en firent une espèce de monstre... Notre temps lui rend justice. — Après lui aucun empereur romain ne fit séjour à Lutèce[6].

---

1. Il écrivait *Leuchetia* pour *Leukelia*.
2. Une belle statue de marbre de l'empereur Julien a été retrouvée, et on peut la voir dans la salle des Thermes. Voir le dessin ci-dessus.
3. Il résulte de ces derniers mots que les jeux du cirque avaient dû être bien adoucis et réformés, du moins en Gaule, à l'époque de Julien.
4. Surtout depuis Constantin (312).
5. Il voyait que la nouvelle croyance, en divisant les populations, affaiblissait encore l'empire déjà si faible ; que ces divisions le livraient aux barbares, et mettaient la civilisation en péril.
6. Gratien et Valentinien ne firent qu'y passer.

Ce fut un grand événement que l'établissement du christianisme. Toutefois il ne faudrait pas s'imaginer qu'il s'accomplit comme une révolution subite, et que du jour au lendemain la face du monde fut retournée. Dans nos pays, comme partout ailleurs, le changement se fit progressivement ; il y fallut bien trois ou quatre siècles. Les habitants des villes furent les premiers à se convertir à la foi nouvelle[1] ; les campagnes résistèrent très longtemps. C'est vers le milieu du second siècle qu'on voit apparaître les premiers chrétiens de la Gaule[2], faibles d'abord, humbles, petits, peu nombreux, cruellement persécutés. Ils gagnent pourtant, ils multiplient « comme la semence jetée sur la terre. » Un siècle après, sous Constance Chlore[3], celui qui bâtit nos Thermes, ils sont tolérés ; ils sont favorisés sous Constantin ; sous Valens ils sont les maîtres, et sous Théodore persécuteurs à leur tour[4].

Une erreur aussi serait de se figurer qu'une fois la conversion accomplie tout se trouvât changé dans la vie des populations. L'aspect des villes la construction des maisons n'avait pas varié, ai-je besoin de le dire ; seulement, au lieu des temples et des autels *païens*, délaissés ou renversés, le plus souvent sur leur emplacement même, vous eussiez vu des chapelles, des églises, des *basiliques* chrétiennes. Le costume, les habitudes de la vie journalière, les mœurs, du moins en ce qui est extérieur, sont restés à peu près les mêmes. Le gouvernement de l'empire reste le même, et l'administration de la cité[5] ; malheureusement aussi les abus, les injustices criantes, l'impôt

---

1. « Les simples gens des campagnes, ne comprenant que leurs vieux patois, gardèrent longtemps aussi leurs vieilles croyances : si bien que le mot qui voulait dire *villageois, homme des champs*, le mot de *païen*, tout simplement synonyme de *paysan*, servit à désigner ceux qui n'étaient pas encore chrétiens. » *Les Paysans*, C. Delon.

2. Les martyrs de Lyon, 177.

3. 298, 306. Constantin est le premier empereur chrétien.

4. En Occident. — En Orient, l'Église chrétienne s'était montrée persécutrice avant d'être persécutée.

5. Une si grande révolution dans les croyances, les idées, ne pouvait s'accomplir sans que les mœurs, les habitudes de la vie ne fussent modifiées, sans que ce changement ne se fît sentir, plus ou moins, jusque dans l'aspect extérieur des choses, la construction des maisons et des édifices, — tout

accablant, l'oppression, le luxe des grands, la misère des petits, hélas ! et l'esclavage[1]. Seulement à côté des *autorités* de l'empire et de la cité, gouverneurs, magistrats, *curiales*, une nouvelle puissance s'élève, grandit : l'évêque. Sans soldats, sans *licteurs*[2] il se fait obéir ; les magistrats, que dis-je, les empereurs même sentent en lui je ne sais quelle force qui les contraint de céder. Encore un peu de temps, il sera en réalité le seul maître, le petit roi de la cité. — Il faut savoir qu'en ces jours-là le peuple entier lui-même *élisait* son évêque ; tous, grands et petits, jusqu'aux derniers, rassemblés sur la place et plus ou moins tumultueusement, votaient. Choisi du peuple, soutenu du peuple et le représentant, il était bien naturel qu'il eût une grande influence sur la foule, une grande autorité vis-à-vis des magistrats civils. — Plusieurs en étaient dignes.

Pour en revenir à notre Lutèce, nous ne savons pas au juste à quelle époque la religion chrétienne y fut prêchée, ni par qui. Une tradition parle d'un *saint Denis*[3], martyr, qui aurait, vers l'an 250, converti beaucoup de Parisiens. Cela n'est pas impossible. Mais ces temps sont fort obscurs, et toutes les *légendes* se contredisent[4]. Si voulez bien en croire la plus célèbre, vous tiendrez pour sûr que le martyr, ayant été décapité sur le Mont

---

d'abord, ainsi qu'il est naturel, dans la structure et la disposition des édifices destinés au culte. Le tort serait de s'imaginer que cette transformation fut rapide et radicale. Les premières églises chrétiennes elles-mêmes furent copiées sur les édifices publics romains ; les moines, dans leurs *monastères*, ne firent qu'imiter les *villas* romaines. Et nous verrons le clergé, imbu d'idées romaines, conserver beaucoup des formes et des habitudes romaines, alors même qu'elles étaient abandonnées par la population. — La population, au fond, est *gauloise* ; le clergé est et reste *romain*.

1. On a répété bien des fois que le christianisme avait aboli l'esclavage. C'est une erreur. En Gaule, notamment, il y eut des esclaves après comme avant le christianisme, et cela jusqu'au xe siècle. Au viiie siècle, un *capitulaire* de Charlemagne porte : « la *vente* des esclaves se fera en présence de l'évêque... etc. » (779.)

2. Ce que nous appellerions aujourd'hui *gendarmes*. Plus tard ils auront soldats et police.

3. On a ajouté qu'il était Grec. — Le nom de Denys, en latin *Dionysius*, est Grec en effet : c'est le nom grec de *Bacchus*, le dieu du vin. Il est même possible qu'il y ait eu plusieurs martyrs de ce nom, fort commun alors.

4. L'historien qui cherche à démêler la vérité sur les premiers temps du christianisme a rude tâche. Les *clercs* et les moines, qui pendant des siècles

de Mars[1], prit sa tête entre ses mains et la porta ainsi jusqu'au village qui depuis s'appela, de son nom, Saint-Denis.... En doutez-vous ? Allez au portail de Notre-Dame de Paris, et là vous verrez cette légende écrite en pierre : la statue du saint tenant sa tête sur ses mains. Peut-être cette preuve ne vous convaincra pas : je n'en sais pas de meilleure. Mais au moyen âge, elle suffisait. Ce qui est certain, c'est qu'à la fin du IV° siècle (380), *saint Martin*, le grand saint populaire des Gaules, — un personnage bien réel celui-là, — le loyal, le tolérant, le charitable Martin, trouvait encore dans nos pays beaucoup de païens à convertir et de temples à abattre. Au V° siècle, il y a des évêques à Paris[2] ; un *concile*, c'est-à-dire une réunion du clergé des pays environnants, y est tenu (360). En ces temps-là, sur l'emplacement du temple de Jupiter, sur l'autel renversé des Nautes, s'élevait le premier monument chrétien de Lutèce : une petite et simple *basilique*[4], imitée, comme forme, des édifices civils romains qui portaient ce même nom : la basilique de Saint-Étienne[5].

---

ont seuls eu entre les mains les écrits et l'histoire, ont profité de la situation, ajoutant, retranchant, corrigeant à loisir les anciens auteurs, arrangeant tout selon leurs idées et au mieux de leurs intérêts. C'est une forêt de faux : fausses légendes et fausses histoires, faux décrets et fausses *décrétales*, fausses donations... Sur vingt *chartes* (actes, donations) de l'abbaye de Saint-Denis, attribuées au roi Dagobert, seize sont reconnues fausses, deux douteuses. Ailleurs, je vois, donnée à des moines, deux fois plus d'étendue de terrain qu'il n'y en a entre les limites géographiques assignées... Et ainsi partout.— Tout cela, dirai-je, autant de mensonges ? Non, certainement. Il y eut aussi beaucoup de confusions, d'erreurs de dates, de noms, de personnes, dues à « l'obscurité des temps, » à l'absence de tout moyen de vérification, surtout à l'ignorance du peuple dont on recueillait les naïves traditions et les poétiques rêveries, à l'extrême crédulité des moines qui acceptait tout, même les choses les plus absurdes.

1. Montmartre.
2. Tolérant quant aux personnes; mais très ardent contre les croyances païennes, grand destructeur de temples, de statues, grand coupeur de *bois sacrés*.
3. Le premier évêque authentique de Paris est un certain *Victorinus* (436).
4. Elle fut bâtie par l'évêque *Prudentius* vers 375.
5. Quand les chrétiens, délivrés de la crainte des persécutions, purent professer leur religion au grand jour, ils cherchèrent des édifices pour célé-

Ils étaient les maîtres ; mais déjà ils ne s'entendaient plus entre eux. Une bonne moitié était *hérétique*[1] et haïssait l'autre, qui le lui rendait bien. Ils s'entre-déchiraient. Il y eut des combats sanglants, des persécutions et des massacres[2]. Avec tout cela l'empire s'en allait. Les campagnes se dépeuplaient par la misère, les hommes des villes se faisaient moines, et on ne trouvait plus de soldats ; pour défendre le pays, il fallait faire des armées d'étrangers[3]. Les populations s'engourdissaient dans je ne sais quelles rêveries.

Un cri les réveilla : « Les barbares ! »

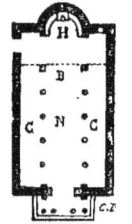

Plan d'une basilique.

brer leur culte. Ils auraient pu prendre les temples abandonnés des anciens dieux ; mais les dispositions de ces bâtiments n'étaient pas commodes pour les assemblées chrétiennes. Ils se réunissaient de préférence dans certains édifices civils qui servaient de tribunaux, de salles de délibérations publiques, et qu'on nommait *basiliques*, d'un mot grec qui signifie *royal*. La forme de ces bâtiments était celle d'une vaste salle allongée, divisée en trois *nefs* par deux rangées de colonnes soutenant le toit. En face de la nef principale s'ouvrait *l'hémicycle*, espace demi-circulaire autour duquel régnait un banc, avec un siège plus élevé au milieu. Le siège était occupé par le juge, le magistrat principal ou celui qui présidait l'assemblée ; autour, les *assesseurs*, les notables, s'asseyaient sur le banc circulaire. En face, la foule, dans les nefs, souvent séparée par une barrière. — Lorsque ensuite les chrétiens se bâtirent des églises, ils conservèrent ces dispositions qui leur étaient si commodes. L'évêque, représentant le magistrat de l'assemblée, siégeait sur la chaise élevée du juge, et il était le juge en effet ; le clergé autour de lui, sur le banc en demi-cercle. L'autel était en face, au milieu ; l'espace fermé autour de l'autel était le *chœur*. Tout naturellement le nom de *basilique* fut conservé à ces monuments qui en reproduisaient la forme. L'hémicycle reçut plus tard le nom d'*abside*. Et comme la chaise ou *chaire* de l'évêque se disait en latin *cathedra*, l'église qui possédait un évêque et un siège pour l'évêque porta le nom de *cathédrale*.

1. Ariens.
2. Théodose.
3. « Pour défendre la Gaule contre les barbares, il fallut remplir les armées de barbares. Cela même la livrait. De défenseurs, ils se firent maîtres. » *Les Paysans*, C. Delon.

Ce n'était pas chose nouvelle en Gaule qu'une invasion de barbares. A plusieurs reprises elle en avait été inondée. Beaucoup étaient restés, en certains endroits[1] plus nombreux que les anciens habitants; les armées en étaient remplies. Mais, cette fois[2], le pays était si faible, si désarmé, les masses ébranlées si effroyablement profondes, qu'on sentit le péril. C'était pour la vie ou la mort. Il n'était plus seulement question de Gaule ou même d'Empire; il s'agissait de savoir si toute civilisation devait périr, et si le monde entier allait redevenir barbare. Avec les Goths et les Burgondes, qui envahissaient l'Italie et tout le beau Midi, on pouvait encore s'entendre; mais les Germains des bords du Rhin et de l'Escaut étaient de vrais sauvages. — Et derrière eux d'autres, qui poussaient. Bientôt allaient fondre comme un orage, des lointains de l'Asie inconnue, les *Huns*, nombreux comme les grains de sable de leurs steppes[3]. Ceux-ci bien pires encore: pas même de race blanche; des Tartares, des jaunes aux dents aiguës, avec des yeux percés comme des trous ardents; pas même des hommes, disait-on, des démons du désert! Ils faisaient horreur. Leur chef Etzel, que nous appelons Attila, était *la mort à cheval*. Partout où il avait passé, l'herbe ne poussait plus. Déjà ils étaient sur le Danube. Qu'ils fussent vainqueurs, l'Europe devenait un prolongement de leur Asie; une libre savane où les cavaliers tartares auraient pu se promener en long et en large sans rencontrer l'apparence d'une ville ou d'un village.

On fit un grand effort. On trouva des armées; avec des esclaves on faisait des soldats, et ceux-ci se battirent tout aussi bien que les autres. Les villes qui n'avaient point encore de remparts en élevèrent[4]. Et c'est alors que furent bâties les premières murailles de Lutèce. — En hâte! On ne prenait pas

---

1. Sur les frontières, à titre d'alliés.
2. ve siècle.
3. Déserts, plaines, pâturages.
4. Sens, Tours, Saintes, Narbonne, etc. — L'Empire, haï des populations à cause de l'oppression qu'il faisait peser sur elles, restait pourtant, il faut l'avouer, le dernier refuge contre la barbarie.

le temps d'extraire des pierres de la carrière ; on arrachait celles des vieux édifices, des temples, de l'arc de triomphe ; l'odieux amphithéâtre fut démoli pour élever les remparts.

Cette première enceinte de Paris suivait à peu près le contour du rivage de l'île[1] ; les faubourgs restaient en dehors, sans défense ; peut-être furent-ils protégés par des palissades. Le rempart avait à la base cinq ou six assises de grandes pierres de taille posées jointives, sans ciment ; puis au-dessus la muraille s'élevait, maçonnée de petites pierres et de *blocages* avec *cordons* de briques, à la manière romaine.

Faisons le tour des remparts de Lutèce par le *chemin de ronde* des murs. L'étroite allée, en précipice du côté de la ville, est bordée, du côté des dehors, d'un *parapet* semblable à celui d'un pont ; seulement dans cette petite muraille à hauteur d'homme sont pratiquées, de distance en distance, de larges échancrures carrées, les *créneaux*. Par les ouvertures des créneaux on découvre au loin la campagne, le fleuve, avec ses bateaux, la rive opposée, la plaine, les bois, la bande grise des lointains ; puis, si vous vous penchez comme par une fenêtre, vous apercevez le pied de la muraille et l'étroite bande de terrain le long du fleuve. L'enceinte de défense est fortifiée par des tours, massifs édifices de forme carrée, qui font un peu saillie en dehors de la ligne des remparts, et dont le sommet, plus élevé que le chemin de ronde des murailles, est aussi *couronné* de créneaux[2]. Vous voyez l'une d'elles à l'occident de

---

1. Les débris de cette enceinte ont été découverts. Les pierres portent des marques, des sculptures, prouvant qu'elles provenaient d'autres édifices, notamment de l'amphithéâtre.
2. Pour se rendre compte de ce système de défense, il faut se rappeler comment procédait alors l'attaque. — Contre une ville close de murs, l'ennemi a deux moyens : franchir la muraille avec des échelles : c'est l'*escalade* ; ou renverser un pan de muraille, et donner l'assaut par la brèche. Cela s'appelle la *sape*, si on démolit le pied de la muraille, la *mine* si on fouille sous les fondements, par un cheminement souterrain. — Ou bien encore on cherche à enfoncer la porte : ce qui n'est pas autre chose que la *sape* dirigée contre la porte même. Pour rendre l'escalade difficile, on fait la muraille haute ; on la fait épaisse et bien maçonnée pour s'opposer à la sape et à la mine. C'est la *défense passive*. La *défense active* consiste à accabler l'ennemi, du haut de la muraille, de pierres et de traits. C'est pour cela que le rempart a, au

l'île, vers la pointe, derrière le palais de la Cité ; elle sert sans doute à loger les guetteurs qui veillent à tour de rôle sur le rempart, de nuit et de jour. Une autre, au nord, non loin du grand pont, est en même temps défense et prison ; c'est la *Prison de Glaucin*. La cité a deux entrées principales, deux portes, l'une en face du grand pont, l'autre en face du petit pont[1]. Chaque porte est située entre deux tours ; de telle sorte que pour entrer dans la ville il faut passer au pied de ces tours,

sommet, cette étroite allée qu'on nomme le *chemin de ronde ;* là sont postés les défenseurs, et par les ouvertures des créneaux, ils jettent des pierres, de la chaux vive ; par les fentes étroites des *archères* ou *meurtrières*, ils tirent des flèches contre l'assaillant. Le petit mur du parapet, surtout les *merlons*, parties pleines entre les créneaux derrière lesquelles ils s'abritent, les protè-

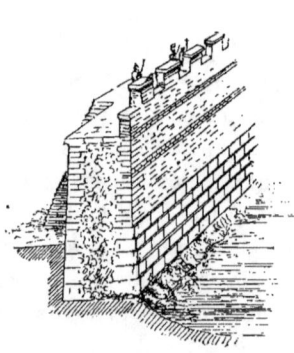

Rempart romain de Lutèce.

Tour carrée romaine.

gent contre les flèches et les traits des assiégeants. Les tours saillantes en dehors des remparts augmentent beaucoup la valeur des défenses. Les archers, les défenseurs logés dans leurs étages ou postés à leur sommet, par les fenêtres et les meurtrières latérales, par les créneaux latéraux, *découvrent* les assaillants au pied du rempart ; ils les accablent d'une grêle de traits. Ceux-ci sont ainsi pris en côté, en *flanc*, et presque à revers, sans pouvoir se garantir ni riposter : situation extrêmement dangereuse. C'est ce qu'on exprime en disant que les tours et tous les ouvrages en avancée *flan-quent* le rempart ; et cette situation saillante constitue ce qu'on nomme le *flanquement*.

1. Sans doute il existait aussi plusieurs *poternes,* pour le service des ports, etc.

sous l'œil des veilleurs qui guettent au sommet. En outre, à la tête[1] de chacun des deux ponts il y a, pour défendre au besoin le passage, une tour encore; mais celles-ci pourraient bien être de bois[2].

Six ou sept siècles, vous en souvient-il, se sont passés depuis notre première promenade dans l'île de la Seine; la petite bourgade gauloise est devenue une *ville fortifiée*, en état de soutenir un siège[3]. C'est vers ce même temps, je veux dire au ve siècle, que son nom antique de Lutèce commence à être remplacé dans l'usage courant par celui de Paris : en latin *Parisii*; c'est-à-dire que la ville a pris le nom des habitants, tout au rebours de ce qui se fait aujourd'hui. Ce n'était pas là, du reste, un fait isolé; sous les Romains, la plupart des *cités*[4] de la Gaule étaient désignées, non par leurs anciens noms de villes, mais par le nom de la tribu, de la peuplade dont elles étaient les capitales. — Les écrivains, le clergé, continuèrent longtemps d'employer le vieux mot latin, — ou plutôt latinisé, — de Lutèce; le peuple se servait de l'un ou de l'autre à peu près indifféremment, et celui de *Paris* finit par prévaloir[5].

1. C'est-à-dire à l'entrée du pont, sur la rive de terre ferme.
2. Peut-être le rempart avait-il encore d'autres tours; mais on n'en a pas retrouvé les traces.
3. A cette époque, la défense était très supérieure à l'attaque; c'est-à-dire qu'un petit nombre de défenseurs déterminés et actifs, grâce aux murailles, aux tours, aux bonnes portes, pouvait lutter très longtemps contre un corps d'armée considérable.
4. Par ce nom de *cité*, dans le langage de l'administration romaine, on entendait non seulement la ville même, mais aussi le territoire attenant, avec sa population.
5. De même *Avaricum*, chef-lieu des *Bituriges*, prend le nom de *Bituriges*, devenu *Bourges*; *Agendicum* prend le nom des *Senones* (Sens), *Noviodunum*, celui des *Suessiones* (Soissons), *Autrium* celui des *Carnutes* (Chartres), etc., etc...

Ils avaient bien fait de fortifier leur cité. L'empire était envahi de toutes parts; Rome même, la « vieille mère Rome », avait été prise par les barbares et saccagée. Déjà tout le midi de la Gaule appartenait aux Wisigoths et aux Burgondes; les Francs et autres sauvages tribus germaines ravageaient tout le nord. Plus d'une fois les campagnes autour de Lutèce avaient été pillées.

Enfin il arrivait, le farouche Attila, avec ses terribles Huns, ses hordes innombrables. Pour le coup, nos Parises eurent grand peur! Et il y avait de quoi; leur petite forteresse se trouvait justement sur le chemin de l'invasion. Allait-elle être brûlée, rasée au niveau du sol, notre pauvre Lutèce, comme la grande Metz, comme Trèves la Romaine, comme Tongres, cent autres villes?... Beaucoup parlaient d'abandonner la cité et de s'enfuir vers les forêts de l'ouest.

Une femme, dit-on, une simple bergère d'un hameau voisin[1], la vaillante Geneviève, par ses exhortations ardentes releva leurs courages défaillants, et les décida à garder leurs murs. C'est la légende, mais vous pouvez l'en croire[2]. — J'en ai bien

---

1. Nanterre, suivant la tradition.
2. Les *légendes des saints* sont des récits et traditions populaires des premiers siècles du christianisme. Aux souvenirs réels de ses saints et de ses martyrs, transmis de bouche en bouche et peu à peu altérés ou confondus, l'imagination crédule et poétique du peuple mêlait toutes sortes d'histoires merveilleuses, de visions et de prodiges. — Que le merveilleux et l'impossible eussent tant d'attrait pour ces pauvres gens, quoi d'étonnant? le réel était pour eux si triste! Ils ne demandaient qu'à rêver et à croire. Les moines, un peu plus tard, venaient, recueillaient ces traditions, les écrivaient en assez mauvais latin, les arrangeaient, les brodaient à leur manière. Puis ils se mirent à en inventer. Eux-mêmes ont la bonté de nous expliquer comment cela se faisait. « Quand on manque de légendes pour un saint, disent-ils, on « en compose une avec des morceaux pris dans les *vies* de plusieurs autres « saints ; ou bien encore on en crée une *toute neuve*, d'imagination. » (Les Bénédictins : *Histoire littéraire.*) Mais il n'était pas besoin de le dire; cela se voit assez. — Les anciens historiens, eux-mêmes très crédules, accueillaient sans examen tous ces récits; et c'est d'après eux qu'ont été composés la plupart de ces *précis d'histoire*, en usage aujourd'hui encore dans bien des écoles, qui donnent une si fausse idée des hommes et des temps. Il serait injuste, pourtant, de rejeter en bloc toutes ces traditions. Beaucoup, nous l'avons dit, viennent du peuple et ont un fond de vérité ; souvent il est possible de découvrir le vrai au milieu des fables et des ornements. D'ailleurs ces

vu de ces légendes fabriquées à loisir par les moines copistes au fond de leurs *chartriers*[1]; mais celle-ci, j'affirme, est du peuple, et le fond doit être vrai[2]. Dans cette fille des champs qui fait honte de leurs frayeurs aux hommes de la ville, je reconnais l'âme et le sang[3] de la Gauloise des vieux temps, druidesse ou simple femme du peuple, qui parlait au conseil des guerriers et tendait des armes à son mari dans la bataille ; je vois d'avance la paysanne Jeanne, *la bonne Lorraine*, — autre légende vivante, bien authentique, celle-là, et tout près de nous ; autre *sainte* du peuple, que les prêtres ont brûlée. Que dit-on encore ? Qu'un peu plus tard la ville étant investie par les barbares Francs, la vaillante Parise, entraînant par son exemple quelques mariniers, amena par la Seine, à travers mille dangers, une petite flottille de bateaux chargés de vivres à ses compatriotes exténués de famine. Je le crois volontiers : je sais plus d'une Parisienne, aux temps du dernier siège[4], qui en eût bien fait autant. — Les Huns ne brûlèrent pas Lutèce ; ils n'en approchèrent même pas. Attila se détourna un peu, et l'orage alla fondre sur la Loire. Le peuple attribua son salut aux prières de sa sainte ; vous penserez si vous voulez que les bonnes murailles neuves derrière le large fossé de la Seine y furent bien aussi pour quelque chose[5].

On sait ce qu'il arriva. Les Huns se jetèrent sur Orléans ; mais pour la première fois ils éprouvèrent un échec. Brisés dans leur élan, furieux et plus encore surpris, il leur fallut pourtant rétrograder jusqu'en Champagne. Il y eut une su-

---

légendes et toutes les traditions populaires, les *mythes*, les *contes* d'autrefois ont aussi leur importance dans l'histoire. S'ils ne nous enseignent pas les *événements*, ils nous font connaître, mieux même que le récit des faits réels, les *idées* des hommes de ces temps, leur tournure d'esprit, leurs sentiments, leurs rêves, leurs désirs, leurs tristesses : et cela aussi est de l'histoire.

1. Bibliothèques des monastères.
2. Le détail très altéré et faussé, comme toujours.
3. Le peuple des campagnes est de sang gaulois ; le nom de *Geneviève* même est gaulois, et indique sa race.
4. 1870-71.
5. Malgré ses défenses et sa situation, Lutèce n'aurait pu arrêter Attila ; mais elle l'aurait retardé, et il avait besoin de précipiter sa marche.

prême, immense bataille, dont le souvenir resta dans l'imagination des peuples comme quelque chose de prodigieux et de surhumain[1]. Là combattirent ensemble *les derniers des Romains*[2], et des barbares Wisigoths, Burgondes, Francs, Armoriques[3], réunis cette fois par une haine commune contre l'envahisseur. La mêlée fut horrible ; au soir, quand les bras tombèrent, quand l'ombre sépara les combattants, *les âmes des morts se relevèrent*, dit une légende, et, dans les nuées noires de l'air continuèrent la bataille jusqu'au jour... Attila vaincu recula vers l'Orient, où ses hordes se dispersèrent. — Du moins la Gaule ne sera pas Tartare.

Mais elle est barbare, et pour longtemps. C'en est fait de l'Empire Romain. Les Francs achèvent de s'emparer des contrées du nord. En passant, ils assiègent Lutèce ; — et c'est alors que se place cette histoire de bateaux dont je vous ai transmis la tradition. — Mais quoi ? C'était bien en vain si nos pauvres Parises résistaient, souffraient la faim derrière leurs murailles ; il fallut se rendre. Car tout le pays se rendait. Et pourtant les Francs de Childéric étaient bien peu nombreux. Étaient-ils six ou sept mille Wargs[4] dans les bandes qui ravageaient les campagnes autour de Lutèce ? Etaient-ils vingt mille en tout, en ce moment, dans le nord de la Gaule ? Et rien ne leur résistait. Le secret de cette rapide conquête ? Voilà ce qu'on ne dit pas. Mais je vais vous le dire, moi. C'est que le clergé leur livrait le pays. Les évêques, si puissants alors, haïssaient l'administration civile de l'empire, qui leur disputait encore une part d'autorité ; ils aimaient mieux les barbares. Ils allaient décourageant la défense, accueillant les envahisseurs ; ils désiraient, ils appelaient l'invasion[5]. On les voyait,

---

1. Environs de Châlons, Champs Catalauniques.
2. Les Gallo-Romains sous le grand général Aétius, les Wisigoths et autres barbares alliés sous leur chef Théodoric.
3. Populations de la Bretagne et des régions environnantes.
4. *Wargs*, bandits, brigands, hommes de proie ; d'où les vieux mots français *Varou* et *Garou*.
5. On sait le mot de l'évêque Avitus : « Combats : c'est pour nous la victoire ! »

des tours de leurs cathédrales, faire signe à leurs bons amis, les Childéric et les Chlodwig[1], — C'étaient des *païens*, pourtant, des barbares colériques et sanguinaires : mais n'importe; on comptait bien les convertir et les civiliser. — On les convertit; on ne les civilisa point.

1. Poitiers.

PARIS SOUS LES FRANCS

 n voit à la Bibliothèque Nationale de Paris une belle baignoire en marbre rouge, qui passe pour avoir servi au baptême de Chlodwig[1]. — Quand il eut pris le bain symbolique et revêtu la blanche robe de lin, emblème d'innocence, le farouche roi des Francs... resta ce qu'il était. Et si l'évêque Remi se flattait d'avoir *adouci*[2] son *Sicambre*, il se faisait là une naïve illusion.

1. Plus exactement *Hlodwig*; nom qui est devenu *Clovis, Loys, Louis.*
2. C'est le mot de saint Remi au baptême de Clovis : « Baisse la tête, Sicambre adouci, adore ce que tu as brûlé, brûle ce que tu as adoré ! »

Tel avant, tel après : un barbare avide et féroce. Sa vie se continue la même; guerres sanglantes, pillages, massacres et trahisons infâmes. Pour tout le reste, ah! très soumis aux saints évêques. Il leur bâtit des églises et leur donne des terres. Non pas quelques coins de champs ; de vastes domaines, des territoires entiers, avec leurs villes et leurs villages, leurs forêts, leurs campagnes,— et avec leurs habitants aussi, bien entendu. Ce n'était que justice, du reste. Les évêques l'avaient aidé à la conquête ; il leur faisait leur part, comme à ses autres compagnons. Ils avaient déjà le pouvoir, ils eurent par lui la richesse, la solide propriété de la terre[1]. Cela effaçait tout. Dans les églises on chantait la gloire du grand roi des Francs, élu de Dieu, qui donnait si bien. Bon exemple ; il sera suivi. Toute l'histoire des premiers successeurs de Chlodwig se résume en deux mots : crimes atroces, terres données aux églises. Rappelez-vous le féroce Childebert, qui assassine ses neveux, pauvres petits enfants ; rappelez-vous cette furie de Frédégonde, et tous les autres, jusqu'à Dagobert : c'est la race amie des évêques. Tous grands fondateurs ou donateurs de basiliques et d'abbayes.

L'Église avait espéré civiliser les barbares; et c'était le contraire qui arrivait : l'Église elle-même devenait barbare. Sous les Romains, les évêques étaient généralement des hommes distingués, instruits pour leur temps ; sous les Francs, ils sont, pour la plupart, ignorants et grossiers. Si quelques-uns méritent le respect par leurs vertus, combien troublent le monde, ambitieux, violents et cruels, avides et débauchés, en un mot tout semblables aux farouches chefs de guerre dont ils sont les créatures ! Il faut bien le croire, ce sont leurs saints eux-mêmes qui le disent[2]. — Une grande tristesse envahit tout. Les meilleurs, « désespérant du siècle », se réfugient dans les monastères; fuyant un monde si troublé, las de la vie et ne voulant plus rien voir, derrière ces murs ils croient trouver du moins la paix.

1. Les moines, eux, avaient déjà d'importantes possessions territoriales.
2. Saint Grégoire de Tours, Saint Boniface, etc.

Je ne m'étonne pas si les âmes sont si tristes. Un grand espoir venait de manquer au monde. Le Christianisme naissant avait promis de renouveler la face de la terre ; il avait promis « le règne de Dieu, ici-bas comme au ciel. » Oubli des vieilles haines, pardon, largesse du cœur, un partage comme entre frères ; plus d'orgueil, de luttes égoïstes pour le pouvoir ou la richesse, plus de passions qui troublent l'âme ; la paix, le bonheur de tous dans l'universelle charité : c'est pour ce beau rêve que tant de martyrs avaient donné leur sang. On attendait. « Mais l'odieux paganisme traine encore sur la terre ; c'est lui qui seul perpétue dans le monde l'ancienne guerre ! » — Eh bien, il est vaincu. — Les barbares ? — Ils sont baptisés. « Le Christ triomphe[1] ! » l'Église règne ; les peuples sont dans sa main. Voici le jour attendu ! — Amère déception ; les maux n'ont point cessé. Ils s'aggravent, au contraire. Dans ce monde chrétien on voit plus de misère, plus de violences et de désordres qu'au temps de l'empire païen. La terre est ravagée, la servitude des peuples alourdie. La lumière de la civilisation antique s'éteint. C'est un jour qui finit ; il y a comme un crépuscule, et puis la nuit : la grande nuit de mille ans qui commence. « Dans nos villes on ne cultive plus les lettres ni les arts ; sciences, instruction périssent, tout s'en va... Le triste temps que le nôtre ! » Ainsi dit l'évêque Grégoire[2]. Et un autre : « L'intelligence humaine est comme une source qui tarit[3]... » Voici venir le temps où un homme sachant écrire sera une rareté ! — Pour toute cette époque violente et obscure il n'y a pour ainsi dire plus d'histoire, « parce qu'il n'y a plus d'historien[4]. »

---

1. « Christus vincit, Christus regnat, Christus imperat » C'est la triomphante devise de l'Église au moyen âge.
2. Saint Grégoire de Tours.
3. Frédégaire.
4. Saint Grégoire de Tours.

Ceci vous expliquera comment, dans cette longue période de trois siècles [1], sous les rois Mérovingiens, quand tout change de face, quand Paris est devenu une *capitale*... je ne trouve rien à noter, en ce qui concerne la ville elle-même, que deux faits remarquables : augmentation des faubourgs, fondations d'églises. Puis encore, si vous voulez, quelques assauts contre ses murs, quand des frères ennemis s'entr'arrachent le pouvoir ; deux incendies : et la rapidité avec laquelle la flamme gagne donne à penser que la plupart des maisons, alors, sont bâties en bois. Et je ne trouve, non plus, aucun monument de cette époque à vous montrer : quelques pierres à peine, au pied de la tour de l'église de *Saint-Germain-des-Prés*. Les rois Francs [2], disais-je, ont fait de Paris le centre de leur pouvoir : cela donnait de l'importance à la ville ; la population augmentait. Et même vous voyez les trois fils de Chlotaire [3], après s'être partagé le royaume suivant la coutume, ne pouvoir s'entendre pour la possession de Paris. Chacun voulait l'avoir : il fut convenu qu'il ne serait à personne, et resterait à tous les trois, indivis ; chose curieuse, et qui montre combien ils y tenaient. Paris était donc alors une ville importante : par sa position surtout, car il y avait des cités plus populeuses [4].

Mais les rois francs n'habitaient guère leur capitale. Le séjour de la ville ne convenait pas à ces rudes chasseurs. Vous savez comment ils vivaient ; ils avaient aux environs un certain nombre de grandes *villas*, sortes de palais des champs, vastes,

---

1. De 450 environ à 750.
2. Chilpéric, Charibert, Sigebert, Chlotaire, Théodebert, Thierry.
3. Gontran, Sigebert, Chilpéric.
4. Il reste, à Paris, de l'époque mérovingienne, plusieurs objets, quelques colonnes, quelques pierres tombales ; mais pas de parties importantes d'édifices encore en place. — Il existe aussi dans la Cité, rue Chanoinesse, une petite cour carrée, à laquelle la tradition a donné le nom de *Tour de Dagobert* ; mais elle date du xve siècle. C'est, évidemment, une tour de guet. Elle a subsisté longtemps, près du port Saint-Landry, isolée, au milieu des jardins du cloître ; elle est aujourd'hui située dans une cour et accolée à des maisons modernes. Peut-être est-elle construite sur les fondations d'une tour plus ancienne, destinée à défendre et surveiller le port. — Voir le dessin page 132.

rustiquement bâtis, entourés de nombreuses dépendances, constructions imitées des Romains ou subsistant depuis les Romains[1]. Là le roi chevelu arrivait à grand fracas, avec toute sa suite désordonnée, chefs de sa *truste*[2], guerriers, serviteurs *romains*, — c'est-à-dire gaulois, — ou barbares ; ses évêques, ses clercs, ses hôtes, ses invités. Chacun se logeait, comme il pouvait, dans les bâtiments de la villa. Puis c'étaient des festins à n'en plus finir, véritables orgies de barbares ; le reste du temps ils chassaient en grand tumulte dans les forêts voisines. Enfin, lorsque toutes les provisions amassées là pendant un ou deux ans étaient dévorées, on quittait la villa pour aller recommencer dans une autre. Quand le roi venait à Paris, il habitait le palais romain de la Cité ; souvent les reines, les parents du roi occupèrent aussi le palais des Thermes, qui subsistait encore entier ou à peu près, sans doute bien négligé, bien dévasté à l'intérieur. — Au palais de la Cité[3] se passa cette scène atroce que vous savez, quand Childebert et Chlotaire, tous deux en même temps *rois de Paris*, assassinèrent les deux enfants de leur frère ; et c'est aux Thermes que logeait la célèbre veuve de Chlodwig, la hautaine et rancuneuse Chlotechilde (Clotilde), quant à l'envoyé de ses fils qui lui montrait un poignard et des ciseaux et lui disait : « Choisis ! » elle fit la tragique réponse : « J'aime mieux les voir morts que tondus ! » — Puis Childebert l'assassin, lui-même y vint habiter avec sa femme, la reine Ultrogothe ; on vantait les jardins de la reine, les anciens jardins romains du palais, « tout pleins de roses, de pommiers, de poiriers, de coudriers... » On montrait l'allée par laquelle le *pieux roi* allait de son palais à la basilique qu'il avait fondée[4]...

Ces fondations d'églises sont le grand fait de l'histoire de Paris en ces temps. Car, songez bien, qui dit qu'une basilique ou une abbaye s'élève, dit aussi que des terres lui sont données ;

---

1. Villas de Verberie, de Compiègne, de Chelles, de Noisy, de Braisnes, d'Attigny, de Maumagne, de Clichy, d'Epinay, etc.
2. Petite armée de fidèles dévoués à sa personne.
3. Très probablement.
4. Actuellement Saint-Germain-des-Prés.

non pas seulement son emplacement, mais des champs alentour, ou à peu de distance. Chaque fondation est un morceau de terrain découpé dans le sol de Paris et devenu désormais sacré ; si bien que, les églises se multipliant, je vois venir le jour où il ne restera, pour ainsi dire, plus de place pour les maisons...

On raconte que le roi Chlodwig, au retour de sa victorieuse expédition du Midi, voulant fonder à Paris une basilique en l'honneur des saints apôtres Pierre et Paul[1], auxquels, disait-il, il devait ses conquêtes, monta sur la colline du Midi[2], et là, pour mesurer l'espace assigné à l'édifice, brandit sa framée et la lança au loin de toute la force de son bras. C'était l'antique *formule*, la coutume germanique[3], le symbole de la *prise de possession*. Mais le symbole, cette fois, semblait en dire davantage, et plus que le Franc n'eût voulu : la terre conquise par sa sanglante framée allait passer à l'Église. Tous y donnaient la main à l'envi, rois, comtes, riches hommes : les bons par piété et les criminels par remords. Donner des terres à l'Église, cela lavait tout, le sang et la honte, comme vous allez le voir.

La première *Notre-Dame de Paris* fut ainsi fondée par les mains sanglantes du tueur d'enfants[4]. A l'orient de l'île, sur le terrain sacré de tous les siècles et de toutes les religions, la basilique s'éleva, non loin de l'église Saint-Étienne : l'antique *cathédrale* de la Lutèce romaine, contemporaine des premiers siècles chrétiens, parut pauvre à côté. Un auteur du temps nous fait une pompeuse description du nouvel édifice : une merveille ! un paradis ! — Il cite avec admiration les fenêtres closes par des vitrages, chose en effet très rare alors, presque unique ; il

---

1. *Basilique de Saint-Pierre et Saint-Paul*, qui devint plus tard la célèbre abbaye de Sainte-Geneviève. La reine Chlotechilde (Clotilde) y fut enterrée.

2. Anciennement *Mons Lucotitius*; Montagne Sainte-Geneviève. Vers 508.

3. « Jusqu'où l'homme du pays peut-il étendre sa culture dans la *marche* (terres communes de la tribu) ? — Aussi loin qu'il peut jeter son marteau. » (Michelet. *Origines du droit*).

4. Childebert, vers 530, sous l'épiscopat du célèbre *saint Germain* : basilique de *Notre-Dame-Sainte-Marie*, bâtie en partie sur le terrain occupé par la cathédrale actuelle, en partie sur le *parvis*, et sans doute dans l'emplacement d'un oratoire plus ancien.

énumère les peintures brillantes ; il compte les colonnes de marbre[1] et les chapiteaux sculptés. — On sait ce qu'il faut en rabattre. Notre auteur, Fortunat, était poète, évêque et courtisan : trois raisons pour se défier ! Nous savons, dis-je, que les églises de ce temps-là n'étaient et ne pouvaient être que de mauvaises bâtisses, de médiocres dimensions et maladroitement imitées des édifices romains. Le grand art était perdu : *on ne savait plus bâtir*. — Ils pouvaient bien couvrir les murailles de peintures aux vives couleurs rehaussées d'or ; mais c'étaient des peintures grossières, mal dessinées ; on ne savait plus peindre ni sculpter. Ils pouvaient bien orner les autels, les sièges des évêques, les tombeaux de saints et de rois de plaques d'argent et d'or : tout cela, ce n'est pas de l'*art ;* ce n'est que de la richesse, un luxe barbare. Les Chlodwig, les Childebert et autres avaient assez pillé pour être riches ; ils pouvaient donner la richesse. Mais l'art ne se donne pas. Et quant à leurs colonnes de marbre, à leurs chapiteaux sculptés, il n'y avait pas de quoi se vanter : c'étaient des morceaux arrachés à d'anciens édifices romains. Pour orner une église, alors, on abattait un temple, un arc-de-triomphe ; on ravageait un amphithéâtre ; on détachait les colonnes, les chapiteaux, les *frises*[2] sculptées, on les plaçait tant bien que mal dans la nouvelle bâtisse. Souvent les morceaux étaient dépareillés, les colonnes, les chapiteaux inégaux de hauteur ou de diamètre, n'importe ! Paré de dépouilles, l'édifice, au premier coup d'œil, pouvait faire illusion, paraître beau, riche du moins ; mais cela, dis-je, n'est pas de l'art...

Il faut en dire autant de l'autre célèbre basilique, grande et belle certainement pour le temps, bâtie par le même roi Childebert[3], chantée par le même poète Fortunat ; celle qui devint bientôt la fière et opulente abbaye de *Saint-Germain-des-Prés*. C'est pour enrichir celle-ci que le « pieux roi », tant chéri des évêques, pilla les églises d'Espagne... Colonnes de marbre aussi,

---

1. Il en reste deux ou trois, déposées au musée des Thermes.
2. Partie d'un *ordre* superposée à l'*architrave*, et souvent ornée de sculptures.
3. *Basilique de Saint-Vincent et de Sainte-Croix*, consacrée en 528 par l'évêque saint Germain.

peintures rehaussées d'or, — beaucoup d'or : jusque sur le toit, où des plaques de bronze doré « éblouissent les yeux », dit le poète. On l'appelait : le *Palais doré de l'évêque Germain*. De tout cet édifice il ne reste plus que les fondements de la tour, près de l'entrée de l'église actuelle. — Le roi entend que son église soit riche ; il lui donne d'abord les vastes cultures d'Issy et de Grenelle, jusqu'au ruisseau de Sèvres : tout un pays ! puis des terres dans la Cité, avec les serfs, les colons, les ouvriers qui étaient dessus. Mieux encore : il lui donne *la Seine et ses deux rives*[1] ! — « Les terrains sur les rives, direz-vous, fort bien ; mais la Seine ? Qu'est-ce que vous feriez, vous, de la rivière, si on vous la donnait ? » — Soyez tranquilles ; les bons moines, plus tard, trouveront bien moyen d'en tirer parti d'une manière ou d'une autre.

En attendant, cela va bien ; pourvu que l'on continue, les habitants n'auront plus qu'à déloger, pour aller vivre ailleurs. — Déloger ? Point ! Comment donc ? Oublions-nous que les habitants appartiennent aussi à l'Église ? Non, ils resteront : seulement ils paieront aux moines que le bon évêque Germain a installés dans l'*abbaye*, rente, impôt, dime, etc. Soyez sûrs que du fruit de leur travail il ne restera pas grand'chose à ces pauvres gens ; mais les moines seront grassement pourvus. — L'Église, du reste, n'est pas ingrate ; évêques et moines à l'envi chantent les louanges du « pieux roi » Childebert, comme ils ont chanté celles du « glorieux » Clovis ; un peu plus, ils en feraient un saint[2] !

---

1. Cette *charte* a été démontrée *fausse*, comme la plupart des autres. La pièce, fabriquée par un moine de l'abbaye à la fin du Xe siècle, reproduisait *peut-être* — et sans doute en l'amplifiant, — une *donation*, probable, du fondateur, soit d'après une pièce plus ancienne, soit d'après une simple tradition. Quoiqu'il en soit, c'est sur cette charte fausse (et qu'ils ne pouvaient ignorer être fausse), que les abbés de Saint-Germain ont fondé pour des siècles leur prétendu droit de *propriété* sur le pays. — Dans cette pièce on remarque, entre autres traits, que le fondateur donne aux moines, le fleuve, non seulement avec ses pêcheries, mais aussi avec les pêcheurs et leur postérité à venir...

2. Sur son tombeau, dans l'abbaye de Saint-Germain, on lisait : « Il fonda le *Palais* de Saint-Vincent (l'abbaye), enrichit les églises et accumula ainsi dans le ciel des trésors éternels. » Cette pierre est conservée à l'abbaye de

Transportez-vous avec moi, par la pensée, au temps du fameux roi Dagobert, et faisons ensemble une petite promenade dans Paris, pour voir ce qu'est devenue notre ville depuis les Romains. — Dans la Cité, d'abord, subsiste l'ancienne muraille romaine; les Romains, vous le savez, bâtissaient solidement. Les deux ponts de bois aussi subsistent[1], les tours, la prison, le Palais de la Cité où Dagobert réside avec ses grands, les gens de sa cour et ses évêques, quand il vient à Paris. Les principales rues sont encore celles de la ville romaine; seulement le vieux pavé en gros blocs commence à s'user. On ne l'entretient pas, il se défonce par places, et la chaussée est inégale et boueuse. Comme il n'y a pas d'espace pour s'étendre, les maisons se serrent les unes contre les autres. Puis elles grimpent les unes sur les autres... On superpose les étages. La plupart des maisons en ont deux ou trois au-dessus du rez-de-chaussée. C'est encore à peu près l'aspect des maisons romaines avec leurs petites fenêtres sans vitres et leurs toits de tuiles à faible pente; mais tandis que les murs du rez-de-chaussée sont pour la plupart élevés en pierres, les étages supérieurs sont généralement construits en bois, ce qui rend les incendies destructeurs, impossibles à éteindre. Entre ces maisons serpentent de petites rues ou plutôt d'étroites ruelles humides et sombres, mal pavées ou non pavées. On n'a même pas pensé à leur donner des noms. On dit : « la rue qui va du Petit-Pont à la place, » ou « la rue qui va à la cathédrale ». Cependant, peu à peu, l'habitude vient de désigner les rues par le nom des églises voisines ou par la profession de ceux qui y habitent. Une de ces vieilles rues, par exemple, s'appellera communément la rue aux *Fèvres*, c'est-à-dire aux forgerons et armuriers; une autre, où

Saint-Denis. — Le poète-évêque (de Poitiers), Fortunat, de son côté, en vers latins :
  « ...Nouveau Melchisédec, notre roi est en même temps un pontife qui « remplit exactement ses devoirs de fidèle comme ses devoirs de pasteur.... « Le souvenir de ses grandes actions lui assure l'immortalité. » Vous n'oublierez pas qu'il sagit de l'exécrable assassin d'enfants. — Mais il a donné des terres à l'Église.
  1. Ou plutôt ont été relevés.

demeurent des fabricants et marchands de draps, la rue de la *Vieille-Draperie*[1]. Un bout de la grande rue « qui va du Petit-Pont au Grand-Pont », se nomme la rue de la *Juiverie*, parce que là demeurent les marchands juifs, nombreux déjà à Paris : habiles gens, dit-on, peu scrupuleux en affaires, qui font fortune par la fraude et l'usure... Voilà ce que l'on dit, car ces gens sont fort mal vus à cause de leur origine et jalousés à cause de leur richesse ; je crois volontiers qu'ils ne sont pas plus malhonnêtes que les autres marchands, plus industrieux seulement, et peut-être plus hardis en choses de négoce. — Nous ne nous égarerons point à travers le labyrinthe des petites rues boueuses ; jetons seulement un coup d'œil sur la grande *place du Commerce*, qui occupe à peu près l'emplacement de l'ancien *Forum* romain, et de même aussi est entourée de marchands et de boutiques : drapiers, armuriers, orfèvres ont là leur étalage. Cela vu, il ne me reste plus à vous montrer que des églises ; mais il y en a !... surtout vers l'orient de l'ile. Là, en outre de la vieille basilique de Saint-Étienne et de la cathédrale[2] de Childebert, s'élève un édifice rond : c'est le *baptistère*[3], abritant sous son dôme la cuve de pierre où se plongent les nouveaux fidèles ; tout à la pointe de l'ile, une petite église encore[4] ; quatre ou cinq autres éparses parmi les groupes de maisons : nous remarquerons surtout la célèbre chapelle de Saint-Martin, dans l'enceinte du Palais[5]. La plupart de ces églises ont, attenant, tout un petit ilot de maisons qui leur appartiennent. Mais à l'orient de l'ile c'est une vaste étendue, couverte de bâtiments divers groupés en désordre autour des deux cathédrales et de jardins : maison de l'évêque, fort considérable, avec enclos et dépendances, maisons des prêtres, petit hospice pour les pauvres, écoles pour les jeunes *clercs* : toute

---

1. Noms traduits ici en français moderne.
2. Notre-Dame-Sainte-Marie.
3. Saint-Jean-le-Rond l'ancien, emplacement actuel de Notre-Dame.
4. Saint-Denis-du-Pas, à la pointe orientale de l'ile.
5. Puis encore Saint-Denis-de-la-Chartre, près de l'ancienne *prison de Glaucin*.

une *ville ecclésiastique*[1], close de murs et portes fermées, tranquille et studieuse, à côté de la ville marchande et travailleuse, mouvante et affairée.

Les faubourgs ont grossi et iront toujours grossissant, puisque c'est ainsi seulement que la ville peut s'étendre. Les files des maisons s'allongent en suivant le parcours des anciennes voies romaines, gagnant sur la plaine et le marais au nord, au midi grimpant sur la colline. De petites rues transversales, tortueuses, divisent au hasard les groupes de maisons entourées de jardinets. Et déjà de nombreuses églises et abbayes s'y élèvent. Chacune, avec les terrains environnants qui lui appartiennent, forme comme un îlot, presque toujours entouré de murailles; à l'intérieur, les habitants dépendant des moines, serfs, ouvriers, etc., ont leurs demeures groupées, ce qui forme autant de petits bourgs. — Au midi, sur la hauteur, la basilique de Chlodwig est maintenant une abbaye, l'abbaye de Sainte-Geneviève, et donne son nom à la colline; dans la plaine, c'est l'abbaye de Childebert, *Saint-Germain-des-Prés*, avec ses immenses terrains, qui empêchent la ville de s'étendre de ce côté; puis cinq ou six autres encore. Dans le faubourg du nord, déjà fort marchand, nous remarquerons l'autre basilique de Saint-Germain[2], fondée par le féroce Chilpéric, digne époux de sa Frédégonde; une basilique de Saint-Martin[3], qui deviendra plus tard la riche et célèbre abbaye de *Saint-Martin-des-Champs*; quatre ou cinq autres églises encore[4].

Comme les choses, les gens aussi ont quelque peu changé. Francs et Gaulois se mêlent et de plus en plus se ressemblent, par le costume, par les habitudes et la langue : pour pouvoir s'entendre avec les Gaulois, il fallut bien que les Francs eux-

---

1. C'est le commencement du quartier ecclésiastique fermé, appelé au moyen âge le *Cloître*.
2. Nommée depuis *Saint-Germain-l'Auxerrois*, près du Louvre; bâtie en 606.
3. Rue Saint-Martin.
4. Saint-Laurent (rue du faubourg Saint-Denis), Saint-Gervais (derrière l'Hôtel-de-Ville), Saint-Pierre, devenu Saint-Merry (rue Saint-Martin), etc. — Leur emplacement est ici désigné, suivant la coutume, par les repères actuels.

mêmes se missent à parler le latin, le patois latin du peuple. Les guerriers francs ont conservé à peu près leur costume de guerre; mais pour le costume journalier, ils se rapprochent des Gaulois. Ils ont conservé leurs longs cheveux flottants, signe de leur fière indépendance. Les Gaulois, seigneurs ou guerriers, ont aussi les cheveux longs, moins cependant; les gens du peuple, ouvriers, marchands, les portent courts. On reconnaît les hommes d'Église et les clercs, fort nombreux à Paris, à leur habillement quasi romain, leur robe longue, costume d'hommes de paix et de loisir, également impropre à la guerre et au travail manuel; les moines, à leur tête tondue. Mais plus d'un évêque, plus d'un abbé est en même temps grand seigneur, et hors de l'église porte l'habit laïque. — Les *rois chevelus et barbus* eux-mêmes, ne sont plus les barbares d'autrefois : sous l'influence de l'Église, ils se dégrossissent un peu; mais c'est en perdant leur farouche énergie. Ce qu'ils comprennent le mieux de la civilisation, c'est le luxe; le seul art qui se soutienne et progresse même sous leur protection, c'est l'*orfèvrerie*. — Voyez par exemple notre Dagobert, qui joue à l'empereur romain. Il a débuté comme un vrai fils de Mérovée et de Chlodwig qu'il était; mais voici qu'il se range. Son ami et conseiller, Éloi, le bon forgeron (ou plutôt orfèvre), le travaille, le *forge* de son mieux; avec le temps, il lui fera retourner son caractère de barbare et remettre ses mœurs à l'endroit... — C'est vraiment un digne homme que cet évêque Éloi[1]; fort intelligent, je vous assure, habile artiste pour son temps, plus artiste qu'évêque; sage, généreux, charitable[2]. Pourtant il ne faudrait pas vous le représenter tout à fait comme il est dans sa niche, en mainte église. Figurez-vous plutôt un beau et fier seigneur, chevauchant à la droite du roi au milieu de sa truste guerrière, couvert de riches vêtements et d'armes brillantes; au col des colliers, aux bras

---

1. Il ne fut évêque de Noyon que dans ses dernières années ; et il était évêque *sans être prêtre*, chose commune dans les premiers temps, mais rare alors déjà.
2. Il existe encore une croix d'or ciselée et émaillée très délicatement, attribuée à l'habile orfèvre ; le fauteuil de Chlotaire II, dit de *Dagobert*, en bronze doré, conservé au musée du Louvre, est aussi son œuvre.

des bracelets d'or ciselés, ornés de pierreries, ses propres œuvres à lui-même, et que volontiers il détachait pour les jeter à quelque mendiante dont la détresse avait touché son cœur... Ce n'est pas là l'idée qu'on se fait d'un homme d'Église. Et, de fait les autres évêques ne lui ressemblaient guère. — Les successeurs de Dagobert, élevés par eux, par les moines, vivaient dans les monastères. Avec cette éducation de couvent, vous savez ce qu'ils deviennent [1].

La famille des *Pépins*, que les évêques et les papes ont mise à la place des Mérovingiens déchus était une riche et puissante famille, fort dévote [2] : tous pères, oncles, frères, fils et neveux d'évêques et de moines. L'Église fait leur fortune inouïe : elle fait Pépin roi, et Charlemagne empereur [3]. Ce glorieux Charlemagne va partout guerroyant, convertissant les barbares à grands coups d'épée et les baptisant de force : tout lui réussit ;

1. Les rois Fainéants.
2. Excepté Charles Martel.
3. La belle statue équestre de bronze, figurant Charlemagne entouré de deux guerriers, élevée sur la place du Parvis-Notre-Dame, et reproduite dans le dessin ci-dessus est l'œuvre des frères Rochet.

ses défaites même seront comptées à sa gloire (Roncevaux). Une immense étendue de pays lui est soumise ; il prend au sérieux son titre d'empereur, et le voilà qui essaie, lui aussi, de recommencer l'empire romain. En certaines choses il y arrive, — pour un moment.

Mais aussi, devant ce vaste empire, la petite France de Chlodwig n'est plus rien ; Paris ne compte plus. Le grand empereur daigne à peine y venir en passant. Quand il n'est pas chevauchant en bataille sous le ciel bleu d'Espagne ou dans les belles plaines d'Italie, ou par les froides forêts des Saxons, il réside à Aix-la-Chapelle : il en fait sa capitale ; il l'embellit et l'enrichit. — C'est, dit la légende, qu'il y avait là un lac ; et ce lac était *enchanté*... — Je l'ai vu, ce lac dont Charlemagne ne pouvait, dit-on, s'éloigner ; c'est un petit étang aux eaux tièdes et vaseuses. Et pendant ce temps-là Paris et sa belle Seine étaient oubliés. Après lui viennent d'autres *Charles*, empereurs aussi, le *Chauve*, le *Gros* ; ceux-là font bien pis que de négliger Paris : ils le trahissent.

C'est une histoire bien étonnante que celle des *invasions* Normandes. Voilà des bandes de pirates, hardis bateliers, féroces hommes de guerre, qui sur leurs bateaux longs et plats remontent le cours des fleuves, la Loire, la Garonne, la Seine, vont pillant, ravageant, incendiant, jusqu'au cœur du pays. Ils prennent et brûlent les villages, les villes, les monastères. Combien sont-ils ? Cinq ou six mille peut-être ; parfois seulement quelques centaines. Et tout fuit devant eux. Les évêques, les moines, tremblants de peur, s'échappent, abandonnant leurs cathédrales, leurs *moustiers*[1], emportant avec eux les reliques impuissantes de leurs saints ; les villes se laissent piller, les gens des campagnes se dispersent dans les bois, se cachent dans des souterrains. Les historiens du temps n'y comprennent plus

---

1. Monastères.

rien. Pour expliquer un tel effarement, ils imaginent qu'en une immense, héroïque bataille, après la mort du grand Charles, tous les braves de la France ont péri, en sorte qu'il n'est plus resté que les lâches...

Mais nous, nous savons mieux les choses. Ce gouvernement d'évêques et de moines avait énervé le pays. Eux-mêmes l'avouent. L'homme le plus puissant de l'empire, qui gouverne l'empereur, le *morigène* et le corrige, celui qui fait les rois et peut les défaire, le vrai roi, le vrai pape de l'Occident, l'évêque de Reims, le fanatique et ambitieux Hincmar, le dit, et il faut bien l'en croire. « Les populations, écrit-il au pape, nous accablent de reproches. — Sauvez-nous donc des barbares Normands, par vos prières ! Ou bien, si vous ne le pouvez pas, qu'on nous donne des chefs de guerre qui sachent nous défendre ! » — Mais tous étaient désunis; tous se défiaient de tous. Pour protéger un pays que faut-il ? Des armées, n'est-ce pas, des forteresses ? Quand les bandes de pirates normands commencèrent leurs pilleries, les populations avaient voulu se mettre en garde ; les gens des villes et des villages s'armaient. Les évêques et les seigneurs s'y opposent; on poursuit, on massacre, chose incroyable et pourtant vraie ! ceux qui se soulèvent pour la défense du territoire. Ils ne veulent à aucun prix que le peuple soit armé[1]; tout, plutôt que cela ! Pourquoi ? C'est qu'ils se disent : « Les gens du peuple sont les plus nombreux ; s'ils ont des armes, ils seront en état de se révolter contre nous, leurs seigneurs, de nous refuser obéissance et tribut, de reprendre leur liberté. » Ils entendent, eux, les seigneurs, se défendre, avec leurs hommes d'armes, dans leurs bonnes forteresses. Mais voici bien une autre chose : le Chauve empereur défend qu'on bâtisse des forteresses[2] ! Pourquoi ? — Parce qu'il se dit : « Si les seigneurs ont de forts châteaux, ils seront en état de me résister, de me refuser obéissance, de se faire maitres chacun dans leur pays. » C'est le même raisonnement. — Donc, les seigneurs

---

1. La même chose se reverra plus d'une fois, et notamment à une époque qui n'est pas encore loin de nous.
2. Plus **tard il se dédit**.

désarment le peuple, et l'empereur, autant qu'il le peut, désarme les seigneurs. Le pays est ouvert. Vous pouvez entrer mes braves Normands, vous promener à loisir en long et en large, arder tout à votre aise villes et moustiers ; l'empereur, Charles le Gros comme Charles le Chauve, ne vous en empêche pas. — « Il ne fait rien ? » — Si ; ne pouvant ou n'osant combattre les pirates, il a imaginé autre chose, lui : c'est de les payer ! Voilà l'empereur rançonnant les gens de France ; et avec cet argent pris à son peuple, il paie l'ennemi ! Il paie les brigands, vous entendez, pour qu'ils s'en aillent. Et c'est justement le moyen de les faire revenir. Ils reviennent en effet, sept fois, de plus en plus nombreux et hardis : ils saccagent Rouen, Nantes, Bordeaux, Toulouse, Orléans, Beauvais, cent autres villes, et Paris, — Paris, trois fois de suite. Et l'empereur, à chaque fois, les paie ! Il n'y a pas d'exemple dans l'histoire d'une pareille imbécillité.

Le peuple a bien raison de mépriser cet empereur des moines qui ne sait pas le défendre. On n'en veut plus. Malgré lui plus d'un seigneur bâtit sa tour, arme ses gens, appelle les passants : nobles ou non, n'importe ! Celui-là sera aimé, servi, chanté, qui gardera le pays. Tous seront à lui, tous se donneront, se mettront sous sa protection. La terre se couvre de forteresses ; tout possesseur d'une tour se fait roi dans son petit canton, se ligue avec ses voisins ; l'empire est détruit, chaque grand seigneur en arrache son morceau. Ainsi commence la féodalité. Elle se fait contre le monarque, roi ou empereur ; et aussi contre l'Église. Les évêques, les moines seront encore riches et puissants, ils ne seront plus les seuls maîtres.

Quand, pour la première fois, les terribles Normands, remontant le cours de la Seine sur leurs *dragons*[1] et leurs ser-

---

1. Barques de forme allongée, pourvues de rames et de voiles. (Voir le dessin, d'après des documents communiqués par M. l'amiral Pâris: p. 102).

pents, se présentèrent devant Paris, ils n'étaient pas plus de quatre mille[1]. Rien n'était prêt pour la défense. Les vieilles murailles romaines étaient toutes délabrées, les gens découragés, déconcertés. Dès l'approche des brigands les prêtres et les moines se sauvent, emportant les reliques de Saint-Germain et de Sainte-Geneviève, les deux grands *patrons* de Paris, et tout ce qu'ils peuvent de leurs trésors. Le pauvre peuple se dit : « Nos saints nous ont quittés, c'est fait de nous ! » On ne pense même pas à résister. — Les gens s'enfuyaient par les bois, les mariniers, sur leurs bateaux, remontaient le fleuve et se cachaient dans les petites rivières. Les pirates pillèrent la Cité, pillèrent les riches abbayes de Saint-Germain-des-Prés et de Sainte-Geneviève sur la montagne ; ils brûlèrent les faubourgs. Où donc était l'empereur Charles ? Il était là avec son armée ; il regardait ruiner sa ville, sans bouger, sans faire semblant de défense. Il ne s'occupait que d'une chose, lui : couvrir la riche abbaye de Saint-Denis. Il ne combattit pas ; comme toujours il traita. Il paya aux brigands gorgés de butin sept mille livres pesant d'argent, — et un clou des portes de Paris ! Pauvre Paris !

Onze ans après (856), cela recommence ; même invasion, même panique, mêmes ravages. La première fois l'abbaye de Sainte-Geneviève n'avait été que pillée ; cette fois, elle est brûlée, rasée. Les moines de Saint-Germain et de Saint-Denis, pour qu'il n'en soit pas fait autant de leurs riches moustiers, se laissent arracher des sommes énormes[2]. Toutes les campagnes aux environs sont dévastées, les moissons détruites ; beaucoup de gens du pays sont massacrés par les pirates, beaucoup faits prisonniers. L'empereur paie. Et on ne rend même pas les prisonniers ! Une troisième fois semblablement : cinquante bateaux, seulement, une poignée d'hommes ! C'est le tour de la riche abbaye de Saint-Denis, violée, mise à sac. — Quant à Paris, on ne dit pas ce qu'il y fut pris cette fois : rien, je pense ; car il n'y avait plus rien.

1. 120 barques. (En 845).
2. Prises, bien entendu, sur les pauvres populations rurales qu'ils tenaient en servage.

Un homme, tandis que l'empereur et les grands livraient le pays, avait guerroyé avec courage, avec gloire, contre les brigands. Il s'appelait Robert le Fort. A la tête d'une petite troupe d'hommes résolus il avait battu les Normands dans deux ou trois rencontres. Un jour, enfin, il fut tué par eux, en traîtrise. Son fils, Eudes, brave, patriote comme lui, fut le défenseur de Paris.

Pour la première fois, chose étrange, on songe à mettre Paris en état de défense; car il était bien évident que les Normands allaient revenir. Avec les sommes payées aux farouches pirates on eût fait de beaux remparts! Mais on était ruiné. Il fallut se contenter de réparer les vieilles murailles, les tours romaines. Le Grand-Pont avait été brûlé par les Normands, parce que les pieux qui le soutenaient, trop rapprochés, empêchaient leurs barques de passer; on le reconstruisit: en bois, toujours. Mais au lieu de le relever à la même place, on le fit un peu plus en aval, tout près du Palais[1]. De la sorte il ne se trouvait plus en face du Petit-Pont; et, pour traverser l'île, il fallait faire un parcours en zig-zag dans les rues étroites de la Cité. Puis, à la tête de chaque pont, sur la rive, on éleva une tour pour défendre le passage : ces tours étaient en grande partie de bois. Celle du Grand-Pont n'était pas encore achevée que les Normands arrivaient (885).

Cette fois c'était une armée: trente mille hommes. Sept cents barques couvraient le fleuve. Paris avec ses ponts et ses tours leur barrait le passage. Ils ne s'attendaient pas à cela! Il y eut surprise, chez eux, puis fureur. Ils jurèrent de prendre et de brûler la ville.

Mais Paris avait alors pour évêque un rude homme, un vaillant: l'abbé Gozlin, abbé de Saint-Germain-des-Prés. C'était un assez drôle de moine, paraît-il, et plutôt fait pour être soldat que pour être homme d'église. Mais n'importe; on peut bien lui

---

1. Au lieu où est actuellement le Pont-au-Change.

pardonner quelque chose, s'il aima, s'il défendit sa patrie, mourut pour elle... Il ne donna point, lui, le signal de la fuite ; il jeta bas la chape et endossa la cuirasse, qui lui allait bien mieux. Il anima, réconforta ses gens ; il les arma et les conduisit à la bataille, « faisant fort bien de sa personne », c'est-à-dire combattant lui-même et frappant à tour de bras sur l'ennemi. — Bravo, l'abbé !

Ce *bon* évêque Gozlin et son neveu l'abbé Ebbes, non moins vaillant que lui, s'entendirent avec le comte[1] de Paris, Eudes, fils de Robert le Fort, et son frère Robert. A eux quatre ils organisèrent la défense. Et alors on vit bien que, pour faire des prodiges de valeur, nos Parisiens avaient seulement besoin d'avoir des chefs voulant et sachant combattre, des chefs en qui ils eussent confiance, et qui eussent confiance en eux. Pourtant les Normands eux-mêmes avaient offert la paix à la ville : ils promettaient de ne toucher ni aux gens ni aux biens. Qu'on les laissât passer seulement ; ils iraient piller plus loin, bien loin... Les Parisiens refusèrent. Paris se dévoua pour le pays ; Paris souffrit, se battit *pour la France*, et paya ainsi noblement son titre de capitale. — L'histoire ne dit pas si, au lendemain de la guerre, il se trouva des gens pour demander qu'on le lui ôtât.

Il faudrait pouvoir raconter tout au long ce siège héroïque. Le chef des barbares, Sigfrid, était un guerrier redoutable. A la tête de ses bandes enragées, il assaillit par terre et par eau la tour qui protégeait la tête du Grand-Pont. Au lever du soleil il y eut un assaut furieux. On combattit corps à corps, à l'épée, à la hache. Les assaillants étaient mis en pièces, précipités dans le fleuve : il en venait d'autres. L'affaire fut chaude ! Le brave Gozlin fut blessé. Les gens de la tour tinrent toute la journée ; et enfin, sur le soir, les ennemis furent repoussés avec grand carnage. L'attaque avait été si acharnée que la tour était à moitié démolie. Les Parisiens, la nuit suivante, la réparèrent.

Les Normands alors comprirent à qui ils avaient affaire. Trois fois, quatre fois, ils retournèrent furieusement à l'assaut. Ils employèrent toutes les machines de guerre alors connues,

---

1. C'est-à-dire, à peu près, gouverneur militaire.

ils essayèrent d'abattre la tour par le choc des *béliers*, en même temps ils attaquaient le pont lui-même par eau, couvrant le fleuve de leurs barques et tâchant d'escalader les charpentes ; mais du pont comme de la tour les gens de la ville faisaient pleuvoir sur eux une grêle de traits, des pierres, des fascines enflammées, des poutres armées de fer qui défonçaient les barques et les faisaient couler. Ils essayèrent d'incendier le pont en faisant approcher des chalands chargés de fagots embrasés. En vain : les Parisiens écartèrent et submergèrent les *brûlots*. Frémissants, en désordre, les barbares durent reculer.

Un accident leur rendit l'audace. La Seine, grossie par les pluies, une nuit, emporta une partie du Petit-Pont. La tour qui le défendait demeura isolée sur la rive ; une douzaine d'hommes qui la gardaient se trouvaient enfermés là, sans retour ni secours. A cette vue les Normands poussèrent de grands cris ; toute l'armée barbare se rua contre cette bicoque. Les douze résistèrent toute la journée ; et vers le soir, quand les assiégeants furent parvenus enfin à mettre le feu à la tour, ils se réfugièrent sur les débris du pont rompu, et de là combattaient encore. Ces héros furent pris, à la fin, et massacrés traîtreusement. Mais cette manière de recevoir l'ennemi donna beaucoup à penser aux envahisseurs.

Cependant la position des pauvres Parisiens devenait terrible. Les vivres commençaient à manquer. C'était l'hiver : le froid, la dure misère, les maladies, s'ajoutaient à la faim. Le vaillant comte Eudes voyait que sans une armée de secours la ville était perdue. Il connaissait trop son empereur ; il se dit que si lui-même n'allait pas le trouver, le sommer de secourir la ville, lui arracher des ordres, on n'en aurait rien. Un soir donc, en grand secret, il sort de la cité avec une petite escorte, échappe aux barbares, et prend le chemin de Metz, où était Charles le Gros.

Les habitants se crurent abandonnés. Mais peu de temps après, les guetteurs, du haut des remparts, voyaient revenir le comte : il amenait avec lui quelques troupes. Les Normands aussi le virent, et cherchèrent à lui barrer le passage ; Eudes et ses gens, mettant leurs chevaux au galop et hachant à droite et à gauche, s'ouvrirent un chemin à travers les barbares et se précipitèrent dans la ville, dont on leur ouvrit la porte. Pensez quelle joie ! — « Ceci n'est qu'un faible secours, en attendant, une avant-garde. Tenons ferme encore un peu de temps ! L'empereur est en marche ! Il vient avec toute une armée ! » Ainsi disait-il, le brave comte. Et les Parisiens soutinrent encore plus d'un furieux assaut. — Le temps passait et les souffrances croissaient. L'abbé Gozlin avait péri. Cela dura un an. L'empereur ne bougeait pas.

Enfin, enfin, il se décide. « Voici l'armée qui vient : voici la délivrance et la victoire ! » — Quand ils virent la multitude des guerriers qui des hauteurs descendait dans la plaine, les Normands en désordre abandonnèrent le siège et se réfugièrent dans leur camp. Et déjà ils songeaient à décamper. — L'empereur vient ; oui, il vient. Il vient pour combattre ? Non, il vient pour traiter. Il pouvait les écraser, il les paie. Bien plus, il leur accorde justement ce que les Parisiens leur avaient refusé : le passage. Il leur permet d'aller dévaster le pays !

Les Parisiens, indignés d'une pareille lâcheté, se révoltèrent. Comme ils avaient tenu tête aux barbares, ils tinrent tête au vil empereur qui livrait la patrie ; ils déclarèrent que les dragons des pirates, malgré l'empereur et le traité, ne passeraient pas les ponts. Les Normands furent obligés de tirer leurs barques hors de l'eau, et de les traîner par terre, pour les remettre à flot plus haut, vers l'embouchure de la Marne. Puis ils s'en allèrent piller la Bourgogne, la Champagne et la Brie, comme c'était convenu avec l'empereur Charles le Gros.

Les incursions des Normands et leurs horribles brigandages continuèrent encore, comme vous le savez, pendant un quart de siècle. Et Paris non plus n'était pas quitte : il lui fallut subir un nouveau siège et résister au terrible Rollon, le grand fondateur de la puissance Normande, qui déjà tenait Rouen et toute la basse Seine. Cette fois c'était bien une *invasion* véritable ; et les *rois de mer* avaient pris terre pour ne plus se rembarquer. Possesseurs de toute une province, fortifiés dans des *châteaux* sauvages, hérissés de palissades, de là, comme d'un repaire, ils s'élançaient contre les provinces voisines, promenant partout leurs gaffes et leurs torches. Les choses allèrent ainsi jusqu'à ce qu'enfin le roi Charles le Simple s'avisât d'un moyen. Pour empêcher les barbares de ravager un pays, il pensa que le plus court était de le leur donner... — Après tout, au point où les choses en étaient venues, c'était peut-être ce qu'il y avait de mieux à faire, en effet.

PARIS

SOUS LES PREMIERS CAPÉTIENS

E souvenir de pareilles choses reste longtemps vivant chez un peuple. On se rappela qui avait livré, qui avait défendu le pays. La race dégénérée de Charlemagne finit par déchoir du trône ; et à sa place s'élève la famille des glorieux défenseurs de Paris et de la France, les fils de Robert le Fort et d'Eudes de Paris, qui lui-même fût roi. C'est justice, ce semble. Pourtant je ne sais comment il se fait, mais dans ces premiers *Capétiens*, les Hugues, les Robert, les Henry, je ne reconnais plus la lignée héroïque des vieux comtes. Qui donc m'a changé mes rudes batailleurs,

dont la bonne hache taillait une trouée à travers les rangs pressés des barbares Normands? Je ne sais, dis-je; mais je vois une chose : c'est que ce sont les évêques et les papes qui donnent le royaume à Hugues et à ses fils.

Voilà la seconde fois que l'Église met sur le trône de France une famille de son choix. Les Pépins et les Charles étaient tous parents d'évêques et de moines, alliés des hommes d'église; pour ceux-ci, c'est mieux encore : eux-mêmes sont d'église, des espèces de *moines laïques*. Hugues, riche et puissant seigneur, n'en est pas moins abbé; et c'est justement ce qui fait sa richesse : abbé de Saint-Martin de Tours, de Saint-Germain-des-Prés, de Saint-Denis, de trois ou quatre autres grandes abbayes encore[1]. Il porte la chape : ce qui lui vaut le nom de *Capet* : *Capet* ou *Chapet*, c'est-à-dire *chapé*; Hugues à la chape, *l'abbé Hugues*, enfin. Ce n'était pas une exception : tous les grands seigneurs avaient des abbayes, alors. Mais Hugues était certainement le mieux pourvu, le plus *chapé* de tous. Pour cette singulière façon d'être moine, il n'en était ni moins ambitieux, ni plus religieux au fond ; mais il était lié d'intérêt avec l'Église et l'Église avec lui. Le roi Robert, honnête et débonnaire créature, chantait au lutrin. — Tandis qu'il chante la messe, les évêques gouvernent pour lui et chez lui.

Pour la troisième fois le même fait historique se reproduisait, comme au temps des Mérovingiens *fainéants*, comme au temps des Carlovingiens *débonnaires* : et, pour la troisième fois, il ramenait les mêmes résultats : l'abâtardissement de la race et l'imbécillité de ses représentants, l'abandon, la détresse du pays. — Cette hautaine domination du clergé, cette humiliation de la royauté en tutelle étaient, il faut bien le dire, chose excessive et outrageuse. Voyez ce pauvre Robert ; rien ne lui sert d'être *le pieux*, d'avoir construit et doté des basiliques et des abbayes : il n'en est pas moins excommunié. Il n'eut demandé, pourtant, qu'à vivre tranquille dans son château de Saint-Martin-des-Champs, tout exprès construit par

---

1. Des célèbres et riches abbayes de Saint-Riquier, de Saint-Valéry, etc.

L'EXCOMMUNICATION DE ROBERT LE PIEUX

D'après le tableau de LAURENS

lui sous les murs du célèbre monastère pour être plus près de son chœur et de ses moines, ombre de roi, tenant une ombre de sceptre... Mais on ne le laissera point tranquille. On lui prend son royaume, on lui retire ses domestiques et jusqu'à sa servante, on lui ôte sa femme qu'il aime et on lui en fait épouser une qu'il n'aime pas, une mégère de femme qui le rend malheureux dans son ménage, le tourmente et l'avilit, — si bien qu'il en est à se cacher pour faire l'aumône...

Le grand empereur Charles, dans sa puissance, avait adopté Aix-la-Chapelle : dans leur décadence les derniers Carlovingiens avaient refugié leur triste royauté à Laon, ville très forte, sur un rocher. Avec la race des comtes de Paris, Paris redevient capitale ; mais capitale d'un tout petit et bien faible royaume ! Le roi de France est maitre et seigneur chez lui, dans son petit domaine, grand comme trois ou quatre de nos départements[1] ; et encore ! Pour le reste, il est seulement *suzerain*. Suzerain, c'est quelque chose comme *seigneur des seigneurs*, en théorie. Mais en réalité les grands seigneurs sont bien plus puissants que le roi. Ils lui doivent hommage, il est vrai ; mais ils ont tous les moyens de lui refuser obéissance. Ils n'ont qu'à se liguer entre eux, et voilà le pauvre roi si petit, si dénué, qu'un peu plus il va s'évanouir. Voyez Louis le Gros : c'est pourtant un vaillant homme ; eh bien, sans l'abbé de Saint-Denis qui le protège[2], je ne sais vraiment pas ce qu'il deviendrait. Non seulement les *grands vassaux*, seigneurs de vastes provinces, mais le premier petit baron venu qui a un bon château et une centaine d'hommes d'armes est en état de lui tenir tête.

Avec tout cela, vous le comprenez, Paris se relevait lentement, péniblement, des ruines qu'avaient entassées les Normands. En dehors des murs de la Cité, tout avait été dévasté, rasé : maisons, églises, abbayes ; le palais des Thermes à moi-

---

1. Plus ou moins, suivant la date.
2. Et dont il est vassal (pour le Vexin). La célèbre *oriflamme*, étendard de nos rois, n'était pas autre chose que la bannière particulière de l'abbé de Saint-Denis, le signe du vasselage de la royauté à l'égard de l'Église.

tié démoli. C'était sur les deux rives comme un désert. Peu à peu, cependant, les faubourgs se repeuplèrent et se rebâtirent. On répara le Palais de la Cité, fort endommagé dans les dernières guerres. — *Au temps où la reine Berthe filait,* le roi Robert s'était fait construire, ai-je dit, tout joignant l'abbaye de Saint-Martin-des-Champs, en dehors de Paris, un château fortifié de murailles et de tours : c'était sa demeure royale ; mais en même temps c'était aussi comme un fort détaché en avant de la ville, et qui la protégeait. Il éleva encore sur les collines du midi une autre *maison de campagne*, également fortifiée, qui fut le célèbre château de *Vauvert*, dont nous reparlerons [1]. — Mais ce qui se relevait le mieux et se rebâtissait le plus vite, c'étaient les églises et les monastères.

Au milieu de la détresse publique, les richesses des moines, déjà immenses, au lieu de décroître, en moins d'un siècle avaient doublé. Les causes, il y en avait plusieurs ; il serait trop long de les exposer ici. Du moins vous vous souvenez comment l'Église profita des frayeurs de *l'an mil.*

Les temps étaient si tristes ! il ne faut pas trop s'étonner si nos pauvres aïeux crurent que le monde allait finir. C'était du reste une très ancienne croyance et très répandue depuis les premiers temps du christianisme, que le monde ne vivrait pas plus de mille ans après la venue du Christ. Quand la date fatale approcha, tous attendaient dans l'angoisse. Dans les sombres nefs des abbayes, les moines prêchaient lugubrement la pénitence, annonçaient le *jugement dernier*... Eux-mêmes mouraient de peur ! Le soir, dans les campagnes, on prêtait l'oreille pour écouter si des sons effrayants de trompette n'allaient pas éclater dans les nuages, signal de l'embrasement universel... Les seigneurs, les puissants du monde, en leurs consciences troublés, se disaient : « Que nous servent

---

[1]. Il fut achevé par Philippe 1er.

ces terres, ces richesses, puisque tout va finir ? Ne vaut-il pas mieux les donner à Dieu, ces biens inutiles, pour sauver du moins notre âme, s'il en est temps encore ? » — Car alors les dons faits à Dieu, — c'est-à-dire à l'Église, aux abbayes, aux chanoines, aux évêques, — avaient une merveilleuse vertu pour blanchir les âmes les plus noires. Donc ils donnent de l'or, des terres, des serfs ; des terres surtout. Et leurs actes de donation commençaient ainsi : « La fin du monde approchant... moi, comte, ou duc, ou baron, je donne à telle abbaye, telle terre, avec ses serfs, ses rentes, etc., *pour le rachat de mon âme.* » — L'an mil se passa, et la trompette ne sonna pas, et la fin du monde ne vint pas ; les terres restèrent aux moines...

Il faut avoir tout cela présent à la pensée pour comprendre comment il se fait qu'en ces temps désastreux de guerre et de désordre, de noire misère et de famine, quand les pauvres gens des campagnes meurent de faim par milliers et millions et que les loups parcourent les villages déserts, quand le simple homme des villes n'a pas de quoi réparer sa masure croulante, les églises poussent du sol comme par enchantement. Eux-mêmes, nos moines, s'en vantent; ils célèbrent leurs immenses et luxueuses constructions, élevées, bien entendu, au moyen du produit des tailles, dîmes et corvées, c'est-à-dire aux dépens des malheureux serfs d'Église et autres. Ils se félicitent des « nombreux *miracles*, des *apparitions de saints* » qui se multipliaient d'une étrange façon. Mais chose curieuse, chaque fois qu'un saint «apparaissait » c'était toujours pour demander qu'on élevât une église ou un couvent... — On ne sait combien de saints nouveaux, de milliers de martyrs dont on n'avait jamais entendu parler, furent *découverts* en ces jours-là [1].

Voyez notre Paris, par exemple. Ses faubourgs populeux n'ont pas de murailles et sont exposés à tous les ravages de la guerre, des brigands ; si ce n'est l'indispensable Palais de la Cité, je n'y vois aucun de ces édifices d'utilité publique si nécessaires dans une grande ville, ni halles, ni fontaines. Mais

---

1. *Raoul Glaber.*

les églises se reconstruisent, plus vastes et plus belles qu'auparavant : les abbayes de Saint-Germain-des-Prés, de Sainte-Geneviève, de Saint-Martin-des-Champs ; les basiliques de Saint-Germain-l'Auxerrois, de Notre-Dame-des-Champs, bien d'autres encore.

Ces grandes constructions furent élevées par les moines selon le genre d'architecture qu'on a appelé *architecture romane*, pour exprimer qu'elle tient encore en beaucoup de choses de l'ancien art romain [1]. Mais en d'autres choses elle s'en éloigne et est véritablement nouvelle. — Tout ce qui touche au travail, à l'art, au progrès de la civilisation doit attirer notre attention ; et puisqu'il n'y a d'art, en ces temps-là, que dans les églises, voyons donc les églises.

Quand nous avons voulu savoir ce que c'est qu'une construction romaine, nous sommes allés visiter les Thermes ; pour nous rendre compte de l'architecture romane il nous faudrait étudier une église romane. Il y en a plusieurs en France, fort belles, assez bien conservées. A Paris, ce ne sont pas les églises qui manquent : il en est un grand nombre de fondation ancienne. Mais toutes ont été réparées, remaniées, agrandies, reconstruites en totalité ou en partie ; tant et si bien qu'il n'en est pas *une seule* qui ait gardé à peu près sa forme première. Je ne puis même pas vous montrer une partie notable d'édifice, qui suffise pour vous donner une idée de la forme et de l'aspect d'une église de l'époque romane [2].

Au xie et au xiie siècle les moines, vous le savez, étaient seuls assez riches et assez puissants pour élever de grands édifices. Seuls aussi ils avaient assez de loisir et de paix

---

1. Ainsi la langue dérivée de l'ancien *latin vulgaire* portait le nom de *langue romane*.
2. Le fragment le plus complet est le chœur de l'église Saint-Martin-des-Champs (Conservatoire des Arts-et-Métiers). On doit encore citer la nef de Saint-Germain-des-Prés, quoique les voûtes aient été refaites dans un autre style.

pour étudier les arts, faire exécuter des travaux. Le peu qu'il y avait alors de science était dans les monastères. Chaque abbaye était comme une petite ville, munie d'ateliers de toutes sortes : les moines dirigeaient les œuvres. Ils avaient des serfs ouvriers, des serfs maçons, tailleurs de pierre, charpentiers, forgerons ; et aussi des ouvriers libres qu'ils logeaient et payaient. Il y avait parmi eux des hommes instruits pour le temps, observateurs, laborieux, qui se firent architectes. — Ils voyaient autour d'eux des édifices romains, plus ou moins ruinés ; tout naturellement ils commencèrent par les imiter. Puis ils s'enhardirent, ils modifièrent à leur façon la forme, la construction ; de l'*art romain* ils firent l'*art roman*. Les architectes romans étaient des moines ; l'architecture roman fut un art de moines.

Une église *romane*, telle, par exemple, que l'église abbatiale de Saint-Germain-des-Prés, était un édifice imité des anciennes *basiliques*, mais un peu modifié dans sa disposition pour s'adapter aux usages du culte chrétien. Dans sa forme la plus complète, le bâtiment se compose de trois parties : une grande nef, presque toujours accompagnée à droite et à gauche de deux nefs plus petites et plus basses appelées *bas côtés* ou *collatéraux* ; le *chœur*, formant comme un prolongement de la nef et terminé par une partie arrondie qui est l'*abside* ; enfin, entre le chœur et la nef, une autre sorte de nef transversale, débordant à droite et à gauche la largeur de l'édifice : c'est ce qu'on appelle le *transsept*. Souvent le chœur est, comme la nef, accompagné de deux bas côtés qui se rejoignent par derrière en pourtournant l'abside. Ainsi disposée, l'église offre en plan la forme d'une croix[1] ; l'abside arrondie et le chœur formant la tête, la nef principale le pied, le transsept les deux bras. — L'autel principal était au centre de l'abside ; alentour se rangeaient les dignitaires du clergé, évêques, abbés, chanoines, etc. Le chœur, comme le nom le dit, était occupé par les moines, les *clercs* de toute sorte, les chantres

---

1. D'une *croix latine*, c'est-à-dire à branches inégales. La croix à branches égales est dite *croix grecque*.

qui chantaient l'office en latin; souvent même ils remplissaient aussi le transsept. Les nefs étaient réservées au public qui assistait aux offices, les hommes d'un côté, les femmes de l'autre. — L'église était toujours *orientée*, c'est-à-dire que le chœur était situé vers l'orient : tradition conservée, comme tant d'autres, des vieux cultes païens. — Dès les temps anciens les églises des monastères et des cathédrales furent pourvues d'une tour, souvent de deux, trois, quatre, cinq tours, plus ou moins élevées ; notre église de Saint-Germain-des-Prés, par exemple, en avait trois. Ces tours avaient d'ordinaire un aspect plutôt massif qu'élancé, et étaient couvertes de pyramides de pierre ou de toits peu aigus. Elles servaient de *clochers*; mais jusqu'au xii° siècle, les cloches étaient peu nombreuses et petites.

On avait commencé par couvrir les églises, de même que les basiliques anciennes, par de vastes charpentes ; plus tard nos moines voulurent voûter leurs édifices : mais là était la difficulté. Le poids énorme des voûtes fatiguait, écrasait les murs. En vain on imagina de soutenir les voûtes à l'intérieur par de grands arcs et des piliers, d'appuyer les murs en dehors par d'autres piliers massifs, en saillie, que l'on nomme *contreforts*. Pour de petites églises, cela pouvait suffire. Mais quand on voulut élever ainsi de grandes cathédrales, on vit les murs, les piliers, fléchir sous la poussée de ces voûtes : beaucoup s'écroulèrent, et, si on n'eût bien vite étayé, consolidé les autres par certains moyens, il n'en fût pas resté une seule. C'est le vice du

Fenêtre romane de la nef de Saint-Germain-des-Prés (xi° siècle).

système. — L'architecture romane imitait les formes de l'architecture romaine; pour les fenêtres, les portes, les arcades, elle employait partout l'arc arrondi en plein cintre. Dans une grande église, la nef principale, le chœur sont séparés des bas côtés par de larges et hautes arcades en plein cintre, portant sur de forts piliers. Les portes principales sont basses, très larges, en arcade trapue et évasée, souvent divisées en deux parties par un pilier central. Les fenêtres sont petites ; de petites chapelles sont disposées autour de l'abside ou dans le transsept[1]. — Les piliers, les arcs, les murs aussi sont moins massifs que dans la construction romaine : le *vaisseau* est élevé et spacieux.

1. La *basilique*, qui a servi de modèle aux premières églises romanes, était bien, dans nos pays, un édifice *romain*, en ce sens qu'elle était bâtie par des Romains. Mais comme origine, disposition, structure, c'était un édifice grec. Les colonnes, en deux étages superposés, qui séparaient la nef des bas côtés et supportaient les tribunes, avaient des *architraves*. Les murs seuls et les colonnes étaient de pierre : le reste, de bois. La salle était couverte au moyen d'une charpente de bois, l'*hémicycle*, seul, voûté en *cul-de-four*. — Telles furent aussi les primitives églises chrétiennes. Le premier changement que firent nos moines architectes à la *basilique* consista en ceci (ou plutôt ils généralisèrent une disposition que les Romains avaient exceptionnellement adoptée, notamment dans la basilique Julia, à Rome) : ils appliquèrent les formes de l'architecture romaine à un

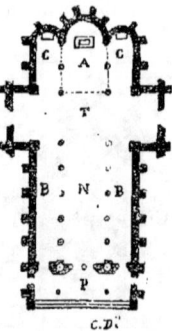 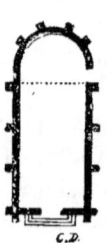 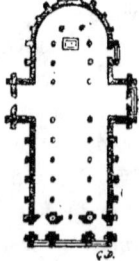

Plan d'une église romane avec bas côtés et trois absides, avec transsept (disposition de l'ancienne basilique de Sainte-Marie, dans la Cité).

Plan d'une chapelle romane sans transsept ni bas côtés (disposition de l'ancienne basilique de Saint-Étienne, dans la Cité).

Plan d'une église romane, avec transsept et bas côtés pourtournant l'abside (disposition de l'église abbatiale de Saint-Germain-des-Prés).

édifice dont le plan était grec. Ils remplacèrent d'abord l'*architrave* par des *arcs* plein cintre : en sorte que les *colonnades* devinrent des *arcades*. Sur ces arcades ils élevaient des murs percés de fenêtres et portant le toit : les *bas côtés* étaient couverts par des toits moins élevés. En même temps on modifia le plan de l'édifice. On prolongea l'*abside* pour donner plus d'espace au clergé plus nombreux ; la partie antérieure devint le

L'édifice a sa beauté, certainement ; de la majesté, une élégance simple ; mais il lui reste une certaine lourdeur. Cet intérieur, avec ses petites fenêtres, est sombre, froid ; on sent là quelque chose, je ne sais quoi, qui saisit le cœur de tristesse. Nos moines avaient senti cela aussi, sans doute ; et pour égayer un chœur. Une partie de l'ancienne *basilique*, réservée en face de l'*hémicycle*, se prolongeant en bras de croix, devint le *transsept*. Dans un grand édifice, les bas côtés contournaient souvent le *rond point* de l'abside. Il y eut d'autres dispositions ; mais celle-ci est la plus ordinaire ; c'est l'église *type*. — Une petite église n'avait qu'une nef, sans bas côtés ; une chapelle, une nef sans transsept. — Quand on voulut voûter ces édifices, les murs se trouvèrent trop faibles pour soutenir le poids et la poussée des voûtes (en *berceau* ou d'*arête*). Les architectes romans imaginèrent alors de soutenir la voûte, à l'intérieur, de distance en distance, par de grands et forts arcs plein cintre s'arrondissant d'un côté à l'autre de l'édifice : c'est ce qu'on appelle les *arcs doubleaux*. Ceux-ci étaient supportés par des piliers *engagés*, c'est-à-dire enfoncés dans le mur jusqu'à moitié de leur épaisseur. Et comme ces piliers eux-mêmes n'eussent pas suffi pour supporter la charge des voûtes, on imagina d'appuyer chaque pilier intérieur par un autre gros et massif pilier, situé à l'extérieur de l'édifice, et qu'on nomme *contrefort :* mot qui en exprime fort bien la fonction. Cette disposition suffisait pour de petites et moyennes églises ; mais pour de vastes *nefs* l'appui des arcs doubleaux, des piliers, des contreforts était impuissant à soutenir le poids énorme de ces grandes voûtes de pierre. Les moines cherchèrent beaucoup, tâtonnèrent ; il fallait que le ciel lui-même s'en mêlât, que dans de

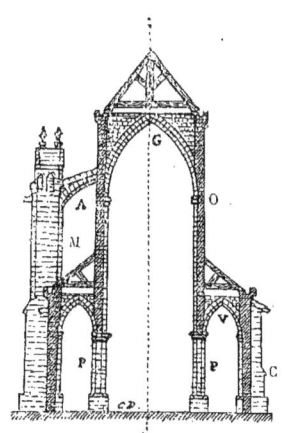

Théorie du contrefort et de l'arc-boutant.

radieuses visions le Saint lui-même ou bien un ange descendit pour enseigner au pieux architecte comment il devait *fermer* ses voûtes et consolider son édifice. Ce qui n'empêchait pas que vingt ans ou trente ans plus tard la construction pliant de toute part ne menaçât ruine, ou même ne s'écroulât. Il fallut recourir à un artifice pour les étayer, comme on étaie une maison qui penche... Le moyen qu'on inventa, ce fut l'*arc-boutant*.

Imaginez une église composée d'une nef centrale plus élevée et de deux bas côtés, ainsi qu'il est indiqué dans la *coupe* ci-jointe (côté droit). La *poussée* de la voûte du bas côté V peut être *épaulée* par un simple contrefort C, suffisamment massif. Mais la grande voûte G ne peut être ainsi appuyée ; sa poussée chasse en dehors le pilier O trop faible, et le mur : la voûte va s'écrouler en dedans. — Pour obvier à cette chute imminente, on procéda

peu leur froide église, leurs cloitres, leurs grands bâtiments, ils semèrent partout des ornements, des sculptures à profusion, des peintures de vives couleurs rehaussées d'or. Puis ils apprirent à teindre la lumière elle-même en fermant les fenestrages de vitraux coloriés, étincelants aux chauds rayons du soleil, dont les resplendissantes clartés éblouissaient les yeux, tandis que l'ombre elle-même des grandes nefs se nuançait de reflets changeants; mais sous un jour gris et nuageux la vastitude du vaisseau n'en devenait que plus obscure et plus sépulcrale encore. Sur les chapiteaux, autour des portes, sur les murs, partout vous voyez des broderies compliquées, surchargées de détails : travail de moines, travail patient de gens qui ont le temps... Ce sont parfois de jolis feuillages, parfois aussi toutes sortes de figures bizarres, monstrueuses, entortillées, personnages[1], animaux impossibles, diables grimaçants ; des scènes grotesques, et même « indécentes[2] ». C'est finement taillé, souvent, et pourtant c'est grossier et barbare. Les figures sont laides et mal proportionnées; ces statues de saints, de moines, d'évêques, dressées contre les murs, dans les niches, longues, maigres, avec des vêtements à plis raides, comme des suaires, ont l'air mortes...
— Ah ! c'est que pour exécuter, en fait d'art, quelque chose de vraiment *beau* et qui ait un air de vie, il ne suffit pas d'un travail délicat et soigné, de cette adresse de la main qu'on acquiert par l'habitude; il faut comprendre, sentir, aimer la vie, la *beauté* : et cela, voyez-vous, n'est pas affaire de moines. —

comme il est indiqué au côté gauche de la figure. On suréleva le contrefort M, et, à sa partie supérieure, on construisit un *arc*, ou plutôt une moitié d'arc A qui vient, par-dessus les toits du bas côté, épauler le pilier à l'endroit où la poussée tend à le faire rompre, c'est-à-dire vers la *naissance* de la voûte. La voûte poussait toujours en dehors, mais l'arc recevant cet effort de pression, la transmettait au contrefort M, suffisamment résistant. C'est comme si on eût mis un *étai* oblique pour appuyer la bâtisse prête à s'ouvrir. — Ce moyen, appliqué *après coup* aux églises romanes pour éviter leur chute, fut accepté, vers le milieu du XIIe siècle, comme procédé régulier de construction, pour les églises *gothiques*.

1. Voir le dessin ci-après, page 145, représentant deux chapiteaux de la nef romane de Saint-Germain-des-Prés.
2. Saint Bernard. *Sermons, lettres.*

Or, comme au xɪᵉ et au xɪɪᵉ siècle il n'y avait pas d'autre art que celui des moines, ce que je viens de vous dire suffira pour vous faire comprendre où en étaient, à cette époque, l'architecture, la sculpture et la peinture également, à Paris et dans tout l'Occident.

Les deux grands événements de l'histoire de ces temps se passent en dehors de Paris : les Croisades, les Communes. Tandis que les fiers barons s'en vont au loin guerroyer, se font tuer et se ruinent pour prendre et reperdre Jérusalem, nos bonnes gens des villes, petits commerçants et ouvriers, font, eux aussi, leur croisade ; ils conquièrent la *terre sainte* de la liberté. Mais Paris, dis-je, n'en était pas, de cette croisade. Il n'eut pas sa commune ; il n'eut pas ce qu'eurent Cambrai, le Mans, Saint-Quentin, Noyon, Reims, Amiens, Soissons, cent autres villes, et bientôt toutes les villes, des petites villes comme Crespi, Compiègne ou Vézelay. Ce pauvre Paris déjà payait pour son titre de *Capitale*. Voilà ce que c'est que d'être trop près du pouvoir ! Le roi, selon qu'il y avait intérêt, combattait les communes ou les favorisait ; il n'eût pas toléré chez lui rien de pareil : les rois ne peuvent pas voir en face le visage de la liberté. Donc Paris attendra. Il attendra que, petit à petit, et pour ainsi dire lambeau par lambeau, profitant de toutes les occasions, ses intelligents bourgeois arrachent quelques *franchises*, non seulement au roi, mais, ce qui n'était pas moins difficile, les arrachent aux griffes des évêques et des abbés, plus rois que le roi dans la moitié des quartiers de sa *bonne ville*.

Mais, vers cette époque, un autre événement se passait, grand aussi, et dont Paris se ressentit davantage. — Quelle est cette foule sur la montagne ? Où vont-ils ? Vous verriez là des évêques, des abbés, des prêtres soucieux, le front plissé ; des jeunes *clercs*, c'est-à-dire des étudiants, puis des nobles, des gens de toutes sortes, marchands même et ouvriers, des gens de toute nation, jusqu'aux plus lointains pays. Ils viennent écouter un homme, qui parle. Non pas un évêque, celui-là ; non pas un moine à tête tondue : mais un laïque, un beau jeune seigneur, savant, audacieux, un raisonneur terrible. Tout ce qu'on enseignait dans les écoles des cloîtres et des abbayes, lui, le Breton Abailard, le renverse et le pulvérise. On le chasse de la ville : n'importe ; il s'en va dans la campagne. Et la foule le suit. Il parle en plein air, car il n'y a pas d'édifice assez vaste pour le peuple qui se presse autour de lui. C'est près de l'abbaye de Sainte-Geneviève, sur sa terre, au pied de sa tour[1] qui subsiste encore, qu'il a établi, comme il le dit, son *camp*... Et, en effet, c'est une bataille : la bataille des vieilles idées contre les idées nouvelles. — Ils vont chercher leurs maîtres les plus célèbres, leurs docteurs, leurs saints les plus révérés[2]. Mais ceux-ci, dès qu'ils sont devant lui, ne trouvent plus rien à dire. Lui, il va démolissant pierre à pierre leur prétendue science ; il perce à jour l'obscurité sacrée de leurs mystères. Si on l'eût laissé dire, c'en était fait des vieilles écoles et des vieux systèmes ; la *moinerie* s'en allait à rien, et le moyen âge était fini : dès le XIIe siècle nous avions la Renaissance. L'Église eut grand'peur ! — Mais cela n'arrivera point : car on le fera bien taire. Supprimer le raisonnement et le raisonneur, c'est une manière d'avoir raison très commode, et qui fut toujours celle du clergé. On enferme Abailard dans un couvent, on brûle ses livres ; et tout est sauvé. L'Église, triomphante, peut nous donner trois beaux siècles encore de moyen âge, les Moines

---

1. La tour très mal à propos dite *de Clovis*, derrière le Panthéon. La partie inférieure est du XIIe siècle ; les deux étages supérieurs ont été refaits au XIVe et au XVe siècles. Voir le dessin, page 148.
2. Guillaume de Champeaux, saint Anselme de Laon, saint Bernard, l'archevêque de Reims, etc., etc.

mendiants, l'Inquisition, et, pour commencer, la croisade des Albigeois.

Il resta quelque chose, pourtant, de ce prodigieux mouvement des esprits qu'avait suscité Abailard. Quoi ? Une certaine curiosité d'étudier, de savoir, un goût de raisonner et de discuter, n'importe sur quoi, sur tout et même sur rien du tout. Avant lui il y avait à Paris, comme dans beaucoup d'autres villes, trois ou quatre écoles, peu nombreuses : deux célèbres pourtant, l'antique école du *Cloître-Notre-Dame*, dans les bâtiments de la basilique de Childebert, et celle de l'abbaye de Sainte-Geneviève sur la montagne. Lorsque Abailard y vint enseigner, tant de monde le suivait qu'il fallut bâtir des maisons pour loger tout ce peuple. Cela fit un village, un village d'étudiants.

Même après lui, la chose était lancée. Des écoles se fondèrent aux environs, de plus en plus nombreuses. Ces écoles de Paris furent bientôt en grand renom ; les jeunes clercs, de toutes les parties de la France et de l'étranger même, affluaient. On leur bâtit des *collèges*, pour les recevoir ; des hôtelleries s'élevèrent pour les loger au passage. Puis vinrent s'établir alentour des copistes, des libraires, des parcheminiers, que sais-je ? toute une population de gens qui, d'une manière ou d'une autre, vivaient de l'école. Ce côté du fleuve, autrefois assez délaissé, se bâtit ; il devint un vaste quartier, toute une ville écolière, animée et turbulente, ville singulière où l'on mangeait maigre et où l'on parlait latin... De là ce nom de *Quartier latin* resté jusqu'à nous à cette partie de Paris qui, au moyen âge, s'appela l'*Université*. — Il faudra qu'un beau jour nous fassions une petite promenade à travers ce monde étrange et tout à part... Mais le moment n'est pas encore venu ; laissons passer le siècle des croisades. — Du moins, n'est-ce pas chose curieuse, dites, qu'un philosophe, un penseur, qui ne songeait guère à pareille chose, ait pour ainsi dire fait naître du sol un quartier de Paris ? — Paris s'est souvenu d'Abailard ; on vous montrera[1] la tombe,

---

1. Au cimetière de l'Est, dit du *Père Lachaise*.

toujours couverte de fleurs et de couronnes, où ce pauvre homme, que les prêtres firent si affreusement malheureux, repose enfin à côté de son Héloïse.

Paris, peu à peu, grandissait. Les terrains autour de la ville se couvraient de moissons et de vignes. De vastes espaces, champs ou vergers, étaient entourés de murs, et formaient ce qu'on appelait des *clos*; d'autres étendues, divisées en parcelles plus petites, potagers, jardins et jardinets, étaient des *courtilles*; enfin les terres non entourées de murailles gardaient le nom de *cultures*. Clos, cultures et courtilles, bien entendu, appartenaient presque sans exception aux abbayes, couvents, églises, aux chanoines, à l'évêque, et portaient des noms de saints et de saintes. Comme exemple, parmi les plus célèbres je citerai le *Clos de Laas*, qui tenait un immense espace sur la rive gauche, tout l'emplacement des anciens *Jardins du Palais des Thermes*, et se prolongeait par ses cultures jusqu'à Grenelle : il appartenait à l'abbaye de Saint-Germain-des-Prés ; le *clos du Chardonnet*, terre d'Église aussi, occupait tout le versant oriental de la montagne Sainte-Geneviève. Puis venaient le clos Saint-Victor, le clos Saint-Médard, le clos Saint-Marcel, etc., etc. — Autant sur l'autre rive. La *Culture l'Évêque*, la *Culture Saint-Gervais*, la *Culture Sainte-Catherine* y tenaient de vastes étendues[1].

Sur un sol découpé, comme à coups de ciseaux, en grands lambeaux sacrés, vous n'imaginez pas comme la pauvre ville avait peine à s'étendre. Le terrain laïque, que l'on pouvait acheter, où l'on pouvait bâtir, se trouvait étroitement resserré entre ces vastes clos, bizarrement taillé à angles, à zigzags. Les maisons se groupaient comme elles pouvaient dans ces espaces étranglés entre les saintes et infranchissables clôtures ; les rues s'allongeaient, se tortillant, se retournant à angles brusques, accidentées de coins rentrants et sortants, de carrefours, de culs-de-sac sans issue. Bien plus à l'aise s'étendent et s'arrondissent les *bourgs*, les hameaux qui ont pris naissance autour des abbayes et des églises, dans leurs clôtures mêmes, et grossissent sans obstacle sur leurs vastes terrains. — Seulement les évêques et les abbés sont là maîtres absolus. Si vous y êtes, vous êtes chez eux, vous êtes à eux. On ne bâtit que s'ils veulent, comme ils veulent ; on y vit aux conditions qu'ils veulent. Mille observances, des règlements à n'en plus finir vous enserrent et vous enlacent ; sans compter les dîmes, redevances, loyers et impôts de toutes sortes que vous payez au révérend abbé, au seigneur évêque, vous ne pouvez moudre votre grain qu'au moulin de l'abbaye, cuire votre pain qu'au four de l'abbaye[2] : en payant, bien entendu. Que sais-je ? En

---

[1]. Je n'en veux plus rappeler qu'un seul : le *clos Bruneau*, qui eut sa célébrité lorsque de nombreuses écoles se furent établies sur son terrain. Mais on se demanderait si ce n'est pas une raillerie du hasard, que ce nom devenu illustre, ou bien une allusion maligne des bonnes gens du temps, quand on se rappelle que *Bruneau*, dans l'argot des écoliers d'alors, était justement le sobriquet... de l'âne ! — Quelques-unes de ces dénominations se sont conservées jusqu'à nos jours dans les noms des rues bâties sur les anciens terrains : *rue du Clos-Bruneau*, près du Collège de France ; *rue de la Culture-Sainte-Catherine*, actuellement rue Sévigné (quartier du Marais) ; *rue de la Culture-Sainte-Marguerite* (faubourg Saint-Antoine) ; *rue des Coutures* (cultures) *Saint-Gervais* (quartier du Temple) ; *rue des Cultures du Temple*, etc., etc. — Et la fameuse *Courtille* de Belleville.

[2]. Les rues des *Moulins-de-l'Évêque*, du *Four-Saint-Germain*, etc., nous conservent dans leurs noms des traces de ces redevances.

un mot vous êtes soumis à une règle de moines, demi-moines vous-mêmes.

Malgré cela, ces bourgs vont croissant ; ils s'étendent, ils finiront par se toucher, — et alors ils se trouveront devenus des *quartiers* de la ville ; des noms de rues en conservent jusqu'à nos temps le souvenir. Ce sont, par exemple, le *bourg Saint-Marcel*[1] au midi ; sur l'autre rive, à l'orient, le *bourg Saint-Éloi*[2] ; vers l'occident, le *bourg Saint-Germain*[3] ; entre les deux, le *bourg l'Abbé*, dépendant de l'abbaye de Saint-Martin ; le *Beau-Bourg*, le *Bourg-Thiboust*[4].

Mais ils étaient encore séparés quand le roi Louis **VI**, toujours en guerre, et avec ses plus proches voisins, les seigneurs des alentours, jugea nécessaire de protéger du moins les deux gros faubourgs des rives par une muraille. On a vu comment ils avaient été détruits par les pirates normands ; à peine rebâtis, la moindre troupe de brigands, pénétrant par surprise dans les rues ouvertes, pouvait y porter l'incendie et la ruine. Il était temps de les enclore. On commença par la rive droite, c'est-à-dire par le côté le plus populeux et le plus marchand, le gros faubourg qu'on appelait alors le *quartier Outre-Grand-Pont*. On éleva une muraille fortifiée de tours, pourvue de six portes assez bien munies à la manière du temps. A la place des anciennes tours de bois qui défendaient l'entrée des deux ponts de la Cité, on éleva deux *châtelets*, c'est-à-dire deux petits châteaux, deux forteresses de pierre : le Grand-Châtelet sur la rive droite, en tête du Grand-Pont, le Petit-Châtelet sur la rive gauche, en tête du Petit-Pont. Ces forteresses, composées de deux ou quatre tours avec une porte entre elles donnant entrée sur le pont, contenaient des logements pour le Prévôt, sorte de gouverneur chargé de la garde de Paris, et pour ses hommes d'armes, puis des prisons, aux étages inférieurs des tours. Plu-

---

1. Quartier *Saint-Marceau* actuel.
2. Faubourg Saint-Antoine.
3. Emplacement actuel du Palais-Royal et quartier environnant.
4. Rue Bourg-l'Abbé, rue Beaubourg, rue Bourgtibout ; — rue de la Ville-l'Évêque, etc.

sieurs fois réparées et en majeure partie reconstruites, elles ont persisté jusqu'à l'époque moderne [1]. — Les murailles, également pourvues de tours et de portes, qui devaient protéger le faubourg du midi, autrement dit *le quartier Outre-Petit-Pont*, ne furent élevées que plus tard, sous Louis le Jeune ; et encore il n'est pas bien sûr que cette partie de la *seconde enceinte* de Paris [2] ait jamais été achevée.

C'était pour notre ville un événement important que d'être close. Cependant nous ne nous arrêterons pas à décrire ces murs [3], ces tours, ces portes, et cela pour plusieurs raisons. D'abord leur situation, en certaines parties, est encore douteuse ; puis cette muraille n'a pas joué un grand rôle dans l'histoire : avant d'être achevée elle devenait déjà insuffisante. En sorte que, moins d'un siècle après, il fallut la remplacer par une autre enceinte de remparts, bien plus vaste, bien plus belle et plus intéressante à étudier, mieux connue aussi, que nous ne manquerons pas d'examiner en détail.

L'une des grandes périodes du moyen âge, la plus remarquable peut-être, est celle qui va de Philippe II à Louis IX [4]. Et c'est en même temps l'époque la plus importante pour

---

1. On les a définitivement démolies, parce qu'elles gênaient le passage, le Petit-Châtelet en 1782, le Grand en 1802. Le nom de la place du Châtelet nous garde le souvenir de ce dernier.

2. La première étant la muraille romaine de la Cité.

3. Voici le parcours approximatif de l'enceinte de Louis VI et de Louis VII. Sur la rive droite, elle commençait à la Seine au lieu appelé de la *Porte-Baudet*, près de l'église actuelle de Saint-Gervais ; de là se dirigeait en se recourbant vers la rue de la Verrerie, puis passait près de l'église *Saint-Merry*, au lieu dénommé *l'archet de Saint-Merry*, — c'est-à-dire le petit *arc*, la petite porte voûtée. De là, s'arrondissant, elle venait rejoindre le fleuve près de Saint-Germain-l'Auxerrois, non loin du Louvre. On voit qu'elle n'enceignait qu'une étendue fort minime, un petit quartier. Les *bourgs* populeux restaient en dehors. Sur la rive gauche, le rempart était encore moins étendu, commençant au Petit-Châtelet, et finissant sa boucle à la Seine, près de la place *Maubert* (rue de Bièvre).

4. XIIe et XIIIe siècles (1180-1270).

l'histoire du vieux Paris. Elle donne à la grande ville son enceinte, son Louvre, son pavé, ses halles, son Université, sa grande cathédrale, son blason. Tout cela commence à peu près en même temps[1], et se continue dans l'intervalle. — On ne peut pas tout voir à la fois, pourtant... Faisons un partage : au roi batailleur les tours, au roi dévot les églises : c'est de droit. Avec Philippe Auguste nous allons voir les nouvelles défenses ; et quand viendront « les temps de Saint-Louis, » par quelque belle journée de soleil nous irons visiter Notre-Dame de Paris.

Un jour, le roi Philippe Auguste en son palais de la Cité, je ne sais à quoi rêvant, s'approcha d'une fenêtre, et, distrait, regardait passer les bateaux sur le fleuve. En ce moment une charrette traversait la rue, et ses roues, enfonçant dans l'ornière, remuaient une telle fange et si infecte que le roi n'y put y tenir. « Il se retira en se bouchant le nez, et la puanteur le poursuivait jusque dans ses appartements... » — « Bizarre ! vous écriez-vous, incroyable, qu'au sein de la capitale du royaume, dans le plus beau quartier, le plus central, dans la plus noble rue, sous les fenêtres du roi !... » Eh bien oui, c'était ainsi. Et par là, jugez du reste ; figurez-vous l'état des autres rues, des faubourgs populeux, des étroites ruelles et des culs-de-sac ! Quand je vous dirai, par exemple, que nous avons une ordonnance de police de ces temps défendant aux gens de balayer les rues en temps de pluie, *pour ne pas salir la rivière !* Or Paris n'était pas une exception ; à peu près toutes les villes alors en étaient là, aussi sales, aussi puantes. - Étonnez-vous, après cela, si la lèpre, la peste, toutes sortes de contagions odieuses s'établissent là comme chez elles, fermentant, couvant éternellement pour éclater de temps à autre et enlever un quart ou un tiers de la population qui grouille dans cette ordure ! — Le moyen âge est l'âge sale, l'âge malade.

Pour en revenir à notre histoire, le roi jugea qu'il était urgent d'apporter quelque remède à cet état déplorable des rues.

---

1. La cathédrale même un peu avant, sous Louis VII (1160).

Le vieux pavé romain n'existait plus; et d'ailleurs il n'avait jamais été exécuté que sur le parcours de trois ou quatre voies principales. Donc le roi ordonna que les rues fussent pavées : aux dépens des bourgeois, naturellement (1185). Mais c'était là un travail immense, une dépense énorme ! Du moins on commença. Les principales rues, les grandes voies qui traversaient la ville en long et en large[1] eurent un pavé de grandes dalles de grès, avec un ruisseau au milieu. Le plus indispensable fait, Philippe laissa la chose trainer. Elle traina si bien, de siècle en siècle, qu'au temps de Louis XIII la moitié des rues de Paris n'étaient pas encores pavées.

C'est qu'aussi le roi Auguste avait plus d'un souci ; la croisade, le pape, les Albigeois. Et puis il méditait une autre œuvre, non moins urgente, plus vaste encore. La peur qu'il avait de son grand ami Richard Cœur de Lion le décida à fortifier sa capitale d'une solide ceinture de remparts. La muraille de Louis le Gros était décidément insuffisante.

Cela fut commencé vers le temps de la croisade (troisième croisade, 1190). La nouvelle enceinte, sur la rive droite du fleuve, s'arrondissait entre le Louvre et l'endroit de la grève situé en face de la pointe de l'île *Notre-Dame*[2], englobant dans

---

[1]. La *croisée de Paris*, comme on disait.
[2]. Aussi dite *Ile aux Vaches* ; île Saint-Louis actuelle.

154   NOTRE CAPITALE PARIS

sa courbe ventrue une bonne partie des anciens *bourgs*. Sur l'autre rive, d'une allure moins régulière elle laissait en dehors l'abbaye de Saint-Germain-des-Prés, et enveloppait, au contraire, celle de Sainte-Geneviève sur la montagne. Mais cette seconde partie des fortifications ne fut commencée qu'en 1208, c'est-à-dire quand les remparts du nord étaient complètement achevés[1].

1. Le développement total de l'enceinte était de 2936 mètres sur la rive droite, et de 2664 sur la rive gauche ; total 5600 m. La superficie de la ville à l'intérieur représentait un peu plus de 250 hectares.

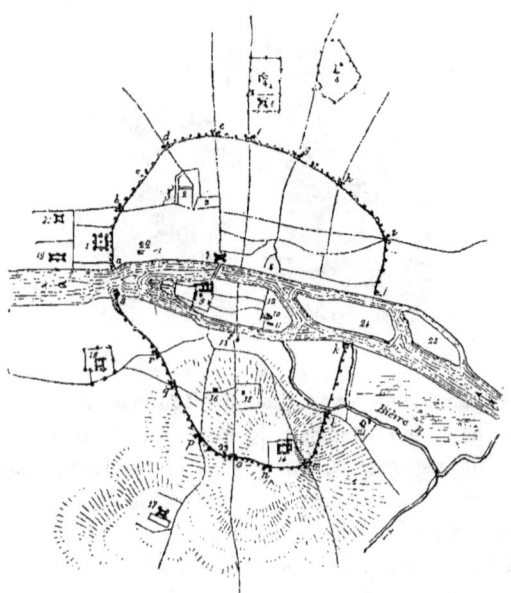

Plan de Paris sous Philippe Auguste.

1. Louvre. — 2. Halles principales. — 3. Cimetière et église des Innocents. — 4. Abbaye de Saint-Martin-des-Champs. — 5. Château du roi Robert. — 6. Le Temple. — 7. Le Grand-Châtelet. — 8. La place de Grève. — 9. Le Palais. — 10. La Cathédrale (Notre-Dame). — 11. L'Évêché. — 12. Le Cloître. — 13. Le Petit-Châtelet. — 14. L'abbaye de Sainte-Geneviève. — 15. Tour de la Commanderie. — 16. Les Thermes. — 17. Le château de Vauvert. —

NOTRE CAPITALE PARIS 155

Telle fut la *troisième enceinte* de Paris bâtie par le roi Philippe. Par le roi : vous comprenez ce que cela veut dire ; vous savez comment un roi bâtit... Le roi ordonna, les maçons travaillèrent... et les bourgeois payèrent. Les travaux durèrent plus de trente ans[1]. — Elle commençait fièrement, au nord,

18. L'abbaye de Saint-Germain-des-Prés. — 19. L'hôtel des ducs de Bretagne. — 20. Le château du Bois. — 21. L'abbaye de Saint-Victor. — 22. Eglise Saint-Germain-l'Auxerrois. — 23. Parloir aux Bourgeois. — 24. Ile aux Vaches. — 25. Ile Javiaux. A. Tour du coin. — B. Porte Saint-Honoré. — C. Porte Bréhaigne. — D. Porte Montmartre. — E. Porte Saint-Denis. — F. Porte Saint-Martin. — G. Porte du Temple. — H. Porte Barbette. — I. Porte Baudoyer. — J. Tour Barbelle-sur-l'Yeau. — K. La Tournelle. — L. Porte Saint-Victor. — M. Porte Bordelle. — N. Porte Papale. — O. Porte Saint-Jacques. — P. Porte de Fert ou d'Enfer. — Q. Porte Saint-Germain. — R. Porte de Buci. — S. Tour de Philippe Hamelin.

1. Pour nous rendre compte de l'étendue de l'enceinte de Philippe Auguste suivons rapidement son tracé à travers notre Paris moderne (en convenant de désigner l'emplacement de la muraille par les noms actuels des lieux). La *Tour qui fait le coin* s'élevait en face de notre Louvre, sur la rive, à l'endroit où aboutit le *pont des Arts*. La muraille, de là, traversait la petite cour du Louvre, coupait la rue de Rivoli au coin de l'*Oratoire* ; arrivait à la rue Saint-Honoré : là était une porte appelée *porte Saint-Honoré*. Puis traversant, le mur coupait la Halle aux blés, et venait aboutir à l'angle de la rue Jean-Jacques Rousseau et de la rue Coquillière : une seconde porte percée en cet endroit se nommait la *Porte Bréhaigne*. De là, se recourbant, l'enceinte coupait la rue Montmartre, la rue Montorgueil, suivait à peu près la rue Mauconseil, pour arriver à la rue Saint-Denis. Là était la *porte Saint-Denis*. La muraille coupant le boulevard Sébastopol, suivant la rue aux Ours, coupait la rue Saint-Martin, sur laquelle existait une poterne appelée *poterne Nicolas Huidelon*. De là, se recourbant, le rempart se dirigeait vers les *Archives*, coupait la rue du Temple, traversait les bâtiments du Mont-de-Piété, rue des Francs-Bourgeois ; renfermait le marché des *Blancs-Manteaux*, coupait la rue Vieille-du-Temple où se trouvait la *porte Barbette*, arrivait à la rue Saint-Antoine en face du Collège Charlemagne. En ce lieu était la fameuse *porte Baudoyer*. Puis, à travers les bâtiments, le mur se dirigeait vers la Seine, où il se terminait par la tour *Barbelle-sur-l'Yeau*, située sur l'emplacement du marché neuf dit de l'*Ave-Maria*.

Traversons maintenant la Seine pour reprendre le parcours de l'enceinte et achever sa grande boucle. — L'ile, aujourd'hui appelée ile Saint-Louis, était alors inhabitée et dépourvue de fortifications ; plus tard on y bâtit une tour. — De la *Tournelle*, occupant le coin du quai et du pont qui portent encore son nom, la muraille traversait en ligne droite vers le carrefour de la rue Saint-Victor et de la rue des Fossés-Saint-Victor : là était la *porte Saint-Victor*. Ce mot de *fossés* rappelle justement que la rue ainsi désignée suivait le parcours des fossés creusés un peu plus tard au pied de la muraille. Puis le mur coupait obliquement l'emplacement de l'École polytechnique et de la rue Clovis : ici, par une haute et grosse tour, plantée là sur la rive même de la Seine comme une sentinelle pour surveiller le fleuve. Du haut de ses créneaux, le guetteur dominait la campagne, voyait

de la rue même, on aperçoit encore aujourd'hui, dans une propriété particulière, un pan ébréché de la vieille muraille. (Voir le dessin, page 133). Celle-ci, s'arrondissant, enveloppait le collège Henri IV : là était la *porte Bordelle* ou *porte Saint-Marcel*. L'enceinte renfermait la place du Panthéon ; une autre porte s'ouvrait, à la traversée de la rue Saint-Jacques, dite *porte Saint-Jacques* ou porte *Notre-Dame-des-Champs*. Puis le mur se recourbait pour prendre la direction de la rue Monsieur-le-Prince, sur l'emplacement de laquelle était la porte dite de *Fert* ou d'*Enfer*. De là le mur se dirigeait presque en ligne droite, coupant la rue de l'École-de-Médecine, où exista, un peu plus tard, une porte dite *porte Saint Germain*, traversait le boulevard Saint-Germain, et après avoir donné passage vers l'abbaye par une autre porte appelée *porte de Buci*, en côtoyant la rue Mazarine, arrivait enfin à la tour *Hamelin* (tour de Nesle) élevée sur l'emplacement actuel de l'*Institut*.

Tour de l'enceinte de Philippe Auguste (rive gauche). D'après le plan dit de *la Tapisserie*.

Porte de l'enceinte de Philippe Auguste, rive gauche (Porte Papale). D'après le plan dit de *la Tapisserie*.

Depuis les Romains, les moyens d'attaque ayant peu changé, les moyens de défense s'étaient peu modifiés aussi. Cependant au XIIe siècle, en outre du *bélier* pour battre le pied des murailles et faire brèche, on avait d'énormes machines appelées *trébuchets*, *mangonnaux*, *caables*, qui lançaient de lourdes pierres, défonçaient les portes et les toitures, écrétaient les créneaux. — Au XIIe siècle les créneaux sont plus étroits qu'au temps des Romains ; dans chaque *merlon* (intervalle des créneaux) est percée une *archère* en forme de fente longue et étroite, à travers laquelle un archer peut envoyer ses flèches sans se découvrir aucunement. Les tours sont ordinairement rondes, et non

venir les bateaux sur la rivière et les gens sur la route, pouvait faire au loin des signaux. On l'appelait la *Tour qui fait le coin*. De là partait la muraille, flanquée de distance en distance de

plus carrées ; elles s'avancent à mi-corps en dehors de la muraille, et dépassent aussi en hauteur la crête dentelée du *chemin de ronde*. Elles sont percées d'archères aux divers étages, *couronnées* de créneaux, presque toujours coiffées d'un toit conique en façon d'éteignoir.

Crénelages (extérieur).

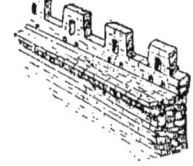
Crénelages (intérieur).

En temps de guerre, on ajoutait, aux défenses ordinaires des remparts et des tours, des *hourds* de bois, c'est-à-dire des espèces de balcons, soutenus en avancée sur le vide au moyen de fortes pièces de bois passant par des trous ménagés dans le parapet de la muraille, fermés du côté des dehors par une épaisse cloison de planches, et couverts d'un toit en pente raide. Les défenseurs circulent et se postent à l'abri dans ce balcon couvert, où ils entrent par les ouvertures des créneaux. La face extérieure du hourd est percée de meurtrières : et des vides ménagés entre les planches de son plancher forment tout le long de la muraille une rangée de trous, qu'on appelle *machicoulis*, par lesquels on peut, sans se découvrir, laisser tomber de grosses et lourdes pierres sur les assaillants qui tenteraient d'approcher du pied de la muraille.

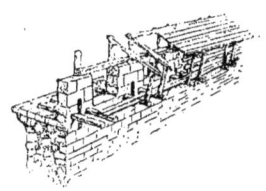
Pose des hourds.

Les portes, parties faibles de la défense, sont ordinairement percées dans un bâtiment bien muni de créneaux et de hourds, et flanqué de deux tours. Entre les deux s'ouvre le passage, long, étroit, sombre, voûté. Dès l'entrée une grosse chaîne, qu'on peut tendre d'un côté à l'autre ; puis d'énormes et lourds *vantaux* en chêne, revêtus de plaques de fer, avec un atti-

tours rondes, et percée de sept portes, sur le parcours des principales rues. Puis après avoir décrit sa grande courbe, elle revenait finir à la Seine par une autre tour nommée *Tour Barbelle-sur-l'Yeau* (sur l'eau). Semblablement sur la rive opposée : en face de la *Tour qui fait le coin*, se dressa une autre tour, aussi forte et aussi élevée, également pourvue d'une guette ; la *Tour de Philippe Hamelin*, depuis appelée la *Tour de Nesle*, qui subsista, isolée et sinistre, debout au bord du fleuve et le pied dans l'eau, jusqu'en 1670. Un fanal y était suspendu, et brillait, la nuit, au dessus de l'eau noire, pour éclairer l'approche de la berge. A l'autre extrémité, en face de la *Tour Barbelle-sur-l'Yeau*, s'élevait, sur la rive gauche, celle qu'on nommait la *Tournelle*. Entre la Tournelle et la Tour de Philippe Hamelin, la muraille, s'arrondissait irrégulièrement, flanquée de tours et percée de six portes. Chose assez singulière, ces remparts n'avaient point de fossés : plus tard seulement on se décida à en creuser à leur pied. — Il existe encore de cette enceinte quelques vestiges intéressants ; un pan de courtine dans un jardin, sur la montagne Sainte-Geneviève[1], et les souches de deux ou trois tours[2].

Donc treize portes en tout, plus quelques poternes ; quatre hautes tours en sentinelle à l'entrée et à la sortie du fleuve, un

---

rail de serrures, de barres et de verrous. Derrière la porte, la *herse*. C'est une énorme grille à gros barreaux de fer, rappelant par sa forme une herse en effet, ou mieux encore un grillage de fenêtre, qui descend dans une coulisse comme une trappe de ratière... On abaissait ou relevait la herse au moyen de chaînes et de treuils. Les côtés du passage étaient percés de meurtrières ; et à la voûte s'ouvraient de larges trous, des machicoulis, par lesquels, des étages supérieurs de la construction, des mains invisibles laissent tomber d'aplomb de lourdes pierres sur la tête de ceux qui tenteraient de forcer le passage. Les portes des villes, à cette époque, étaient dépourvues de *ponts-levis*.

1. Rue de Clovis. On aperçoit les ruines de la rue. (Voir le dessin, page 133).
2. Une de ces tours subsiste dans une cour des bâtiments du Mont-de-Piété, rue des Francs-Bourgeois ; une autre restait demi-rasée, dans un jardin, rue Soufflot, pacifiquement entourée d'espaliers ; elle a été détruite en 1860. (Voir le dessin page 153). De plus, un pan de courtine et les fondements d'une tour englobés dans les bâtiments de la cour de Rohan ; un autre soubassement de tour rue Mazarine, une autre encore près du marché dit de l'*Ave-Maria*.

nombre prodigieux de tours et de tourelles, cinq kilomètres et demi de murailles... Les Parisiens avaient de quoi être fiers !

Tout en songeant à sa capitale, le roi Philippe pensait aussi à lui-même. Tandis que les remparts s'élèvent, il se fait construire un *château* : — une revêche et menaçante forteresse, qu'avec ses hauts murs nus, ses rares fenêtres étroites, en façon de meurtrières, ses fossés, ses tours, son gros *donjon* fermé, d'aspect sinistre, vous diriez plutôt une prison : c'est le *Louvre*[1]. — Et c'est bien une prison, en effet; mais surtout, dis-je, c'est une forteresse, solide, bien armée, presque imprenable, bonne contre les Anglais, bonne aussi contre les Parisiens. — Toute ville fortifiée a sa *citadelle*, sa défense principale, tenant aux remparts. Mais ici, chose curieuse et très remarquable, la citadelle est *en dehors* de la ville, non pas en dedans. Pensée vraiment *royale*. Le château défiant, s'isole; il garde la ville, et il la surveille. Touchant aux remparts, mais à l'extérieur, dans l'angle formé par le fleuve et la muraille, la forteresse du roi est dans une situation merveilleusement choisie « pour défendre sa bonne ville, et au besoin pour la combattre... » — Il faut penser à tout.

Si vous passez un jour par la petite cour du Louvre, regardez à terre; vos yeux rencontreront des lignes tracées à travers le pavage : elles marquent l'emplacement du vieux Louvre de Philippe Auguste. C'est comme un grand plan dessiné sur le sol même. Trois cercles concentriques vous font mesurer le diamètre de la grosse tour, son fossé et l'épaisseur énorme de ses murailles. — Le château primitif avait à peu près la forme d'un carré; un large fossé rempli d'eau l'environnait. Aux quatre angles, de hautes et fortes tours. Les

---

[1]. Le mot *Lower, lovar*, en langue germaine, signifie *château, forteresse*. C'est le nom des premiers châteaux francs. Peut-être y avait-il eu une vieille forteresse franque sur l'emplacement du Louvre, vers les temps de Clovis.

bâtiments qui reliaient ces quatre tours formaient, à l'extérieur, les murailles de défense, avec leurs créneaux et leurs meurtrières; à l'intérieur, des habitations. Il y avait deux grandes portes, chacune défendue par deux tours, avec pont-levis, vantaux de fer, herses, etc., l'une vers le fleuve, l'autre du côté de la ville, et deux poternes sur les deux autres côtés. L'enceinte des murs laissait à l'intérieur une grande cour carrée, la *Cour d'honneur;* et vers le milieu de cette cour s'élevait, isolée, fermée et sinistre, la *Grosse Tour,* elle-même entourée d'un autre fossé: forteresse dans une forteresse[1]. Ses murs, extrêmement épais, étaient percés d'étroites fenêtres à gros barreaux de fer, éclairant faiblement de froides salles, rondes, voûtées de pierre; pour entrée une toute petite porte, au-dessus du niveau du sol, avec un degré de pierre, et *un pont à bascule*[2] pour franchir le fossé.

[1]. La *Tour du Louvre* ou *Donjon* avait environ 15 mètres de diamètre (à l'extérieur), 32 mètres de hauteur, sans compter le toit pointu. Ses murs étaient épais de 4 mètres. — Les tours de l'enceinte servaient au logement du capitaine, des hommes d'armes, des guetteurs de nuit qui avaient la garde du château ; les étages inférieurs servaient de magasins et de prisons. Des bâtiments intérieurs étaient réservées aux officiers et serviteurs du roi.

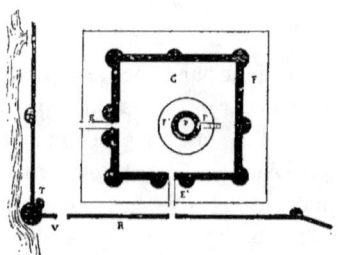

Plan du Louvre de Philippe Auguste.

c. Cour intérieure où existaient des bâtiments d'habitation adossés aux courtines. — D. Donjon avec son fossé particulier, et son pont à bascule P. — F. Fossés extérieurs. — E. Grande entrée. — E'. Entrée du côté de la ville. — R. Remparts de la ville. — v. Porte de la ville, dit *Porte du Louvre.* — T. Tour du coin.

2. Qu'on pouvait relever pour interrompre le passage.

Ce sombre donjon était, vous le pensez bien, plutôt un *réduit* qu'une demeure habituelle; un lieu sûr et fort, un refuge en cas de danger. Pourtant Philippe s'y retirait assez souvent. Il y avait son trésor, ses joyaux, ses *chartes*, parchemins, titres, traités, etc. C'était là que le roi de France recevait en grave pompe féodale ses grands vassaux, quand ils venaient lui rendre *hommage* et faire serment de fidélité[1]; et c'était là aussi qu'il les logeait... mais d'une autre manière, lorsqu'il avait contre eux rancune, — si toutefois il pouvait mettre la main dessus. Plus d'un, je pense, parmi ces puissants seigneurs venus pour la noble cérémonie, regardait d'un œil mal rassuré ces murs de douze pieds d'épaisseur, ces sombres salles voûtées, et de retour dans ses domaines, au milieu de ses rêves ambitieux, dut voir repasser devant ses yeux, comme un fantôme menaçant, l'ombre gigantesque de la Tour du Louvre. — A peine était-elle achevée, qu'elle servait déjà de prison. Le comte Ferrand de Flandre y languit treize années, et bien d'autres après lui. J'y vois une pauvre jeune fille, enlevée en trahison, prisonnière avec son père : elle y meurt[2]. Ce nom de Tour du Louvre rappelle mille lugubres souvenirs[3].

Non loin de son Louvre, le roi avait encore une maison de campagne, fortifiée toujours : rois ni grands, en ces beaux temps, ne pouvaient dormir sans tours, fossés et pont-levis. C'était le *Château du Bois*[4], entouré de ses jardins. L'hôtel des ducs de Bretagne, avec ses tourelles, s'élevait là tout près, au bord du fleuve.

Mais le séjour ordinaire des rois de France, depuis les temps immémoriaux, était toujours[5] le *Palais de Justice* dans la Cité. Il restait le siège et le signe de leur *souveraineté royale*, de même que le Louvre devint le siège de leur *suzeraineté*

---

1. C'est ce qu'on exprimait dans le langage féodal par ces mots : « Tous les fiefs de France sont *mouvants* de la Tour du Louvre. »
2. Gui de Dampierre, comte de Flandre, et sa fille, sous Philippe le Bel.
3. Elle n'avait cependant ni cachots souterrains ni oubliettes.
4. Vers l'emplacement du Palais-Royal et du Théâtre-Français.
5. Jusqu'à Charles V.

féodale. C'était au Palais, non au château du Louvre, que se donnaient les fêtes, que l'on recevait les princes étrangers auxquels on voulait faire honneur. — Philippe Auguste fit exécuter au Palais des embellissements et des travaux considérables ; il y fit élever, notamment, une autre grosse tour, le *Donjon du Palais* [1], diminutif de celui du Louvre, et comme lui destiné à être à la fois et selon le besoin, réduit, trésor et prison.

En ces temps, de l'autre côté de la ville, au nord, à peu de distance de l'antique abbaye de Saint-Martin, une forteresse se bâtissait, plus vaste que le Louvre même : le château des Templiers, de ces soldats-moines, riches comme des moines, orgueilleux et violents comme des soldats. Le *Temple* comprenait une église, d'immenses et magnifiques bâtiments pour les chevaliers, des habitations pour les serviteurs, ouvriers, vassaux de l'ordre, une grosse tour carrée [2] ; le tout entouré d'une enceinte de remparts et de tourelles : toute une ville, et plus grande et plus forte que mainte ville du royaume. Mais au temps de Philippe Auguste la célèbre *Tour du Temple*, le noir et redoutable donjon n'était pas encore bâti. Les terres envi-

[1]. Voir le dessin ci-dessus.
[2]. Dite depuis *Tour de César*.

ronnantes, bourgs, clos et cultures, appartenaient aux Templiers ; et ce domaine, aux portes de la capitale, était si vaste qu'il égalait en étendue un tiers de Paris, — du Paris d'alors. Ils avaient de plus dans la ville même, au beau milieu des quartiers populeux[1] de la rive gauche, un enclos avec château crénelé et nobles bâtiments, église, haute et sombre tour, où résidait le *commandeur* de l'ordre. Cette *Tour de la Commanderie* du Temple existait, intacte et fière encore, il y a quelques années[2]. Non seulement à Paris, mais dans toute la France, dans toute l'Europe, que dis-je, en Asie et en Afrique, les Templiers avaient terres, églises, châteaux et manoirs[3] sans nombre[4], tours et *trésors*. Cette immense richesse les perdit.

Les *armoiries* de la ville de Paris datent, disais-je, du temps de Philippe Auguste[5]. — L'usage de ces signes distinctifs, d'origine très ancienne, s'était étendu et régularisé à l'époque des croisades ; mais il ne faudrait pas croire que ces emblèmes

---

1. En face du Collège de France actuel.
2. Cette tour passa aux Hospitaliers, rivaux des Templiers, et fut appelée Tour *St-Jean-de-Jérusalem*. Elle a été démolie en 1855. A cette époque elle était communément désignée par le nom de *Tour Bichat*. Voir le dessin page 165.
3. Demeures de campagne, fortifiées, mais moins importantes que les châteaux.
4. Plus de 10,000 en France seulement.
5. Ou plutôt leur emploi fut régularisé à cette époque.— Voir les armoiries de la ville de Paris, sous leur forme ancienne, ci-dessus.

fussent exclusivement réservés aux nobles, aux guerriers. Au moyen âge les corporations ouvrières avaient, elles aussi, leurs armoiries civiles, leur *blason* roturier ; puis, de même que les autres associations, les villes, surtout les villes de commune, adoptèrent divers symboles, rappelant quelque trait local ou telle circonstance de leur histoire[1]. Ainsi de la ville de Paris.

L'antique et riche corporation des *Marchands de l'eau*, des transporteurs qui approvisionnaient la grande ville, association nombreuse, puissante, et à laquelle beaucoup d'industries se rattachaient, avait, comme il est naturel, pour signe distinctif un *vaisseau*[2]; il devint l'attribut de la ville entière[3]. Ce signe avait encore l'avantage de se rattacher aux lointaines origines de la capitale, en rappelant ces *Nautes* de Lutèce, fondateurs véritables de sa prospérité ; on observait qu'il repré-

1. Et même les royaumes, les nations ; les hommes d'Église également, les monastères, chapitres, évêchés, etc.
2. Voir le dessin ci-dessus. Sceau de la *Marchandise de l'eau* (en 1200).
3. Selon la formule du *blason*, Paris porte : *de gueules à la nef frettée, habillée d'argent, flottant sur des ondes de même, au chef cousu de France ancien*. Cette formule, qui semble énigmatique et bizarre, était très claire au temps où elle fut faite. Traduisons donc. Les armes de Paris étaient sur fond rouge, un navire gréé, voilé d'argent (de couleur blanche), flottant sur des ondes de même couleur ; au-dessus une bande d'azur semée de *fleurs de lis d'or*, armes des rois de France. — Ce sont déjà les *trois couleurs* nationales. Les lis ont été ajoutés en 1426 ; la devise fut fixée seulement au XVIᵉ siècle.

sentait heureusement la ville elle-même dans son *noyau* historique, la Cité, semblable par sa forme « à une barque ancrée au milieu du courant ». Puis on se plut à chercher dans cette *nef*[1] flottante un symbole des destinées de la grande ville : destinées agitées, hélas ! nef rudement battue des tempêtes ! Mais elle surnage toujours... *Fluctuat, nec mergitur*[2]; de là sa belle devise. — Plus tard, la royauté ajouta son propre cachet, les lis, pour exprimer que Paris était *ville royale*, et non pas ville de commune, et ses bourgeois, *bourgeois du roi*. — La *couleur* de la ville de Paris était le *rouge*.

1. Navire.
2. « Ballottée, jamais submergée.

PARIS AU XIIIᵉ SIÈCLE

E vous ai donné rendez-vous sous les voûtes de Notre-Dame de Paris.—Chaque chose a son heure qui la rend plus belle ; les chalets des montagnes sont beaux au moment du réveil, la ruine isolée sous son lierre se détache mieux dans la rougeur du soir.

A notre cathédrale, dans sa force et sa majesté, il faut un beau jour clair, rayonnant, l'heure la plus lumineuse, un soleil qui réchauffe la pierre et fasse miroiter les vitraux. Quand vous entrez, l'œil encore rempli, aveuglé de la vaste clarté de la place, en passant de l'arche évasée du portail sous la voûte basse et les massifs piliers qui portent la tour et de là dans le bas côté, à l'ombre subite qui vous enveloppe, à la fraîcheur humide qui vous saisit, il semble que vous entrez dans un tombeau... Mais ce n'est qu'un instant. La vue s'habitue au demi-jour. Et déjà vous vous avancez vers l'espace plus éclairé de la grande nef, sous la tribune de l'orgue. De là vous découvrez l'immensité du vaisseau, du portail des tours à l'abside, du pavé au ciel de la voûte. De chaque côté deux vastes collatéraux, contournant le chœur, ajoutent une énorme étendue à l'ampleur de la nef principale; puis au delà encore une bordure de chapelles profondes, qui font autant de petites églises dans la grande. Et comme si ce n'était pas assez de cette surface de plain-pied, voyez, à un étage surélevé, la grande galerie qui forme tout autour du vaisseau une spacieuse tribune. — Les deux côtés de l'édifice font contraste : ils regardent les deux faces du monde. Au nord[1], c'est la pénombre, qui va s'assombrissant entre les piliers du double bas côté. Le midi, au soleil, étincelle. Les vitraux clairs des chapelles laissent passer un jour vif pour illuminer les collatéraux ; à travers les arcades de la galerie supérieure, les rayons de lumière tombent dans la nef, sillonnant obliquement son atmosphère vaporeuse. Au-dessus, les grandes fenêtres du chœur, aux tons ardents, ont des flamboiements d'incendie. Mais l'éblouissement est quand on s'avance dans le vaisseau, vers le milieu de sa longueur, en face de la croisée du transsept[2]. L'immense *rose* du midi apparait alors ruisselante de feux, la *ronde verrière* qui tient toute la largeur du transsept, merveilleusement découpée à jour, véritable broderie de pierre : le soleil y joue comme dans un dia-

---

1. C'est-à-dire à gauche, pour celui qui regarde le chœur.
2. **Nef transversale, formant les bras de croix.**

mant à mille facettes, s'y brise comme dans un prisme. Les couleurs vibrent avec une intensité inouïe ; les rouges brûlent, les bleus rayonnent, les jaunes d'or, les pourpres cuivrés, les verts éclatent en reflets métalliques. Cela resplendit, et scintille, et chatoie. Et lorsque, fatigué, vous baissez les yeux, vous la revoyez encore, cette grande roue de flamme, mais adoucie, et fuyant sur les dalles, le long des piliers, en taches de lumière plus fondues et comme veloutées. — La rose du Nord, aussi belle peut-être, mais belle autrement, et qui ne voit jamais bien le soleil, laisse filtrer à travers sa transparence violacée la lumière qui tombe du ciel bleu. Vous vous retournez, et au fond de la nef vous découvrez, moins large mais non moins finement découpée, la *rose du couchant*, à moitié cachée par l'orgue, comme un grand œil demi-voilé [1].

Maintenant relevez les yeux vers la voûte, suspendue à cent pieds au-dessus de vos têtes ; prolongez vos regards à travers cette forêt de piles [2] et de colonnes plantées en longues avenues, les unes isolées, les autres groupées en faisceaux, les unes massives comme les troncs robustes des chênes, les autres élancées comme les tiges sveltes des jeunes bouleaux. Les nervures [3] croisées sous les voûtes semblent leurs branches entrelacées. Point de murs, pour ainsi dire ; tout à jour, en fenêtres, en arcades, en galeries : et en réalité l'édifice entier n'est composé que de voûtes portées par des piliers. — Voilà l'église *gothique.*

Mais hâtons nous d'admirer ; car le temps fuit, et nous ne sommes pas venus pour nous perdre en contemplations... Nous avons beaucoup à apprendre ici.

Notre-Dame est une église gothique : c'est même une des plus grandes et des plus belles de la France et du monde entier ; en même temps l'une des plus anciennement construites. Qu'est-ce donc qu'une église gothique ? Et tout d'a-

---

1. Les roses, les fenêtres rondes de l'époque romane se disaient en latin *oculus*, c'est-à-dire *œil.*
2. Gros piliers.
3. Arcs supportant les voûtes.

bord d'où ce nom ? Qu'est-ce que les Goths ont à voir ici ? — Les Goths ? Rien du tout. L'architecture dite gothique ne tient en rien des Goths ; elle n'a pas été apportée non plus toute faite, comme on l'a dit, de la croisade. C'est un art *français*, au contraire, né sur notre sol, au cœur même de la France, à Paris et aux environs. L'architecture *gothique* dérive de l'architecture *romane*, comme celle-ci dérive de l'architecture *romaine*.

L'architecture romane, vous ai-je dit, est un art de moines. Les églises d'abbayes et les cathédrales ont été bâties par des maçons moines ou serviteurs des moines. L'architecture gothique au contraire, est un art *laïque* : toutes nos belles cathédrales, du xii° au xv° siècle, ont été élevées par des *maîtres maçons* laïques, des maçons libres, *francs*, comme on disait : — les *francs-maçons*, enfin. Ces gens-là étaient fort croyants, sans doute, comme tout le monde l'était alors ; mais ils étaient surtout dévots... à leur art. Formant une vaste *corporation*, très indépendants, savants en toute chose du métier, dans leurs chantiers, leurs ateliers, leurs *loges*[1], ils étudiaient, observaient, discutaient, cherchant toujours le mieux, le progrès[2], sans se croire obligés de reproduire sans cesse ce qui avait déjà été fait. Voilà pourquoi ils ont fait de si belles œuvres !

Et maintenant en quoi l'église gothique diffère-t-elle de l'église romane ? Dans le détail, en mille choses. Dans l'ensemble, en ce que l'édifice gothique est beaucoup plus élevé, plus léger, mieux éclairé ; tandis que la bâtisse romane est lourde d'aspect, et sombre. La nef romane a de grands murs percés d'étroites fenêtres ; les constructeurs gothiques cherchent à ne plus avoir de murs du tout ; seulement une voûte et des piliers, l'espace entre les piliers étant occupé par d'immenses vitrages. Mais pour en arriver là il fallait changer complètement la manière de construire. Vous reconnaîtrez du premier coup d'œil une église gothique d'une église romane à ce que, dans celle-ci, les arcs des voûtes, des fenêtres,

1. Réunions.
2. Relativement aux temps.

des portes, sont arrondis en demi-cercle, en plein cintre ; tandis que dans l'édifice gothique tous les arcs sont *pointus*, et comme *brisés* au sommet : ce qui fait paraitre la construction beaucoup plus élancée, plus svelte. Ces arcs brisés sont vulgairement appelés *ogives* [1] ; et c'est pourquoi l'architecture gothique qui les emploie partout est souvent aussi appelée architecture *ogivale*.

Ceci vous apparaitra plus clair quand nous aurons un peu étudié notre cathédrale. C'est, vous disais-je, une des plus anciennes églises gothiques. Mais elle n'a pas été construite en un jour [2] : il y a fallu un siècle et demi. Commencée dès avant

---

1. Quoique ce mot ne soit pas exact, employé dans ce sens.
2. Notre-Dame a été commencée en 1160 (Louis VII) par l'évêque Maurice de Sully qui vit achever le chœur (1196). La nef fut bâtie vers 1200 (Philippe II), la façade en 1218 ; les tours élevées en 1225. Alors la cathédrale était achevée. Mais vers 1240 (Louis XI) un incendie ayant endommagé les parties hautes de l'édifice, on en profita pour changer la forme des fenêtres. En 1245 on ajouta des chapelles le long de la nef : il n'y en avait pas primitivement. En 1257 on démolit les deux pignons du transept pour les refaire : et alors on construisit les deux magnifiques roses. On éleva les chapelles autour du chœur en 1296 (Philippe le Hardi) ; les travaux furent achevés en 1310 (Philippe le Bel). Enfin en 1330 on refit une grande partie des *arcs-boutants*, — ces merveilleux arcs que nous admirons aujourd'hui.

La *clôture* du chœur, cette sorte de muraille ornée d'arcatures et de sculptures qui entoure le sanctuaire, fut élevée vers le milieu du XIII° siècle ; en avant du chœur, une autre construction appelée le *Jubé*, en forme de cloison aussi, avec une porte au milieu, achevait d'entourer le chœur. Les prêtres, surtout à cet époque, tenaient à se séparer complètement de la foule ; et les *fidèles* pouvaient à peine entrevoir, de la nef, à travers l'étroite porte du Jubé, les cérémonies qui se passaient dans le chœur. De plus, l'autel lui-même était entouré de *voiles*, c'est-à-dire de rideaux qu'on fermait au moment le plus solennel de la messe. Le but de ces mesures était de donner aux cérémonies du culte,

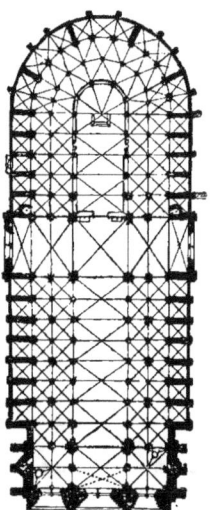

Plan de Notre-Dame de Paris.

dans l'esprit du peuple, le prestige du mystère et de l'inaccessible. L'usage de la langue latine continué lorsque personne ne l'entendait plus, l'interdiction

Philippe Auguste, continuée, puis remaniée, modifiée beaucoup au temps de Louis IX, elle n'a été totalement achevée que sous Philippe le Bel ; — je devrais dire : elle n'a jamais été achevée et ne le sera jamais ; car les deux grosses tours étaient destinées à se terminer par des *flèches* de pierre, hautes et aiguës, ce qui eût donné à la façade un aspect tout différent. A cela près, le monument est entier : chose rare pour une église gothique. Toutes les parties, il est vrai, ne sont pas du même *style*, c'est-à-dire du même système de construction et d'ornementation. Mais les différences ne sont pas assez grandes pour détruire l'effet d'ensemble, l'unité, la symétrie de l'édifice.

Observons. — Notre cathédrale, comme les églises romanes anciennes, a la forme d'une *croix latine*. Seulement les deux bras transversaux de la croix, qui forment le transsept, sont courts. Le chœur est long, presque autant que la nef ; et l'abside est arrondie. Nous avons déjà remarqué les doubles collatéraux qui, longeant la nef et le chœur, vont contournant l'abside : la plupart des cathédrales, même les plus vastes, n'en ont qu'un seul. — Ce n'est donc pas, en somme, par le *plan*, que l'église gothique diffère de l'église romane ; c'est par l'*élévation*, par la construction en hauteur ; tout d'abord

---

de traduire les livres sacrés et le *canon* (formule liturgique) de la messe tendaient au même but. — Voir le dessin du chœur de Notre-Dame, page 195.

Le *plan* ci-dessus représente Notre-Dame après l'adjonction de la clôture du chœur et la construction des chapelles de la nef. On remarquera sur ce plan la manière dont les doubles bas côtés se retournent derrière l'abside, les larges chapelles de l'abside, la longueur du chœur et le peu de saillie du transsept. — La hauteur de la grande nef, sous voûtes, est de 33 m. 77. La longueur de l'édifice à l'intérieur est de 126 m. 68, sa largeur de 48 mètres, y compris les bas côtés et les chapelles. — Notre-Dame de Paris n'est point bâtie sur *pilotis*, comme on le croit vulgairement, mais sur de bonnes et solides fondations, descendant jusqu'au niveau du lit de la Seine. Comme toutes les églises, à de rares exceptions près, elle est *orientée*, c'est-à-dire que le chœur est situé vers l'*orient*. Les autres églises ont aussi comme elle un flanc exposé au nord, l'autre au midi, et la façade principale au couchant.

La grande cathédrale, longtemps négligée, a été il y a quelques années *restaurée* du haut en bas ; mais les savants architectes, MM. Lassus et Viollet-le-Duc, qui ont fait ce difficile et beau travail, ont reproduit le plus exactement possible les anciennes formes dans toutes les parties refaites à neuf : en sorte que nous voyons aujourd'hui l'édifice à peu de chose près tel qu'il fut au temps de sa splendeur, au XIIIe et au XIVe siècle.

NOTRE CAPITALE PARIS

par la forme aiguë des arcs. — Tracez sur le papier deux traits de compas, deux *arcs* de cercle qui se coupent, vous avez l'*arc brisé*[1]. D'où vient cette forme pointue qui peut sembler bizarre? Des Sarrasins, qui depuis longtemps l'employaient dans leurs constructions. Au temps des croisades, nos *maîtres maçons* laïques voient l'*arc brisé* des Sarrasins[2], et l'imitent. Mais ils

1. L'arc plein cintre se trace au moyen d'un seul centre : l'arc brisé, dit *ogival*, se trace au moyen de deux centres. Plus les deux centres sont éloignés, plus l'arc est aigu. Quand la distance est égale au rayon du cercle,

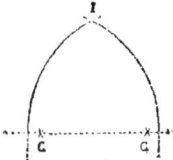
Tracé de l'arc brisé.

Arc brisé avec ses claveaux.

l'ogive s'inscrit dans un triangle équilatéral ; c'est ce qu'on appelle l'arc en *tiers-point*. — L'arc brisé a ses *claveaux*, mais point de *clé* : il y a un joint au sommet. Les arcades de la nef, ou *archivoltes*, les portes, les fenêtres de

Arcades ogivales de la nef.

Notre-Dame ont la forme d'arcs brisés plus ou moins aigus, plus ou moins obtus. — Les archivoltes de la nef et quelques autres arcs qui ont besoin d'une grande force ont une double rangée de claveaux.

2. Il n'était pas besoin d'aller en Syrie pour en trouver des exemples : dans l'Italie méridionale, en Sicile, c'est-à-dire sur le chemin de la croisade, les constructions sarrasines offraient dans les arcades et les fenêtres la forme qu'on a appelée depuis *ogivale*.

s'en servent tout autrement que les Sarrasins n'avaient fait. Pourquoi l'adoptèrent-ils ? C'est qu'ils avaient observé que l'arc ainsi fait est plus solide, plus résistant, moins susceptible de fléchir, de s'écraser au milieu que l'arc en demi-cercle ; surtout il fatigue moins ses points d'appui, les piliers ou les murs qui le portent : en un mot, comme disent les architectes, il a moins de *poussée*. Cela reconnu, ils le mettent partout à la place de l'arc plein cintre. Examinez, par exemple, une des arcades de la nef. Vous voyez l'*archivolte* principale qui porte le poids des murs supérieurs, plus ou moins ornée de moulures, formant angle au sommet, en façon de mitre d'évêque... Voilà l'ogive. Toutes les arcades de l'édifice, toutes les fenêtres sont terminées ainsi.

Une des choses les plus importantes dans un édifice, c'est la *voûte*. Expliquons-nous bien le système des voûtes gothiques. Pour cela, venez dans un des collatéraux de la nef, ou plutôt encore, dans une de ces galeries-tribunes qui ont exactement, en réduction, la forme d'une nef d'église. Levez la tête : vous reconnaissez d'abord que toute l'étendue de la surface voûtée est divisée en compartiments carrés, par des arcs doubleaux portant sur des piliers. Nous avions déjà vu cela dans les églises romanes. Mais il y a ici autre chose : ces deux arcs obliques, qui sillonnent la voûte en diagonale et se coupent au milieu, en sorte que le carré se trouve divisé en quatre triangles. Ce sont, à proprement parler, ces arcs diagonaux qu'on doit appeler *arcs-ogives*. Ces arcs sont établis d'abord ; puis on construit dessus les parties de voûte, les *voûtains* en triangles. Observez encore que ces voûtains eux-mêmes sont de forme brisée, en *ogive*. Les voûtains sont portés par les arcs, les arcs par les piliers : tout le poids retombe donc sur ces piliers, et la voûte se tient en l'air, en équilibre, *portée sur quatre points d'appui*. Eh bien, voilà tout le système de la construction gothique : une voûte consolidée par des nervures entre-croisées, des piliers, et entre les piliers, des murs minces, *ajourés* de grandes ouvertures ; ils n'ont rien à porter, ces murs, la voûte ne pèse pas sur eux, on pourrait les bâtir après coup. Regardez maintenant la voûte de la grande nef : vous reconnaissez qu'elle est aussi divisée en grands carrés, et ces carrés en triangles au moyen d'arcs qui s'entre-croisent; la partie circulaire, le rond-point de l'abside est également décomposé en triangles par des arcs qui viennent tous se réunir à un même centre. Tout le poids de chacune de ces parties de voûtes, et par conséquent de la voûte toute entière, retombe directement sur ces colonnes longues et grêles, qui, groupées trois par trois, forment un pilier *engagé* dans la muraille. Observez enfin que ce haut mur tout à jour s'appuie sur les grandes archivoltes de la nef; que les minces colonnes qui s'élèvent jusqu'aux nervures sont posées aussi sur ces mêmes piliers : en définitive ces gros piliers du bas portent donc tout, murs et voûtes. C'est pourquoi il a fallu les faire épais et massifs ; et encore sont-ils minces en comparaison du poids effrayant dont ils sont chargés. — Ces piliers, ces colonnes qui vont du sol à la voûte, sont trop minces, même, pour la soutenir seuls. Seuls, ils fléchiraient sous la poussée, ils s'écarteraient en dehors. Pour qu'ils restent d'aplomb il faut absolument qu'ils soient appuyés consolidés par de forts *étais* de pierre, des *arcs-boutants*, des *contreforts* élevés à l'extérieur.

Je veux maintenant vous donner un exemple du progrès rapide des *maîtres maçons* du moyen âge, dans un espace de moins de deux siècles. Et pour cela nous allons examiner des parties très importantes de l'édifice : les fenêtres. Venez d'abord tout au bas de la nef, et voyez la dernière fenêtre haute de la rangée : c'est une ouverture allongée, terminée en haut par un arc en ogive, comme presque toutes les fenêtres gothiques. Mais celle-ci est très simple ; c'est la forme première, la plus ancienne. Toutes les fenêtres de l'édifice primitif étaient ainsi[1]. Celle-ci est restée telle ; mais la plupart des autres ont été modifiées. Jetez, par exemple, un coup d'œil sur les autres fenêtres hautes. On les a refaites au commencement du XIII° siècle, en les agrandissant beaucoup. Pour soutenir les vitraux de ces vastes baies on jugea qu'il fallait diviser le vide de l'ouverture, comme nos croisées sont divisées par des *châssis* et des

[1]. XII° siècle.

barreaux en bois. On fit donc ces châssis de pierre qu'on
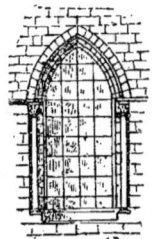
appelle des *méneaux*. Dans les fenêtres hautes de Notre-Dame ces méneaux sont encore très simples : au milieu de la fenêtre une longue colonnette, fort mince ; en haut, sous l'ogive, un cercle de pierre. Maintenant venez dans une des chapelles latérales, qui ont été bâties cinquante ans plus tard : les méneaux forment trois ou quatre *montants* minces, puis, en haut, des compartiments
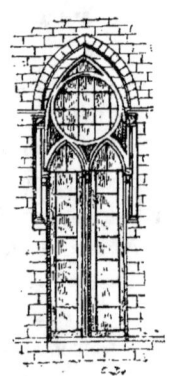
compliqués de vitrages, de petites ogives, des cercles, des dentelures, des *trèfles*[1], des rosaces à quatre, à cinq ou à six *lobes* arrondis, imitant les pétales d'une fleur ; le tout d'une élégance, d'une délicatesse extrêmes. Et si vous voulez juger jusqu'où peut aller l'art dans la combinaison de cette dentelle de pierre, rappelez-vous les *roses* du transsept, avec leurs rayons, leurs ogives, leurs trèfles et leur petit œil rond central. — Ces merveilleux *pignons* du transsept, avec leurs roses, sont des ouvrages du XIIIᵉ siècle.

Et de même en toute chose. Ce que nous disons des fenêtres, il faudrait le répéter de toutes les parties de l'édifice, et aussi de l'architecture gothique en général, dans ses transformations, de la fin du XIIᵉ au XVᵉ siècle. D'abord la simplicité, puis la richesse ; plus tard, à la fin, la complication, la profusion. Remarquez une chose : c'est qu'ici la construction est belle par elle-même, et presque sans ornements. Il y a très peu d'ornements[2],

1. Compartiments à *trois lobes*, en forme de feuilles de trèfle.
2. Autres que les verrières.

très peu de sculptures à l'intérieur de Notre-Dame : des

fleurons, des feuillages aux chapiteaux des colonnes, à quelques niches des chapelles : c'est à peu près tout. Mais ce qu'il y en a est excellent. Examinez, par exemple, les chapiteaux des gros piliers de la nef, tous variés : point de figures grimaçantes, d'animaux monstrueux, comme dans les églises romanes des moines ; des feuillages groupés en corbeilles, recourbés en *crochets*, délicatement, habilement dégagés. C'est simple, et c'est charmant. On a fait, entre les piliers du chœur, pour séparer le clergé du public répandu dans les collatéraux, une sorte de cloison de pierre. Regardez-la de près : on y a représenté des scènes sculptées, des personnages, peints de vives couleurs, avec des *touches* d'or : cette sculpture n'est plus celle des moines. Ces figures sont de bonnes proportions, belles de formes, naturelles de geste et de groupement. Ceci, c'est de la vraie *statuaire*, c'est de l'art ; et ces vieux *imagiers* étaient des artistes. — Le chœur, vers le milieu du XIIIe siècle, ainsi entouré de cette belle cloison ouvragée, d'un double rang de *stalles* de bois, également ornées de sculptures et de statues, séparé de la nef par un *jubé* percé d'une large arcade ogivale, avec son pavé de marbre, sa grille dorée, ses candélabres dorés et son autel entouré de voiles, vu du haut de la tribune de l'orgue ou des galeries, offrait une riche et brillante perspective[1].

Le bel aspect des édifices gothiques est à l'intérieur. La forme générale est simple, malgré la multiplicité des détails ; l'ensemble est clair, harmonieux. A l'extérieur, au contraire, la structure est compliquée, hérissée. On voit à nu toute la mécanique des appuis, des contreforts, des piliers, des arcs-boutants dressés autour de l'édifice, comme autant de béquilles pour le faire tenir debout... Et en effet il s'écroulerait s'il n'était appuyé de tous les côtés, comme une maison qui menace ruine, et qu'on étaie avec des pièces de bois. — Là est le côté faible de l'architecture gothique.

1. Voir page 177 le chœur de Notre-Dame avec sa clôture et son jubé du XIIIe siècle, restitués par Viollet-le-Duc (*Dictionnaire d'architecture*).

NOTRE-DAME, FLANC MÉRIDIONAL ET ABSIDE.

Venez à l'extérieur pour voir ceci de près ; suivez un des flancs du bâtiment, le flanc nord de préférence, parce qu'on peut en approcher plus facilement. Avancez vers l'orient, jusqu'au chœur, jusqu'à la partie tournante de l'abside. Vous voyez d'abord, près de vous, les murs des chapelles avec leur vitrage à meneaux ; derrière se cache le toit plat du bas côté. Au-dessus et plus loin, c'est la galerie ; par-dessus encore, le mur de la grande nef avec ses fenêtres, et son vaste comble couvert de plomb. Cela fait trois étages superposés, en même temps *retraités*, en recul les uns sur les autres, comme des marches d'escaliers gigantesques. Cette disposition est interrompue au milieu par les grands murs du transsept, son haut pignon, sa toiture. Autour et au travers de tout cela, vous voyez se dresser un fouillis de choses pointues : des *gâbles*[1] aigus, des contre-forts terminés en petites flèches de pierre, minces et élancées ; d'autres *clochetons* encore, qui surgissent, on ne sait pourquoi[2], par-dessus les toits ; enfin les grands arcs-boutants qui s'élancent à travers le vide, coupant obliquement toutes les lignes de la construction. — Examinons un des gros contreforts du chœur, si vous voulez. Vous voyez d'abord se dresser entre deux chapelles le large et épais pilier plat, une masse énorme de pierre, inébranlable. Du haut de ce pilier part un arc, qui s'élançant obliquement à travers le vide, s'amincissant, s'allongeant par-dessus les toits du bas côté, par-dessus la galerie, comme un grand bras tendu, va pousser contre la muraille haute de la nef. L'extrémité de l'arc-boutant bute entre deux fenêtres, juste à l'endroit où, dans l'intérieur, les arcs de la grande voûte s'arrondissant viennent retomber sur le pilier qui les supporte. Trop haut et trop frêle, ce pilier intérieur n'aurait pas la force de porter seul sa voûte : il demande de l'aide... Toute grande église gothique a ses arcs-boutants[3] ; mais ceux de la cathédrale

---

1. Triangles de maçonnerie au-dessus des fenêtres.
2. Ils ont leur utilité ; mais elle n'apparaît pas bien au premier coup d'œil.
3. Les petites églises qui n'ont pas de bas côtés peuvent s'en passer. Elles ont seulement des contreforts.

de Paris, immenses, si puissants et si légers à la fois, sont une merveille de hardiesse unique au monde. Au-dessous de ce grand arc, vous en apercevez un autre plus petit; celui-ci va contre-buter les piliers de la galerie. Il y a là des voûtes ; il faut bien les étayer aussi.

Tout cela, gâbles, contreforts, clochetons aigus, du moins dans la partie la plus nouvellement construite, est couvert, chargé d'ornements, de sculptures : *crochets* recourbés en façon de crosses, feuillages, animaux réels ou monstrueux, figures et statuettes. Par centaines, à tous les angles, s'avancent en dehors de la muraille des *gargouilles*. Ces bouts de gouttières ont pris la forme étrange de bêtes impossibles, ailées, griffues, grimaçantes et furieuses, sortant à mi-corps de la pierre, pour jeter l'eau par leurs gueules béantes. — La plus riche sculpture s'épanouit au portail méridional, autour de la rose du transsept. Venez la voir, cette façade de dentelle ; au-dessus de sa grande roue une autre rose encore, puis un pignon aigu entre deux clochetons à jour, une galerie à jour, deux balustrades, et la porte enfin[1], avec ses arcades surmontées de cinq gâbles pointus : le tout si brodé d'ornements, si touffu de feuillages, de rosaces, de niches, de statues, que c'est trop, vraiment, trop de travail et de richesse. Cela séduit, et en même temps fatigue le regard. — C'est que ce portail est de la fin du XIII° siècle.

Victor Hugo dit que pour admirer la grande façade de Notre-Dame[2], le plus beau moment c'est l'heure déjà tardive,

---

1 Porte dite *Saint-Marcel* ou *Saint-Étienne*. — Voir le dessin, page 179.
2. *Notre-Dame de Paris*. — Voir les dessins, au frontispice et page 224.

quand le soleil s'incline. Et il a raison ; c'est le seul moment où elle s'éclaire en plein, étant tournée vers l'occident. Admirable aspect, en effet, et grandiose. Ici tout est simple et clair. Vous levez les yeux, et vous avez compris. La gigantesque façade se divise très naturellement en ses trois parties : les deux tours, montant du pavé, et entre elles le mur-pignon qui clôt la nef centrale. Pour relier en un tout ces trois parties, deux grandes galeries les traversent en largeur d'un côté à l'autre ; une à mi-hauteur, dont les arcades forment autant de niches où sont rangées des statues couronnées : c'est la *galerie des rois*[1]; l'autre, tout en haut, à la naissance des clochers ; celle-ci beaucoup plus élevée, plus svelte, avec ses fines colonnettes, tout à jour entre les deux tours massives et se découpant en broderie sur le ciel. Ces deux galeries marquent fermement les étages. Et les ouvertures aussi sont disposées d'une façon claire et régulière. En bas, trois grands portails aux arcades évasées : le plus grand au milieu, donnant entrée dans la nef ; deux, un peu plus petits, sous les tours. Au second niveau, disposition toute semblable : la grande rose au centre, accompagnée de deux vastes fenêtres en ogive *géminées*[2], à droite et à gauche. De la plate-forme s'élèvent les clochers, percés d'immenses fenêtres doubles sur chaque face ; hautes arcades ouvertes pour donner le vol au son des cloches renfermées dans leurs cages de pierre. Entre les deux apparait dans la perspective, pointant vers le ciel comme une aiguille, la petite flèche de bois, à jour, couverte de plomb, posée sur la croisée du transsept[3].

Voilà l'ensemble ; vous pourrez examiner à loisir les détails, les rosaces, les trèfles à jour ; à la galerie des rois, au pourtour de la grande galerie, au couronnement des tours, les grosses corniches feuillues surmontées de légères balustrades. Au bord

1. On dit souvent : *Galerie des rois de France ;* mais cette désignation est erronée. Ce sont les *rois de Juda*, ancêtres de la Vierge selon la tradition, qui figurent dans cette arcature.
2. Doubles, sous une même arcade ogivale.
3. La hauteur des tours est de 65 mètres.

de ce balcon aérien de grands oiseaux de pierre, perchés comme les vautours d'Égypte aux balcons des *minarets*[1], regardent obliquement le pavé; ailleurs ce sont des animaux fantastiques, des *stryges*[2], des diables cornus accoudés à la balustrade, qui se penchent pour faire la grimace aux passants; tandis que, du sommet des tours, de monstrueuses gargouilles allongent le cou d'un air menaçant.

Maintenant, approchons-nous pour examiner les portails. Chacun se compose d'une large arcade ogivale, profonde, évasée. La porte est divisée en deux par un pilier que l'on nomme *trumeau*; et au-dessus des ouvertures carrées il reste un large espace triangulaire qui est le *tympan*. Cette ordonnance est simple et belle. Mais ici, dans un espace trop étroit, on a voulu mettre trop de choses. Dans l'*ébrasement*[3], sur le trumeau, le tympan, jusque dans les *voussures*[4], c'est un entassement de statues et de statuettes, qui se serrent, se collent aux parois, s'accrochent comme elles peuvent... Le fouillis et la confusion reparaissent. Il faut y revenir à deux fois pour s'y reconnaître. Regardez pourtant la sculpture du grand portail, cela en vaut la peine; déchiffrez cette scène, cent fois reproduite aux portes des églises[5]. Le groupe des figures vous représente le *jugement dernier*, ce mauvais rêve de tout le moyen âge. Vous voyez une *âme*, qu'on pèse dans une balance: un grand diable velu, cornu, griffu et dentu, est là qui l'attend pour l'emporter, cette âme pécheresse. D'un côté, les élus, et de l'autre les damnés entraînés par les diables; les voussures sont chargées de figures grinçantes de démons et de réprouvés. — « Eh! eh! vous entendez, bonnes gens! Voilà ce qui vous attend, si... » — Il est pourtant un espoir, pécheurs, un moyen d'échapper à ces griffes crochues; ce moyen qui a

---

1. Tourelles des *mosquées*.
2. Figures fantastiques, démons.
3. Partie évasée de l'ouverture.
4. Arcs en ogive de l'arcade.
5. Cette sculpture a été presque entièrement refaite à neuf : mais elle reproduit avec la plus grande fidélité possible l'ancienne sculpture détruite. Voir le dessin p. 167.

réussi à Clovis, à Childebert, à Dagobert, à tant d'autres !... — Je n'en dis pas davantage. Mais chacun a compris...

Les deux portes latérales méritent aussi d'attirer notre attention. Elles font un frappant contraste, et plein d'enseignement pour nous. Celle de gauche, dite *Porte de la Vierge*, nous offre le plus remarquable exemple de la sculpture du XIIIe siècle ; les figures sont belles, les proportions bien observées, les *draperies* gracieusement disposées, les personnages ont un air de vie : c'est l'art libre, l'art laïque dans tout son développement. — Celle de droite, que l'on nomme la *Porte Sainte-Anne*, date du XIIe siècle ; elle appartenait à l'ancien édifice, et fut démontée pierre à pierre pour être replacée dans le nouveau. — Comparez : ce n'est pas le même art, ni pour la pensée, ni pour l'exécution. Les statues sont raides, démesurément allongées et maigres ; les têtes ont une expression froide et sèche, les attitudes sont rigides, les vêtements plissés à petits plis, n'ont rien de naturel ; c'est encore la sculpture *romane* des moines, asservie aux anciennes traditions[1]. — Jetons enfin un coup d'œil, tandis que nous y sommes, sur les vantaux de ces deux portes et leurs merveilleuses ferrures, chefs-d'œuvre de l'art de la forge ; vous admirerez ces enroulements gracieux, ornés de fleurons et de feuillages. — Il y a, sur ces ferrures, une curieuse et singulière légende. Celui qui les forgea se nommait, dit-on, *Biscornet*. Désespérant d'arriver à l'exécution de ce difficile ouvrage, il avait « vendu son âme au diable » pour que celui-ci, habile en tout art et métier, comme chacun sait, lui vînt en aide... Certains prétendent que le forgeron Biscornet, — le nom s'y prêtait, je l'avoue, — n'était autre que le *cornu* lui-même, en personne ; et que c'était l'évêque de Paris qui s'était vendu à l'enfer, en retour des diaboliques ferrures... Mais il comptait bien échapper à l'accomplissement du marché par quelque ruse plus ou moins honnête... et, en effet, le diable, dupé, en fut pour sa peine ! — Un évêque damné pour des pantures ! Le diable travaillant à une église !... N'importe ! — Les gens de ce temps-là avaient l'es-

---

1. De l'art romain et de l'art byzantin.

prit ainsi fait, paraît-il ; ils ne pouvaient imaginer qu'un homme, à lui tout seul, pût faire quelque chose de bien ; il fallait que les saints et les anges s'en mêlassent... ou bien l'*autre*, alors, le *malin !* Il y a des historiettes semblables à l'occasion de la construction de toutes nos grandes cathédrales. — Quoi qu'il en soit, quand il s'est agi de restaurer Notre-Dame[1], les serruriers de notre époque sceptique ont su exécuter les ferrures de la porte du milieu, toutes semblables et plus compliquées encore, sans appeler à leur secours ni le ciel ni l'enfer.

Si maintenant vous résumez en vous-mêmes ce que nous venons d'observer, vous vous faites une idée nette, non seulement de l'aspect et de la structure du plus beau monument de notre capitale, de l'édifice qui tient une si grande place dans l'histoire de Paris, mais encore, d'une manière générale, du système de construction imaginé par nos *maîtres des œuvres* laïques du moyen âge; vous vous rendez compte de leurs tendances, de leurs efforts. Le mot de ce système est : légèreté. Et pourtant Notre-Dame de Paris n'est pas un édifice de surprenante légèreté, comme telles autres grandes cathédrales gothiques élevées depuis. Majestueuse d'aspect plutôt qu'élégante, elle a même quelque lourdeur, dans ses bas côtés, dans son imposante façade. C'est que la cathédrale de Paris est une des premières églises gothiques. Elle a encore, dans sa forme, quelque chose de l'église romane. Mais celles qui viendront après seront plus sveltes; nos architectes seront plus hardis. Les ogives deviennent de plus en plus aiguës, les voûtes plus hautes, les piliers plus minces, les fenêtres plus vastes; tout s'élève, et s'effile, et s'ouvre. Les grandes cathédrales gothiques de Reims, par exemple, d'Amiens, de Cologne, de Beauvais, sont infiniment plus légères, plus élancées que Notre-Dame

---

1. 1840.

de Paris; plus belles aussi, il faut l'avouer[1] : si légères et si élancées, si ajourées, si merveilleusement belles qu'on ne dirait pas voir un édifice de pierre, mais un temple aérien bâti par les fées dans les nuages... C'était trop, même, puisque la plus merveilleuse et la plus aérienne, celle de Beauvais, ne put tenir, et avant d'être achevée s'écroula en partie.

J'ai tenu à vous faire bien comprendre le grand travail qui, pendant près de trois siècles, a absorbé les forces, l'activité, la

---

[1]. Lorsqu'ils nous vantent l'aspect pittoresque, saisissant, que devaient offrir aux yeux des populations du moyen âge nos beaux édifices gothiques, les archéologues, les artistes, — et Victor Hugo lui-même, — ne disent pas assez une chose : c'est qu'il n'y avait pas alors un endroit d'où on pût les voir... (je parle de l'extérieur). Nos grandes cathédrales s'élevaient au milieu de cités populeuses qui étouffaient dans leurs murs. Entouré de rues étroites et tortueuses, de petits placitres, de hautes maisons serrées, entassées, le noble édifice était à peine entrevu ; heureux encore si d'odieuses masures ne s'accolaient pas à ses flancs mêmes, lui bouchant effrontément ses fenêtres... Le passant, de la rue, apercevait par échappées un coin de muraille, une fenêtre par une brèche des toits, une tour au débouché d'une voie, la crête dentelée des combles par-dessus les cheminées : de vue d'ensemble, aucune (sauf de très rares exceptions). Pour ne parler que de Notre-Dame, qui l'a jamais vue, bien vue, au moyen âge, la grande cathédrale parisienne ? Enclavée dans le vaste quartier *ecclésiastique*, tout son flanc nord était renfermé sous clé dans le *Cloître* des chanoines, tout son flanc sud dans l'*Evêché*. Les pignons dentelés, les gâbles des chapelles, le fouillis pittoresque des contreforts de l'abside avec leurs clochetons, les délicates sculptures du portail nord, du transsept et de la charmante petite *Porte Rouge* n'étaient aperçus que d'une douzaine de chanoines, habitants des maisonnettes et des petits jardinets du Cloître ; ajoutez si vous voulez leurs domestiques et leurs jardiniers. Le portail du midi, au transsept, avec sa merveilleuse décoration, trop riche seulement et trop touffue, n'existait que pour l'évêque et les sacristains. — Reste la majestueuse façade. Mais le *parvis*, le petit placitre devant les portes, était fort étroit, la rue aussi, et les maisons avançaient tout près. Pas de reculée ; nul point de vue permettant d'embrasser l'ensemble. Tout apparaissait en raccourcis fuyants, obliques, qu'il fallait contempler la tête renversée ; les saillies cachaient les lignes principales. — Aujourd'hui nous témoignons notre intérêt à ces monuments de notre histoire en les isolant, en les dégageant à grands frais, en leur donnant l'air et la lumière, les entourant de vastes places et de jardins, comme on a fait pour Notre-Dame, pour la charmante tour de Saint-Jacques-la-Boucherie, pour vingt autres ; et nous avons pour récompense de les voir comme ne les ont jamais vus les siècles qui les ont élevés.

pensée de tout un peuple. Songez qu'une grande cathédrale, comme la France en possède une quarantaine, était le chef-d'œuvre, le *grand œuvre* de l'architecture ; et l'architecture, au moyen âge, était l'art suprême, l'art des arts, plutôt dirai-je le seul art. La peinture comme la sculpture n'avaient pas pour ainsi dire de vie à part ; elles n'existaient, ne travaillaient que pour orner l'édifice, elles étaient les sujettes de l'architecture. La musique n'était pas née. Les livres étaient rares ; on lisait peu ; presque personne n'écrivait[1]. On bâtissait. Chaque nouvel édifice représentait non seulement une somme immense de travail, mais en même temps un grand effort d'intelligence, un effort pour sortir du pesant ennui des temps[2], pour s'affranchir, pour *créer* quelque chose. On n'avait que ce moyen d'exprimer sa pensée. L'édifice est comme un livre de pierre, où sont écrites les idées, les aspirations, les tristesses aussi de ceux qui l'ont élevé[3]. — Nous avons bien raison d'appeler ces œuvres des monuments *historiques* ; en effet, ils racontent l'histoire, ils nous font comprendre les temps.

Faites un effort d'imagination, et remontez le courant des âges de six siècles et demi en arrière. Tâchez de vous figurer notre vaste cathédrale, non pas telle que nous venons de la voir, silencieuse et triste, dans sa solitude et dans son abandon ; mais voyez-la triomphante comme en ses grands jours, animée, pleine de foule et de bruit, quand elle était le centre de la vie de toute une population. — C'est qu'en ces temps encore, il ne faut pas l'oublier, la cathédrale d'une grande ville n'était pas seulement *une église* : c'était le *monument de la cité*, le grand édifice public, j'allais dire le seul[4]. Elle servait à plus d'un usage, comme la basilique romaine à laquelle elle succédait. C'était bien une église ; mais c'était en même temps

---

1. C'était trop dangereux. La pensée opprimée n'osait parler que par énigmes.
2. L'ennui est la grande maladie du moyen âge.
3. C'est un besoin de la nature humaine que d'exprimer sa pensée intime, ses rêves, ses apirations. L'art est une nécessité.
4. Cela était surtout vrai dans le Nord, dans les grandes villes de *commune*. Et c'est là aussi que se sont élevées nos plus grandes et nos plus belles cathédrales.

un tribunal. L'évêque, vous vous en souvenez, s'était peu à peu substitué au juge romain ; la chaire de l'évêque, sa *cathedra* n'était autre que le siège de justice, et la *cathédrale* le lieu de sa juridiction. On y plaidait devant le seigneur évêque ; il jugeait, il condamnait. Et c'était aussi le lieu d'assemblée publique. Là se tenaient les *conciles*, les réunions du clergé : mais également les réunions laïques, pour la discussion des affaires de la cité, de la commune, du pays[1]. Les associations ouvrières, les *confréries*, comme on les appelait, tenaient leurs *parlements* dans un bas côté, dans une chapelle, y faisaient leurs élections. Les cloches des tours sonnaient pour toutes les fêtes, ou sacrées, ou civiles ; pour la messe, oui, mais bien aussi pour le conseil de la commune, pour la convocation des confréries, pour le couvre-feu, pour l'incendie, — pour l'émeute. C'était encore ce que nous appelons une *bourse* : les marchands de la ville se donnaient rendez-vous sous ses voûtes, causaient d'affaires et se promenaient dans les nefs, par petits groupes, concluant des marchés. C'était le *théâtre* ; le seul : on y jouait des *mystères*, la *Passion*, arrangée en drame, avec nombreux personnages, Dieu, la Vierge et les saints, les juifs et les soldats, — et le diable ! Drame sacré, il est vrai ; et pourtant mêlé, chose incroyable, de scènes bouffonnes, de farces grossières... Tel était le goût du temps. — Et le culte lui-même était un spectacle. Le peuple venait là pour voir le brillant évêque dans sa chape brodée d'or, avec sa mitre d'or, sa crosse d'or ; autour de lui, rangé, son clergé tout chamarré de riches ornements, tout luisant de soie et d'or, sous les rayons empourprés des verrières ; voir les clercs, les chantres, les enfants de chœur en robes blanches faire leurs évolutions autour de l'autel, sorte de danse sacrée, majestueuse et grave, ou la procession se dérouler en interminable file autour des nefs, comme la *théorie* antique[2] sous la colonnade des temples,

---

1. En 1302 les premiers états généraux de France, convoqués par Philippe le Bel, se réunirent à Notre-Dame de Paris.
2. Ces *processions* du culte grec et romain se faisaient autour de l'édifice, à l'**extérieur**.

au chant des prêtres, aux sons aériens de l'orgue ; tandis que les cloches émues dans les tours remplissaient les voûtes de résonnances heurtées. La foule n'entendait rien au latin des hymnes, ni au symbolisme des cérémonies ; la pensée flottait incertaine, mais les sens étaient remués. — Ici le peuple était spectateur ; mais il devient *acteur* aussi parfois. Et alors ce sont d'étranges fêtes, désordonnées, d'une violente échappée d'ivresse : la fête de l'Ane, la fête des Fous et la plus folle de toutes, la fête des *sous-diacres*[1], — la populace disait : des *diacres soûls...* Représentez-vous, si vous pouvez, dans l'immense église, la foule serrée et mouvante, agitée, pleine de mille bruits confus, quand le grand portail s'ouvre pour laisser passer la procession burlesque amenant l'*âne* en grande pompe ; quant au latin de l'hymne, le peuple en liesse réplique par le couplet profane :

> Héz ! sire âne, car ! chantez,[2]
> Belle bouche, réchignez !
> Vous aurez du foin assez,
> Et de l'avoine à plantez ![3]

Et quand le prêtre lui-même, à l'autel, se retournant, au lieu de la bénédiction solennelle entonne par frois fois :

> *Hi-han ! hi-han ! hi-han !*

A quoi répond la cohue délirante par des *hi-han* formidables, à faire crouler les voûtes ! — Ceci n'est qu'une farce déplacée. Mais je ne vous peindrai pas telle autre de ces fêtes[4] où débordait la licence effrénée, les tables des autels chargées de viandes et rougies de vin, les tonneaux défoncés dans les

---

1. Et plusieurs autres fêtes bouffonnes. Toutes ces choses commencèrent par être *symboliques*, puis devinrent désordonnées et grossières.
2. Ça, chantez !
3. En abondance.
4. Plusieurs évêques tentèrent d'abolir ces fêtes scandaleuses : ils ne purent y parvenir. Eux-mêmes nous ont transmis la description de ces scènes incroyables, contre lesquelles ils lancèrent en vain leurs anathèmes.

chapelles, la rumeur grossissante, la foule en délire dans un pêle-mêle confus, hommes et femmes, et prêtres masqués ; une immense *soûlerie*, indescriptible, une orgie plus que païenne, un *sabbat* [1]...

Ainsi associée à tous les actes de l'existence publique ou privée des habitants, à leurs affaires, à leurs plaisirs, occupant, lors de sa construction, tout un peuple de travailleurs, tailleurs de pierre, imagiers [2], vitriers, charpentiers, forgerons, plombiers, que sais-je ? l'édifice tenait naturellement une grande place dans les préoccupations des braves gens de la ville. Ce n'était plus seulement, comme autrefois, l'affaire des moines et de leur monde. Bourgeois et hommes de labeur en passant jetaient un coup d'œil sur les travaux ; ils admiraient *leur* cathédrale, ils en étaient fiers ; et tous l'aimaient...

Voilà ce que l'on dit. Il est permis d'en douter, pourtant. Réfléchissons. — Un monument, tel, par exemple, que Notre-Dame de Paris, a coûté des sommes énormes. « C'est la foi, a-t-on dit, qui a élevé nos belles cathédrales ». La foi toute seule ne nourrit pas, ne paie pas les ouvriers ; il faut de l'argent. Il y eut des dons, des offrandes. On n'avait pas à compter sur les seigneurs féodaux ; ils voyaient dans l'évêque un rival, dans la tour de la cathédrale une rivale de leurs donjons. Mais de riches bourgeois, justement pour humilier le seigneur voisin, tenaient à ce qu'elle fût haute et fière, cette tour. Ils donnaient. Plus d'un aussi, au lit de mort, doucement, irrésistiblement sollicité par le confesseur, ou bien peut-être se rappelant la scène du portail, et le grand diable d'enfer... — le diable, vous savez, n'était jamais bien loin, au moyen âge ! — « pour sa pauvre âme assurer » léguait une somme. Parfois une corporation d'ouvriers se cotisait pour payer une belle verrière à la chapelle où elle se réunissait. Mais qu'était-ce que tout cela ? Peu de chose. Le bon sens dit, et l'histoire est là

---

1. Pierre de *Sancta Maria*, légat du Pape. — Eudes de Sully, évêque de Paris.
2. Sculpteurs, statuaires.

pour prouver que ces coûteux monuments ont été bâtis avec les revenus immenses des biens d'Église, c'est-à-dire avec le produit des *tailles*, des *dîmes* et des *corvées* [1]. Pour élever ces nefs, ces voûtes, il a fallu que, pendant plus d'un siècle, les pauvres *petites gens* de la ville, censitaires [2] de l'évêque ou du *chapitre* [3], humbles ouvriers gagnant à grand'peine le pain du jour, s'épuisassent au labeur ; il a fallu que des générations de serfs [4], have et famélique troupeau, fussent chargés, accablés de taxes et de dimes. C'est de leur misère qu'est faite cette splendeur. Les maçons ont bâti, les charpentiers ont dressé la charpente ; mais qui a tiré la pierre de la carrière ? qui a abattu les arbres dans la forêt ? Le serf, le pauvre paysan des terres d'Église. Qui a creusé les fondements, remué les terres, voituré le sable, fait tous les transports ? Qui s'est attelé aux lourds chariots chargés de pierre et de mortier ? qui a tourné la roue, monté les matériaux ? Le serf ; et pour rien, par *corvées*. Vous n'avez pas oublié les *réquisitions* des Romains : c'est encore la même chose. Rude surcroit de peine imposé à ces pauvres gens, si accablés déjà, chargés de famille, pliant sous le faix.

Or, voulez-vous savoir avec quelle dureté elles étaient exigées, ces taxes, ces corvées ? Rappelez-vous une histoire bien connue : rappelez-vous ces malheureux [5] que les chanoines de

---

1. *Taille*, impôt en argent ou en produits du sol, payé au seigneur, baron, évêque ou abbé ; *dîme*, dixième partie de tous les produits ou revenus attribuée à l'Église ; *corvée*, travail forcé *sans salaire*, pour le compte du seigneur, baron, évêque ou abbé. Par ces mots on entend résumer un nombre effrayant de redevances diversement dénommées. — En somme, tous ces droits pouvaient se réduire à un seul : le **droit du plus fort**.

2. Payant *cens*, c'est-à-dire impôt.

3. Réunion des *chanoines*. Les chanoines de Notre-Dame étaient, au moyen âge, les tyrans de la Cité ; ceux de Saint-Germain-l'Auxerrois, les tyrans de la *Ville*, c'est-à-dire des quartiers du nord ; les quartiers et faubourgs de l'Ouest étaient sous la rude coupe des abbés de Saint-Germain-des-Prés, et les moines des abbayes de Sainte-Geneviève et de Saint-Victor écrasaient de leur domination les quartiers et faubourgs du Midi.

4. Serfs d'Église devant à l'évêque tailles et impôts divers ; serfs des barons payant, en outre de la taille au baron, la dime à l'Église sur tous les produits.

5. C'étaient les serfs du village de Chatenay, près de Sceaux.

Notre-Dame, — c'était justement au temps des grands travaux de la cathédrale, — gardaient en leur prison. Entassés, trop nombreux, sans air, presque sans nourriture, ils mouraient l'un après l'autre ; si bien que la reine Blanche, qui pourtant n'était pas tendre, en eut pitié. Elle demanda qu'on les traitât moins durement. Prières, ordres, rien n'y fit. Braves chanoines, défendez héroïquement *les droits et les libertés de l'Église !* — Il fallut que la reine fit enfoncer la porte du cachot. Et alors on vit sortir une foule d'être pâles, exténués, hagards, éblouis du jour, *hommes, femmes et enfants*, qui tombaient à genoux. Quel crime avaient-ils commis ? Ils n'avaient pas voulu, — ou pas pu, — payer un surcroit de taxes que les bons chanoines leur avaient imposé. C'étaient des révoltés, disait-on. Quoi, les femmes aussi ? et les petits enfants aussi ? — Cette histoire en dit assez : et ce n'est pas la seule !... Ah ! on ne croira pas, je pense, que ceux-là, ouvriers, paysans, taillables et corvéables qui la payaient de leurs sueurs, — or, c'était tout un peuple ! — que ceux-là vissent d'un œil d'amour la triomphante bâtisse ! Demandez-vous plutôt combien chaque touffe de feuillage ciselée à ses chapiteaux, chaque fleuron étincelant aux panneaux de ses verrières, représente de privations, de souffrances muettes et de détresses inconnues ; dites-vous qu'il y a dans ses fondements « un flot de larmes [1] », et sous chaque pierre, scellée, une malédiction...

Et que symbolise-t-elle en définitive, — malgré la pensée même de ses artistes bâtisseurs, — cette grandiose cathédrale fièrement dressée au centre de la cité, et qui lui porte ombre de ses murs ? Une chose : la domination du clergé [2]. Ces tours orgueilleuses sont les signes de son pouvoir. C'est en effet le moment souverain de la puissance de l'Église. Rois et peuples sont dans sa main ; et qui résiste est brisé comme un roseau. Elle se sent si forte et si sûre que sa pensée lui échappe ; par la voix de son pape elle réclame pour elle, pour lui... quoi ? presque rien, vous allez voir : seulement *la domination absolue*

1. Michelet.
2. Ceci doit s'entendre, comme tout ce qui précède, des grandes cathédrales en général, et non pas seulement de **Notre-Dame de Paris.**

sur l'univers entier[1]*!* L'Église, justement, vient de montrer ce qu'elle sait faire par l'extermination de tout un peuple[2]: un monde disparu, une civilisation éteinte comme une lampe qu'on souffle, le Midi pour des siècles devenu un désert... Voilà, disais-je, ce qu'elle exprime, votre cathédrale, bien mieux que le mystique élan de la prière[3]: le pouvoir du prêtre, la mainmise du prêtre sur toute chose de la vie, sur les corps et sur les âmes, l'étouffement de la pensée... Je sais quelque chose de plus triste, mais je ne le dirai pas ; j'ai déjà trop assombri ces pages.

Le moyen âge est une chose compliquée et diverse, faite de contrastes, et qui a plusieurs faces. Celui qui veut le com-

---

1. Grégoire VII (1076). — « Nous faisons maintenant connaître au monde entier que si nous pouvons lier et délier dans le ciel, nous pouvons aussi sur la terre donner et ôter les empires, les royaumes, les principautés, les duchés, les marquisats, les comtés, *et les biens de tous les hommes.* » Grégoire VII, *décret.* 1080 (Fleury, *Hist. eccl.*). — Concile de Rome (1090). — Innocent III (1200) : « Dominus Petro non solum universam Ecclesiam, sed totum reliquit sœculum gubernandum. » — « Le Seigneur a donné à Saint-Pierre (au Saint-Siège, au Pape) le gouvernement, non seulement de l'Église universelle, mais du monde entier au temporel.... » (*Décrétales*, I. II, etc.)

2. Notre-Dame et les grandes cathédrales sont contemporaines de la croisade des Albigeois.

3. Il n'y a pas contradiction entre ceci et ce qui a été dit plus haut ; autres étaient les vues du clergé, autre la pensée de l'artiste laïque.

prendre, pénétrer sa pensée, après notre vaste cathédrale doit visiter la *Sainte-Chapelle*. Opposition très grande : l'une, la cathédrale, est faite pour la foule et le bruit, l'éclat des fêtes populaires ; l'autre pour la prière muette et les longs recueillements. C'est, au cœur de la ville, au milieu du mouvement de son royal palais, une solitude que s'est bâtie le roi Louis IX ; une solitude pour ses extases et ses crédules rêveries[1]. Son architecte, Pierre de Montereau, a créé pour lui ce merveilleux petit chef-d'œuvre, joyau de l'art gothique et de la ville de Paris. A l'extérieur, l'édifice vous apparaîtra très simple comme disposition d'ensemble, en même temps fort riche de détails : c'est le gothique du XIIIe siècle dans toute sa splendide parure. A partir d'un certain niveau tout est en fenêtres, séparées seulement par des contreforts très en saillie. Les meneaux de ces grandes *verrières*, extrêmement déliés, s'épanouissent sous l'ogive en trèfles, en rosaces ; chaque fenêtre est surmontée d'un *gâble* dentelé, chaque contrefort d'un clocheton fleuronné. Puis une légère balustrade ; sur les combles à pentes raides se dresse une petite flèche de bois et de plomb, toute ajourée et découpée, élancée en aiguille. De face, vous apercevez le pignon aigu entre deux délicates tourelles, une rose finement découpée, et, en avant, un *porche* ogival à deux étages. La chapelle elle-même est à deux étages ; ou, si vous voulez, il y a deux chapelles l'une sur l'autre. C'est une très ancienne tradition chrétienne que cette superposition d'églises ; mais, dans nos grands monuments, l'église inférieure est souterraine, obscure et bas voûtée, funèbre d'aspect : c'est la *crypte*, comme la cave de l'édifice. Ici, la chapelle inférieure est au ras du sol. Entrez : vous observerez qu'elle a encore quelque chose de la crypte. La voûte est peu élevée : une arcade robuste fait autour de la nef une sorte de petit bas côté. Les fenêtres qui l'éclairent sont de forme presque triangulaire : chacune n'est pour ainsi dire que le haut d'une fenêtre ogivale. Un demi-jour mystérieux se répand dans le vaisseau, richement décoré de peintures. Mais quand, montant par l'étroit escalier à vis de l'une des tourelles, on entre dans la

---

1. Vers 1242, avant sa première croisade, selon M. Viollet-le-Duc.

chapelle haute, le premier regard est un éblouissement. Ici encore la beauté de l'édifice est à l'intérieur; le dehors, si riche qu'il soit, n'est qu'une enveloppe. La nef, sans bas côtés, terminée à l'orient par son abside, dans sa charmante simplicité de formes réalise l'idéal du gothique : *tout à jour*. Elle n'est close que de vitrages. Entre ces immenses fenêtres[1] à meneaux déliés, à peine reste la place des grêles faisceaux de colonnettes, élancés d'un jet du sol à la voûte qu'ils semblent porter sans effort sur leurs nervures croisées, comme si elle ne pesait pas[2]. La grande rose, qui tient toute la largeur du vaisseau, s'arrondit à l'occident en face des longues fenêtres de l'abside.

La décoration est d'une richesse inouïe, les voûtes sont peintes en bleu sombre avec des étoiles d'or ; les nervures, les colonnettes, les arcatures, les feuillages des chapiteaux et toutes les sculptures, les statues mêmes sont revêtues de couleurs vives et tranchées, partout rehaussées d'or; le nu des murs disparaît sous une profusion d'ornements délicats, peints et dorés. Surtout les belles verrières sont d'un éclat merveilleux: Une multitude de sujets à personnages, très finement peints,

1. Immenses à proportion, surtout.

2. En réalité ce sont les solides contreforts extérieurs qui supportent le poids des voûtes. La simplicité de forme, si séduisante, de ce bel édifice, tient

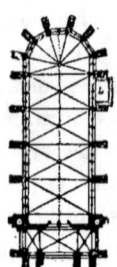

Plan de la Sainte-Chapelle.

à sa dimension médiocre : il n'eût pas été possible d'élever une grande cathédrale sur ce plan. Le vaisseau étant petit, une seule voûte peut le couvrir ; il n'y a pas de bas côtés, il n'est pas besoin non plus de tout l'appareil compliqué des arcs-boutants, faits justement pour étayer les voûtes centrales en passant *par-dessus* les bas côtés ; il suffit des contreforts pour appuyer les colonnettes et maintenir les voûtes, d'ailleurs légères. — Il faut remarquer à l'intérieur, sous l'appui des fenêtres, une jolie *arcature*, dont les colonnettes élégantes, les ogives, les *lobes* rappellent les meneaux et les trèfles des fenêtres elles-mêmes. La rose actuelle, avec ses découpures contournées, est du XVe siècle (Charles VIII) ; elle remplace la rose du XIIIe siècle. — Il n'est pas sûr que la Sainte-Chapelle, au temps de Pierre de Montereau, eût une flèche. Charles VI en fit construire une, légère, ajourée, en bois couvert de plomb comme celle de Notre-Dame, et dont la flèche actuelle est la reproduction exacte. De même les sculptures, les peintures, les vitraux ont été restaurés par d'habiles architectes, de telle sorte que, sauf la flèche et une petite logette (L) ajoutée par Louis XI entre deux contreforts, le monument est ce qu'il était sous Louis IX.

INTÉRIEUR DE LA SAINTE-CHAPELLE.

autant de petits tableaux encadrés chacun dans son médaillon, se détachent sur le fond chargé d'ornements, de fleurons entrelacés[1]. Mais l'œil ne poursuit point les détails. L'impression est d'une vaste scintillation, d'un chatoiement de couleurs et de lumières. Qu'un rayon du soleil de midi vienne y mettre le feu, et c'est comme un embrasement ; la lumière, teinte au passage, tombant sur les peintures vivement colorées, sur les dorures, rejaillit en reflets irisés ; tout étincelle, et l'air même semble imprégné de clarté.

Mais le jour baisse ; l'éclat des vitraux graduellement s'éteint dans une vague transparence ; les couleurs se fondent, les contours se dérobent, les reflets pâlissent ; les colonnettes, les sculptures, les statues effacent leur relief sous une teinte rosée. Puis la nef se remplit d'une demi-obscurité encore veloutée de chaudes lueurs. — Alors, si vous êtes demeuré dans cette ombre, un sentiment de solitude et de paix infinie vous envahit. Telle est la puissance de l'art sur l'âme[2]. Oui ; mais pourquoi cette douceur ? Parce que nous, hommes du XIXe siècle, nous sommes délivrés des terreurs et des luttes intimes qui assombrissaient l'âme humaine au XIIIe. Celui qui s'y reporte par l'histoire retrouve aussi l'impression de la tristesse inconsolable de ces temps, et partout des traces de larmes. Cette beauté même a quelque chose de funèbre ; cette paix est celle du sépulcre. La brillante fleur de l'art gothique, née dans l'ombre sacrée des cathédrales, comme les fleurs des tombes a des effluves énervantes et mortelles...

Puisque nous sommes « aux temps de saint Louis », c'est pour nous le moment de visiter le Paris du moyen âge. — Temps passés, choses mortes... Il faut pourtant les faire revivre un

---

1. Les vitraux à petits sujets ainsi disposés sont appelés vitraux *légendaires*.
2. Il y a, par exemple, dans la musique moderne, des pages d'un effet semblable et plus puissant encore.

instant par la pensée, afin de les comprendre et de les juger. Vous imaginerez donc que nous sommes transportés, comme en rêve, au XIII⁰ siècle, et sur l'une des tours de Notre-Dame[1], pour embrasser d'abord la perspective dans toute son étendue. Esquissons cette vue d'ensemble.

Le vieux Paris, déjà vaste, nous apparaît nettement divisé par son fleuve en ses trois parties distinctes, qui sont comme trois villes dans une ville. Au centre, la *Cité*, le noyau historique, le cœur de la capitale; la ville de l'*autorité*, comme dit si bien Michelet, qui contient le Palais et la Cathédrale, la Royauté et l'Église. Au nord, la *Ville*, ainsi qu'on disait alors ; la grosse ville marchande et laborieuse, le grand quartier des bourgeois et des rentiers, le quartier des halles et des boucheries. Au sud, l'*Université*, la ville des écoles et des écoliers, demi-ecclésiastique et demi-laïque, ville pédante et turbulente, d'étude et de tapage, de jeûne et de bombance, de discussions en latin et de batailles dans la rue, faite de collèges et de tavernes. — L'Université méprise la Ville ; la Ville hait l'Université. L'écolier garde une dent au bourgeois qui se méfie, à bon droit, de l'écolier... Vraiment, la tranquille Cité a bien fait de venir s'asseoir là, entre les deux, pour mettre un peu la paix. Celle-ci, en effet, a un air tout pacifique depuis qu'elle n'a plus ses murailles. Devenues inutiles, puisqu'il y a une plus vaste enceinte, on les a crevées de toutes parts, pour profiter de l'espace, donner un peu d'air aux maisons qui étouffaient. Il en reste des morceaux à travers les silencieux jardins des chanoines, quelques tours aussi, je pense, du côté du Palais. Les maisons s'étendent tant qu'elles peuvent; plus d'une a le pied dans l'eau. Elles débordent jusque sur les ponts. — La vieille Cité, selon sa tradition immémoriale, est partagée en trois ; à l'orient toujours, comme vous savez, le terrain sacré, le quartier du clergé ; à l'occident, le Palais avec ses vastes dépendances; entre les deux, serré, comprimé, un bloc massif de hautes maisons.

---

[1]. C'est le point de vue qu'a choisi Victor Hugo (*Notre-Dame de Paris*) pour sa poétique description du Paris du XV⁰ siècle ; et c'est du reste le seul possible.

Procédons par ordre : au quartier du clergé d'abord. Celui-ci aussi est triple. La majestueuse cathédrale en est le centre ; à son flanc nord, le *Cloître* qui s'étend jusqu'au fleuve. Au midi, l'*Évêché* le long du petit bras de la Seine.

Le Palais de l'évêque[1] est un beau et vaste bâtiment, d'un style noble et sévère, avec chapelle et donjon, avec ogives et créneaux, moitié église, moitié forteresse, comme il convient à un prêtre grand seigneur. Il y en avait de semblables à côté de

---

1. Bâti par Maurice de Sully en même temps que la cathédrale (1160). Voir la gravure ci-dessus, reproduction d'un beau dessin de Viollet-le-Duc (*Dictionnaire d'Architecture*).

toutes nos cathédrales. Le *Cloître*, lui, est une chose tout à fait originale. Rien ressemble moins à un monastère. Point de grands bâtiments communs. C'est un petit quartier de prêtres, bien retiré et bien discret, dévot et bourgeois, fait de maisonnettes et de jardinets, avec trois ou quatres rues au travers[1]. Chaque chanoine, chaque clerc a son petit morceau à part, jardin et maison. Plus, deux ou trois bâtiments pour les écoles des clercs. — Le tout enclos de hauts murs, de hautes maisons qui tournent le dos à la rue, et fermé sous clés et verrous. La grande porte est au flanc de l'église. Tout à la pointe de l'île, vous pouvez apercevoir, par-dessus les toits de la cathédrale, une langue de terre en triangle, formant comme la proue du navire, faite de décombres entassés, inculte, envahie par les broussailles, sur laquelle s'ouvre une poterne du *Cloître*, bien cachée : c'est ce qu'on nomme le *Terrain*[2].

Tout à l'opposé, à l'arrière, à l'endroit du gouvernail, pour continuer la métaphore, est le Palais, demeure habituelle des rois, même après Philippe Auguste et son Louvre. C'est toujours le même Palais... Il change cependant. Chaque siècle, chaque règne démolit et rebâtit, si bien qu'à la fin il ne reste plus guère de l'édifice... que l'emplacement. Nous apercevons l'enceinte, avec ses tours et ses tourelles ; par-dessus les murs crénelés, de grands bâtiments irréguliers. Vous voyez à l'angle nord, à l'entrée du Grand-Pont, la *Tour Carrée* que le roi Louis IX vient d'élever ; et dans la grande cour le donjon, tout semblable à celui du Louvre, mais plus petit. Un peu plus à gauche, la merveilleuse Sainte-Chapelle. Enfin, ces touffes de verdure que nous découvrons par échappées entre les toits aigus des tourelles, c'est le *Jardin du Roi*, qui se prolonge jusqu'à

---

1. Les noms de la *rue du Cloître-Notre-Dame*, de la *rue Chanoinesse*, de la *rue des Chantres* (où habita Abailard) rappellent ces souvenirs.
2. Emplacement actuel de la Morgue. — Au delà se voyait l'*île Notre-Dame*, alors inhabitée, laissée en pâturage, et appartenant aux chanoines ; plus tard elle fut coupée par un fossé. Les deux parties, de nouveau réunies, forment aujourd'hui l'île Saint-Louis. Enfin, plus en amont, était l'île *Javiaux*, plantée de saules et couverte de broussailles, plus tard appelée île *Louviers*. Elle a été réunie à la terre ferme en 1840.

l'extrémité de l'île[1], avec ses bosquets et ses treilles...

Maintenant ramenons les yeux vers le massif pâté de maisons, qui, vu d'en haut, sur les toits, nous apparait comme haché en blocs irréguliers par de grandes fentes profondes, les rues. Ce que nous apercevons, avant même les habitations, ce sont les pignons fleuronnés et les clochers pointus de plus de vingt églises, les unes vieilles, les autres neuves. Mais regardons les maisons elles-mêmes. Dans le chaos anguleux, hérissé, de toits et de cheminées, nous discernons d'abord une chose : c'est que plusieurs d'entre elles sont maintenant couvertes d'ardoises, avec des toits à pente raide, des pignons aigus, des lucarnes dans les combles ; tandis qu'autrefois toutes étaient couvertes de tuiles, et les toits presque plats. Cela seul change beaucoup l'aspect de la ville, que nous eussions vue jadis de teinte rougeâtre, et qui, au siècle où nous en sommes, est marquetée de taches d'un gris sombre. Ces triangles des pignons, ces lucarnes coiffées en éteignoirs s'harmonisent avec les combles aigus des tours et les pointes des clochers.

L'Université et la Ville, prises en masse, font contraste, en ce que l'une s'en va montant au flanc de la colline, tandis que l'autre s'étale en terrain plat ; l'une comme l'autre, d'ailleurs, sillonnées de rues irrégulières, confuses de toits, hérissées de clochers. Sur la rive gauche, l'œil peut suivre l'enceinte des remparts depuis la *Tournelle*, au bord de la Seine, jusqu'à la tour de l'abbaye de Sainte-Geneviève qui domine la montagne ; puis, de là, elle reprend sa courbe pour se terminer au fleuve. En dehors de cette ceinture, vous apercevez vers l'orient l'abbaye de Saint-Victor ; le gros bourg Saint-Marcel, sur les rives de la *Bièvre*, est caché par la montagne ; à l'occident, le village de Saint-Germain-des-Prés se groupe autour de son abbaye, close de murs à tourelles et défendue par un fossé. Entre Saint-Germain-des-Prés et le fleuve, nous découvrons un vaste espace

---

1. Au delà de cette pointe existaient encore deux petits ilots, dont l'un portait le nom d'ilot du *Pasteur-aux-Vaches*. Ces ilots, réunis à la grande ile, forment actuellement le terre-plein du Pont-Neuf.

verdâtre, une prairie laissée vague : c'est le fameux *Pré-aux-Clercs*, où les écoliers vont prendre leurs tumultueux ébats[1]. Sur l'autre rive, la masse sombre du Louvre avec son faisceau de tours attire d'abord notre regard. Puis, à l'intérieur de la courbe ventrue des remparts, à travers l'entassement des maisons, nous distinguons un espace clair : ce sont les Halles[2]; tout auprès, une église et un grand enclos : l'église des Innocents[3], avec son cimetière ainsi établi au beau milieu du quartier le plus populeux et le plus animé de la ville. Dans le cimetière, vous apercevez un petit édifice en forme de tourelle : c'est la *lanterne des morts*, où, chaque nuit, on allume une lampe.

Plus à l'orient, et sur la rive même, un autre espace s'ouvre, tout vide, un terrain en pente douce vers le fleuve : c'est la sinistre *Place de Grève*[4], dont le nom ne rappelle que d'affreux souvenirs.

1. Espace compris entre le pont des Saints-Pères actuel et l'esplanade des Invalides. Une rue porte encore le nom de *rue du Pré-aux-Clercs*.
2. Emplacement des Halles actuelles.
3. Emplacement du square des Innocents.
4. Emplacement de la place de l'Hôtel-de-Ville actuelle. C'était un marché, en même temps un lieu d'assemblée et d'exécution.

Si le regard franchit la digue des remparts, dont nous découvrons les portes et les tours par le revers, il rencontre l'antique abbaye[1] de Saint-Martin, fortifiée de murailles et de tours[2], et, tout auprès, la noire et menaçante enceinte du Temple, avec son donjon qui commence à s'élever. Au nord, l'abbaye de Montmartre sur la butte ; dans la plaine, au levant, le *moutier* de Saint-Antoine, et, vers les gris lointains, le château de Vincennes au milieu de sa forêt.

Ces grands traits saisissent l'œil tout d'abord ; le reste n'offre plus qu'un massif confus, difficile à débrouiller ; la houle des toits, sillonnée par les coupures irrégulières des rues[3], et de laquelle se détachent çà et là quelques gros édifices : le Grand-Châtelet à droite, le Petit-Châtelet à gauche ; de tous côtés des pointes de clochers, et, sur toutes les buttes, des ailes

---

1. Devenue, depuis le XIe siècle, un simple *Prieuré*.
2. Une des tours d'angle, appelée la Tour du Vert-Bois, à l'angle de la rue Saint-Martin et de la rue du Vert-Bois, a été conservée et restaurée. Elle contenait des cachots. — Voir le dessin ci-dessus, d'après la restauration de M. Ancelet.
3. Vers la fin du XIIIe siècle, on comptait à Paris trois cents rues.

de moulins à vent[1]. Ce qu'on peut le mieux distinguer, parmi le fouillis, c'est le tracé des anciennes voies romaines qui subsiste dans la direction des rues principales[2]. Dans la Ville, c'est d'abord le double sillon des deux grandes rues parallèles[3] et le chemin oblique de Montmartre[4]; puis, croisant ces deux lignes, la longue ride que vous voyez marquer l'emplacement de la rue parallèle à la Seine, de l'occident à l'orient[5]. Dans l'Université, c'est, à travers collèges et couvents, la tranchée qui la divise en deux blocs[6]; enfin, dans la Cité, la grande rue transversale, laquelle se trouva bizarrement coupée et sans issue lorsque le Grand-Pont fut, comme je vous l'ai dit, reporté près du palais.

Maintenant que nous avons regardé d'en haut l'ensemble, descendons dans les rues pour voir d'un peu plus près la physionomie des choses et des gens. Les maisons, d'abord. Dans les quartiers populeux, comme la Cité, elles sont hautes, maigres, étroites, serrées; ne pouvant s'élargir, elles se haussent tant qu'elles peuvent en étages superposés, les toits par dessus, et sous l'ardoise même ou la tuile, les greniers, les galetas à lucarnes. Elles sont moitié de bois, moitié de pierre : la pierre en bas, en murs, en gros piliers; au-dessus, les étages en charpente avec des pièces de bois posées en tous sens : poteaux debout, poutres couchées, pièces obliques, croisées; l'intervalle rempli de *torchis* blanchâtre sur lequel se détachent les bois peints de grosses couleurs. Les fenêtres sont petites, mais nombreuses; les unes hautes, les autres basses, larges ou étroites, rondes du haut ou carrées, inégalement percées. Aux habitations riches vous les voyez vitrées de carreaux verdâtres, lozangés de plomb; les autres ont seulement quelques petits *œils* de verre enchâssés dans le bois de leurs volets. Aucune maison ne cherche à ressembler à la voisine ; toutes diffèrent de

---

1. Il y en avait une vingtaine à Montmartre seulement.
2. Il subsiste encore de nos jours. Voir page 90, et le plan, page 91.
3. Actuellement rue Saint-Denis et rue Saint-Martin.
4. Rue Montmartre.
5. De la porte Saint-Honoré, près du Louvre, à la porte Baudoyer. Rue Saint-Honoré, rue Saint-Antoine.
6. Actuellement rue Saint-Jacques ; ancienne *Voie de la Loire*.

hauteur, de forme ; les étages démanchent[1], les fenêtres ressautent. Là une masure pousse son angle sur la rue, ici une autre recule... Tout cela d'un désordre fort pittoresque. — Les boutiques, sombres au fond, s'ouvrent sur la rue par de larges arcades ; les volets s'abaissent pour servir de comptoir et d'étalage ; le client n'entre point, et les marchés se font ainsi, du dehors au dedans[2].

Une chose qui vous étonne, c'est que la plupart des étages avancent les uns sur les autres : le premier faisant saillie au delà du rez-de-chaussée, le second débordant le premier, le troisième... ainsi de suite jusqu'aux toits, qui, eux aussi, dépassent. Si la

1. Ne se suivent pas au même niveau.
2. Voir le dessin ci-dessus, d'après Violet-le-Duc.

rue n'est pas très large, les toits, là-haut, se touchent presque. Les fenêtres vont regarder dans les yeux aux fenêtres des voisins d'en face. Les gens des étages supérieurs n'ont qu'à ouvrir tous leurs croisées pour tenir conseil sans sortir de chez eux. Imaginez quelqu'un de hardi, la nuit, un bout de planche... — Levez la tête : vous diriez que le pignon qui penche va crouler sur vous. Point : c'est très solide. Mais pourquoi ceci ? C'est pour gagner de l'espace aux dépens de la rue. On est si à l'étroit, ici ! Les logis ainsi s'agrandissent, sans rétrécir le passage au pied. Oui ; mais c'est à l'air et à la lumière qu'ils disputent victorieusement le passage ! Les rues, sous ces étages qui surplombent, sont obscures, humides. Les maisons se bouchent le jour entre elles ; elles ont beau ouvrir leurs yeux, — je veux dire leurs fenêtres. Mais il semble qu'au moyen âge le jour soit quelque chose de superflu. Beaucoup de constructions, carrément, se plantent sur la rue même, les étages en vaste avancée s'appuyant sur de solides poteaux : cela forme ce qu'on appelle un *porche*, une sorte de portique bas, sombre, un passage couvert le long des boutiques, pris aux dépens de la rue, et qui serait bien commode pour les passants, les jours de pluie, s'il n'était encombré de marchandises. De loin ces maisons à porche, en longue rangée, ont l'air de marcher sur des pattes... Parmi les habitations marchandes et bourgeoises, où la boutique tient le rez-de-chaussée, où les marchands et ouvriers occupent les étages, les apprentis les galetas, se montrent quelques logis de pierre, à façades sculptées, avec tourelles pointues aux angles : ce sont les *hôtels*, les demeures des nobles ou des riches bourgeois.

Les rues, nous les connaissons déjà ; à l'exception de sept ou huit voies principales, toutes sont plus ou moins étroites, tortueuses, mal alignées et non pavées ; noires de boue, noires d'ombre, humides, puantes. — Attention, vous qui marchez : regardez à vos pieds. Si un chariot vient, collez-vous contre la muraille. Mais s'il en vient deux à la rencontre, je ne sais pas ce qu'ils deviendront[1]. Je ne parle pas de *voitures*, bien en-

---

[1]. Les grandes rues seules avaient passage pour deux chariots.

tendu : c'est chose inconnue au XIII° siècle. Qui ne va pas à cheval, va à pied. Attention à cette borne qui fait saillie à un angle de maison ; à ce tas d'ordure. Enjambons le ruisseau, qui est au milieu de la rue, fait de tout ce qu'on jette : c'est un égout à découvert, il n'y en a point d'autre, vous savez. Bouchons-nous le nez, mes amis, comme le roi Philippe. — Plus d'une, au reste, de ces rues, par son nom, vous dit franchement ce qu'elle est, crûment : vous ne serez pas pris en traître. Oyez plutôt : ceci s'appelle rue *Brenneuse*[1], cette autre *Orde rue*[2] ; ce carrefour est le *Trou-Punais*. Lequel est le plus puant, du *Trou-Bernard*, ou de la *Fosse-aux-Chiens*, ou de la rue du *Pet-au-Diable ?* — Nos Parisiens semblent prendre plaisir à s'en venger, en infligeant à leurs rues les dénominations les plus grossières... Plaisir bizarre ! C'est le goût du bon vieux temps. Je sais une douzaine de ces noms de rues qu'il est impossible de répéter, tant ils sont malséants... D'autres vous avertissent charitablement des rencontres qu'on peut faire, le soir, dans leurs ombres : la rue *Tire-chape*, par exemple, — c'est-à-dire *vole-manteau*; la rue *Vide-goussel*, la rue *Coup-de-bâton*, la rue *Coupe-gorge*, la rue *Coupe-gueule !* Quelques noms sont absolument sinistres : la rue *Maudétour*, la rue *Mauconseil*[3], la rue *Malparole*. Vous êtes avertis : ne vous logez pas rue *Mauvoisin*[4]; ne passez pas, je vous conseille, trop tard par la rue des *Mauvais-Garçons*[5]. Les rues de la *Grande-Truanderie*, de la *Petite-Truanderie*, vous disent ce que sont leurs habitants : des *truands*, de mauvais pauvres, mendiants et voleurs ; mendiants le jour, voleurs le soir. La *Vallée de misère*, en plein cœur de Paris, entasse au bord de l'eau cent masures penchantes, borgnes, mal habitées[6].

1. Boueuse.
2. Rue sale, pleine d'ordure.
3. Mauvais détour ; mauvais conseil.
4. Mauvais voisin.
5. Il y avait deux rues de ce nom.
6. Emplacement actuel du quai de la Mégisserie et environs, jusqu'aux Halles. — Plusieurs noms de rues cités ici ont été conservés : rue *Mauconseil*, rue *Vide-Goussel*, rue de la *Truanderie*, etc. — Les autres noms des rues de l'ancien Paris étaient tirés, comme partout, de la profession ou de

Malgré tout, dans les quartiers populeux, la rue est mouvante et animée. Plus elle est étroite et plus on s'y presse. C'est un va-et-vient continuel de gens de toute sorte et de tout costume : marchands allant à leurs affaires, — si ce n'est jour de fête chômée, — ouvriers portant leurs outils, bourgeoises se rendant aux églises, enfants jouant bruyamment ou faisant des niches aux passants : le *gamin de Paris* existait dès ce temps-là, non moins drôle, non moins taquin qu'aujourd'hui. Voici les femmes aux fenêtres, les boutiquiers, les aubergistes debout sur le pas de leurs portes. Et voici les mendiants : ils pullulent dans les rues, déguenillés, pouilleux, harcelant les passants; vrais et faux malades, montrant leurs plaies, vrais et faux éclopés... — Mais ce que nous rencontrons le plus par les rues de la bonne ville de Paris, ce sont des moines : moines de toute espèce et de toute couleur, moines blancs et moines noirs, moines bruns, gris, bariolés, moines anciens et moines nouveaux, moines grands seigneurs et moines *mendiants;* ceux-ci de toute récente fabrique[1]. Ce sont les *Frères Mineurs*, Capucins, Cordeliers, Minimes, les *Dominicains* ou Frères Prêcheurs (1215), qui organisent l'Inquisition, les *Carmes* (1209), les *Augustins* (1259). Vous les voyez quêtant de porte

l'origine de ceux qui y habitaient : rue aux *Fèvres* (ouvriers), rue de la *Pelleterie*, rue de la vieille *Draperie*, rue de la *Corroierie*, de la *Hûcherie*, de la *Verrerie*, de la *Parcheminerie* ; rue des *Cordiers*, rue de la *Juiverie*; et aussi la rue aux *Oues*, où il y avait des rôtisseries (ce nom, corrompu par malentendu, est devenu rue aux *Ours*), etc. ; — d'enseignes d'hôtelleries ou de boutiques : rues de la *Licorne*, de la *Huchette*, du *Coq*, du *Cerf*, etc. ; — de personnages qui y avaient leur logis : rue *Jean-Pain-Mollet*, rue *Geoffroi-l'Asnier* ; — de quelque particularité de leur situation : rues de la *Couture* (culture), des *Fossés*, des *Deux-Portes*, de *Bièvre*, etc. ; — de quelques édifices ou objets remarquables : rues du *Four*, des *Etuves* (bains) ; de la vieille *Monnaie*, où l'on frappait la monnaie du roi; — d'hôtels particuliers ou de collèges : rues de *Bourgogne*, de *Beauvais*, de *Navarre*, de *Sorbonne*, etc. ; — enfin et surtout de moines, de couvents, d'églises ; de là les noms de *saints* si multipliés et qui rappellent encore combien l'ancien Paris était rempli, encombré d'églises et de couvents : rue des *Cordeliers*, rue des *Bernardins*, etc. ; — rues *Saint-Victor*, *Sainte-Geneviève*, *Saint-Martin*, *Saint-Honoré*, etc., etc.

1. Les ordres mendiants commencent vers 1200. Les principaux furent les *Franciscains* et les *Dominicains*.

en porte, en robe de bure, pieds nus [1], la besace sur l'épaule :

Pain ! por Dieu ! Pain aux *Frères Minors* [2] *!*

Plus loin vous entendez crier :

Du pain aux *Barrés* [3] *!*

Ailleurs, d'une voix enrouée :

— Pain aux *Croisiers* [4] *!*
— Pain aux *Frères Saint-Jacques* [5] *!*

Et vingt autres cris semblables sur tous les tons.

— « Ils quèrent pain, et si ont rente ! »

s'écrie un poète du temps [6]. — Oui, rente, et terres, et villages ; beaux et vastes monastères, riches églises, calices d'or, croix d'or : — et ils mendient. — C'est par humilité. Mais cela ne les empêche pas de devenir évêques, archevêques quand ils peuvent ; papes à l'occasion. — Ces humbles sont aussi les terribles. Ils s'appellent les *petits frères* ; mais ils ont encore un autre nom : ils s'appellent l'*Inquisition*. Le moine blanc et noir qui vous tend la main dans la rue, c'est le même moine blanc et noir qui peut d'un signe vous faire murer pour la vie dans un cachot, vous envoyer au bûcher...

Pain, por Dieu, aux *Frères Saint-Jacques !*

Qui pourrait leur refuser, à ces saintes âmes ? Ils prospèreront, je le prédis. Les papes, les rois les aiment et les protègent. Le bon saint roi Louis en a rempli sa ville. Ce n'est pas qu'on manquât de moines avant lui ; mais depuis qu'il règne, leur nombre a doublé, triplé. Sans compter ce qu'il a donné aux couvents déjà fondés, il en a bien fondé au moins une douzaine : *Jacobins, Cordeliers, Bernardins, Augustins, Car-*

1. Chaussés de sandales.
2. Mineurs.
3. Carmes, dont le vêtement était *barré* de blanc et de noir.
4. Frères de la Croix.
5. *Jacobins*, c'est-à-dire Dominicains.
6. Rutebœuf, le protégé de Louis IX.

mes, Chartreux... — A propos de ces derniers, il faut que je vous raconte une historiette.

Au temps du pieux roi Robert, il était, vous ai-je dit, un château bâti sur le penchant du plateau, assez loin de la ville, au lieu dit de la Verte-Vallée : *Vauvert*[1]. Robert y habita, puis Philippe Ier. Celui-ci fut excommunié aussi, vous savez à quelle occasion. Les bonnes gens de la ville, frappés de terreur, s'éloignèrent du prince maudit de l'Eglise. Ils regardaient avec effroi la masse sombre de la forteresse isolée où vivait obstiné, taciturne, le *roi damné* avec son démon femelle, sa Bertrade. Si, la nuit, on voyait briller la lumière à ses fenêtres, le peuple croyait voir un reflet des flammes d'enfer... Philippe mourut, mais son château resta le *château maudit*, la maison *hantée*, le palais du diable! Personne ne voulut y habiter. On le laissa tomber en ruines, et ses ruines inspiraient encore l'horreur. On faisait un détour pour ne point passer auprès; le soir, nul n'eût osé approcher. On se disait que les diables, les *lutins* méchants, les *revenants*, faisaient le sabbat dans ses tours croulantes. Le chemin qui passait près de là s'appelait dès longtemps la *voie infère*, c'est-à-dire *inférieure*, basse[2]; mais le peuple, préoccupé de ses frayeurs, entendait et répétait la *voie d'Enfer*[3]... le nom lui en est resté. Et la porte de la ville qui y conduisait s'appela la *porte d'Enfer*. — La tradition du château infernal et sa lugubre poésie s'est transmise jusqu'à nous dans une locution parisienne : *Allez au diable Vauvert !* — imprécation que peut-être vous-même avez répétée tout de travers[4], sans vous douter qu'elle datait de si loin!

Pour retourner au XIIIe siècle et à notre histoire, un beau jour les moines Chartreux sont venus trouver le roi. Justement en ce temps-là, je ne sais pourquoi, le vacarme nocturne, dit-on,

---

1. Pour *Val-Vert*.
2. *Via inferior*, voix basse, ou plutôt secondaire; par opposition au grand chemin, à la voie principale qui passait sur le plateau.
3. Rue d'Enfer. On lui a donné récemment, pour conserver la consonnance en changeant la signification, le nom de *Denfert-Rochereau*, un héros de nos dernières guerres. La porte de la ville portait à l'origine le nom de *Porte de Fert;* nom qui facilita encore la confusion.
4. On dit souvent, par corruption, *Allez au diable au vert!*

redoublait, et la frayeur populaire. « Vous n'en ferez rien, de ces ruines, disaient-ils. Qui oserait en tirer parti, en approcher seulement? Mais si vous les donniez à l'Église?... L'Église seule, grand roi, peut chasser les démons. » Le roi s'est laissé persuader; il a donné aux Chartreux non pas seulement les ruines, mais une vaste étendue d'excellentes terres alentour, tout le domaine. Les moines y ont fait bâtir un vaste couvent, et posséderont pendant des siècles les belles pentes verdoyantes. — « Ah! Et le diable? » — Il n'en est plus question :

« Le diable partit en fumée... »

après avoir rendu aux hommes de Dieu ce service signalé.

Donc pour en obtenir tout ce qu'on veut, de ce pieux Louis, il suffit de porter le froc. Tout *moine moinant de moinerie*[1] est sûr d'être accueilli, comblé. — Il aurait bien dû pourtant savoir ce qu'ils valaient. Et, tenez, il n'avait qu'à le demander à son confesseur, Eudes Rigault, moine lui-même, et qui les connaissait[2]. Devenu archevêque de Rouen, il s'en va, le saint homme, visiter sa vaste province, sa dévote Normandie : terre à moines, s'il en fut. Le voilà voyageant de couvent en couvent, d'abbaye en abbaye; et chaque soir, retiré dans quelque cellule solitaire, il écrit ce qu'il a vu le jour. Ce qu'il voit partout, c'est la vie désordonnée des moines, effrénée, scandaleuse de débauche et de violence : tous ivres, batailleurs, pillant les campagnes, chassant en tumulte à travers les cultures... Il voudrait empêcher cela, et il ne peut. Il désespère, il écrit : « Pas de remède, le mal est trop grand[3]. » — Certes le roi, s'il y tient,

1. Rabelais.
2. Eudes Rigault, Franciscain, archevêque de Rouen (1248-1269) : *Journal des visites épiscopales.*
3. Les premiers fondateurs des ordres religieux étaient des hommes convaincus, dévoués, austères. Puis, bientôt les moines devenus riches et puissants, l'institution se corrompait par l'oisiveté et l'ambition. La même chose était arrivée de l'épiscopat et du clergé *séculier.* Ce n'est pas qu'il n'y eût des évêques éclairés, et, dans tous les ordres, des abbés charitables, des moines

sera renseigné. — Et s'il veut savoir ce qu'il doit penser de son église de Paris, le cardinal Jacques de Vitry[1] est là pour le lui dire : ce Jacques de Vitry qui, après avoir tracé le tableau des mœurs scandaleuses de la population parisienne, ajoute avec indignation : « Le clergé est encore pire que le peuple. C'est lui qui les corrompt, c'est lui qui les entraine à la perdition ! » Voilà pourtant où en sont les choses, parait-il, « au beau temps de saint Louis », à cette « époque de foi » dont certains se font un idéal. Et cela ne date pas d'hier[2]. — « Sire, rappelez-vous donc la fameuse lettre du pape[3] — sur les désordres de votre clergé ; demandez à votre mère elle-même, en qui vous avez si grande confiance, ce qu'elle pense de vos bons chanoines de Notre-Dame... » — Mais non ; rien n'y sert. Pour son engouement à l'endroit des prêtres et des moines, ce saint homme de roi est incurable.

Je vous ai promis un petit voyage de découverte à travers une terre peu connue, un pays étrange : le *pays latin*... l'Université. — Vous savez comment sous Philippe Auguste (1212) les écoles déjà nombreuses et célèbres de Paris ont été organisées en une vaste corporation, à laquelle fut donné le nom d'*Université*, comme pour dire « science universelle ». Et en réalité toute science se résume ici : j'entends tout ce que le moyen âge appelle de ce nom. On y enseigne d'abord le latin, la langue de l'Église, que les écoliers baragouinent entre eux...[4] et qui

---

sages et laborieux. Pendant tout le moyen âge, l'histoire rencontre, dans l'Église, des hommes de vertu et de grand caractère. Ils voudraient réformer leur temps, — à commencer par l'Église, — et ils ne peuvent. Combien ils luttent, combien ils souffrent, nous le savons par eux-mêmes. Mais leurs efforts sont stériles, parce qu'en cherchant à combattre les effets du mal, ils laissent subsister les causes.

1. Jacques de Vitry, cardinal vers 1230 et légat du pape : *Histoire Occidentale*.
2. Voir le *Cartulaire* (archives) de l'abbaye de Saint-Bertin, sur les mœurs des moines, au XIIe et au XIIIe siècles.
3. Innocent III.
4. On y enseignait parfois aussi un peu de grec, rarement l'hébreu.

ne se parle nulle part. On y enseigne la *médecine*, c'est-à-dire le peu que l'on sait en fait de sciences physiques et naturelles, quelques connaissances sérieuses noyées dans un fatras d'absurdités ; le *droit*, c'est-à-dire le fouillis des décrets, lois, coutumes, décision des conciles. On y enseigne la *philosophie*, c'est-à-dire rien du tout[1]. Enfin la *théologie* qui absorbe tout, écrase tout. C'est pour apprendre ces choses que viennent aux écoles renommées de Paris des jeunes gens de toute nation, de toute langue. Comment tout cela vit-il, et de quoi ? Je ne sais trop. La plupart sont pauvres, très pauvres. Tel, peut-être, arrivant de sa province, avait quelques « agnels d'or » en sa « borse » ; ce que c'est devenu, Dieu sait ; — et moi je m'en doute. Beaucoup vont mendiant par la ville, tout comme les moines. Ils logent où ils peuvent, dans les tavernes borgnes et les petites chambrettes sous les combles, par les sales petites rues de leur triste quartier : rue *Coupe-Gueule*[2], ou bien rue du *Fouarre*[3]. Mues de pitié, de bonnes âmes de bourgeois ont fondé pour eux plusieurs *collèges* : de saintes maisons où un certain nombre d'écoliers, vivant en commun, trouvent un honnête abri, la table... — la table, mais rien dessus ; ou du moins pas grand'chose ! On ne les nourrit guère ; mais enfin ils sont logés, — et honorés de beaux privilèges. Le plus célèbre de ces collèges est celui que vient de fonder le chapelain du roi, Robert Sorbon, et qui deviendra la redoutable *Sorbonne*. Ces utiles établissements iront se multipliant de siècle en siècle.

Le malheur est que ceux qui les dirigent, tous prêtres et moines, s'imaginent tenir leurs *pauvres clercs* d'une manière vraiment trop rude et trop austère ; ils voudraient que ces enfants de quinze ans, ces jeunes gens de vingt ans fussent autant de petits moines... Cela ne réussit pas, paraît-il, car les éco-

---

1. Je parle, bien entendu, de la philosophie scolastique du XIIIe siècle. Telle elle reste jusqu'au XVIe siècle.

2. Où fut construite la Sorbonne. — Actuellement *rue de la Sorbonne*.

3. C'est-à-dire *rue du Foin, de la Paille*. Les écoliers, dans les écoles, avaient pour siéges des bottes de paille. Rues et maisons où se donnaient les leçons étaient souvent, d'ailleurs, fort mal habitées. « Aux étages les écoles, au rez-de-chaussée, d'ignobles tavernes... » (Jacques de Vitry. *Hist. Occ.*)

liers, aussi bien ceux des collèges que ceux qui logent au dehors, les *internes* et les *externes*, comme nous dirions, ont par ici une terrible réputation. — Vous les rencontrez par les petites rues, leurs livres sous le bras, allant à la leçon de quelque *pauvre docteur;* maigres, serrés dans leur vêtement étriqué, le pourpoint percé aux coudes, l'air famélique de gens qui dînent de latin… et pourtant, le soir, vous verriez les tavernes enfumées du quartier pleines d'étudiants ivres. Ayant si peu de quoi manger, où trouvent-ils de quoi boire? Problème! — qu'ont résolu les *bohêmes* de tous les temps. Ce qui est certain, c'est qu'ils mènent une vie désordonnée et tapageuse, s'il faut en croire Jacques de Vitry et tous les historiens, et nos bourgeois, qui s'en plaignent fort. A chaque instant, ce sont des scènes violentes, des vacarmes nocturnes, des rixes, des batailles pour la moindre chose, pour rien, pour tout, pour le plaisir de se battre. Ils descendent armés, dans la ville, insultent les femmes, battent les bourgeois, rossent le *guet;* ce sont tavernes enfoncées, maisons pillées, passants assommés. Puis de grandes émeutes, qui font époque dans l'histoire! Un jour une bataille héroïque contre les moines de Saint-Germain; une autre fois, c'est contre les bourgeois. Sous Philippe Auguste, à la suite d'une rixe d'ivrognes, nos écoliers furieux se précipitent, un soir, dans la ville, envahissent les rues, commettent mille excès : les bourgeois, cette fois, se défendent; cela devient une mêlée. Affaire sérieuse : trois cent vingt écoliers ont péri, et je ne sais combien de gens de la ville. Le roi, indigné, chasse de Paris ces mutins, ferme les écoles. Et cela ne sert à rien. Quand on les laisse rentrer, le tapage recommence. Ils sont incorrigibles. Le roi n'y peut rien, ni personne; les scènes scandaleuses se renouvellent à chaque instant, pendant tout le moyen âge. — Ce qu'il y a d'incroyable, c'est que leurs maîtres les soutiennent! — Je ne dis pas, vous entendez, qu'ils les approuvent : non; mais ils les défendent, contre le roi, contre la police de la ville, contre tout le monde. Ils prétendent, disent-ils, faire justice eux-mêmes ; c'est leur privilège de *clergie*. Mais on ne se fie guère à leur justice; et j'entends les bonnes gens dire « que les loups ne se mangent pas entre eux… »

« Or, me direz-vous, ces écoliers, qui scandalisent la bonne ville de Paris de leur conduite dévergondée, que sont-ils ? Dans quel but se sont-ils faits étudiants ? » — Ce sont... comment dirai-je? les apprentis de prêtrise, les futurs ecclésiastiques. Ils étudient pour devenir prêtres, moines, pour être plus tard curés, abbés, chanoines, évêques, qui sait! Dans un certain sens, ils sont d'Église; prêtres, moines, ils ne le sont pas encore, dis-je, mais presque tous le seront. Et que peut devenir autre chose un homme qui sait du latin et de la théologie? Donc ils auront part petite ou grosse aux *bénéfices* du clergé, aux biens d'Église, revenus et dignités. Savez-vous que, de notre grande Université de Paris, sont sortis et sortiront pendant des siècles une multitude d'abbés, d'évêques, d'archevêques; des papes... — En attendant, ils font maigre chère et se battent. Il faut bien dire aussi que parmi ce monde turbulent il y a un certain nombre de clercs sages, studieux, qu'on ne voit point aux *buveries*, aux batailles. Plusieurs deviendront maîtres, et maîtres célèbres, feront la réputation de l'Université de Paris. Plus d'un savant docteur, plus d'un personnage déjà illustre[1] viendra ici pour se perfectionner, pour y apprendre... ce qu'on peut savoir en ce temps.

Une chose faite pour nous étonner fort, dans ce Paris du moyen âge, c'est la façon dont se font toutes choses publiques, d'administration, comme nous dirions, de justice, de police, de gouvernement enfin. C'est un chaos, c'est à n'y rien connaître. — La prétention du moyen âge est de ne jamais changer. On change tout de même, et il le faut bien, car tout ce qui dure change forcément; mais on ne veut pas l'avouer, on résiste, on traîne, il en résulte mille désaccords, mille tiraillements, et à la fin un parfait gâchis... Ces gens se prétendent conservateurs. Conservateurs, c'est fort bien; mais de quoi ? là est la

---

1. Entre autres *Dante*, vers 1310 ; puis *Pétrarque*, *Le Tasse* (1572), lui rendirent visite.

question. Si une chose est bonne... c'est évident qu'il faut la conserver ; mais si elle est mauvaise, il faut l'abolir. Or en ces temps du moyen âge, il ne s'agit pas de savoir si une chose, loi, coutume, idée, est bonne et raisonnable, mais si elle est ancienne. On croit avoir tout dit quand on a dit : « c'était ainsi autrefois. » Parce que cela était, il faut que cela continue. — Voyez, par exemple, notre Paris. Il s'est formé de plusieurs *bourgs*, plus tard réunis dans une même enceinte. Or chaque bourg était à son seigneur. Maintenant qu'ils forment des quartiers de la ville, chaque quartier a son gouvernement à part, pour ne rien changer. Tel est à l'abbé de Saint-Germain des Prés, tel aux chanoines de Saint-Germain l'Auxerrois, tel au prieur de Saint-Martin ; le quartier voisin du Temple est aux Templiers. Ici l'évêque est maître et seigneur ; là, le roi. D'un côté à l'autre de la rue tout est différent : l'impôt, la loi, le droit. Si vous êtes de ce quartier, vous êtes jugé par l'évêque, ou plutôt par le *bailli*[1] de l'Évêque ; de l'autre côté du pont, vous êtes jugé par le *prévôt*[2] du roi. Et non seulement le juge est différent, mais différente aussi la loi. Le juge royal vous jugera selon la *coutume féodale* ou selon le vieux *droit romain*, le juge d'Église selon le *droit ecclésiastique*. Les écoliers ne sont justiciables que du recteur de l'Université : c'est là leur privilège de clergie. Les bourgeois de la ville, pour certaines choses, dépendent du Prévôt du roi[3], pour d'autres du *Prévôt des marchands*, magistrat élu par les *gens de métiers et marchandises*, remplissant à peu près les fonctions de nos maires et de nos juges de commerce.

L'enchevêtrement des droits et des juridictions, au moyen âge, était tel, que la plupart du temps les juges eux-mêmes ne s'y reconnaissaient plus. Citons seulement pour exemple un fait entre mille, qui donnera l'idée du reste. Dans la rue

---

1. Juge remplaçant l'évêque.
2. Magistrat nommé par le roi pour rendre la justice en son nom, et chargé de la police de la ville, pour ce qui regarde le roi.
3. Le siège de son tribunal était au *Parloir aux Bourgeois ;* puis il fut transféré au Châtelet.

Notre-Dame, en face de la cathédrale, la justice est à l'évêque : mais dans la rue seulement; dans les maisons de cette rue, c'est le roi qui a juridiction. — Ce qui donnait de l'importance à ces distinctions de compétence, c'est que les biens du condamné étaient confisqués au profit de l'autorité qui jugeait, de l'évêque, de l'abbé ou du roi. La justice était ainsi un des gros revenus de l'Église et du trône.

Si, pour que justice soit faite et bien faite, il n'est besoin que de juges et de sergents, de prisons et de gibets... alors il faut dire que notre Paris est le vrai royaume de Justice : car tout cela n'y manque point ! A chaque pas, nous rencontrons la porte revêche et le soupirail grillé d'une *chartre*, d'une prison. Le roi et son prévôt, la justice civile, si vous voulez, a ses prisons dans toute la ville; au Grand-Châtelet et au Petit-Châtelet, dans les tours des remparts et des portes ; puis les geôles et cachots du Palais et du Louvre[1], — sans compter les deux donjons, qui sont prisons de grands seigneurs. Mais les plus dures, les plus affreuses sont les prisons d'Église. Il y a celles de l'évêque, dans le donjon de l'évêché, d'abord ; puis au *For-l'Évêque* sur le bord de la Seine; celles des chanoines de Notre-Dame, je ne sais où : vous vous rappelez ces fameux cachots des chanoines que dut forcer la reine Blanche, parce que les prisonniers y mouraient tous. Chaque abbaye a dans ses murs, outre ses prisons ordinaires et ses cachots, un plus profond, plus noir, sous terre, lieu d'horreur inouïe, son *in pace*[2]... *In pace* : en paix, comme on dirait sur une tombe : « Va dans la paix » : — c'est-à-dire dans l'éternel silence, dans l'oubli...

---

1. Emplacement actuel du quai de la Mégisserie.
2. L'*in pace* de l'abbaye de Saint-Germain était à six mètres sous terre. On peut avoir idée de ce qu'étaient ces prisons, — plutôt ces sépulcres, — par l'*in pace* de l'abbaye du Mont-Saint-Michel, les cachots de l'évêché de Sens, ceux du *Palais des Papes* à Avignon, et bien d'autres qui existent encore.

Dans la tour, le cachot ; dans la nuit, sous la terre, le sépulcral *in pace* ; sur la place du marché, au grand jour, bien en vue, le gibet. On pend un peu partout. Chaque seigneur prétendant *haute justice* a sa *justice*, c'est-à-dire sa potence, et son *échelle*, c'est-à-dire son pilori. Le roi, d'abord, en outre de son royal gibet de Montfaucon hors des murs, a son *martroi*[1] de la place de Grève ; un autre sur le Pavé des Halles[2] ; un autre encore au cloître Saint-Honoré[3], sans compter, par-ci, par-là, quelque bonne petite potence de rechange. Puis l'évêque a la sienne ; puis les chanoines, les moines, et quiconque a droit de tuer. Le prieur de Saint-Martin, l'abbé de Sainte-Geneviève ont leur échelle à côté de leur église ; l'abbé de Saint-Germain des Prés, en outre de sa justice située sur la place du marché de son *bourg*, en a une autre dans Paris, sur la petite place Saint-Michel[4] ; les Templiers pendent chez eux, dans leur enclos. Vous passez sur le *Parvis Notre-Dame*[5] pour admirer les sculptures du portail : vos yeux rencontrent un odieux massif de pierre et de charpente dont le voisinage déshonore la fière beauté de l'église : c'est l'échelle des chanoines. Celle de l'évêque est dans la *Ville*, au carrefour dit de la *Croix du Trahoir*[6] : il en restera pour les siècles futurs un souvenir dans un nom de rue, la rue de l'Arbre-Sec[7]. L'*arbre sec...* c'est la potence[8].

Or, mes amis, écoutez ceci. Chaque autorité de justice, naturellement, a sa police, ses *sergents*, pour arrêter les gens pris en méfait, les accusés. Et naturellement aussi chaque police n'a droit que sur le terrain et les gens de sa juridiction. Il ferait beau voir qu'un sergent de l'évêque, par exemple, arrêtât un voleur dans un quartier où le roi a justice ! Il ferait beau

---

1. Lieu d'exécution, de martyre (*martyrium*).
2. Place.
3. Non loin du Palais-Royal actuel.
4. Place Saint-Michel actuelle.
5. Placître devant l'église.
6. Il y avait beaucoup d'autres lieux d'exécution ; citons encore la *justice* de la *place Maubert* dans l'Université.
7. Près du Louvre.
8. Michelet, *Origines du droit*.

voir qu'un sergent du roi saisit un écolier coupable, et le mit en prison ! Pour de pareilles énormités il y a eu de grands, d'interminables procès, des batailles ! De toutes ces complications mille choses bizarres résultent, et toutes sortes de chances d'impunité. — « Qu'est-ce ? d'où vient cette rumeur ? » C'est un larron, qu'on a vu *robant* en une boutique des Halles. Les sergents de la prévôté lui courent sus... — Fort bien ; c'est leur affaire ; car les Halles sont au roi. Mais le drôle s'échappe. Il court, il arrive deux rues plus loin, au carrefour de la Croix du Trahoir... « Sus, sus, bonnes gens !...» — Il n'est plus temps. Ici les sergents respectueusement s'arrêtent ; s'ils faisaient un pas de plus, ils seraient sur terre de l'évêque ; ils seraient criminels, violateurs des droits et privilèges de l'Église, et durement punis, ils le savent. C'est affaire maintenant aux sergents de l'évêché, auxquels ils doivent laisser le coupable. Le larron, pendant ce temps, file ; il est loin. — Bonne chance !

Mais que dis-je, il a un moyen bien plus sûr d'échapper à la potence : il n'a qu'à se jeter dans la première église ou abbaye venue, ou à toucher seulement l'anneau de la porte : presque toutes ont droit d'*asile*. *Asile*, cela veut dire que tout criminel, eût-il commis mille meurtres, s'il se réfugie en ce lieu sacré, devient sacré lui-même. On n'oserait y toucher. L'arracher de cette église, de cette porte, ce serait *violer l'asile* : chose redoutable, sacrilège ! L'évêque, l'abbé, pousseraient de beaux cris ! Donc, tant qu'il reste là, le coupable est en sûreté ; il y demeurera des jours, des semaines, des années peut-être[1]. Mais qu'il ne fasse un pas au dehors ; sinon il retombe, il est pris. Les sergents sont alentour, qui le guettent comme un chat guette la souris à son trou... Ici la vie, la sûreté ; à deux pas, la potence[2]. Et ce ne sont pas les églises seules qui ont ce privilège

---

[1]. Et alors l'asile, dit fort bien Victor Hugo, devient une prison comme une autre. Mais, d'ordinaire, les gens d'Église sauvent leur protégé en le bannissant, au bout de quarante jours.

[2]. Le moyen âge est plongé dans l'arbitraire : il ne peut en sortir. Contre l'arbitraire de sa cruelle pénalité, un mouvement de pitié lui fait chercher un correctif ; et il ne trouve autre chose que l'arbitraire de l'impunité. C'est la *vengeance* ou la *grâce*, et jamais la *justice*.

de grâce : telle croix de carrefour, telle statue de saint ont aussi le pouvoir de sauver le suppliant, innocent ou coupable, qui les embrasse. Bien plus, il y a tout un village, le quartier du Temple, qui est un asile. Quiconque a tué, volé, n'a qu'à s'y réfugier ; pour le reste de ses jours il y sera tranquille, à l'abri de toute vindicte. Aussi ce quartier mal famé sert-il de repaire à toute une population de criminels qui vivent là sous la protection, — et sous la surveillance aussi, — des Templiers. Certaines de ses rues sont de véritables cavernes de malfaiteurs, où nul n'oserait se risquer le soir.

Les autres quartiers, à vrai dire, ne sont pas beaucoup plus sûrs : nous en savons quelque chose. Pour veiller à l'ordre dans la ville, aux incendies, de temps immémorial on a organisé des *rondes de nuit*, qui parcourent les rues jusqu'à l'aube[1]. — Ils sont vingt *sergents* à cheval et autant à pied, formant le *Guet*, sous les ordres d'un homme d'armes qui porte le titre de *Chevalier du Guet* :

« Au guet, au guet, bon chevalier ! »

L'avez-vous répété, dans vos jeux, ce refrain d'une ronde enfantine ? Comme les choses se conservent, dites ! Et où les souvenirs historiques vont-ils se réfugier ! Ce bon *Chevalier du Guet*, dont la vigilance rassure le bourgeois du temps des croisades, le peuple l'a oublié ; mais les enfants en ont transmis la mémoire. — Ceci est le *Guet du roi* ; mais comme, la ville grandissant, cette petite troupe ne saurait suffire à la garder, il y a en outre le *Guet des bourgeois*. Les gens de chaque *corporation de métiers* doivent, tour à tour, faire des rondes en tels et tels quartiers. Chaque soir la sentinelle du Châtelet, du haut de la tourelle, sonne du cor, pour réunir ceux qui doivent être de garde cette nuit-là : et c'est pourquoi la ronde des bourgeois s'appelle la *Guette cornée !*

---

1. Cette organisation fut régularisée par Louis IX.

L'ombre descend sur la ville ; le mouvement cesse dans les rues, les passants deviennent rares et les rumeurs de la foule s'éteignent. Chacun rentre chez soi. Le marchand replie les contrevents de sa boutique, le bourgeois ferme à triple verrou la porte de son allée. Une heure ou deux après le coucher du soleil, les cloches des églises tintent le *couvre-feu*. A ce signal les habitants doivent étouffer de cendre la flamme de l'âtre et éteindre la lampe, tout au moins clore leurs lourds volets de chêne et se tenir en paix. Sauf peut-être quelques rixes d'écoliers avinés, la rue est devenue silencieuse et déserte.

Le brouillard va s'épaississant ; la nuit se fait noire sous les hautes maisons en avancée. A peine un rayon égaré de lumière filtre par la fente d'un volet ; une veilleuse tremblote, sous un auvent, au pied d'une Notre-Dame de pierre. Là bas brille, comme une petite étoile, le triste *fanal des morts* dans sa tourelle du cimetière. — Écoutez... un bruit de ferraille qui s'approche, des piétinements d'hommes et de chevaux sur le pavé : au coin du carrefour vous voyez grandir une lueur ; puis des torches, une troupe noire, confuse, qui fait de grandes ombres mouvantes le long des maisons. C'est le guet qui passe. Puis tout disparait au détour ; l'obscurité se referme, le bruit se perd...

Le couvre-feu sonné, le guet passé, un silence mêlé de je ne sais quel vague frisson enveloppe la ville endormie. Aux défiances raisonnées s'ajoutent de superstitieuses frayeurs. — Ce n'est pas que notre bonhomme de bourgeois, le marchand qui se couche le soir de bonne heure en calculant le gain de sa journée, ait l'imagination bien poétique. Point de longues veillées, de récits fantastiques autour de l'âtre, comme dans nos campagnes. Les *petits lutins du foyer*[1], les *fées*, souvenirs des religions mortes[2], ne reviennent pas ici ; les anciens dieux sont bien oubliés. Mais le diable a pris leur place[3]. Il est partout, il se mêle à tout ; soufflant le jour de mauvais désirs, et le soir envoyant de mauvais rêves. Le diable et l'homme du diable, le sorcier, le juif[4] aux mains crochues, sont les visions plus sombres qui obsèdent l'imagination de l'homme des villes. Le passant attardé ne rencontrerait pas, sous le porche noir de l'église, la *dame des bois* que le paysan voit errer, à la lune, en robe blanche, autour des étangs ; mais peut-être un spectre de moine damné avec des yeux ardents sous sa capuce...[5] — Toute obscurité a son mystère. La petite chambre sous les combles est aussi une solitude. Des pensées

1. Michelet.
2. Les *fées*, les *follets*, les *lutins*, ne sont pas autre chose que d'anciennes divinités des bois et des eaux dont le souvenir a persisté, surtout dans les campagnes, pendant tout le moyen âge, malgré le christianisme. Ces dieux proscrits, dépossédés, poursuivis, maudits des prêtres, qui à certains jours venaient les *exorciser* aux lieux sauvages où ils s'étaient retirés, les populations rustiques, si fort attachées à leurs vieilles croyances, leur avaient gardé un culte secret et nocturne, qui fut l'origine des *sabbats*. — Ces pratiques se perpétuèrent à l'encontre des colères du clergé, se mêlant d'une manière étrange avec les croyances chrétiennes ; c'était sous l'*arbre des fées*, on s'en souvient, que la paysanne Jeanne écoutait ses voix intérieures et rêvait de lumineuses apparitions d'anges et de saintes.— Il reste encore des traces de ces anciennes et poétiques traditions, surtout dans nos provinces reculées, en Auvergne, en Bretagne. Dans les villes, elles se perdirent plus vite ; mais d'autres fantômes hantaient les imaginations assombries : les *morts*, les *revenants*, les *âmes damnées*, — les *diables*, dont les légendes, les hymnes, les sermons étaient remplis, qu'on voyait partout figurés aux portails des églises, aux chapiteaux, en sculpture, en peinture, sous mille formes hideuses et terribles, parfois grotesques en même temps, grinçants, griffus, dentus, armés de crocs et de fourches...
3. Lui-même en est une transformation.
4. Les juifs, cruellement persécutés, étaient confondus avec les *sorciers* dans les haines absurdes du moyen âge. Toutes les industries, toutes les formes du travail, leur étaient interdites, et on leur reprochait de vivre d'usure, le seul moyen d'existence qu'on leur laissât.
5. Le *Moine Bourru*, sorte de fantôme malfaisant et d'effrayante rencontre, était une superstition particulière à la population parisienne et remontant à une époque très antique.

troubles peuvent y prendre toutes sortes de formes inconnues. De sa lucarne étroite la silhouette brisée des toits et les fantômes d'églises, l'eau noire sous les ponts, l'ombre opaque des ruelles puantes apparaissent plus sinistres que la lande balayée par le vent de la nuit ; le dédale des vieux quartiers se devine plus hanté de mauvaises gens que la forêt de mauvaises bêtes.

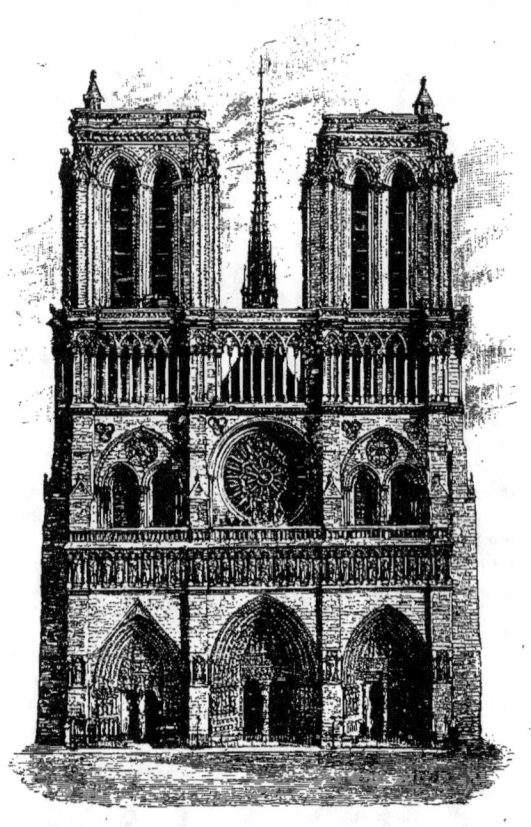

LE SECOND MOYEN AGE

N siècle s'est passé, et bien des choses tragiques ; le désastre des Templiers, l'abaissement de la papauté. C'est une débâcle immense de tout ce qui fut le moyen âge. Passons la revue des morts. D'abord, la foi enthousiaste, la foi qui a fait les croisades et qui meurt avec saint Louis[1]. Puis la grande puissance féodale, la gloire de la chevalerie, qui expire à Cour-

---

1. Le fanatisme religieux survit, d'autant plus cruel.

trai, à Crécy, à Poitiers. Enfin l'élan de liberté et de fraternité qui a fait les *communes,* et qui périt étouffé par la royauté. Sur toutes ces ruines, une seule chose grandit : le pouvoir royal. — « Tant mieux, dit-on, la France en sera plus *une.* Le régime féodal la divisait ; la royauté la réunit. » Soit. Mais si ce roi, qui est tout, est incapable? S'il est malade, s'il est enfant ? — Et c'est justement ce qui arrive. L'imbécile de roi Jean est pris, et toute la France est prisonnière. Vienne le roi fou, Charles VI, et toute la France sera prise de délire. Le premier résultat de ce pouvoir royal « qui réunit tout », est de livrer tout, en bloc, à l'étranger. L'Anglais régnera à Paris. — « Ah ! si le roi pouvait appeler à lui le peuple ! » — Mais il n'y en a plus, de peuple. Lui-même l'a énervé, désarmé. Tous, et le bon Louis IX aussi, ont travaillé à cela. Eh bien, ils ont réussi. Au lieu des hardis *communiers* du XIIe siècle, gens remuants, pas commodes, j'en conviens, mais qu'on eût trouvés en un besoin, je ne vois plus que de timides *bourgeois du roi.* Ils paieront ; mais c'est tout ce qu'ils savent faire[1].

Rappelez-vous la situation[2]. Le roi Jean est prisonnier des Anglais, et avec lui toute la noblesse de France. Il n'y a plus de roi, plus d'armée, plus d'argent, plus rien. Les pauvres paysans, les *Jacques,* comme on dit, si longtemps écrasés sous la servitude, ne sont qu'un troupeau famélique, ensauvagé de misère. Les gens des villes, déshabitués des armes, découragés, savent tout juste fermer leurs portes et se garder dans leurs murs. Les Anglais, sans obstacle, ravagent les campagnes. Les brigands, Anglais, Navarrais, vont pillant, incendiant bourgs et villages, rasant les récoltes. On ne laboure plus, on ne sème plus ; le pays est un désert. — Qui tiendra pour la France? — Paris.

Les habitants de Paris étaient alors bien plus intelligents, plus actifs, plus décidés que les gens des provinces. Quoiqu'ils n'eussent jamais formé une *commune,* ils avaient fini par arracher, lambeau à lambeau, assez de libertés sous titre de

---

1. Et encore non sans murmures et révoltes.
2. 1356. Bataille de Poitiers.

privilèges. Ils se comptaient, se trouvaient nombreux, et cela les enhardissait. Quand le cœur manquait à tous, ils eurent du cœur. Ils entreprirent deux choses immenses : sauver la France et la gouverner. Ils tentèrent de créer une armée et une constitution[1]. Le roi étant absent, ils essayèrent de se passer du roi.

Si les provinces avaient suivi Paris, la France aurait à la fois chassé l'étranger et mis des bornes au despotisme de ses rois ; elle aurait eu l'indépendance et la liberté. Mais cette France du moyen âge ne comprit pas ; elle ne voulut pas être sauvée. Les provinces abandonnèrent Paris. Et alors on put voir ce que c'est que la royauté. — Dans cette détresse du pays, quand on ne sait plus si demain il y aura encore un royaume, elle n'est occupée, elle, que d'une chose : comprimer le peuple, reprendre les libertés arrachées, rétablir les vieux abus[2]. Le roi est en Angleterre, négociant sa rançon. Mais voici le dauphin, son fils aîné, celui qui donna à Poitiers le signal de la déroute ; il réunit quelques nobles, il rassemble une armée. Contre les Anglais, sans doute, pour venger son honneur compromis ? Non : c'est contre sa capitale. Paris, resté seul, trahi, épuisé, désespère. Ce grand effort sera inutile. Tout retombe au chaos, à la ruine. — Voilà en quelques mots l'histoire de la France, de la monarchie et de Paris, au temps d'Étienne Marcel.

Tout d'abord faisons une justice. Pourquoi la quatrième enceinte de Paris a-t-elle été appelée *l'enceinte de Charles V* ? Rendons-lui son vrai nom, et disons : *l'enceinte d'Étienne Marcel*. Le roi Charles V, tout à son aise, pourra perfectionner les créneaux, ajouter des défenses ; mais c'est le *Prévôt des marchands*, ou pour mieux dire encore, c'est le peuple de Paris qui

---

[1]. L'ordonnance de 1357 est véritablement l'ébauche d'une constitution. Elle fut rédigée sous l'inspiration de Paris.
[2]. Le *droit de prise*, entre autres ; le droit de prendre chez le *manant*, chez le bourgeois, au nom du roi, *ce qu'on voulait...*

les éleva, ces remparts, en plein temps de guerre, et avec une rapidité merveilleuse. — Ce qui appartient bien légitimement au roi Charles, c'est sa *Bastille*.

Depuis les temps de Philippe Auguste et de Louis IX, la ville s'était énormément accrue ; la population, malgré les ravages de la *peste noire*, avait presque doublé[1]. Et malgré les exactions des rois et des princes, la fausse monnaie de Philippe le Bel et de Jean le Bon, l'industrie, l'activité commerciale avaient rétabli en aisance ses intelligents bourgeois[2]. L'Université s'était beaucoup accrue en influence, en population aussi, sans toutefois sortir de son enceinte ; une trentaine de *collèges*, — vous savez ce que c'est, — avaient été fondés. Mais c'était du côté de la *Ville*, c'est-à-dire dans les quartiers de la marchandise et de l'industrie, que le flot s'était enflé. D'abord les maisons s'étaient serrées dans l'enceinte des murailles de Philippe Auguste ; puis la population s'était versée au dehors et avait formé de gros faubourgs. Des églises, des couvents s'y étaient bâtis. Quand la guerre étrangère et la guerre civile à la fois furent déchaînées, et que Paris fut menacé et par l'Anglais et par la royauté, on pensa que ces vastes et populeux quartiers nouveaux ne pouvaient rester sans défense. Le Prévôt des marchands, homme énergique et populaire, l'élu du peuple, le chef naturel de la bourgeoisie, prit l'initiative de la chose. Rassemblant les bourgeois, il fit décider qu'une nouvelle ceinture de remparts, plus vaste et plus forte, remplacerait le cordon trop étroit des vieilles murailles, au plus vite, et coûte que coûte ! Lui-même traça le parcours de l'enceinte, dirigea l'œuvre ; il menait tout, il était partout, pourvoyant à tout, pressant les ouvriers. On ne vit jamais si prodigieuse activité.

L'Université n'ayant point débordé hors de ses murailles, on put se contenter de réparer et de renforcer le rempart de Philippe Auguste. Au nord, au contraire, la nouvelle enceinte

---

1. 250,000 habitants, selon un calcul probable.
2. Mais la misère était grande pour le *petit peuple*, c'est-à-dire les pauvres ouvriers. Il y avait un nombre énorme de mendiants.

s'étendit beaucoup au-delà de l'ancienne, enveloppant, cette fois, le Louvre, l'abbaye de Saint-Martin, le Temple et une vaste superficie de terrains, encore peu bâtis, des cultures. Le Louvre, Saint-Martin, le Temple gardèrent leurs murs crénelés et leurs tours, et devinrent comme autant de citadelles intérieures. Les vieilles tours, les vieilles courtines de l'ancienne muraille, noyées pour ainsi dire au milieu des maisons, ne furent point abattues ; on les utilisa de diverses manières [1].

Vous aurez une idée de l'étendue et du tracé de l'enceinte [2], si nous disons qu'elle suivait, dans la partie orientale, le parcours des grands boulevards actuels, jusqu'à la porte Saint-Martin ; et que de là coupant en ligne droite pour venir rejoindre la place du Théâtre-Français, elle se dirigeait ensuite perpendiculairement vers le fleuve à travers notre grande place du Carrousel. A ses deux extrémités deux hautes tours dominaient le fleuve : à l'orient la tour de Billy ou de l'Écluse ; à l'occident la tour du Bois, qui servait de défense avancée au Louvre. Sur chaque grande voie, naturellement, s'ouvrait

---

1. La tour dite du *Pet-au-Diable* devint la *synagogue* des juifs.
2. Voici le parcours de l'enceinte en majeure partie élevée par Etienne Marcel, achevée sous Charles V. La muraille partait de l'ancienne tour *Barbelle-sur-l'Yeau*, appartenant à l'enceinte de Philipe Auguste (emplacement du marché actuel de l'*Ave-Maria*), et remontait le long de la rive du fleuve en suivant à peu près le quai des Célestins, la rue de Sully, — car alors toute l'étendue de terrain comprise entre cette rue et le fleuve n'était point réunie à la terre ferme, et formait l'île Javiaux. (Voir page 230). Une grosse et forte tour défendait le coin, le sommet de l'angle aigu. On la nommait tour de *Billy* ou de *l'Écluse*, parce que là était située l'écluse au moyen de laquelle l'eau de la Seine pouvait être introduite dans le fossé. A partir de la tour de l'Écluse le rempart se dirigeait en droite ligne vers la porte Saint-Antoine, située près de la place de la Bastille actuelle.
De là, suivant un peu en dedans la ligne des boulevards, le mur aboutissait à la porte du Temple (angle de la place de la République et de la rue du Temple). Le rempart continuant de suivre parallèlement la ligne actuelle des boulevards (entre le boulevard et la rue Meslay), arrivait aux portes Saint-Denis et Saint-Martin, ouvertes sur les rues de ce nom, un peu en arrière de l'emplacement des portes actuelles. A partir de cette porte Saint-Martin, l'enceinte se dirigeait en ligne droite par la rue actuelle d'*Aboukir*, coupait en travers, par le milieu, la place des Victoires, la Banque, le jardin du Palais-Royal, la place du *Théâtre-Français*. En cette partie du circuit s'ouvrait la porte *Montmartre* à la rencontre de la rue Montmartre. La porte Saint-Honoré

une porte qui en recevait le nom : les portes Saint-Antoine, du Temple, Saint-Denis, Saint-Martin, Montmartre, Saint-Honoré.

Cette ceinture nouvelle avait une étendue de cinq kilomètres, presque le double de l'ancienne muraille du nord qu'elle rem-

était située sur la rue de ce nom. Puis la muraille, faisant un coude, courait perpendiculairement vers le fleuve à travers notre place du *Carrousel*, pour

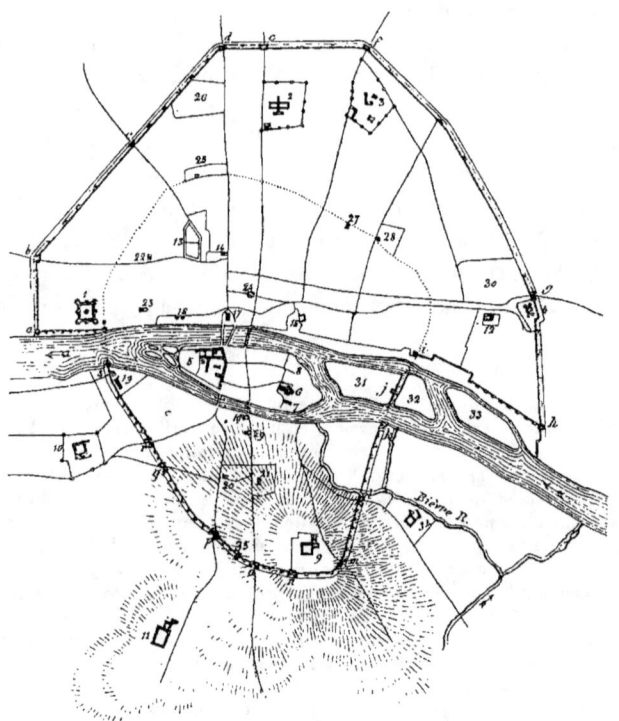

Plan de Paris sous Charles V.

aller rejoindre la grosse *Tour du Bois* sur la Seine, élevée sur l'emplacement du quai du Louvre, à peu près à mi-chemin entre le Pont-Royal et le pont du Carrousel.

1. Louvre. — 2. Abbaye de Saint-Martin-des-Champs. — 3. Temple. — 4. Bastille. — 5. Le Palais. — 6. La Cathédrale (Notre-Dame). — 7. L'Évêché. — 8. Le Cloître. — 9. Abbaye de Sainte-Geneviève. — 10. Abbaye de Saint-

plaçait ; et du même coup la superficie totale de Paris se trouva doublée[1]. C'était donc, matériellement, une œuvre immense, et pour l'histoire de la ville un événement de la plus haute importance.

Le rempart des bourgeois était épais, bien construit, assez bien fortifié, protégé à sa base d'un large fossé où furent amenées les eaux du fleuve, et celles du ruisseau de Ménilmontant. Son aspect était tout différent de celui de l'ancienne muraille.

Germain des Prés. — 11. Chartreux. — 12. Hôtel Saint-Paul. — 13. Halles principales. — 14. Eglise et cimetière des Innocents. — 15. Place de Grève, Maison-aux-Piliers. — 16. Petit Châtelet. — 17. Grand Châtelet. — 18. For-l'Évêque. — 19. Hôtel de Nesle. — 20. Thermes. — 21. Tour de la Commanderie. — 22. Croix du Trahoir. — 23. Eglise Saint-Germain-l'Auxerrois. — 24. Eglise Saint-Jacques-la-Boucherie. — 25. Hôtel de Bourgogne et tour de Jean-sans-Peur. — 26. Cour des Miracles. — 27. Hôtel de Clisson. — 28. Hôtel et tourelle Barbette. — 29. Eglise Saint-Séverin. — 30. Emplacement de l'hôtel des Tournelles. — 31. Ile Notre-Dame. — 32. Ile aux Vaches. — 33. Ile Javiaux. — 34. Abbaye de Saint-Victor. — 35. Ancien Parloir aux Bourgeois.

A. Tour du Bois. — B. Porte Saint-Honoré. — C. Porte Montmartre. — D. Porte Saint-Denis. — E. Porte Saint-Martin. — F. Porte du Temple. — G. Porte Saint-Antoine. — H. Tour de Billy ou de l'Ecluse. — I. Tour Barbelle. J. Tour Loriaux (dans l'île). — K. La Tourelle. — L. Porte Saint-Victor. — M. Porte Bordelle. — N. Porte Papale (murée). — O. Porte Saint-Jacques. — P. Porte d'Enfer ou de Fert. — Q. Porte Saint-Germain ou de l'Abbaye. — R. Porte de Buci. — S. Tour et porte de Nesle.

1. Et presque égale à l'ancien circuit total. La surface totale enclose se trouva portée à 440 hectares environ.

Depuis les croisades, le terrible art de la guerre avait fait des progrès ; les machines de siège, *mangonnaux*, *trébuchets*, étaient plus perfectionnés et atteignaient plus loin ; on commençait à se servir de *bombardes*, petites, il est vrai, mal fabriquées, et qui faisaient plus de bruit que de besogne. Les moyens d'attaque changeant, les moyens de défense durent changer aussi. On fit les murailles plus hautes, les tours plus fortes et plus éloignées les unes des autres que dans la vieille enceinte. On les fit carrées, et non plus rondes, couvertes d'une plate-forme, non d'une toiture aiguë, pour pouvoir placer au sommet des mangonnaux ou des canons[1]. L'histoire rapporte qu'Étienne Marcel fit construire des guérites, ou, comme on disait alors, des *échauguettes*, de petites *brétèches* de bois, au nombre de sept cent cinquante, et les fit placer sur les murailles. Cela prouve que nos Parisiens étaient pressés, car c'était un moyen de défense tout provisoire ; ces brétèches, comme les anciens *hourds* de bois, étaient trop facilement écrasées ou incendiées par les assaillants[2]. — Du côté de l'Université, ai-je dit, on se contenta de réparer et de renforcer les vieilles murailles, déjà fort délabrées, de recreuser les fossés, d'élever de nouvelles défenses aux portes : et même, pour plus de sûreté, on mura trois

---

1. Voir le dessin, page 231, d'après les anciens plans de Paris.
2. Ces sortes de guérites débordant la muraille et avançant sur le vide, comme suspendues aux créneaux à l'aide de barres de fer, pouvaient abriter deux ou trois défenseurs, qui lançaient des flèches et des carreaux par des

Brétèche du xv⁰ siècle.

meurtrières percées sur la face et sur les flancs. Elles remplaçaient les anciens *hourds*, dont elles différaient en ce qu'elles ne formaient point une allée continue, mais de petites défenses isolées, flanquant les courtines.

de ces portes dont on pouvait se passer[1]. Enfin, pour relier le mieux possible les deux demi-anneaux de l'enceinte, on coupa d'un fossé l'île *Notre-Dame*, et on y bâtit une tour qui s'appela la *tour Loriaux*[2]. Entre elle et la *tour Barbelle* d'un côté, entre elle et la *Tournelle* de l'autre, on tendit des chaînes de fer en travers du fleuve ; une autre chaîne tendue ferma le passage entre la *tour du Coin* et la *tour de Nesle*[3] qui formaient à l'ouest les deux têtes de remparts : c'était pour empêcher une flotte de pénétrer au cœur de la ville par la grande porte ouverte de la Seine. — Cela fait, bien renfermés chez eux, bien armés, bien exercés, bien organisés en leurs *batailles* et nuit et jour menant le guet sur les remparts, les Parisiens attendirent l'Anglais.

L'Anglais ne vint pas. Quand il vit qu'on montrait les dents, il se tint à distance. Paris ne fut pas assiégé, mais affamé, et enfin livré; rendu, si vous voulez. C'est même chose merveilleuse qu'il ait pu tenir si longtemps contre tous. On accusa Marcel d'avoir trahi sa ville, et vous savez sa fin tragique. Mais la chose est fort obscure; et il n'était plus là pour se défendre, quand l'histoire fut faite par ceux-là mêmes qui avaient intérêt à la défigurer. — La malheureuse France, pour ravoir son roi Jean, paya des sommes effrayantes, se ruina. A la place des Anglais, je le lui aurais rendu pour rien : un tel roi fait plus de mal à son pays que dix batailles perdues.

Charles V *le Sage*, c'est-à-dire *le Rusé*, fut un roi bâtisseur. Dans l'histoire de notre capitale, son règne fut une grande époque ; et, pour l'aspect de la ville, pour les mœurs, pour toutes choses, une époque intermédiaire, à mi-chemin entre le

---

1. La porte Saint-Germain, la porte d'Enfer et la porte Saint-Victor. La porte Papale était déjà murée depuis longtemps.
2. La partie orientale de l'île s'appela l'*Ile aux Vaches*, parce que là paissaient les vaches des chanoines.
3. Ancienne tour de Philippe Hamelin, appartenant à l'enceinte de Philippe Auguste.

moyen âge de Louis IX et la Renaissance de Louis XII. C'est donc le moment[1] de parcourir la ville pour constater les augmentations, les changements de toutes sortes, accomplis depuis notre dernière visite.

Tout d'abord observons les travaux d'achèvement des remparts, qui ont valu à Charles V l'honneur de donner son nom à l'enceinte conçue et exécutée dans son gros œuvre par Étienne Marcel. De l'ordre du roi, et aux frais des bourgeois, la muraille a été exhaussée, les crénelages refaits, le pied des remparts protégé d'un double fossé[2], les défenses des portes renforcées.

Ces nouvelles portes de Paris sont très belles et très fortes. Chacune constitue une véritable forteresse, une sorte de petit château ou *châtelet*, ou, comme on disait alors, une *bastille*. Imaginez un gros bâtiment carré, couronné de créneaux, avec une cour intérieure qu'il faut traverser pour pénétrer dans la ville; aux angles, des tours, ou tout au moins des tourelles. Les bâtiments servent à loger, en temps de guerre,

1. Vers 1380.
2. Il y avait deux fossés, et entre eux une levée de terre, pourvue d'une palissade, ce qu'on appelait une *braie*.

la garnison chargée de défendre la porte ; aux étages inférieurs, comme toujours, des prisons. La porte, outre ses lourds vantaux de chêne renforcés de fer, ses herses, est pourvue d'un pont-levis ; à côté de la grande entrée, il y en a une petite, la *poterne*, également munie de son pont-levis. — Enfin deux petites tours sont plantées en avant du pont, pour en défendre l'approche, et entre elles s'ouvre une *porte avancée* qu'il faut franchir avant d'arriver à la porte principale. Telles sont la porte Saint-Denis[1], la porte Montmartre ; les autres en diffèrent peu. Les portes de l'enceinte du sud ont été fortifiées à peu près de même.

Vers cette époque, on commençait à employer une disposition de *crénelages* fort intéressante à observer et que vous avez dû souvent remarquer aux crêtes des vieux remparts, aux fronts des vieilles tours encore conservées des villes et des châteaux, fière et pittoresque couronne[2]. Au lieu d'élever le parapet découpé de créneaux et percé d'archères au bord du chemin de ronde, à l'aplomb de la muraille, on le construisit *en dehors* du rempart, en avancée sur le vide comme un balcon, porté sur des appuis saillants de pierre appelés *corbeaux*. Entre ces corbeaux espacés à petite distance étaient ménagés des trous carrés : cela formait une rangée de *machicoulis*. C'est, comme vous voyez, la construction des *hourds* imitée en pierre.

1. Voir le dessin, page 234, qui représente la porte Saint-Denis sous Charles V, d'après un dessin de M. Viollet-le-Duc et les anciens plans de Paris.
2. Il n'existe plus à Paris qu'un seul exemple de crénelages disposés à peu près de la sorte : c'est la *tour de Jean sans Peur*. Voir page 259.

Ces beaux crénelages à corbeaux et machicoulis, qui figuraient au sommet des défenses comme une grosse corniche dentelée, se montrèrent dans les nouvelles fortifications de Paris, non pas, il est vrai, tout le long du cordon des remparts, mais dans certaines parties, aux tours et aux *bastilles*.

De toutes les *bastilles* des portes, la plus forte, la seule qui ait conservé ce nom devenu lugubre, était celle de la porte *Saint-Antoine*. Elle était pourvue de deux grosses tours. Le roi Charles V, défiant, et qui avait vu des émeutes populaires, pour qui le Louvre ne paraissait pas assez sûr, songea à se faire là un refuge, une solide forteresse contre l'ennemi du dehors à la fois et contre son bon peuple de Paris. Il donna ordre d'ajouter six autres tours et de vastes bâtiments... L'énorme forteresse s'éleva, lourd et sombre paquet de tours, sinistre d'aspect et menaçante, entourée de toutes parts d'un profond et large fossé, et montrant les dents, — je veux dire les crêtes dentelées de ses créneaux, — aussi bien vers le dedans que vers le dehors. Il y avait quatre portes, pourvues de tout l'attirail grinçant des herses et des pont-levis. C'était, a-t-on dit, une des plus formidables défenses du monde entier. Mais il y avait aussi autre chose. La pensée qui la fit élever se trahit par un luxe incroyable de prisons affreuses, de cachots souterrains, d'*oubliettes*... Quelque chose en paraissait au dehors. Et pour faire comprendre ma pensée par une comparaison, je dirai que la royale forteresse n'avait pas seulement la tournure fière et rude d'un vaillant homme d'armes, mais plutôt la physionomie sournoise et bassement cruelle d'un geôlier. Sa destinée fut d'accord avec sa physionomie. A peine achevée[1], elle fut et resta une prison. Elle resta le signe de la défiance des rois contre les peuples, la menace et l'instrument du despotisme, — son *fort*, je veux dire son antre[2]. Louis XI s'y retirait quelquefois[3]. Ils étaient faits l'un pour l'autre[4].

Puisque nous en sommes aux défenses, notons encore la reconstruction du Petit-Châtelet, qui a été rebâti à neuf, d'une forme lourde et massive[5]. C'est une précaution encore, cette fois contre les écoliers, pour les empêcher de faire dans la Ville

---

1. Elle ne fut achevée que sous Charles VI. Deux de ses portes furent murées alors.
2. Elle cessa d'être porte de ville ; on en fit construire une autre à côté, qui prit son nom de *porte Saint-Antoine*.
3. Habituellement il demeurait au palais des Tournelles, près de la Bastille, prêt à s'y réfugier au besoin.
4. Des lignes tracées à travers le pavage de la place de la Bastille marquent l'emplacement de la forteresse, indiquent ses tours et ses portes.
5. Voir le dessin ci-dessus, restitué approximativement.

leurs descentes tumultueuses. Il n'y a qu'à fermer les bonnes portes ferrées du Petit-Châtelet, et voilà une moitié de la population à l'abri des frasques hostiles de l'autre moitié... Heureux temps !

Le Louvre de Philippe Auguste n'était qu'une rude forteresse. Charles V en fit un palais. Tous les bâtiments autour de la cour carrée ont été élevés d'un ou deux étages de plus, et de beaux appartements réservés[1]. Le roi ne négligeait pas pour cela les défenses ; les tours aussi ont été exhaussées notablement et couronnées de machicoulis et de créneaux suivant la nouvelle forme ; les quatre tours des coins ont même deux étages superposés de créneaux. Des toits d'ardoise en éteignoirs, fort élevés, ont couvert les tours et les logis. On n'a pas touché au donjon ; seulement le roi a fait construire une belle galerie, reliant la grosse tour au reste des bâtiments, avec

[1]. Louis IX et Philippe le Bel y avaient fait exécuter des agrandissements. Voir le dessin ci-dessus, exécuté, d'après des documents récents ; et la gravure, page 239, reproduction d'une vue à vol d'oiseau de M. Viollet-le-Duc (*Dictionnaire d'architecture*), pour une époque peu différente.

contreforts et clochetons pointus, fenêtres à meneaux et sculp-

tures comme une église ; puis une charmante tourelle contenant un grand escalier tournant qu'on appelait *la grande vis du Louvre*. Une belle chapelle a été élevée, et plusieurs oratoires plus petits. Puis une enceinte de murailles avec créneaux, tours et tourelles, portes et pont-levis, entoure le château ; et dans cette enceinte une foule de dépendances et de bâtiments de service ou d'agrément : tout cela peuplé d'un monde mouvant d'hommes d'armes, de gardiens, de serviteurs, d'ouvriers de toute sorte. Le roi Charles aime le luxe, les arts, les livres ; son Louvre est royalement orné et meublé ; une tour appelée *tour de la Librairie* renferme sa bibliothèque, très riche pour le temps. Ces belles constructions ont été exécutées par un habile et célèbre architecte, un enfant de Paris, Ramond du Temple.

Le Palais de la Cité avait aussi reçu, depuis Philippe Auguste et Louis IX, d'importants agrandissements. Son enceinte, tout d'abord, avait été élargie aux dépens des rues voisines ; il avait été isolé par un fossé de défense avec ponts-levis devant les portes à tourelles. — Philippe le Bel, *le roi procureur*, dont tout le règne ne fut qu'un grand et tragique procès, et qui fonda la haute puissance du Parlement, ne pouvait faire autrement que d'amplifier en proportion le palais du Parlement, le siège souverain de juridiction. C'est lui qui fit construire la haute tour du coin avec son beffroi[1] et la vaste et magnifique *Grand' Salle*, à deux nefs, à double usage, comme toujours alors : salle de justice et salle de fête, où l'on faisait des jugements et des festins[2]. La grande table de marbre, célèbre dans l'histoire, autour de laquelle siégeaient les juges, devenait, à d'autres jours, la table du banquet. De vastes et belles cuisines voûtées, à larges foyers[3], furent construites à proximité. Entre la Grand' Salle et la Sainte-Chapelle s'élevèrent de somptueuses galeries, où un triomphal et magnifique perron donnait accès ; la grande cour d'honneur où il descendait en triple degré était appelé la

---

1. Dite depuis *tour de l'Horloge*.
2. Détruite par un incendie en 1610. — La *salle basse*, qui formait le soubassement de cette partie de l'édifice, sombre, voûtée en ogives, existe encore aujourd'hui.
3. Dites, par erreur, *Cuisines de saint Louis*.

Cour du Mai, parce qu'à certain jour on y plantait un *mai*[1] en grande pompe et liesse populaire. Puis de riches appartements furent élevés pour noblement héberger les illustres hôtes, les princes et les rois qui venaient rendre visite au roi de France

Voilà le côté brillant et doré ; mais il y en avait un autre : l'envers de cette splendeur, la *gehenne*, l'enfer. Sous les revêches bâtiments de la *Conciergerie*, c'est-à-dire de l'entrée prin-

---

1. Les *Clercs de la Basoche*, c'est-à-dire les jeunes avocats, juges, greffiers, etc., des juridictions inférieures, le dernier samedi de mai de chaque

cipale du Palais, défendue par deux tours, d'affreux cachots étaient creusés, sans air, sans jour, humides, immondes; la vie y était impossible. Un peu plus loin, le bâtiment de la *Chambre criminelle*[1]; puis, accolée à son flanc, la tour où l'on donnait la torture aux accusés, coupables ou innocents, dont les cris s'entendaient jusque de l'autre rive ; la populace, par une ironie cruelle, l'appelait la *Tour-bon-Bec*[2]. — Sous cette tour sinistre, qui subsiste encore[3], étaient les *oubliettes* : deux puits profonds, fermés par des trappes, où l'on précipitait les malheureux que l'on voulait faire disparaître; aux parois, des lames aiguës, des crocs de fer recourbés destinés à lacérer la victime dans sa chute; le puits communiquait avec la Seine par un couloir souterrain, pour que la rivière, dans ses crues, pût enlever les cadavres. — Ces choses, tenues secrètes, mais dont la tradition était vaguement répandue, ne peuvent plus être niées aujourd'hui, quand les hideuses constructions mises à jour sont venues témoigner de l'exécrable barbarie de ces temps[4]...

Charles Le Sage avait son Louvre; il avait le Palais, auquel lui-même avait fait de nouveaux embellissements ; ce n'était pas assez, paraît-il. — Il a jugé bon de se donner, avec l'argent des Parisiens, le *séjour* royal appelé l'*hôtel Saint-Paul*[5]. C'est là qu'il habite de préférence. — Cet hôtel Saint-Paul n'était ni un palais, ni un château, mais un ensemble irrégulier de bâtiments, de jardins, tout un quartier. Le roi, dis-je, avait acheté, non loin de la Bastille, les hôtels de deux évêques et de

---

année y plantaient un *mai*, c'est-à-dire une aubépine toute fleurie, — qui mourait, naturellement, tout de suite. Les mêmes clercs, à certaines fêtes, jouaient des *farces* et *moralités*, sortes de pièces satiriques, dans la *Grand'Salle*, dont la table de marbre servait de scène.

1. Dite *de la Tournelle*, à cause de la petite tour voisine.
2. Où l'on fait parler...
3. C'est la quatrième sur le quai, celle qui a des créneaux.
4. En 1828, des fouilles ont fait découvrir sous la tour les deux oubliettes avec leur couloir, des cachots et des débris d'instruments de torture. — Tous les temps ont vu des crimes atroces ; mais ce qui est plus effroyable ici, c'est la préméditation lointaine, la froide cruauté de gens, qui, d'avance et tranquillement, font ajouter à leur palais de telles annexes, dans la prévision de s'en servir à l'occasion...
5. Les Parisiens même le payèrent deux fois. Le roi leva l'argent pour faire l'achat, l'employa à autre chose, et se fit payer une seconde fois.

trois ou quatre grands seigneurs, avec leurs dépendances et leurs jardins; il les a réunis, réparés, agrandis, ornés de peintures, de tapisseries, et meublés à sa guise[1].

Tout cela est fort beau, sans doute; mais le roi aime mieux encore son Vincennes : non plus le simple et sévère château où se plaisait le mystique Louis IX, mais le riche, merveilleux Vincennes de Philippe de Valois[2], que lui-même a augmenté, embelli encore. C'était une vaste enceinte, comme une petite ville, protégée de forts remparts, d'énormes et hautes tours carrées; à l'intérieur une foule de bâtiments, des logis somptueux pour les grands seigneurs, des dépendances de toutes sortes, une chapelle[3]. Puis, forteresse dans la forteresse comme toujours, à part s'élevait le beau et fort *donjon*, en forme de tour carrée aussi, avec tourelles aux quatre angles, avec ses remparts, son fossé, son pont-levis : c'était le royal *retrait*. — Allez un jour visiter les restes de l'antique château des Valois si vous aimez à vous reporter par le souvenir aux temps lointains de l'histoire. « Mais pour se faire une idée de cette splendeur, il faut le voir, dit notre grand historien Michelet, il faut le voir non tel qu'il est aujourd'hui, à demi-rasé, mais comme il était quand ses quatre tours, par leurs ponts-levis, vomissaient aux quatre vents les escadrons panachés, blasonnés, des grandes armées féodales; lorsque quatre rois[4] descendant en lice, joûtaient par-devant le *roi très chrétien;* lorsque cette noble scène s'encadrait dans la majesté d'une forêt, que les chênes séculaires s'élevaient jusqu'aux créneaux, que les cerfs bramaient la nuit au pied des tourelles, jusqu'à ce que le jour et le cor vinssent les chasser dans la profondeur des bois. » —

---

1. L'*hôtel Saint-Paul* occupait l'espace compris actuellement entre la Seine, la *rue de l'Arsenal*, la *rue Saint-Antoine* et la *rue Saint-Paul*. Le nom de la *rue Beautreillis* rappelle les jardins royaux ; celui de la *rue des Lions-Saint-Paul*, la petite ménagerie où le roi avait des lions en effet. Il en avait aussi au Louvre.
2. Le château, dont une grande partie subsiste encore, fut élevé par Philippe de Valois, achevé et embelli par Charles V.
3. La belle chapelle, qui existe encore, a été commencée par Charles V, achevée sous Henri II.
4. Sous Philippe de Valois.

La magnificence d'un Louvre, d'un Vincennes, parfois, parait-il, fatiguait les rois. Ils fuyaient la pompe royale, la foule brillante; ils cherchaient le repos en des lieux plus retirés. Mais le souci les y suivait : l'orgueil de la puissance se paie en ennui. Charles V s'est fait ainsi bâtir plusieurs châteaux de campagne : un dans une île de la Marne[1], un second à Saint-Germain, d'autres ailleurs encore. A le voir prodiguer de la sorte l'argent du peuple, qui n'eût cru que la France était riche ?

Après les fortifications, après les belles et coûteuses bâtisses du roi Charles, il nous reste encore à observer, à travers le Paris du XIV° siècle, plus d'un changement dans la physionomie, dans l'aspect des lieux et des choses. Je voudrais vous montrer d'abord le redoutable *donjon du Temple*[2], énorme tour carrée, avec ses quatre tourelles aux quatre angles, ses rares

---

1. Dit *Château de Beauté*, près de Nogent, sur l'emplacement d'une villa mérovingienne. Il n'en reste plus que le nom de l'île.
2. Voir le dessin ci-dessus

et étroites fenêtres, ses créneaux, ses toits aigus : c'était le *trésor* de l'Ordre, le lieu fort et sûr qui lui gardait ses richesses, ses titres, plus d'un mystère aussi, sans doute; monument de la puissance et de l'orgueil des Templiers, qui fut achevé la veille de sa chute[1]. Tragique destinée! Elle devait leur paraître bien lugubre, cette tour, à ceux qui savaient ces histoires, en étaient encore tout près; ils devaient frissonner s'ils s'égaraient le soir sous ses murs, par quelque petite rue déserte de ce quartier mal famé, quand la masse noire, au détour, se dressait devant eux, cachant le ciel[2]. Plus tard, pour ne pas démentir sa sombre origine, elle sera une prison, et jusqu'à son dernier jour[3].

Et cet autre fantôme, la *Tour de Nesle !* — Vous vous souvenez de la grosse tour de Philippe Hamelin sur la Seine, à l'angle des remparts. Tout auprès une porte a été percée dans la vieille muraille de Philippe Auguste, une porte flanquée de

---

1. Un an à peine avant la destruction de l'Ordre.
2. Au XIVe siècle elle était devenue la propriété des *Hospitaliers*, depuis appelés Chevaliers de Rhodes ou de Malte, frères ennemis des Templiers.
3. Louis XVI y fut renfermé en 1792. Le donjon a été démoli en 1805.

deux tours ; puis un *hôtel* princier, en forme de château fortifié, et d'aspect assez revêche, a été bâti dans cet endroit écarté. La vieille tour enfin, vers les temps de Charles V, a été exhaussée d'un étage et couronnée de créneaux à machicoulis.

L'hôtel, la porte, la tour elle-même portent le nom de Nesle[1], qui rappelle une sombre légende. Là, dit-on, jadis demeura, vers les temps de Philippe le Bel ou de Philippe le Long, on ne sait, une reine, une princesse, on ne dit pas laquelle, débauchée et cruelle, qui passait ses nuits en orgies, et faisait jeter du haut de la tour dans le fleuve ses compagnons de table quand ils avaient eu le malheur de lui déplaire.... Pendant des siècles, les Parisiens se montreront du doigt la tour maudite, avec son fanal qui brille la nuit, suspendu au-dessus de l'eau, en se racontant à voix basse des histoires à faire dresser les cheveux sur la tête[2] !

Puisque nous en sommes aux idées lugubres et fantastiques, faut-il encore que je vous montre, du haut des remparts, sur la

---

1. Il en reste le nom d'une rue : la *rue de Nesle*, près de la *Monnaie*.
2. La tradition attribuait ces crimes à Marguerite de Bourgogne, femme de Louis le Hutin, à Jeanne de Bourgogne, femme de Philippe le Long, ou encore à Jeanne de Navarre, femme de Philippe le Bel.

butte, non loin de la porte du Temple, cet édifice de forme étrange..... Dans l'ombre, à ces grands piliers qui se dressent, on croirait voir les ruines de quelque chapelle, n'étaient ces vols noirs de corbeaux, et ces squelettes brandillant aux chaines grinçantes... C'est le gibet de Montfaucon. Rebâti tout à neuf, sous le règne de Philippe le Bel, dit-on[1], c'est un vrai monument, et des plus célèbres. Seize piliers ! — Mais en ces « bons vieux temps joyeux » il y avait « si grand'foison de pendus » que Montfaucon n'y suffisait ; et vous entrevoyez encore là bas la maigre silhouette du petit gibet de Montigny, une succursale.

Nous devons aussi à notre bon roi Philippe le joli *pilori des Halles*, qui remplace une ancienne *échelle de justice*[2]. Un véritable ornement pour la place du Marché, que ce gentil édifice en façon de tourelle, surmonté d'une

---

1. Par Enguerrand de Marigny, lequel y fut lui-même pendu des premiers : « et qui était un juste, » dit V. Hugo ; ou peut-être par Pierre la Brosse sous Philippe le Hardi, également pendu à Montfaucon, également innocent.
2. 1295. Il fut rebâti en 1512. Il fut plus tard entouré de laides échoppes, qui appartenaient au bourreau.

lanterne à jour, avec son toit pointu, ses fines colonnettes et ses chapiteaux sculptés ; on dirait aussi une petite chapelle. D'autres trouvent que cette lanterne fleuronnée ressemble assez à une couronne, et l'appellent : la *couronne du bourreau*. Véridique emblème, alors ; car, au fond, il est roi. Le moyen âge, l'âge des supplices, l'âge des bûchers, est bien dit, en effet, « le règne du bourreau[1] ».

Sombres donjons, cachots, gibets et piloris, c'est la face violente sous laquelle se montre, en ces temps, *l'autorité*. — Mais, et le peuple ? — Humble, obscur travailleur, il s'exprime par un modeste emblème.

Venez jeter un coup d'œil sur une simple maison de la place de Grève ; maison *bourgeoise*, et qui n'a rien de remarquable ; deux petites tourelles seulement à ses angles. Sa façade en pan de bois porte, comme celle de plusieurs autres logis voisins, sur de gros piliers de pierre ; c'est pourquoi on l'appelle vulgairement la *Maison-aux-Piliers*[2]. Étienne Marcel l'a achetée des deniers de la ville. C'est là que se réunissent le prévôt, ses échevins et certains notables bourgeois, pour délibérer sur les

---

1. Et du diable, *l'autre*, celui de là-bas.
2. Elle s'appelait aussi Maison du Dauphin, et avait en effet appartenu au Dauphin, fils de Jean le Bon (Charles V). — Emplacement de l'Hôtel de Ville actuel.

affaires urbaines. Autrefois il y avait bien, d'abord près du petit port de la Cité[1], puis près du Petit-Châtelet, une maison qu'on appelait la *Maison de marchandise*[2]. Là venaient les *marchands de l'eau*[3] conférer de leurs affaires, plutôt affaires commerciales qu'affaires publiques : c'était une *bourse*, comme nous dirions, non une *Maison de ville*. Puis le prévôt des marchands et ses échevins ont tenu des réunions en un bâtiment attenant aux remparts de l'Université[4], bizarrement en saillie sur les fossés, et qu'on appelait le *Parloir-aux-Bourgeois*. Mais ce *parloir* était un tribunal, le siège de justice du prévôt, plus tard transféré au Grand-Châtelet, non pas un lieu de délibérations municipales.

Le Grand Châtelet[5] est devenu à son tour tribunal prévôtal et il a continué d'être prison. — La Maison-aux-Piliers, où tant de grandes choses ont été accomplies, tant de solennelles résolutions prises sur les affaires, non plus d'une *hanse* de marchands, mais de Paris même et de la France, est la première qui ait mérité le beau nom de *maison commune*. Regardez-la

---

1. Port Saint-Landry.
2. Puis, sous Philippe Auguste, le siège des délibérations fut transféré dans les dépendances du Grand-Châtelet.
3. La *Hanse*, l'association des marchands.
4. Vers la porte Saint-Jacques, emplacement actuel de la rue Soufflot.
5. Voir le dessin page 250, qui représente le Grand Châtelet, restitué d'après les documents et les anciens plans.

bien, cette simple maison, la maison du peuple, aïeule de notre Hôtel de Ville du XIXᵉ siècle; petite, modeste, n'importe ! elle grandira, à travers les siècles ; tandis que son altière voisine, la *maison du roi*, le Louvre, baissera, perdra son orgueil... — Mais au XIVᵉ siècle, ces choses sont encore bien loin, et il n'est personne qui les prévoie[1] !

Une des questions municipales qui ont été vivement débattues, au temps où nous en sommes, dans la salle de la Maison-aux-Piliers, sous le prévôt Hugues Aubriot, c'est la question des ponts de Paris. Affaire capitale, puisqu'il s'agit de la circulation de la vie dans ces deux moitiés du grand corps de Paris !

---

1. Voir le dessin de la Maison-aux-Piliers, restituée approximativement d'après les anciens plans de Paris, page 248.

Il importe, pour l'histoire des institutions de la ville de Paris, de bien distinguer les choses. — Quand le lieu de délibération du prévôt des marchands et des échevins eut été transféré du Grand-Châtelet, où il était en dernier lieu, à la Maison-aux-Piliers, le siège de la juridiction du prévôt fut transporté à son tour de l'ancien Parloir-aux-Bourgeois au Châtelet, et devint le célèbre Tribunal du *Grand Châtelet*. — Voir, page 249, le dessin du *Parloir-aux-Bourgeois*, qui, donné aux moines par le roi Louis IX, restauré, est devenu le *réfectoire* du couvent des *Jacobins* (Emplacement actuel de la rue Soufflot, près du Panthéon); ce dessin est restitué d'après les anciens plans de Paris.

Autrefois il n'y avait entre l'Université et la Ville qu'une seule voie de communication par le Petit-Pont et le Grand-Pont, à travers la Cité. Ajoutons qu'à chaque instant, par quelque crue violente de la Seine, l'un ou l'autre des deux ponts était emporté : vous imaginez quelle situation, quand d'un quartier à l'autre de la ville on ne pouvait communiquer que par bateau ! On se hâtait de rebâtir le pont, soit en bois, soit même en pierre ; mais on ne le faisait pas plus solide, et un demi-siècle après une nouvelle crue l'emportait. Pendant tout le moyen âge ces accidents se reproduisirent. Ce n'était pas chose facile, alors, il faut en convenir, que de construire un pont sur la Seine !

Vous n'avez pas oublié que le Grand-Pont ayant été reporté près du Palais, pour passer d'un côté à l'autre il fallait faire un parcours en zig-zag par les rues de la Cité. N'était-ce pas intolérable ? Tout d'abord on avait reconstruit, sur les débris de l'ancien Grand-Pont, une passerelle de planches qui s'appela la *Planche Mibray*. Cela rétablissait la traversée directe par le milieu de l'île, pour les piétons du moins. Mais alors le Grand-Pont restait encore sans correspondant sur l'autre rive... C'est pourquoi nos échevins et le prévôt Aubriot ont résolu de bâtir un solide pont de pierre sur le prolongement de la grande rue qui longe le Palais [1], pour déboucher la voie. Or voici bien une autre affaire, et nos bourgeois sont fort en souci. L'histoire mérite d'être racontée. « — Qu'est-ce donc ? » dites-vous. — C'est que le révérend abbé de Saint-Germain-des-Prés s'y oppose. — « Ah ! Et en quoi cela le regarde-t-il ? » — Que vous avez la mémoire courte ! Ce bon roi Childebert, en un jour de largesse, n'a-t-il pas eu, *dit-on*, l'heureuse inspiration de donner la Seine aux moines de Saint-Germain ? Eh bien, voilà ; maintenant les braves moines disent : « La rivière est à nous. Vous ne ferez pas de pont dessus. » — « Mais c'est nécessaire pour la ville. » — « N'importe. » — « Laissez-nous faire : cela ne vous fait aucun tort ; au contraire, vous en profiterez aussi. » — « Nous ! abandonner les droits de l'Église, nos privilèges

---

1. Le *pont Saint-Michel*.

trois fois sacrés ! Jamais. *Non possumus*[1] ! » — Je vous avais bien dit que cela leur servirait !

« Mais voyons, dites-vous, c'est donc uniquement pour faire rager son prochain... » — Je ne dis pas non ; ces gueux de Parisiens, vous savez... Et puis le plaisir, donc, de faire voir qu'on est maître, de faire sentir le mors et peser la bride ! Vous dirai-je que déjà, il y a quelques années, le Grand-Pont ayant été rompu par accident, lorsqu'en attendant sa reconstruction les bourgeois ont voulu établir un passage de bateaux sur la Seine, les mêmes bons moines ont tenté de l'empêcher, toujours par cette même raison que la rivière est leur propriété[2] ! Que Paris eût été coupé en deux, sans communication d'une rive à l'autre, que leur importait, je vous prie ? Mais tenez, je vais vous dire le fin mot de l'histoire, que vous auriez dû deviner tout de suite. Les moines refusent de donner la permission de bâtir un pont... pour qu'on la leur achète. Raisonnement très simple. « Les Parisiens ont absolument besoin de leur pont ; nous leur ferons les conditions que nous voudrons. Ce droit, nous allons le leur vendre un prix fou : rentes, dîmes, terres, etc. » C'est une mine d'or que cette rivière ! — Mais il y a par là un certain homme de loi qui est un habile homme, précieux. — « Montrez-nous votre *charte*[3], » a-t-il dit à l'abbé. — « La voici ; vous voyez : le roi Childebert donne à notre sainte abbaye *la Seine et ses deux rives !* » — « Bien. Mais et *le fond ?* le fond sur lequel coule l'eau ? Je ne vois point qu'il en soit parlé ? » — « Il n'en est point parlé, mais... » — Du moment qu'il n'est point parlé du fond, le fond ne vous appartient pas ; le fond est au roi, qui le donne à sa bonne ville de Paris. Et c'est justement sur ce fond, et non pas sur l'eau de la rivière, que nous allons bâtir, et tout de suite. » — C'est dit, c'est fait ; le pont se bâtit. L'abbé en fera une maladie. — L'argument,

---

1. Nous ne pouvons pas.
2. Le même fait se reproduisit encore au siècle suivant, sous Louis XII, lors de la chute du pont Notre-Dame.
3. Acte, donation. Elle était fausse : une *pieuse fraude !...* qui valut aux moines, pendant des siècles, la possession d'une vaste étendue de pays, depuis Paris jusqu'à Sèvres.

j'accorde, était aussi absurde que le *droit*. Mais si quelqu'un s'était avisé de dire que le roi Childebert n'avait pas pu donner légitimement la rivière à personne, attendu qu'elle ne lui appartenait pas... il n'eût pas été compris, au moyen âge.

Cela nous fait à Paris quatre ponts [1],—Une chose curieuse, c'est que, depuis le xii° ou le xiii° siècle, les ponts, de bois ou de pierre, sont toujours couverts de maisons : il y en a une rangée à droite, l'autre à gauche ; on ne voit point la rivière. Vous croyez être dans une rue ordinaire, et vous passez l'eau sans vous en apercevoir. Cette coutume bizarre a ses inconvénients [2]. Cela rétrécit le passage, d'abord. Puis les maisons chargent trop le pont, la construction fatigue : vienne une crue un peu forte, une débâcle de glaçons, un ébranlement, tout s'écroule, et c'est à recommencer. Les ponts ne durent rien.

Si maintenant vous me demandez en quoi l'aspect de la ville même, j'entends des rues, des maisons particulières, a pu changer depuis notre dernière visite, je vous répondrai que dans les vieux quartiers, un siècle n'a guère modifié les choses. Quelques couvents, quelques chapelles, quelques jolis hôtels ont été bâtis, surtout dans les quartiers nouvellement enclos du Temple et ses *cultures* du Marais [3]. Je pourrais vous montrer pour exemple une jolie porte ogivale, flanquée de deux légères tourelles comme suspendues aux angles de l'édifice : c'est la porte de l'ancien

---

1. Y compris la passerelle de la *Planche Mibray*. Il y avait bien en outre une passerelle de bois qu'on appelait le *Pont-aux-Meuniers*, et contre laquelle étaient établis des moulins que le courant du fleuve faisait tourner ; mais elle était réservée au service des moulins.
2. Elle avait sa raison d'être aussi : ces maisons appartenaient à la Ville, qui les louait fort cher ; et le prix de leur loyer devait être affecté à l'entretien du pont.
3. Ancien marais de Lutèce, desséché et transformé en cultures, bâti depuis.

hôtel de Clisson[1], élevé par le célèbre connétable Olivier (1371). Pour le reste, ce sont toujours les mêmes rues étroites, sombres, irrégulières. De temps en temps on en pave quelques-unes des plus fréquentées ; les autres restent dans le même état de saleté odieuse. Ce sont toujours les mêmes maisons en avancée, à piliers et à pans de bois ; quand une croule de vieillesse, on la rebâtit sur le même emplacement, voilà tout. Les toits en ardoises remplacent de plus en plus les toits en tuiles. Une chose encore à remarquer : au xiie et au xiiie siècles les maisons avaient, comme les nôtres, le mur *goutterot*, c'est-à-dire celui qui porte la retombée du toit, sur la rue. Vers le xive siècle, au contraire, la mode est venue[2] de présenter à la rue le *pignon* de l'édifice, en sorte que la façade étroite se termine en triangle élancé. Cette habitude se continuant au xve siècle, il en résulte que dans l'espace de deux ou trois cents ans toutes les maisons de la ville semblent avoir fait demi-tour pour présenter le flanc. Cela donne au faîtage des combles, aux crêtes des rues, une silhouette dentelée, crénelée, singulièrement pittoresque.

Pittoresque, ce mot veut dire quelque chose comme « beau en peinture... » En peinture, oui, j'accorde. Mais en réalité ? Curieuses à visiter, soit ; mais point agréables à habiter, nos villes du moyen âge, notre vieux Paris avec ses vieilles rues. Les jolis porches des églises ne rendent pas la rue plus propre, ni plus saine, ni plus claire, — ni plus sûre. Sous ce rapport, pendant tout le moyen âge, nul progrès ; au contraire. Le passant attardé n'a pour se rassurer que la lueur vacillante de

---

1. Cette porte existe encore *rue des Archives ;* le logis de Clisson, devenu hôtel de Guise, puis hôtel de Soubise, contient aujourd'hui le trésor de nos *Archives*.

2. Non pas seulement à Paris, mais dans toutes nos villes. A partir du xvie siècle, le mouvement contraire se produit : les maisons, les unes après les autres, — à mesure qu'on les rebâtit, — se retournent une seconde fois, et en deux ou trois siècles toutes sont revenues à leur ancienne position ; ce qui a changé beaucoup l'aspect d'ensemble des villes.

quelque petite lampe qui brûle aux pieds d'une Notre-Dame de pierre, à tels et tels carrefours. Le roi Louis XI aura beau ordonner que tous les bourgeois de la ville, « sous peine de hart[1] », eussent à entretenir chaque nuit une lanterne au-dessus de leur porte d'allée, il en sera de cette ordonnance comme de tant d'autres : la rue restera noire, et, de nuit, hasardeuse. Les guerres, les longues misères ont entassé dans la ville une lie de population, gens de tout patois et de tout pays, soldats douteux, mendiants sinistres, gueux, *truands, argotiers*, racaille hideuse et dangereuse qui grouille aux bas-fonds, dans la boue des carrefours. Cela loge un peu partout : aux masures branlantes de la *Vallée de misère*, aux ruelles mal famées du Temple; mais la grande « abbaye », c'est la *Cour des Miracles*, cette fameuse Cour des Miracles dont Victor Hugo a fait une si vivante description[2].

C'est vers les remparts, entre la rue Montmartre et la rue Saint-Denis[3], derrière un quartier fangeux de ruelles aux noms malpropres, un amas encore plus hideux de vieilles masures borgnes, boiteuses, éclopées, accroupies en désordre autour d'un grand placitre inégal et raboteux, avec des percées sombres, des recoins perdus, des impasses fétides : cité de voleurs, où nul honnête homme ne se hasarderait. Là se presse, le soir, la cohue déguenillée des faux mendiants, des mauvais pauvres, éparpillée, le jour, sur le pavé de Paris; là se font, à la lueur des feux, dans quelque taverne immonde ou sous un porche bas du placitre, d'étranges *miracles*, de bizarres métamorphoses; l'aveugle jette son bâton, le boiteux ses béquilles, le cul-de-jatte se dresse sur ses jambes, le faux lépreux fait disparaître ses faux ulcères, le mendiant à chapelet éclate en blasphèmes... Puis des ripailles effrénées, des *soûleries* indescriptibles, des rixes, des poussées, des chants avinés, un vacarme, un effroyable sabbat. Mais, à l'ombre close, plus d'un, de mendiant redevenu coupe-bourse et coupe-jarret, se glissant hors

---

1. De potence.
2. *Notre-Dame de Paris*.
3. Une cour située sur cet emplacement conserve le nom historique de Cour des Miracles.

du repaire, rentre dans le dédale noir des rues de la ville, s'en va errant, rôdant au hasard de la nuit, cherchant aventure ; méchante bête de proie, plus à craindre au coin d'une rue que dix loups au coin d'un bois.

Paris aux Anglais ! On n'écrit pas de pareils mots sans que le cœur se serre. Plus d'un auteur, je le sais, passe ici comme sur des charbons, en dit le moins possible. On sent qu'il voudrait anéantir s'il pouvait, les faits passés, craint de les faire trop revivre. Mais le devoir de l'histoire est de tout dire, afin que la leçon soit complète. Qu'elle soit rude, n'importe ; mais qu'elle serve.

En passant par la rue Étienne Marcel[1], dans le quartier mouvant des Halles, vous apercevrez, à travers une grille, le sommet d'une tour grise, carrée[2], percée de petites fenêtres ogivales, couronnée de créneaux et de mâchicoulis. C'est la tour de *Jean sans Peur*. Mais la tour dément le surnom. Ce petit donjon fermé au milieu d'une ville, ce refuge accolé[3] à une demeure princière, avec ses murs épais, ses fenêtres grillées de fer, ses salles voûtées et sa chambre secrète au sommet, isolée du couloir par un petit pont à bascule intérieur, qu'exprime-t-il, sinon la défiance et la peur ? Digne monument de ces temps de discorde et de haine ! — C'est de là que partit, par un sombre soir de novembre, un homme enveloppé de son manteau comme un voleur de nuit, pour guetter sa proie au détour d'une rue. La rue était la rue Vieille-du-Temple, le voleur de nuit le duc Jean de Bourgogne, Louis d'Orléans la proie... Ce lâche crime fut le point de départ d'une effroyable série de crimes et

---

1. Auparavant *rue aux Ours* ; anciennement *rue aux Ouës* (aux oies).
2. Ou plutôt bâtie sur plan rectangulaire. Elle fut élevée par Jean sans Peur et faisait partie de son *hôtel de Bourgogne*.
3. Il y a un bel escalier de pierre : la voûte qui le couvre est richement ornée de feuillages sculptés. C'est un des plus anciens monuments historiques de Paris.

TOUR DE L'HÔTEL DE BOURGOGNE

de calamités, qui menèrent notre pays jusqu'au fond de la ruine.

La discorde et la haine, voilà ce qui nous mit si bas, ce qui jeta la France sous les pieds de l'Anglais, bien plus que la folie du roi Charles et le désastre d'Azincourt. Une bataille perdue, on s'en relève. Mais que faire contre la désunion, quand tous se méfient de tous ? « Tout royaume divisé contre lui-même périra. » — Voyez plutôt la situation. Les princes, oncles, frères du roi[1], dans leur rage d'ambition, piétinent sur la France, et la déchirent par provinces : chacun arrache son lambeau. Bourguignons, Armagnacs font entre eux des guerres qui sont des massacres, et des traités qui sont des parjures ; et finalement chacun de son côté s'entend avec l'ennemi, appelle l'Anglais ! L'histoire a peine à retrouver sa route à travers une forêt touffue de mensonges et de trahisons. Chaque seigneur d'un château, d'une ville, selon l'intérêt du moment, se donne à l'un ou à l'autre, au Bourguignon, à l'Anglais. Eh bien, il y a un mal plus profond encore : c'est que les populations aussi sont divisées. Le Nord hait le Midi. Chacun aime son pays, — son pays, c'est-à-dire son coin de terre, — et jalouse les gens d'à côté. On est de sa province, de sa ville, de son parti. On est Normand, Picard ou Dauphinois ; on est de Reims, ou de Troyes, ou d'Orléans. On est pour le Dauphin ou bien pour le Duc. — Qui donc est *pour la France* ? Personne. Personne n'a souci de la grande patrie, la France.

Il serait plus vrai encore de dire que la France n'existait pas, alors : j'entends la patrie française. Comprenez bien ceci. Le *pays*, c'est un *fait géographique* : une terre, un climat. La *nation*, même, c'est un *fait historique* : des races, une langue, une vie commune, des intérêts communs. Mais la *patrie* est quelque chose de plus encore; c'est un *fait moral*, de conscience et de sentiment[2]. Elle est faite de l'amour de tous. Dès qu'on l'aime, elle existe. Elle naît le jour où l'on se dévoue pour elle.

---

1. Car, dans la monarchie, il n'y a pas seulement le roi, il y a la *famille royale*.
2. C'est une solidarité non seulement existante, mais comprise et voulue.

Pour ne pas être injuste, disons que si la patrie alors n'existait pas en réalité, c'était la faute des temps, plus encore que des hommes. Le régime féodal avait tout divisé. La monarchie n'avait opéré qu'un rapprochement apparent. Ce *royaume* cousu de pièces et de morceaux, et qu'à chaque règne on redécoupe en *apanages*, comment serait-ce *une patrie* ? Alors aussi les communications étaient rares et difficiles; les populations se mêlaient peu. On ne se voyait guère que sur le champ de bataille, pour s'entre-tuer. La diversité des patois était encore un obstacle. Comment se reconnaitre frères, quand on ne se comprend pas ?

Si pourtant quelqu'un eut une pensée, un élan de cœur pour la France, ce quelqu'un-là, il faut bien le dire, fut Paris. Pour la seconde fois, pendant la folie de Charles comme pendant l'absence de Jean, les Parisiens essayèrent de se passer du roi, de pacifier et de réformer le royaume. Les moyens furent des moyens de violence : en ce temps-là on n'en connaissait pas d'autres; mais le but était le salut de la France, la réforme[1]. — Dès qu'ils entendirent parler de *réforme*, les grands, jadis divisés, furent tous d'accord ; — d'accord pour accabler la population de Paris, pour la ruiner et la désespérer.

Mais l'oppression de l'un et de l'autre parti, les massacres, les exactions et les pillages, les famines, le découragement des efforts inutiles et des révolutions qui tournent mal, le roi fou qui lègue son royaume à l'étranger[2], la méchante reine qui renie son fils, tout cela n'eût point suffi pour que Paris endurât le règne de l'Anglais, l'insolence d'un Henri V, l'hypocrisie d'un Winchester[3]; pour qu'on vit cette chose monstrueuse, un roi d'Angleterre trônant tranquillement au Louvre et sacré à Notre-

---

1. Grande ordonnance de 1413.
2. Traité de Troyes, 1420 ; Charles VI, Isabeau de Bavière.
3. Le cardinal de Winchester, qui fut en réalité roi d'Angleterre et de France : l'homme le plus riche du monde entier.

Dame. Il y fallut en outre deux choses : d'abord le grand mensonge d'une prétendue alliance, le fils des rois d'Angleterre épousant la fille des rois de France, et tous deux régnant ensemble sur les deux royaumes confondus en un seul royaume ; l'Angleterre et la France aussi s'épousant, une paix éternelle fondée... On avait tant besoin de paix ! Qui n'eût voulu y croire ? Le roi d'Angleterre et de France aussi français qu'anglais d'origine[1], d'alliance, de cœur, voilà ce qu'ils allaient disant. Mais les actes démentaient le dire ; l'Anglais en France restait Anglais, c'est-à-dire sec et dur, hautain, envieux, et du fond du cœur haïssant la France, ne voyant que son île[2].

L'autre cause, il faut bien le dire, c'est que l'Église, cette fois encore, était avec l'étranger. Les pauvres rois de France, dans la détresse du pays, avaient tâché de tirer quelque argent du clergé ; chose effroyable, que le clergé ne pardonne point. Le roi d'Angleterre, au contraire, était un roi dévot, ou plutôt, comme nous dirions, *clérical*, qui ne gouvernait que par les évêques : on l'appelait *le roi des prêtres*. Nos prêtres tout de suite furent pour ce roi-là. — Non pas tous, pourtant ; beaucoup restèrent fidèles à la France. Mais la masse fut anglaise ; l'Université surtout[3], la mère des prêtres. Le clergé de Paris alla en procession au-devant du roi étranger, Henri V, sacra le fils du conquérant, Henri VI, en grande pompe, sous les voûtes humiliées de notre cathédrale. — L'Église, au nom de Dieu, reconnait pour autorité légitime... l'ennemi. Que penser ? A qui croire ? Quelle devait être la détresse de ces pauvres âmes, le trouble des idées, l'incertitude et l'abaissement des courages au milieu de tant de calamités, de trahisons et de mensonges !

1. Il descendait, en effet, des rois de France par les femmes. Ces choses-là, à cette époque, comptaient pour beaucoup.
2. L'Angleterre, de tous temps comme aujourd'hui, a produit des hommes de noble et généreux caractère. Entre elle et la France il peut et doit y avoir étroite alliance, amitié sincère, mais non pas *fusion* : les deux populations sont trop différentes d'humeur et de tournure d'esprit.
3. Comme il parut encore au procès de Jeanne d'Arc.

On raconte qu'au moment le plus affreux du désastre, quand la famine dépeuplait la ville, cette population, si malheureuse, eut, elle aussi, comme un accès de folie. Ces mourants, pour se divertir, n'imaginèrent rien de mieux que de se jouer à eux-mêmes la comédie de leur propre enterrement. Cela s'appelait la *Danse Macabre*. Le lieu de la scène, un cimetière : le cimetière des Innocents ; le spectacle, une espèce de drame dansé, un *branle*, comme une sorte de mascarade où des centaines de personnages déguisés, rois et reines pour rire, papes, évêques mitrés, moines, bourgeois, hommes d'armes couverts de ferraille, *ballaient* en tournoyant, tandis que *la Mort*, figurée par un personnage « en façon de squelette », les poursuivait avec sa faux. Qui voulait se jetait dans la ronde ; c'était un rire nerveux, une âcre joie dans la foule, quand la Mort saisissait parmi la chaîne pour l'entraîner hors de la danse, avec des gestes d'ironie bouffonne et cruelle, quelque grand de la terre, un évêque, un seigneur, qui faisait semblant de se débattre ou de supplier, jusqu'à ce que le fantôme le touchât de sa faux et le couchât par terre au milieu de la ronde[1]. — De pareils jeux, cette gaieté lugubre, disaient assez le désordre des pensées, l'égarement, l'oubli de soi-même. Eh bien, il y a quelque chose qui dit plus encore. C'est que Paris devenu anglais, vit la France en personne sous ses murs, — je veux dire l'armée française et la Pucelle, — et ne la reconnut pas.

Ce ne fut pas un véritable siège, cette tentative de l'armée royale pour reprendre la capitale ; mais seulement un assaut brusqué, un coup de main qui ne pouvait réussir que si les Parisiens, de l'intérieur, eussent tendu la main. L'attaque fut violente. C'était, vous le savez, près de la porte Saint-Honoré[2] ; il y avait là double fossé, comme sur tout ce front des remparts. La vaillante Lorraine avait déjà emporté quelques retranchements extérieurs et franchi le premier fossé ; elle donnait ordre

---

1. Cela se répéta pendant six mois. Plus tard on fit sur les murs, à l'abri des arcades qui entouraient le cimetière, une représentation en peinture de cette scène, dont certaines figures, reproduites par l'imagerie, sont restées célèbres.
2. Voir le dessin, page 308.

de combler le second pour livrer l'assaut, quand elle fut blessée d'un trait. Son sang coula. Il y eut désordre, reculade. L'affaire manqua. Les braves capitaines de l'armée française comprirent que le moment n'était pas venu. Paris resta anglais pour six années encore.

L'œuvre fatale de discorde et de haine qui avait livré la France désarmée à l'étranger avait été le crime des grands; la délivrance fut le fait du peuple, surtout de cette fille du peuple en qui l'âme héroïque de la vieille Gaule semblait s'être réincarnée. Vous savez cette belle et touchante histoire. On a voulu en faire une légende, un miracle[1]. Mais il n'y eut point de miracle : une chose bien humaine, au contraire, douloureusement humaine, une *pitié*, un dévouement de femme; seulement cette douce pitié, dans l'âme de Jeanne la Lorraine, se rencontrait avec une vaillance d'homme. C'est ce qui fit sa grandeur, sa puissance; d'autres eussent rêvé, pleuré en silence, prié : elle agit. Elle aima la France et la fit aimer. Elle fut comme une révélation de la Patrie. — Et en ceci encore point de miracle. Si le sentiment de la patrie n'eût pas existé au fond des cœurs, rien ne l'eût créé: cela ne s'invente pas. Il y était[2], mais comme un instinct confus, obscurci par tant de mensonges, engourdi par tant de misères. Il lui manquait de se connaître lui-même, de s'exprimer, de se communiquer de l'un à l'autre. Réveiller ce qui est au fond des âmes, c'est la puissance de la parole[3].

1. « Les *visions* de Jeanne d'Arc n'avaient rien de bien extraordinaire ; « en ces temps-là tout le monde en avait. Les âmes troublées, agitées de vaines « frayeurs ou de mauvaises haines, se sentaient poursuivies de rêves sinistres, « voyaient — croyaient voir — des diables, des *sabbats*, toutes sortes de « fantômes ; elle, simple et droite nature, avait des visions pures et lumi- « neuses comme son âme, des visions d'anges et de saintes, entendait, — croyait « entendre — des *voix* consolantes qui lui parlaient de la patrie ». (*Les Paysans.*) — Ces *visions*, ces *voix*, c'était la forme que pouvait prendre alors l'inspiration intérieure : si elle s'était manifestée autrement, elle n'eût été comprise ni suivie, ni des autres, ni de Jeanne elle-même.
2. Il y parut dans les secours que les villes envoyèrent à Orléans.
3. Qu'on se rappelle l'effet de la *Marseillaise* en 1792.

Mais un être qui se donne et se dévoue, c'est bien plus qu'une parole! Qui n'eût été ému, entrainé? Chacun sentit son cœur. Et alors tout se trouva éclairci, le grand mensonge démenti, mis à néant. L'Anglais apparut ce qu'il était : l'ennemi. Nous fûmes Français, par haine de l'étranger ; et cette haine légitime fit oublier les autres. Les premiers succès relevèrent tous les courages. « Quand une femme se jetait dans la bataille, quel homme eût osé reculer ? » Non seulement les hommes de guerre, mais les gens des *bonnes villes*, les paysans aussi s'en mêlèrent. Le triste roi ne fit rien, les grands peu. En somme, dis-je, le peuple lui-même opéra sa délivrance.

Paris aussi se retrouva, se reconnut. Et ce fut encore le peuple qui mit l'étranger hors des murs. On était las de l'Anglais et de son gouvernement d'évêques. Une sourde colère fermentait. Mais il y avait péril pour qui osait conspirer de rendre Paris à la France. Pourtant il se trouva des hommes pour risquer leur vie, s'emparer d'une porte par surprise, et faire entrer Dunois et les Français. Les Anglais étaient nombreux, résolus, bien armés. Ils auraient pu se défendre contre les troupes françaises ; mais comment se défendre contre l'immense population soulevée, dans laquelle ils se trouvaient pour ainsi dire noyés comme dans une mer houleuse ? Il y eut une bataille de rues. Or vous saurez que rien n'est plus terrible pour une armée régulière qu'une bataille de rues[1] : les chaines tendues, les barricades, les pierres, les meubles jetés par les fenêtres, le siège à faire de chaque ruelle, de chaque maison, le désordre, l'impossibilité de manœuvrer avec ensemble. Les Anglais comprirent qu'ils étaient perdus. Beaucoup périrent ; les autres se réfugièrent dans l'imprenable Bastille. Ils n'auraient pu tenir longtemps : ce qu'ils avaient de mieux à faire,

---

1. Les Prussiens le savaient bien, en 1871 : et c'est pourquoi ils ne se nasardèrent pas d'entrer dans le vrai Paris, le Paris populeux. Le *monstre* eût bien pu les dévorer...

c'était de capituler. On les laissa partir, et le peuple délivré les poursuivit de huées : *Au renard! au renard!*

Paris était redevenu français. Mais de cette longue, affreuse crise, la ville resta longtemps malade et comme meurtrie. La malheureuse population était épuisée, amoindrie par les mortalités, les âmes brisées par les deuils. Pour comble, les ravages de la guerre, comme c'est naturel, amenèrent la famine; la famine amena la peste. Plus de cinquante mille habitants périrent. On vit des bandes de loups entrer dans la ville, errer par les rues, enlever des cadavres, dévorer des femmes et des enfants. Il faudra bien un demi-siècle pour fermer ces plaies. — Paris, assez rudement traité par Louis XI, se refera pourtant; il se reposera et s'agrandira sous Charles VIII et sous Louis XII, le *roi bonhomme*.

Le second moyen âge, ombre du premier, du vrai moyen âge de Charlemagne et des croisades, meurt, s'évanouit plutôt, quand apparait la lumière de la *Renaissance* : l'imprimerie, l'antiquité retrouvée, le Nouveau Monde découvert, la vraie structure de l'univers dévoilée le chassent de la terre, comme l'aube, dans les légendes, fait rentrer les spectres sous leurs pierres [1]. Avec lui son art aussi s'en va; le second art gothique qui a succédé à celui du XIIIe siècle. L'art gothique, c'est ce que le moyen âge avait eu de meilleur ; il semble vouloir se faire regretter, et avant de disparaitre il couvre encore le sol de charmantes et merveilleuses créations.

A mi-chemin entre le Louvre et l'Hôtel de Ville, au milieu d'une vaste place carrée, entre les massifs verdoyants d'un jardin public, se dresse, isolée, comme une borne gigantesque pour marquer le centre géométrique de Paris, la haute et vieille tour Saint-Jacques; un des précieux restes de notre ancienne ville, devenu un des ornements de la ville moderne.

---

[1] En une seule chose il se survit, son fanatisme religieux, son atroce intolérance.

Du haut de sa plate-forme on domine le beau quartier central, on voit, comme à vol d'oiseau, dans une perspective raccourcie, le réseau croisé des grandes rues, la foule mouvante qui les anime : coup d'œil curieux et rare, sans doute. Mais c'est l'édifice lui-même que je veux vous montrer cette fois. Comme elle est élégante, cette tour, fièrement élancée, richement habillée de fines sculptures, royalement brodée de niches, de fleurons! Bien moins élevée en réalité[1] que celles de Notre-Dame, elle fait, au premier coup d'œil, l'illusion d'une hauteur plus grande. Cela tient à plusieurs causes : à ce qu'elle est isolée, à ce qu'elle est plus mince ; surtout à sa structure même. C'était autrefois le clocher d'une église aujourd'hui disparue, *Saint-Jacques-la-Boucherie*, « église paroissiale du sale et riche quartier des bouchers, des *écorcheurs*[2], des tanneurs et des pelletiers. » Eh bien prenons-la pour exemple de l'architecture gothique à sa dernière époque, c'est-à-dire au XVᵉ siècle[3]. Et, si vous voulez,

continuons cette comparaison qui s'est présentée dès l'abord à notre esprit entre elle et l'une des tours de Notre-Dame, pour

---

1. Elle n'a que 52 mètres de hauteur ; les tours de Notre-Dame en ont 65.
2. Ces bouchers et ces *écorcheurs* qui jouèrent un si grand rôle dans les troubles de Paris sous Charles VI.
3. La tour Saint-Jacques a été élevée tout au commencement du XVIᵉ siècle 1508), mais son style ne diffère pas de celui du XVᵉ.

juger de la différence, et mesurer le chemin fait par l'art gothique dans un intervalle de deux siècles. La majestueuse tour de la cathédrale a encore quelque chose de lourd dans son aspect ; l'autre est toute fine et toute svelte, moins large à proportion : nous l'avions déjà remarqué. Mais surtout observez comment la tour de Notre-Dame est coupée, à différentes hauteurs, par trois, quatre grandes lignes horizontales, très saillantes, très marquées dans la structure, qui la divisent comme par étages. Dans l'autre, rien de semblable. Plus de lignes horizontales : toutes les lignes de l'architecture sont

verticales. Les contreforts, les fenêtres, les colonnettes, les *arcatures*, tout cela s'allonge, monte, *file en haut*... Même la ligne terminale de la corniche au niveau de la plate-forme est comme brisée par les quatre *pinacles*[1] qui portent une statue de saint et des animaux gigantesques. A Notre-Dame les ouvertures sont larges, à proportion, les ogives assez obtuses ; ici, les fenêtres sont excessivement étroites, les petites arcades démesurément allongées ; les ogives, les niches, vont s'effilant en pointe. Observez ces ouvertures : l'ogive est, comme toujours, formée de deux *arcs de cercle* qui se coupent ; mais voici qu'au-dessus prennent naissance deux autres courbes en façon d'*accolade* aiguë, qui se creusent en sens contraire et se terminent par un fleuron. Ces *contrecourbes* sont une invention de la seconde époque gothique pour donner un aspect encore plus élancé, plus pointu à l'ogive. Ce goût des courbes onduleuses, entrelacées, est celui du xve siècle. Vous pouvez le voir à ces *arcatures* délicatement découpées de notre tour, qui sont comme des fenêtres bouchées. Mais vous le verrez bien mieux encore aux véritables fenêtres d'une église

---

1. Couronnements des contreforts dépassant la plateforme.
2. Gothique de la fin du xive siècle et du xve, dit *gothique flamboyant*.

de cette époque : par exemple, à *Saint-Germain-l'Auxerrois*, ou bien encore à *Saint-Séverin*, sur la rive gauche.

Saint-Séverin est une assez jolie église de xv siècle, toute à jour, toute en immenses verrières. Examinez ces fenêtres et leurs compartiments de vitrage[1]. Les meneaux de la première époque, comme vous l'avez vu à Notre-Dame, à la Sainte-Chapelle, formaient des *rosaces* géométriques, des *trèfles*[2] ; ici, ce sont des compartiments bizarres, courbés, tortillés, qui rappellent des feuillages, des flammes, on ne sait quoi ; fort habilement découpés, il est vrai, légers, déliés[3]. La jolie petite rose de la Sainte-Chapelle, refaite vers ces temps-là, est ainsi brodée de rayons tordus ; nous l'avions déjà observé. Puis la sculpture, les ornements, sont fort habilement exécutés aussi, les feuillages, délicatement ciselés, fouillés, comme détachés du mur, trop délicats même pour des feuillages de pierre, trop fragiles ; trop touffus aussi et trop prodigués. Trop de niches, trop de statues ; on ne voit plus les murs, les piliers ; les lignes de l'architecture disparaissent. C'est ce que vous pourrez constater encore, par exemple, en passant dans la sombre rue Saint-Martin, devant le portail de l'église *Saint-Merry*, qui est de ce temps.

Pour résumer nos observations, nous dirons donc que l'architecture gothique des derniers temps continuant, exagérant ce que l'autre avait commencé, se distingue par l'effacement des lignes horizontales, l'allongement des lignes verticales, l'excès des choses pointues, montantes, afin de paraître plus élancées ; par les contrecourbes des ogives et toutes sortes de courbes onduleuses, enchevêtrées ; enfin par l'abus des ornements et des sculptures. En ce temps-là on éleva très peu de grands édifices religieux ; on acheva seulement, on remania ceux que le xiie siècle et le xiiie avaient commencés[4]. Mais, chose qui vous étonnera peut-être, à Paris même, sous le règne si désastreux de Charles VI, on éleva un grand nombre de maisons particulières, de riches et élégants *hôtels* : il nous en demeure quelques restes curieux. Le roi et les oncles du roi donnaient l'exemple. Comme si ce n'était pas assez de trois

---

1. Voir les dessins, pages 266 et 267.
2. xiiie siècle, commencement du xive.
3. A l'intérieur, l'église paraît un peu froide et nue ; c'est qu'il faudrait à ces grandes verrières leurs brillants vitraux de couleurs vives.
4. Par exemple, à Paris, Saint-Germain-l'Auxerrois.

palais dans Paris, on acheta, ainsi qu'avait fait Charles V pour l'hôtel Saint-Paul, un vaste ensemble de bâtiments et de jardins; on l'agrandit, on l'orna, le meubla; on en fit un séjour royal, en face de l'hôtel Saint-Paul délaissé[1]. Le pauvre roi fou y languit et y mourut, aimé, respecté par le peuple : du moins il était Français. L'Anglais Bedford s'y installa, y fit de grandes dépenses ; il comptait y rester... Charles VII l'y remplaça. Puis le sombre Louis XI y demeura, et tous les rois de France jusqu'à François Ier et Henri II. C'était, comme l'hôtel Saint-Paul, un ensemble irrégulier de jardins, de cours, de logis, ornés, selon la coutume des temps, d'une multitude d'élégantes tourelles ou *tournelles* : de là son nom d'*hôtel des Tournelles ;* ses jardins s'étendaient jusqu'aux remparts[2].

Si vous voulez vous rendre compte de ce que pouvait être un logis noble, en ce temps-là, il faut étudier ce charmant *hôtel de Cluny*, que nous avons entrevu lorsque nous visitions les ruines anciennes des Thermes[3]. La maison du XVe siècle, elle, n'est pas en ruines ; elle est, au contraire, parfaitement conservée et restaurée. Elle est devenue un *musée* où sont rassemblés les plus curieux débris d'architecture et de sculpture, des meubles, des objets de toutes sortes appartenant au moyen âge. Ces objets, ces ustensiles, donnent une idée de la vie journalière en ces temps, des habitudes domestiques, du goût, des modes d'alors. Mais le monument lui-même parle tout autant. La gracieuse demeure a été élevée par les riches abbés de l'ordre de Cluny. — Ces moines ! Voilà, certes, une maison qui n'exprime

---

1. Emplacement de la place des Vosges et terrains environnants, jusqu'à la rue Saint-Antoine et la place de la Bastille.
2. Il en reste un nom de rue : la rue des *Tournelles*.
3. Rue du Sommerard ; touchant au jardin des Thermes. Cet hôtel a été transformé en un *Musée de l'ameublement* au moyen-âge.

point du tout l'austérité, la pauvreté, le renoncement au monde ; tout au contraire, l'élégance, la commodité, les plaisirs, le goût de l'art et du luxe. Le rude moine saint Benoit est bien loin ! Pour être plus raffinés, les moines du temps de Charles VI ne valent pas mieux que ceux de Louis IX, — s'il faut en croire des gens qui les connaissent bien, le sage Clémangis, le *saint* Gerson [1] et tous les conciles. — A cette époque-là, dans une ville, tout hôtel, tout *manoir* aux champs se donnait des airs de petit château, avec tourelles et mâchicoulis : mais ce n'était plus qu'un jeu, un simulacre, comme la noblesse du temps, avec ses tournois, n'était plus qu'un simulacre de chevalerie... Notre gentil *séjour* de Cluny dit très bien tout cela. Quelle différence avec les vieux donjons, avec la sévère tour des Templiers qui était là tout près ! Cela seul fait bien voir que les temps sont changés. Sur la rue, vous apercevez la belle porte sculptée, et la poterne en ogive avec *contrecourbe*, qui vous dit son âge [2]. Les petits créneaux couronnant le mur de la cour sont une parure, et pas autre chose ; rien de moins menaçant, je vous assure. La petite tour octogone, dans la cour, n'est pas une défense ; c'est un escalier ; la plate-forme, au sommet, n'est pas une *guette*, c'est un balcon. — Et, tenez, tout aussi bien la charmante petite chapelle, que vous ne manquerez pas de visiter, ornée comme un boudoir, riche, brodée jusqu'aux voûtes, n'est-ce pas aussi un simulacre, un simulacre d'église pour une comédie de dévotion ? A l'extérieur, vous regarderez la jolie façade du bâtiment, les *gâbles* et les clochetons de ses lucarnes, la balustrade découpée en pierre, à la base des combles, les fenêtres divisées par des meneaux de pierre : tout cela fin, léger, délicat. A l'intérieur, ce sont de beaux et vastes appartements, avec d'immenses cheminées : vous remarquerez qu'il n'y a point de plafonds. Enfin, dans la tourelle, vous observerez la forme de l'escalier en spirale, en *vis*, comme on disait

---

1. N. Clémangis, recteur de l'Université de Paris, secrétaire du pape, cardinal : *De la Corruption de l'Église*. — J. Gerson, auteur présumé de l'*Imitation de Jésus-Christ*.
2. XVe siècle.

alors : presque toujours, au moyen âge, dans les châteaux, les hôtels, les escaliers avaient cette forme de vis, et étaient ainsi contenus dans des tourelles ; disposition rationnelle et commode.

Quand vous aurez parcouru cette belle demeure, il vous restera encore à examiner deux fragments d'architecture qui datent du même temps[1]. C'est d'abord dans une petite rue obscure de la rive droite, sur l'emplacement de l'ancien hôtel Saint-

---

1. Il y aurait à signaler, en outre, quelques fragments moins importants; notamment des tourelles en *encorbellement*, c'est-à-dire soutenues par un cul-de-lampe en forme de cône renversé, dans la rue Hautefeuille : elles datent du XVIe siècle. Cette disposition était fort commune à cette époque. — Rappelons aussi la tourelle carrée de la rue Chanoinesse, dont nous avons donné le dessin (page 132). — Le jardin du Musée de Cluny renferme aussi de nombreux fragments d'architecture et de sculpture du XIVe et du XVe siècle.

Paul[1], une élégante façade, une porte en ogive et sa poterne, une lucarne sculptée ; à gauche et à droite deux jolies tourelles suspendues aux angles[2]. Ces tourelles en saillie remplaçaient nos balcons. Et souvent on les disposait ainsi près des entrées pour donner vue sur le dehors ; elles permettaient de guetter, sans se montrer, ceux qui frappaient à la porte... Vous voyez ici les restes du luxueux *Hôtel de Sens*, bâti par les archevêques de cette ville, sur l'emplacement même du logis du roi dans l'hôtel Saint-Paul. Et maintenant, suivez la *rue Vieille-du-Temple*, étroite et tortueuse aujourd'hui comme alors. Au coin d'une rue[3], à l'angle d'une ancienne maison, vous apercevez avec surprise une svelte et gracieuse tourelle, un bijou de tourelle... Elle est octogone, ornée de fines et grêles arcatures à *contrecourbes*, qui la datent mieux qu'un millésime et hardiment accrochée en surplomb, soutenue au-dessus de la tête des passants par un *encorbellement* en forme de cul-de-lampe. Elle ornait autrefois l'angle de *l'hôtel Barbette*, riche demeure, discrètement retirée au milieu des jardins, dans ce quartier alors silencieux et presque désert, touchant aux remparts. — C'était là que logeait la belle reine Isabeau, tandis que son pauvre fou de mari languissait

---

1. Rue du Figuier. Voir le dessin page 225.
2. Les sculptures qui ornaient la porte et les tourelles ont été détruites.
3. Rue des Francs-Bourgeois.

abandonné dans son royal hôtel des Tournelles ; c'est de là que sortait ce soir-là l'insouciant et prodigue Louis d'Orléans, quand les hommes du duc Jean sans Peur l'assassinèrent dans la rue sombre et déserte [1]. — Telles sont les lugubres histoires que raconte la jolie tourelle.

1. Le reste des constructions a disparu. Il paraît démontré, par des documents récents, que les bâtiments auxquels était attachée la tourelle, ont été de bonne heure distraits du domaine et ont constitué un logis séparé. — La tourelle et la maison ont été nouvellement restaurées.

LA RENAISSANCE

 E terrible *revenant*, déjà mort une fois, et qui obstinément revenait, trainait sur la terre, — je veux dire le moyen âge, — étant de ce coup bien décidément enterré, François Ier se charge de lui chanter son *de profundis*. Le 15 mars 1527, le roi de France

donne l'ordre de démolir le donjon du Louvre. La *Grosse Tour du Louvre*, dont « *mouvaient* tous les fiefs de France », la tour de Philippe Auguste, de saint Louis et de Charles V, ce vieux témoin de l'histoire, qui gardait souvenir de tant de gloire et de crimes ! C'était comme s'il eût biffé l'histoire elle-même. C'était renier le passé, en bloc. — Le roi François revenait de prison ; il avait bien cru n'en jamais sortir. La vue de cette sombre prison lui faisait froid : cela se comprend. Il avait vu l'Italie ; la belle Italie lui était restée au cœur. Il l'aimait, quoiqu'il l'eût ravagée ; il s'entourait d'artistes italiens. Il prit la résolution de faire disparaître en entier la vieille forteresse féodale, rude et revêche, triste, incommode, et de se faire bâtir à sa place un *palais* moderne, suivant la nouvelle architecture, l'architecture de la *Renaissance* : un palais riche, vaste, somptueux, commode à habiter, qui lui rappelât ces beaux *palazzi* des campagnes du Milanais, ces *villas* de marbre, ornées de colonnes, de statues, de tableaux, riantes et toutes pleines de soleil, qu'il avait tant admirées, où il s'était trouvé un moment si heureux[1]. Un habile architecte, Pierre Lescot, fit le plan. — Mais quand le roi eut apporté de Florence un édifice tout fait, eut-il apporté aussi un soleil d'Italie, un ciel d'Italie ? Le Louvre[2], — vous pouvez en juger, — est un beau palais certainement, fort riche, élégant, orné de fines et gracieuses sculptures, à l'intérieur splendide ; mais, avec tout cela, gris, un peu lourd, point *gai* du tout. Tous les rois qui l'ont habité s'y sont ennuyés.

Notre Louvre actuel est un immense entassement de palais de toutes les époques ; lentement, très lentement élevé, commencé il y a trois siècles et demi, à peine achevé. Tel qu'il est, il passe pour un des plus beaux palais du monde ; et c'est le monument capital de Paris, avec la cathédrale : Notre-Dame pour les temps anciens, le Louvre pour l'époque moderne. Puis les trésors qui y sont réunis, j'entends les trésors de l'art, tableaux, statues, objets historiques, en font, vous le savez, le grand musée de la France. Nous avons là tant de choses à

---

1. 1524.
2. Il s'agit ici du Louvre de Lescot.

voir qu'il n'y suffirait pas d'une visite. Donc, suivant l'ordre des siècles, nous devons jeter un coup d'œil sur la plus ancienne partie du monument, et pour le reste, nous y reviendrons.

Quand, laissant la grande et bruyante rue de Rivoli où le mouvement incessant, croisé, de la foule, fatigue l'œil, et l'éternel grondement des voitures, on entre par une large et profonde arcade dans la cour du Louvre, un silence subit vous saisit, par le contraste ; dans ce large espace quelques passants qui traversent semblent glisser sans bruit, comme des ombres...

— Mais qui leur eût dit à tous ces rois, à François Iᵉʳ et à Henri II, au froid Louis XIII, au majestueux Roi-Soleil, que leur successeur, un jour, dans leur royal Louvre, serait..... le peuple : *Monseigneur Tout-le-Monde*[1] ; que leur hautaine *Cour d'honneur* deviendrait un passage public..... le prophète eût été mal reçu, sans doute. Voilà ce qui vient à l'idée à plus d'un, comme à moi, en traversant cette large place. Elle est régulièrement carrée. Les bâtiments qui l'entourent offrent une majestueuse symétrie : c'est ce qu'on appelle parfois le *vieux Louvre*. Ces quatre faces du palais regardent les quatre points cardinaux. — Venez avec moi dans cet angle de la cour[2], où sur le dallage noir du bitume sont tracés en béton blanchâtre les trois cercles concentriques marquant l'emplacement du donjon ; tournez-vous vers l'occident : la façade que vous avez devant vous est la plus anciennement bâtie. A peine commencée sous François Iᵉʳ, elle s'éleva sous Henri II. Dans le plan primitif, elle devait occuper exactement le même espace que l'antique forteresse de Philippe Auguste. Les bâtiments nouveaux devaient former de même un carré avec cour au centre, et quatre *pavillons*[3] aux quatre coins, à la place des quatre tours. Ainsi construit, l'édifice n'eût occupé que le quart de l'emplacement actuel[4]. Maintenant, voici ce qu'il faut comprendre. Le côté *occidental* de ce petit carré fut bâti tout d'abord, puis le côté méridional, avec le pavillon de l'angle entre les deux ; les deux autres pavillons, aux extrémités des deux corps de logis, devaient être aussi les *pavillons des coins*. Mais lorsqu'il s'agit d'achever le carré, c'est-à-dire au temps de Richelieu, on trouva que le palais serait trop petit de beaucoup. Pour conserver ce qui était fait déjà, et changer le moins possible au plan de Pierre Lescot, on résolut de *doubler* exactement la longueur de chacun des deux côtés projetés. De cette façon les deux pavillons qui devaient former les angles se trouvèrent juste au

---

1. *Her Omnes* (Luther).
2. Angle sud-ouest.
3. Corps de bâtiment en avancée.
4. Du carré du Louvre, non du palais tout entier.

milieu des côtés ; la symétrie n'était point détruite. On acheva donc le grand carré, avec huit pavillons au lieu de quatre, et les bâtiments occupèrent une surface quatre fois plus grande que dans le plan originel.

Ceci compris, examinons ensemble l'édifice pour nous rendre compte de cette architecture de la *Renaissance*, dont notre Louvre est un des plus beaux exemples. La première chose qui nous frappe, c'est que ceci ne ressemble aucunement, ni dans l'ensemble[1] ni dans le détail, au gothique. Entre la tour Saint-Jacques, que vous avez encore présente à la pensée, et ce que vous voyez ici[2], quoi de commun? Rien absolument. De l'un à l'autre on croirait qu'il a dû passer des siècles et des siècles! — Des siècles? Pas même un demi-siècle, un quart de siècle[3]. Non; mais bien plus que des siècles : une révolution complète dans les idées, dans les goûts, dans les arts et la vie. Ce mot de Renaissance, vous le savez, désigne plusieurs choses, un vaste ensemble de faits qui se tiennent. Il y a le *renouvellement des lettres*, par l'étude de l'antiquité, et le *renouvellement de la science*, par l'observation; le *renouvellement des arts*, par l'étude de la nature et de l'art antique[4]. Un si grand changement dans les idées ne peut pas se faire sans que les habitudes aussi soient transformées. Le renouvellement avait commencé en France pour les lettres et les sciences, et pour les arts en Italie. Mais revenons à l'architecture, qui doit nous occuper en ce moment. — L'Italie n'avait jamais été vraiment gothique[5] ; ses monuments, ses demeures surtout, avaient toujours été élevées suivant les formes imitées de l'art antique, grec et romain. Quand, pendant les longues guerres d'Italie[6], nos artistes virent les *villas* de Milan, les palais de Florence, ce fut pour eux une

---

1. Comme forme.
2. Voir le dessin, page 277, représentant le pavillon dit de l'*Horloge*.
3. La tour Saint-Jacques fut achevée en 1522 ; le Louvre commencé en 1541.
4. Et la création de la musique.
5. Un certain nombre d'édifices d'un *faux gothique*, non sans beauté cependant, comme les cathédrales de Milan, de Sienne, ont été élevés en Italie. Mais cela ne constitue pas un art gothique italien.
6. 1494-1526.

découverte. On était las du gothique. Nos architectes ne copièrent point, comme on l'a dit, les édifices italiens ; mais ils firent comme les Italiens, c'est-à-dire qu'ils se mirent à étudier, eux aussi, l'antiquité. Ils prirent beaucoup de choses[1] aux Grecs et aux Romains, mais ils les combinèrent à leur manière suivant leur génie ; ils se firent, avec cela, un art à eux, accommodé à leur temps et à leur pays, bien différent de l'art antique. C'est là ce qu'on appelle, en architecture, la *Renaissance française*. C'est bien plus tard qu'on imagina de copier simplement tel ou tel édifice ancien, grec ou romain ; chose absurde en soi, et qui ne pouvait réussir.

Or, observons[2]. Tout d'abord, dans l'ensemble, remarquez que les *lignes horizontales* dominent, au contraire du gothique et surtout du dernier gothique. Vous voyez là trois grandes lignes nettement tracées par de larges corniches. Cela est raisonnable, puisque ces lignes indiquent clairement la division du bâtiment en trois étages. Plus d'ogives, ni de choses pointues ; plus de contreforts en saillie. Les ouvertures sont carrées du haut, à la manière grecque, et les *arcades*, les niches, sont arrondies en plein cintre, à la manière romaine. Point de découpures aux fenêtres. Il y a des colonnes, qui sont des colonnes grecques, corinthiennes, toutes de même proportion, avec les mêmes *moulures* et les mêmes chapiteaux. Leurs fûts sont cannelés, c'est-à-dire rayés de creusures verticales. Les colonnes sont employées seulement dans les parties du bâtiment qui sont en avancée ; ailleurs, entre les fenêtres et les arcades, elles sont remplacées par des *pilastres*, c'est-à-dire des piliers carrés mais très peu saillants au dehors, *engagés*, comme on dit, dans la maçonnerie, avec moulures, cannelures et chapiteaux reproduisant ceux des colonnes : en un mot ce sont des colonnes aplaties, plaquées contre les murs. Les ornements, les sculptures aussi sont tout autres d'aspect et de disposition que sur les édifices

---

1. Ils imitèrent surtout l'apparence, les détails des formes architecturales, les colonnes, ornements, etc. Ils conservèrent, et firent sagement, beaucoup de la *disposition d'ensemble* des édifices français.

2. Voir le dessin page 277.

gothiques. A ceux-ci les ornements sculptés, les guirlandes de feuillage *courent* sur tout le long des lignes saillantes de la structure : ici, vous voyez, les figures, les bas-reliefs occupent, au contraire, les parties plates des murs, réservées entre les *membres*[1] de l'architecture. Les statues et les figures sculptées ont des attitudes plus mouvementées, et laissent voir les *nus*, comme chez les statues antiques. Enfin les combles forment d'un bout à l'autre de grandes lignes droites, tandis que, dans la plupart des palais gothiques, ils formaient des entassements de toits pyramidaux, pointus. — Plus de tours ; à la place, de gros *pavillons* carrés, faisant saillie sur la ligne des bâtiments, mais beaucoup moins en avancée que des tours. A l'intérieur, plus de voûtes gothiques à nervures ; mais des plafonds, ou des voûtes en *berceau*; quelquefois aussi des voûtes d'arête à la romaine. L'ensemble est certainement élégant, riche, un peu monotone, avec les mêmes colonnes, les mêmes *frontons*, qui se répètent partout.

Quand vous aurez examiné avec soin cette façade du bâtiment, vous aurez une idée de la Renaissance française. Vous retrouverez des formes, des ornements semblables sur les autres édifices de la même époque, avec une certaine variété, une certaine fantaisie, cependant. Mais puisque nous sommes au Louvre, disons encore un mot de son histoire. — Ce qu'il y a d'étonnant, c'est qu'on ait laissé si longtemps inachevée la partie essentielle de l'édifice, le *Carré*, tandis qu'on élevait à grands frais toutes sortes de parties accessoires, de longues galeries, des corps de logis qui s'y soudaient irrégulièrement. Jusqu'à Louis XIII, on put voir les deux façades modernes venir buter contre deux grosses tours de la vieille forteresse ; et le carré se continuait par les deux autres vieilles façades conservées aussi : contraste choquant et bizarre ! — Pendant cet intervalle, Catherine de Médicis faisait élever, jusqu'à la hauteur du premier étage, la galerie qui ferme maintenant à l'occident le petit jardin enclos de grilles et s'avance vers la

---

[1]. Parties de la construction douées d'une fonction spéciale telles que colonnes, pilastres, corniches, arcs, etc.

Seine[1]. Elle faisait commencer d'autres bâtiments sur le quai. Tout à coup les travaux s'arrêtent. C'est que la vieille sorcière avait une autre fantaisie. Les choses en restèrent là, jusqu'à ce que Henri IV reprit l'œuvre et se remit à bâtir cette longue *Galerie du bord de l'eau* qui allait, suivant la Seine, rejoindre les *Tuileries*.

Ces Tuileries, plus tard si célèbres, étaient justement la fantaisie de la sorcière (1564). Elle chargea un habile architecte, Philibert Delorme, de lui bâtir une habitation princière, luxueuse, voisine du Louvre, séparée pourtant, et même en dehors des murs de la ville, en un certain emplacement rapproché de la Seine où avaient, en effet, existé des *tuileries*. L'édifice, tel qu'il fut élevé alors, se composait seulement d'un pavillon carré central, et de deux grands bâtiments en forme d'ailes, à droite et à gauche, terminés par deux autres pavillons. Depuis on a ajouté à cette construction simple et élégante, des étages, des bâtiments, des pavillons massifs qui la défigurèrent, en firent un vaste palais, lourd et laid, excessivement

---

[1]. Galerie dite galerie des Antiques. Voir le dessin ci-dessus, représentant le Louvre sous Charles IX, et le dessin page 275 représentant la fenêtre et le balcon dit *Balcon de Charles IX*, qui termine cette partie avancée des bâtiments.

incommode à habiter. — Je ne puis vous montrer les Tuileries, qui n'existent plus ; ce qui restait de l'œuvre primitive de l'architecte, parmi ces bâtiments entassés, remaniés, était d'ailleurs peu de chose. J'aurais seulement voulu vous faire remarquer, à la façade du pavillon central, les colonnes que notre habile artiste se piquait d'avoir inventées : mais nous pourrons en voir de semblables ailleurs, au Luxembourg, par exemple, au Louvre même, à plus d'une façade d'église ou de maison. — L'invention consistait à composer le *fût* de la colonne de cylindres de pierres superposés, de *tambours*, comme on dit, alternativement plus gros et plus minces, en sorte qu'on la dirait cerclée de distance en distance par de larges et épaisses bagues. C'est fort ingénieux peut-être... mais cela donne aux colonnes, à l'édifice entier un certain air de lourdeur désagréable.

Le joli palais des Tuileries était à peine bâti que la Catherine s'en dégoûtait. Elle a hâte de le quitter ; elle achète des terrains entre le Louvre et les Halles[1], rase les maisons pour faire place à son *hôtel de Soissons*. Pourquoi cela ? L'histoire vaut la peine d'être racontée. — Le curieux qui traverse ce quartier populeux aux rues étroites, doit se détourner un peu pour aller voir notre ancienne *Halle aux blés* : lourd édifice rond, écrasé, coiffé d'une vaste coupole charpentée de fer, dont la destination vient d'être changée[2]. A côté, faisant contraste avec la massive bâtisse, il découvre un étrange monument, une toute légère et svelte tourelle isolée, en forme de colonne, portant sur son élégant chapiteau une sorte de lanterne vitrée. On dirait un phare... C'est la tourelle *astrologique* de Catherine de Médicis, son *observatoire*, dans les jardins de

---

1. Emplacement de la *Halle aux Blés*. Il ne reste de l'hôtel de Soissons que la curieuse colonne.
2. Restaurée, elle forme la partie centrale de la *Bourse du Travail*, de fondation municipale récente.

l'hôtel de Soissons. Du haut de l'étroite plate-forme, la crédule vieille allait, avec son *astrologue*, espionner les étoiles, tâcher de deviner la destinée des rois, la sienne propre, bien certainement écrite au front des cieux dans les figures mystérieuses que forment là-haut les constellations... Cette âme perverse, qui avait si peu peur du crime, avait une peur atroce des rencontres des planètes. Or, son astrologue, sans plus préciser, avec cette obscurité sacrée digne de choses si profondes, lui avait déclaré que les étoiles la menaçaient d'un malheur : « qu'elle se gardât de *saint Germain!* » Et voilà justement que ses Tuileries sont situées sur le territoire de Saint-Germain-l'Auxerrois... Menace terrible! Elle fuit, elle prend en horreur son propre palais, à la hâte se fait bâtir un refuge. Et tandis qu'elle y est, interrogeant les astres du haut de sa tourelle, se demandant s'il ne faut pas fuir plus loin encore.... la mort vient la tirer par la manche pour la conduire en une autre demeure.

La mode était à la bâtisse; la nouvelle architecture séduisait tout le monde. En même temps que s'élevait le Louvre, on avait commencé, pour remplacer la vieille Maison-aux-Piliers, trop étroite et tombant de vétusté, un *Hôtel de Ville* : édifice de première nécessité. Pourtant les travaux furent abandonnés, repris, délaissés encore, et ne purent être achevés que sous

Henri IV. L'argent allait aux Tuileries, à l'hôtel de Soissons. — A l'exemple des rois et des princes, beaucoup de grands seigneurs et de riches financiers voulurent avoir, eux aussi, leur Louvre en miniature, leurs petites Tuileries. Ces *hôtels* de la Renaissance, plus ou moins vastes et ornés, fort élégants et gracieux, de simples maisons même, plaisent plus à l'œil que les palais du même temps ; car cette architecture convenait mieux aux bâtiments de médiocre étendue[1].

Où nos architectes de la Renaissance se trouvèrent réellement dans l'embarras, c'est quand il leur fallut bâtir une église. Leur ingénieux mélange de grec, de romain, d'italien, de français n'était point fait pour cela! Depuis lors on a construit des églises de tout style : de vastes salles, qui, par leur disposition, leur aspect, convenaient plus ou moins, — ou même pas du tout, — à leur destination; nous en voyons plus d'une à Paris. Mais dans ces temps-là on était trop habitué à la forme des édifices gothiques; chacun s'était fait d'une église une certaine idée dont on ne s'éloignait pas volontiers. Quelques architectes du temps s'ingénièrent d'une chose assez bizarre. Ils prirent le parti de conserver toute la disposition d'ensemble et l'aspect général de l'église gothique : nefs, bas-côtés, abside arrondie, transsept, chapelles latérales, et même son système de construction, contreforts et arcs-boutants, tout en rejetant les formes d'architecture qui allaient naturellement avec le système; en changeant, par exemple, les ogives en pleins cintres, les faisceaux de colonnettes en colonnes plus ou moins imitées des colonnes grecques, en remplaçant les colonnes engagées par des pilastres. A Paris, deux édifices ont été bâtis dans cette pensée :

---

1. Dès le règne de Louis XII on avait élevé un charmant petit édifice dont l'architecture tenait à la fois du gothique et de la Renaissance, montrait un mélange curieux des deux styles, comme un passage de l'un à l'autre. Il eût été fort intéressant à étudier pour nous; malheureusement il a été détruit par un incendie. Cet édifice, bâti dans la grande cour du Palais de la Cité s'appelait la *Cour des Comptes;* c'était le siège des conseillers qui vérifiaient les comptes du Trésor. Ses sculptures étaient d'une richesse, d'une délicatesse merveilleuses. On remarquait surtout son vaste degré extérieur, sorte de perron couvert à une seule rampe.

Saint-Étienne-du-Mont[1], sur la montagne Sainte-Geneviève, et tout au centre de la ville, dans le bruyant quartier des Halles, Saint-Eustache[2]. Dès que vous apercevez celui-ci de la rue, avec ses combles en croix, son abside ronde, ses contreforts, ses arcs-boutants, son pignon de transsept, ses fenêtres à méneaux, ses roses, vous vous écriez : « Encore une église gothique ». Oui et non. Regardez de plus près ; vous verrez que ces contreforts sont ornés de pilastres cannelés, que les fenêtres sont arrondies en cercle, les méneaux aussi ; les ornements sont ceux qu'on voit aux anciens édifices romains ou grecs. Vous entrez, c'est la même chose. Les voûtes sont à nervures ; mais les arcs sont en plein cintre. Les piliers ont la proportion élancée des piliers gothiques ; mais les chapiteaux sont corinthiens comme ceux du Louvre. Et le reste à l'avenant. On va de surprise en surprise. A force d'étonnements, vous finissez par regarder la chose avec indifférence, et vous dites : « C'est une église gothique *déguisée*. » Et vous avez raison. — Mais un malin vous répliquerait qu'elle n'en était que mieux pour l'époque ; et que le temps, alors, était aux déguisements. Voyez les rois, les papes, les princes, tous les grands... François Ier, par exemple, qui s'en va chevauchant, déguisé en paladin du temps de Roland, Henri II en héros de tournoi ; l'empereur Charles-Quint qui veut faire dans la pièce le personnage de Charlemagne : mais il prend son rôle trop à cœur, vous verrez que la tête lui sautera. Henri IV, qui va venir, est un brave capitaine gascon, déguisé en huguenot : tout à coup il retourne son pourpoint, et vous le revoyez déguisé en catholique. Les Guises sont des chevaliers d'industrie, — et de mauvaise industrie, de trahison et d'assassinat, — costumés en chevaliers croisés ; et la *Sainte Ligue* que nous verrons bientôt, qu'est-ce autre chose qu'une immense mascarade ? — Mais la farce est violente ; les acteurs, dans leur rôle pour rire, se tuent pour tout de bon, et le spectacle, comme les *jeux du cirque*, est mêlé de massacres et de supplices.

1. On remarque dans celui-ci un *jubé*, une sorte d'arche de pont élégante et légère jetée d'un pilier à l'autre en travers de la nef, à l'entrée du chœur, avec deux jolis escaliers en spirale s'enroulant autour des piliers (1517-1610).
2. 1532-1641.

Si vous passez sur la place extérieure du Louvre, devant la célèbre *colonnade*, détournez-vous et jetez un coup d'œil vers l'église *Saint-Germain-l'Auxerrois* qui lui fait face. Regardez le joli *porche*[1] avec sa balustrade légère ; le pignon élancé entre deux élégantes tourelles[2]. — De l'une de ces tourelles, celle de gauche, tinta la cloche qui donna le signal de la Saint-Barthélemy.

C'était entre quatre et cinq heures du matin, un peu avant l'aube. Les massacreurs, avertis de la veille, depuis minuit attendaient, frémissants. — Quatre heures; l'amiral Coligny est tué, la chose est lancée. De l'église tombe le signal; la petite cloche dit : « Allez, au nom de Dieu! » Il était grand jour quand le beffroi de la Tour Carrée, dans le Palais de la Cité, prit le branle à son tour, pour dire : « Au nom du roi! » Mais déjà le massacre avait commencé au Louvre même, chez le roi,

1. Portique devant la porte d'entrée. Voir le dessin ci-dessus.
2. Le grand clocher voisin de l'église, dit le *Beffroi de la place du Louvre*, est moderne (1855).

sous ses yeux, dans ses appartements dont les marches furent rougies de sang... N'ayez peur que je vous retrace, dans ses horribles détails, ce tableau de boucherie : les hommes sans armes, les femmes, les enfants égorgés, dépouillés, trainés sur le pavé, jetés à la Seine... Aussi bien le cœur me manque à moi-même. — Ce n'était pas chose nouvelle, ni bien rare dans l'histoire, qu'une tuerie par fanatisme religieux. Mais ce qui rend ce massacre à jamais exécrable entre tous les massacres, c'est le royal guet-apens, les victimes appelées à Paris sous promesse de paix et de protection, logées au Louvre même : et le Louvre devient le coupe-gorge où on les assassine ! — « Un roi de France ! Non, ce n'est pas possible ! » Ceux qu'on assassinait n'y voulaient pas croire. — Il y avait au faubourg Saint-Germain un grand nombre de huguenots. A la rumeur du carnage, avertis, mais incrédules, ils se jettent dans des barques, passent la Seine et vont au Louvre se mettre sous la protection du roi, le sommer de sa *parole de roi* : ils sont reçus à coups d'arquebuse. Le roi lui-même était à une fenêtre du palais donnant sur le fleuve. « Ils fuient, ils fuient, s'écria le misérable ; qu'on me donne une carabine ! » Et il tira, dit-on ; mais le coup ne pouvait porter si loin[1].

Il y eut pourtant, au milieu de la fureur, un moment d'hésitation[2] ; la tuerie languissait. Mais voici que, le lendemain, de toutes les paroisses, dans tous les couvents, dans tous les clochers, les cloches tout à coup s'ébranlent, bondissent, de leur tocsin enragé versant comme un vertige rallument le car-

---

1. La chose a été niée ; voici pourquoi. Une tradition désignait comme étant « la fenêtre par laquelle le roi Charles IX a tiré sur les huguenots » une fenêtre qui termine la galerie en avancée vers le fleuve (Galerie des Antiques). On a objecté que la partie du bâtiment où est située cette fenêtre n'existait pas encore alors, ce qui est une erreur. Au reste, s'il peut y avoir incertitude sous le rapport du lieu, le fait lui-même, attesté par trois témoins, dont l'un surtout est une autorité (Aubigné : *les Tragiques* ; *Histoire universelle*), n'a jamais été démenti par les contemporains ; il reste établi. Le roi a tiré par une fenêtre ; mais ce n'était pas peut-être celle-là.

2. La nuit avait fort refroidi. Sans la sonnerie du lendemain, le massacre n'eût probablement pas recommencé. — Il y eut deux mille personnes tuées le premier jour, quatre mille ou six mille les jours suivants, à Paris. Pour toute la France on peut compter de vingt à trente mille.

nage. A cette voix d'en haut l'extermination recommence, et plus cruelle. — Cela dura deux jours entiers; puis ce fut le tour de la province.

Le sang n'était pas encore essuyé sur les pavés, que l'Église, lançant ses cloches, allumant ses cierges, entonnant son hymne de joie, sortait, bannière au vent, en triomphale procession, pour remercier Dieu « de l'extermination des hérétiques heureusement *commencée*[1]... » Quand la nouvelle en parvint à Rome, les cloches sonnèrent, le canon tonna du château Saint-Ange[2]. Les processions paradèrent au milieu des illuminations et des feux de joie; les cardinaux, les évêques se rendirent à Saint-Pierre de Rome, le pape chanta un *Te Deum*. Puis il envoya au roi Charles une *rose d'or*, gage de félicitation; et pour consacrer ce grand souvenir, fit frapper une médaille. Au revers, ces propres mots: *massacre des huguenots*; de l'autre côté, son effigie et son nom: *Grégoire, pape*. C'est une signature[3]. — Vous pouvez la voir: elle est à la Bibliothèque Nationale[4].

J'aurais passé rapidement sur cette page rougie. Mais c'est qu'il s'est trouvé des gens pour dire, pour écrire: « C'est le peuple de Paris qui a fait la Saint-Barthélemy. » Paris, dit-on?

---

1. Deo gratias referemus de felici *incepta* extirpatione heresium et inimicorum nostræ Religionis Catholicæ. (*Registres capitulaires de l'église de Paris.*)
2. Citadelle du Pape.
3. *Ugonottorum strages*, 1572. (Un ange, la croix et l'épée à la main, exterminant des huguenots). — *Gregorius XIII, Pont. Max. an.* 1572.
4. Département des Médailles.

Alors ceci nous regarde. Et il faut répondre. — Qui a fait la Saint-Barthélemy? Qui l'a voulue, d'abord, prêchée, implorée, préparée, lancée? Demandez au pape[1], au clergé qui sonne ses cloches, pour l'action d'abord, et puis pour le triomphe. Qui, au dernier moment, a donné l'ordre? Demandez au roi, qui va en personne au Parlement, dire : « J'ai tout fait. » Mais le misérable fou se vante, il n'a fait que consentir; Catherine, les Guises ont décidé. Et qui a exécuté? Les gens des Guises, d'abord, gentilshommes, soldats, valets à leur paie, dont ils avaient rempli la ville : toute une armée. Puis des fanatiques, petits marchands, ouvriers des *confréries*, affolés, mis hors d'eux-mêmes par les sermons enragés des curés, des moines, dans les *paroisses* et les couvents[2]. Enfin telle canaille, qu'il y a toujours, malheureusement, dans les grandes villes, gens du ruisseau et de la potence, en petit nombre, mais qu'on trouve dans toute chose louche, qui se mêlent à toutes les émeutes pour faire de mauvais coups, qui tuent pour piller. Or cette *populace* n'est pas *le peuple*, tout le peuple. Voilà ce qu'il fallait bien dire. — Et voilà ce qu'il faut se rappeler : car c'est avec ces trois éléments qu'on va faire tout à l'heure la grande farce de la *Ligue*. Ajoutez un quatrième, l'étranger, quand le clergé et les Guises auront appelé l'Espagne, et mis une garnison espagnole dans Paris.

C'est une chose très curieuse que cette Ligue. A voir le tapage qu'elle fait dans l'histoire, vous diriez, n'est-ce pas, que toute la France d'alors est frémissante de fanatisme... Point du tout. Les fanatiques, au contraire, d'un côté comme de l'autre, étaient en petit nombre. On était très las; le peuple, le vrai peuple, à Paris, partout, ne demandait qu'une chose : la paix.

---

1. Le pape *saint Pie V* la réclame pendant dix ans (*Lettres de Pie V*; *Archives du Vatican*); le pape Grégoire XIII la contresigne.
2. Voir les *Sermons du curé Boucher* (Documents de l'Histoire de France).

Vingt ans de guerre civile et de processions, il y avait de quoi se lasser en effet. — Voulez-vous savoir ce qu'on en pensait à Paris même, foyer de la Ligue, au moment le plus furieux? Une chanson des rues le dit d'une façon toute parisienne :

> Vivent le pape et le roi catholique [1] !
> Vive Bourbon avec la Sainte-Ligue...
> Vivent les bons et vaillants huguenots ;
> *Vive le diable!...* pourvu qu'ayons repos!

Voilà le fond.

Mais alors comment expliquer que cette population de Paris semble tout à coup saisie d'un accès de *rage ligueuse*, qu'on la voie faire des barricades, bien plus, endurer la faim et toutes les horreurs d'un siège? C'est qu'il est des recettes pour exciter un peuple, l'égarer et le rendre furieux, comme un vin frelaté enivre un homme et lui fait perdre le sens. Les meneurs de tous les temps les connaissent, ces recettes[2]; seulement pour qu'elles réussissent, il y a une condition : c'est que le peuple soit ignorant. Or la population parisienne, à cette époque, était fort ignorante, très crédule. — Donc on le trompe, ce pauvre peuple ; on l'affole de peur et de haine. Fureur inutile : un beau jour, tout tombe à plat.

En attendant, ne serait-ce que pour nous reposer un peu par une scène de comédie entre deux drames noirs, — la Saint-Barthélemy et le siège de 1590, — et pour vous donner une idée de la physionomie de *Paris sous la Ligue*, assistons au curieux spectacle d'une des fameuses *processions de la Ligue;* les processions, vous le savez, étaient les grandes machines de l'époque, la mode du moment. Il y en eut de fort amusantes, quand le roi Henri III en était, déguisé en *pénitent*, vêtu d'un sac de grosse toile avec une corde pour ceinture[3]. Mais c'était bien plus beau encore quand il n'en était plus, et qu'on les faisait contre

---

1. Philippe II, roi d'Espagne.
2. La forme varie suivant les époques ; au fond, les moyens se réduisent à deux : le mensonge et la peur.
3. 1583.

lui [1] ! — Imaginez la fête, les cloches en branle, la foule mouvante par les rues, tout le monde dehors. Figurez-vous, ouvrant la marche, la multitude agitée des petits écoliers, cierges en main, chantant d'une voix aigre le *Dies iræ* [2], hymne de colère et de malédiction ; et lorsqu'on stationne aux carrefours, ils éteignent leurs cierges, écrasant la mèche contre terre d'un air furibond... pour les rallumer un peu plus loin [3]. Puis on voit venir le clergé, brodé, doré, chamarré, avec croix et bannières ; les curés tendant les bras au ciel, des moines à n'en plus finir, blancs, gris, noirs et de toutes les couleurs. Sur les flancs, dans les rangs, les seigneurs ligueurs, les gentilshommes *guisards*, les gens de guerre, tout ce qu'il y en a dans Paris ; tous en armes. Seulement beaucoup, en guise de hallebardes et d'arquebuses, ont des cierges... En revanche, par exemple, nombre de moines, au lieu de cierges, portent crânement la pique, ou brandissent des épées nues : d'autres ont des arquebuses, et de temps en temps tirent des coups de feu en l'air pour animer la fête. Malheureusement, nos braves moines ne sont pas très adroits à manier ces outils-là : en sorte que la journée se passe rarement sans qu'il y ait quelqu'un de blessé, voire de tué [4]... mais n'importe ! Vous vous représenterez maintenant les gens des *confréries*, marchands et ouvriers, en armes, sous les bannières de leurs métiers ; et la troupe confuse, peu militaire d'aspect, des *gardes bourgeoises* des quartiers, avec leurs vieilles armes rouillées toutes différentes de forme et de provenance. Puis c'est le grave cortège des *autorités*, comme nous dirions, fonctionnaires de toutes sortes, magistrats, gens du Parlement, qu'on traîne là, — et qui s'en passeraient volontiers. Ces gens-là ne sont pas si bêtes qu'ils ne voient très bien où tout cela mène. Plus d'un, du fond du cœur, donnent la Sainte-Ligue et la procession à tous les diables ! Mais il faut faire bonne figure... et pour qui sait cela, ce n'est pas la partie la moins comique de la mascarade. Derrière vient la cohue bruyante, mêlée de toutes gens et

---

1. 1589.
2. « Jour de colère. »
3. C'est la cérémonie de l'excommunication.
4. Ils tuèrent, entre autres, le légat du pape.

de tous costumes, hommes, femmes et enfants, se foulant, se bousculant par les rues étroites. Mais le plus bel ornement, le charme, voyez-vous, de la cérémonie, ce qui fait qu'on se presse, qu'on s'écrase pour voir, c'est, au milieu du défilé, la troupe dévouée des *pénitents* et *pénitentes*, souvent plusieurs centaines, hommes et femmes, — femmes surtout, — vêtus seulement de longues chemises blanches, et pieds nus, portant des cierges... Il y a, ma foi, parmi, de très grandes dames[1] ! La saison est rude[2], la bise pique... — L'histoire ne dit pas combien de bronchites bien conditionnées, de bonnes petites fluxions de poitrine, pas volées du tout, furent en ces jours-là cueillies sur le pavé de Paris.

Drôle de temps, drôles de mœurs... Tout ceci, au premier abord, vous fait l'effet d'une farce de carnaval, ridicule et indécente. Mais la chose grotesque a aussi son côté sérieux. C'est que ces promenades étaient en même temps des revues. Les meneurs étaient là, comptant leur monde, notant qui venait ou ne venait pas. Qui ne fût venu eût été en danger. Si humble, si inconnu que vous fussiez, il se serait bien trouvé un voisin jaloux pour remarquer votre absence, la dénoncer. Les dévots du quartier auraient dit entre eux : « On ne le voit point aux processions. Il s'enferme. » Puis tout de suite : « C'est sans doute un *huguenot !* » Et vous étiez perdu. Qu'il vînt un jour de tumulte, d'avance vous étiez désigné au pillage, aux violences. Donc on n'eût osé manquer. Par frayeur pour soi, pour les siens, on allait. Beaucoup étaient là, et plus de la moitié, sans doute, qui n'y étaient pas pour leur plaisir !

Et qui croira aussi que la population tout entière fût de cœur si dévouée à la Ligue et à l'Espagne, si fanatique de jeûne et de résistance de mort, au temps du siège, quand toute l'herbe des faubourgs était broutée, et qu'on mangeait les chiens crevés ?

1. La duchesse de Montpensier, en tête.
2. Janvier, février, mars.

Ce fameux *siège de Paris* par Henri IV ne fut pas bien réellement un siège, un siège *en règle*, comme on dit ; point de grands travaux d'investissement, de grands assauts. Le roi avait à peine une quinzaine de mille soldats, et ce n'est pas avec cette poignée d'hommes qu'on emporte de vive force une place comme Paris. Mais il eût fort bien pu entrer par surprise, et alors une partie de la population aurait tourné pour lui. Puis une autre circonstance, que je dirai tout à l'heure, le favorisait. Ce ne fut pas non plus absolument ce qu'on appelle un *blocus*, un investissement complet de travaux et de troupes, comme une ceinture de fer serrant, étreignant une ville, ne laissant nulle issue, en sorte que rien ne puisse sortir ni entrer, hommes ni vivres, jusqu'à ce que la place soit forcée de se rendre par la famine ; toujours pour la même raison : le roi n'avait pas la dixième partie des troupes qu'il eût fallu pour fermer le cercle immense autour de la grande ville. Pourtant c'est par la famine que le Béarnais tenta de prendre Paris ; et peu s'en fallut qu'il ne réussit. — Pour comprendre comment une telle chose fut possible, il faut avoir une idée de ce qu'était Paris alors, de ses moyens de défense et d'approvisionnement.

Paris, au temps d'Henri IV, n'était pas ce monstre dévorant qu'il est aujourd'hui. Mais c'était déjà une très grosse ville[1], et qui mangeait beaucoup. La difficulté, en temps de guerre, a toujours été moins de défendre Paris que de le nourrir. Pendant la guerre anglaise, par exemple, quand toutes les campagnes étaient ravagées aux environs, que Paris ne fût pas mort de faim, c'est une chose très belle, et qui fait grand honneur à son vaillant prévôt des marchands, Étienne Marcel[2]. A l'époque de la Ligue, quand la population avait doublé, l'approvisionnement était plus difficile encore. Autour de l'énorme ville il n'y avait qu'un petit nombre de mauvaises routes, étroites, défoncées, l'hiver impraticables[3], où les charriots à demi

---

1. Au moins 250,000 habitants fixes ; plus une population flottante probablement considérable.
2. Michelet.
3. Si deux ou trois étaient en meilleur état, il était facile de les couper.

VUE DE PARIS AU TEMPS DE LA LIGUE

embourbés avançaient lentement, à force de chevaux. La seule grande voie d'approvisionnement, pour la capitale, c'était son fleuve. Ses *marchands de l'eau*, ses *mariniers*, comme autrefois ses *nautes*, étaient encore ses nourrisseurs. Tout venait par eau : voie large, commode, économique ; mais elle a un inconvénient. Pour empêcher les vivres d'arriver, il suffisait de s'emparer d'un passage du fleuve, d'un pont, par exemple, au-dessus de la ville, et d'un autre au-dessous : à Charenton, si vous voulez, et à Saint-Cloud. On s'y fortifiait, on empêchait les bateaux de passer. Cela fait, il n'y avait plus qu'à battre la campagne avec quelques bonnes troupes, pour arrêter au passage de petits convois venant pas à pas, péniblement, par les mauvais chemins, et les habitants en étaient réduits à leurs provisions bientôt épuisées. A moins d'un secours venant du dehors, la ville était forcée de se rendre.

L'autre chose dont je devais parler, et qui nuisait fort à Paris, c'était ses vastes faubourgs. La ville grandissait énormément, et depuis Charles V on n'avait pas notablement élargi son enceinte ; donc elle était forcée de s'étendre au delà. Les vieux faubourgs grossissaient, de nouveaux se formaient, et justement devant les portes : toute une ville en dehors des remparts, et sans défense. Henri IV s'en empara, s'y logea avec ses troupes, s'y fortifia. Il se trouva avoir ainsi une place à lui contre la place, et qui bouchait à l'autre toutes ses issues, empêchant les assiégés de faire des sorties, les vivres d'entrer. Les faubourgs emportés et quelques surprises tentées, qui ne réussirent point, furent les seules opérations du siège. Paris souffrit beaucoup. Rien n'arrivait plus. Quand on eut mangé le son et l'avoine, quand on eut mangé les chevaux et les ânes, on mangea les rats et les souris, les peaux, les chandelles, les os broyés... Devant les portes des couvents, dont les caves étaient bondées de vivres, on mit des chaudières où l'on faisait bouillir dans l'eau les chats et les chiens ; et avec ce bouillon de chiens on trempait au peuple des soupes d'herbe. Les pauvres gens tombaient de faim dans les rues, par milliers ; chaque matin on en jetait à la Seine deux ou trois cents, qui étaient morts pendant la nuit. La Ligue nourrissait les Parisiens... de sermons. Toutes les chaires retentissaient de malédictions effroyables ; les évêques, les moines, les curés furieux, grinçant des dents, hurlaient mort et massacre[1]. Contre qui ? Non pas contre les huguenots de Paris : il n'y en avait plus un seul ; mais contre les *politiques,* c'est-à-dire contre ceux qui voulaient la paix. Au seul mot de paix, ils devenaient enragés. Des gens du peuple, des bourgeois même, des magistrats qui, dans cette détresse affreuse, avaient parlé de trêve ou seulement étaient *suspects* de désirer la paix, furent pendus ; d'autres massacrés, jetés à la Seine par une populace en délire, leurs maisons pillées. Une sombre terreur planait sur la ville. Une partie de la population, fanatique, haineuse, déterminée à tout faire, à tout subir, — c'était la moindre partie, — tenait l'autre sous le fer, la forçait de souffrir, d'être martyre malgré elle. Hélas ! qui n'eût eu pitié de ce pauvre peuple écrasé, comme entre l'enclume et le marteau, entre l'*ennemi* du dehors et ses cruels *amis* du dedans ! Ce fut l'ennemi qui eut pitié. Le roi laissa sortir les pauvres affamés ; trois mille d'abord, puis tous ceux qui voulurent.

L'étranger, si longtemps appelé par les meneurs de la Ligue, arrivait enfin : une armée espagnole se présentait devant Paris, forçait le roi à lever le siège. Les vivres entrent en abondance dans la ville. On se croit sauvé. Mais à quel prix ce secours ? Un prix infâme : il s'agissait de donner Paris, la France entière à l'étranger ; faire roi de France le roi d'Espagne, Philippe II le Cruel, le roi de l'*Inquisition*. Si ce crime se fût consommé, la France livrée à l'Inquisition, toute flamboyante de bûchers, inondée de sang comme l'Espagne et les Pays-Bas espagnols, serait aujourd'hui ce qu'est l'Espagne. Mais, dès qu'il fut entré, le général Farnèse[2] vit tout de suite une chose : c'est que si les ligueurs, le clergé, donnaient libéralement la France et Paris, ni Paris ni la France n'étaient d'humeur à laisser faire la livraison. Donc ayant vu cela il partit, laissant seulement une

---

[1]. Deux ou trois curés, par exception, se déclarèrent pour la paix.
[2]. Le général de Philippe II.

garnison espagnole dans la place. Lui parti, le roi revient; le siège recommence, et les souffrances de la population.

Mais cette fois on était excédé. Le peuple commençait à voir clair, à s'apercevoir que le roi Henri IV n'était pas une espèce d'ogre prêt à dévorer tous les bons catholiques. Il en arrivait à prendre la Sainte-Ligue en horreur. Les *guisards* eux-mêmes étaient découragés, désunis. Tout à coup frappe d'aplomb sur la Ligue un choc qui achève de la disloquer : le leste Béarnais avait fait le *saut périlleux*. — « Paris vaut bien une messe! » s'était-il écrié. Il entendit la messe et eut Paris : peut-être l'aurait-il eu, même sans messe.

Quand le néophyte entra en surprise par la porte des Tuileries[1], à peine une poignée des plus furieux ligueurs tentèrent de faire résistance; personne ne les suivit, ils se dispersèrent. Le peuple s'étouffait sous les pas du roi se rendant à Notre-Dame. Avec lui rentrait la paix. — On finissait par où on aurait dû commencer, en tolérant que chacun priât à sa manière, et chantât des hymnes en latin ou en français, à son choix[2]... Si on eût commencé par où il fallut finir, la France, au lieu d'un demi-siècle de troubles et de massacres, de guerre civile et de désastres, eût eu un demi-siècle de calme et de prospérité. — La leçon, du moins, profitera-t-elle? Au peuple? oui, je crois. Aux rois, à l'Église? c'est ce que Louis XIV et Bossuet nous diront.

Avec tous ses défauts, ses vices même, mêlé de bien et de mal, Henri IV était un homme et un Français. C'est pourquoi il lui a été beaucoup pardonné. Chose rare chez un roi, il aimait Paris. Il s'est plu à l'orner, à l'embellir, à l'agrandir; il voulait l'enrichir par de nouvelles industries. Il eut pour l'aider dans son œuvre deux hommes de cœur : son ministre Sully, et son prévôt François Miron.

1. Dite *la Porte-Neuve*, près de la tour du Bois.
2. Édit de Nantes, 1598.

Le règne d'Henri IV est une grande époque dans l'histoire de Paris; le moment est venu de jeter un coup d'œil sur la transformation de notre capitale. — La ville, depuis Charles V et Charles VI, a peu à peu perdu son aspect gothique, pour prendre celui d'une cité moderne[1]. Les vieilles maisons à pans de bois, à étages surplombants, les unes après les autres disparaissent. Chose curieuse : pour la seconde fois les maisons se retournent et viennent présenter à la rue, non plus leurs pignons, mais leurs *murs goutterots* comme aux premiers temps, comme aujourd'hui. Elles ne se penchent plus sur le vide, les neuves, du moins; et si l'aspect est moins pittoresque, en revanche il y a plus d'air et de jour. Les toits sont presque tous couverts d'ardoises; la tuile devient rare.

Les rues, pour la plupart non pavées encore, ne sont guère plus propres; si quelques-unes nouvellement percées sont plus larges et plus droites, les anciennes, tout en se rebâtissant maison par maison, gardent leurs brusques détours, leurs étroits passages, leurs petits placîtres irréguliers et fangeux. Donc, à part la différence d'aspect due à la construction tout autre des maisons neuves, vous trouvez, par exemple, que la respectable grand'mère de la ville, la Cité, n'a pas tant changé de physionomie. Et c'est tout naturel; il y a là un bloc immuable : la Cathédrale, l'Évêché, le Cloître des chanoines. Le *Terrain* est toujours en broussailles. Et à l'autre bout aussi le vieux Palais reste à peu près ce qu'il était; entre les deux le massif pâté de maisons a conservé ses petites rues. Seule l'extrémité occidentale de l'île s'est brusquement, totalement transformée, comme nous le dirons tout à l'heure : cela fait l'effet d'un morceau d'étoffe tout neuf et d'autre couleur cousu sur un ancien habit. La vieille Université, de plus en plus maussade et renfrognée, fait son possible pour ne pas changer non plus; elle garde ses rides et sa crasse gothique, et reste renfermée dans les murailles de Philippe Auguste. Quelques hôtels, quelques cou-

---

1. Certains vieux quartiers de notre Paris, vers la rue Saint-Martin et la rue Saint-Denis, peuvent encore donner une idée de la physionomie qu'offrait l'ensemble de la ville sous Henri IV.

vents, deux ou trois rues, c'est tout, en fait de nouveauté. Mais en dehors, les faubourgs, qui ont l'air et l'espace, grossissent, grossissent; le faubourg Saint-Germain, nous l'avons vu, est toute une ville. Du côté de la Ville, c'est-à-dire sur la rive droite, les changements sont beaucoup plus considérables. Celle-ci a conservé, il est vrai, la ceinture de remparts d'Étienne Marcel. Mais ces vieux murs de pierre avec leur double fossé ont paru bien insuffisants, depuis les progrès de l'artillerie, quand une volée de canon peut en moins d'une heure jeter bas tout un front, et ouvrir une immense brèche. Sans détruire, d'abord, l'ancien rempart, on a établi en avant une ligne de défense, conçue d'après le système nouveau nécessité par les nouveaux moyens d'attaque : vastes ouvrages bas, de terre, avec un large fossé, et des espèces de plates-formes terrassées appelées *bastions*[1], pour mettre des canons[2].

Les travaux ont été faits peu à peu, à mesure du besoin senti ; sous François Iᵉʳ, Henri III, la Ligue, sous Henri IV

1. *Bastillons*, petites bastilles.
2. Voici le moment d'exposer ce système de défense, si différent de celui du moyen âge. Quand vous l'aurez saisi, vous aurez compris en même temps notre système de fortification actuel, car c'est au fond le même. — Si les

Théorie du bastion.

moyens de défense se sont ainsi transformés, c'est que les moyens d'attaque, tout d'abord, ont changé. C'est l'invention du canon qui a tout bouleversé, mis à l'envers. Autrefois, plus la muraille était élevée, plus elle était forte, parce qu'elle était plus difficile à escalader. On la faisait de la plus dure maçonnerie, pour mieux résister au pic du mineur qui la sapait au pied. Mais maintenant on abat les remparts de loin, on *fait brèche* sans approcher. Cinq ou six boulets jettent bas tout un pan de cette haute muraille. Plus elle est haute, alors, plus elle offre de prise aux coups, plus elle est facile à

enfin. Cette ligne de défense, achevée[1], double partout la grande boucle des vieux remparts, de l'orient à l'occident, de la Seine à la Seine. Seulement à l'orient, vers la Bastille, vers le Temple et jusqu'à la porte Saint-Denis, les nouveaux travaux suivent exactement le pied des murailles; tandis qu'à partir de ce point, ils s'éloignent, enveloppant le *faubourg Montmartre*, le *faubourg Saint-Honoré* et les *Tuileries*[2].

abattre. Donc il faudra désormais construire les défenses aussi peu élevées que possible, presque au ras du sol. De plus, le choc du boulet fait éclater et écrouler la maçonnerie ; dans une masse de terre, au contraire, le boulet se loge, creuse son trou, s'amortit, fait beaucoup moins de dégât. Donc, au lieu de murailles de pierre, il faudra des levées de terre, mais très épaisses, très larges, très massives ; on ne mettra de maçonnerie que là où il sera nécessaire pour soutenir la masse des terres, l'empêcher de s'ébouler. Or, il ne s'agit pas seulement de recevoir des coups, il faut les rendre. Il faut pouvoir mettre des canons sur les remparts. Mais pour placer, pour manœuvrer des canons, il faut beaucoup d'espace. Les anciennes murailles, avec leur étroit *chemin de ronde*, n'offraient pas assez de place. Les plates-formes des tours même étaient trop étroites ; on ne pouvait y mettre que de très petites pièces. Il faudra donc faire très larges les levées des nouveaux remparts. Et pour remplacer les tours, comme il est toujours nécessaire de *flanquer* un rempart, il faudra de très vastes plates-formes de terre en avancée, pour pouvoir mettre en batterie plusieurs grosses pièces de canon : c'est justement ce qu'on appelle un boulevard, un bastion. On avait fait d'abord ces bastions carrés ou arrondis comme les tours qu'ils remplaçaient ; plus tard des ingénieurs habiles montrèrent qu'il fallait leur donner, au contraire, une forme anguleuse, en sorte que la ligne des défenses figure une longue suite de zigzags. La direction de ces zig-zags est calculée de telle sorte que de l'un des bastions on peut voir, et, par conséquent, défendre la face oblique du suivant. — Cette transformation de l'ancien système de défense s'accomplit lentement, avec des tâtonnements, des essais. On éleva d'abord les boulevards, les bastions, au pied ou en avant des anciens remparts ; puis on s'aperçut que ces derniers ne servaient à rien, on les démolit.

1. 1609. A ce moment, les vieux remparts étaient abattus depuis la Seine et la Bastille jusqu'à la porte du Temple ; ils furent maintenus dans le reste du circuit.

2. Ces larges levées de terre gazonnées portaient dans l'art de la fortification le nom de *boulevards*. Or quand ces défenses furent devenues inutiles, débordées qu'elles étaient de toutes parts, leur vaste étendue livrée à la circulation se trouva transformée en promenades, puis en belles et larges rues. En changeant de destination elles conservèrent leur ancien nom : de là nos *boulevards* modernes. — Les défenses extérieures du temps d'Henri IV, sur la rive droite, suivaient donc à peu près exactement le parcours de nos *grands boulevards*. Ceci nous fait juger combien Paris, à un temps si rapproché de nous, était encore petit comparativement à notre capitale actuelle, quand ces lignes, qui sont le centre de la vie et du mouvement parisien, étaient des défenses extérieures.

Les vieux quartiers populeux du centre, depuis Charles VI, se sont renouvelés lentement par la reconstruction des maisons à boutiques ; du côté du Temple, du Marais, des maisons neuves et de jolis hôtels se sont élevés et s'élèvent tous les jours, découpant à petits morceaux les grandes cultures et les vastes jardins des anciens hôtels. La grande transformation est aux deux extrémités : à l'occident, où le nouveau Louvre, les Tuileries ont métamorphosé tout l'aspect du quartier ; à l'orient, près de la Bastille, où le roi Henri IV vient de faire élever les bâtiments de la place Royale, sur l'emplacement jadis occupé par le gothique hôtel des Tournelles, « déjà tout ruineux » sous François Ier.

Au temps d'Henri IV on employait beaucoup, pour les maisons et les hôtels, un mode de construction qui donne aux édifices un aspect tout particulier : il consiste à mêler la brique et la pierre, les parties planes des murs étant en brique, les angles seulement, les ornements, les encadrements des fenêtres en pierre taillée, et plus ou moins en saillie[1]. Si vous voulez vous faire une idée de ce genre de construction, vous visiterez la curieuse *place des Vosges*, l'ancienne *place Royale*. Vous verrez, autour d'un vaste espace carré, s'aligner régulièrement quatre files de maisons toutes semblables, ainsi bigarrées du rouge de la brique et du blanc de la pierre. Leurs façades, en avancée comme celles des anciennes maisons à porches, portent sur de profondes arcades plein-cintre, qui forment autour de la place un long promenoir couvert. C'est exactement, en plus grand, la disposition d'un *cloître* d'abbaye[2]. Dans la pensée du roi qui les fit élever, ce devait être aussi quelque chose comme un *cloître ouvert* de la libre abbaye du travail. Il avait l'intention d'y établir de grandes industries d'art et de luxe, qu'il voulait acclimater dans Paris. De plus vastes projets encore l'occupaient, des projets d'agrandissement : tout un quartier neuf qu'il eût

---

[1]. Cette structure a souvent été imitée depuis, même de nos jours ; mais beaucoup de ces maisons de la fin du XVIe siècle existent encore à Paris.

[2]. Lequel n'était pas autre chose que la *cour à portique* de la *villa* romaine.

fondé sur les terrains peu bâtis du Temple et du Marais, un quartier travailleur, dont les rues auraient porté les noms de nos provinces françaises ; toutes auraient eu pour centre une grande place qui eût été la *place de France*. Pensée toute française, d'exprimer ainsi l'union de la patrie avec sa capitale ! La mort arrêta l'exécution de ces projets. Du moins quelques-unes des rues ont été percées et portent aujourd'hui encore des noms de provinces[1] ; mais la place de France ne fut pas créée. — Un des grands travaux de ce temps fut la construction du Pont-Neuf[2].

Le Pont-Neuf est le plus vieux des ponts de Paris[3]. C'est le plus long aussi, puisqu'il traverse les deux branches du fleuve, à l'endroit de leur réunion, partant d'une rive et touchant la pointe de l'île avant d'aboutir à la rive opposée : il est ainsi formé de deux parties. Au milieu, il s'appuie sur les anciens îlots, l'îlot du Pasteur-aux-Vaches et d'autres plus petits qui furent réunis en un seul massif et rejoints à la pointe de l'île, formant ce qu'on appelle le *terre-plein du Pont-Neuf*. Sur ces terres rapportées et sur l'ancien emplacement des jardins du Palais fut créée la *place Dauphine*, dont les maisons, pierre et brique, existent encore ; à l'extrême pointe qui s'avance de l'autre côté du pont vers le couchant, fut dressée plus tard[4] la célèbre statue équestre d'Henri IV. Ce beau pont fut admiré, chanté, célébré sur tous les tons, non pas seulement à cause de l'importance de l'ouvrage, mais pour cette vue unique qu'il offrait sur la Seine et la ville : tous les autres ponts alors étaient bordés de maisons, comme au moyen âge, et on ne voyait point la rivière[5]. Sur chaque *pile* de celui-ci, de petites tourelles en avancée offraient autant de plates-formes circulaires d'où l'on pouvait, comme d'un balcon, jouir de cette belle vue sans en-

1. Rues de *Saintonge*, d'*Anjou*, de *Bretagne*, de *Normandie*, etc.
2. A peine commencés sous Henri III (1573), les travaux furent repris et achevés (1603) par Henri IV. Il a subi une complète restauration en 1841.
3. Tous les autres ayant été refaits depuis.
4. Sous Louis XIII.
5. Au temps d'Henri IV, Paris comptait six ponts, tous à la traversée de la Cité.

combrer la circulation. Aussi fut-il la merveille de Paris, la grande voie traversière et le rendez-vous des oisifs, des curieux, des charlatans, — et aussi des voleurs. Bruyant, animé le jour, égayé de drôleries et de bons mots, dès le soir il était peu sûr ; la nuit, sans maisons, sans lanternes, ce long passage désert, et des deux côtés l'eau noire qui glisse dans l'ombre, semblaient sinistres... Et de fait, jusque sous Louis XIV, le Pont-Neuf fut un coupe-gorge au milieu de Paris : telle était la police d'alors. En même temps que le pont, des quais furent élevés des deux côtés de l'île dans toute la partie occidentale, c'est-à-dire le long du Palais et de la place Dauphine. — Au moyen âge, Paris en était dépourvu ; les rives du fleuve étaient à l'état de simples grèves, le long desquelles venaient s'amarrer les bateaux pour charger et décharger ; les lieux les plus appropriés à la station des bateaux portaient le nom de *ports*. Ailleurs, comme aux abords de la Cité, et dans l'Université, vers la place Maubert et les ponts, les maisons avaient le pied dans l'eau. Le quai le plus anciennement construit fut celui qui longeait la rive droite, du Louvre au Châtelet[1] ; encore était-il loin de ressembler à nos beaux et vastes quais d'aujourd'hui : un simple mur de soutènement, avec des escaliers de distance en distance. Puis en face, sur la rive opposée, furent construits des quais depuis les ponts de la Cité jusqu'à la porte de Nesle. Ce grand travail si important, encore si peu avancé au temps de Henri IV, en resta là longtemps, rarement repris, continué avec lenteur.

Le Louvre était une des grandes préoccupations du roi. Il éleva d'un étage la galerie en avancée vers la Seine, commencée par Catherine de Médicis, et qui, depuis, porta le nom de *pavillon Henri IV*. En même temps, dans le but de joindre le Louvre aux Tuileries, il prolongeait l'interminable Galerie du bord de l'eau, dont les bâtiments et les pavillons se font remarquer par leur style élégant et leurs délicates sculptures[2]. Mais pour cela il ne suffisait pas que la galerie s'avançât : il fallait que le bâtiment des Tuileries, trop court, s'allongeât aussi, vînt pour ainsi

1. C'était le seul existant sous François Ier.
2. Voir le dessin, page 305.

LE LOUVRE DE HENRI IV. PORTE DE LA BIBLIOTHÈQUE

dire au-devant, pour la rencontrer à l'angle. Donc le roi fut conduit à augmenter les Tuileries de nouvelles constructions à droite et à gauche. L'intention d'Henri IV était d'établir dans ces nouveaux bâtiments une sorte de musée de l'industrie et des arts, des modèles de machines, des logements pour des artistes et des inventeurs. Il avait compris ce que vaut le perfectionnement industriel pour la prospérité d'une nation ; avant notre grande Révolution il avait rêvé le *Conservatoire des Arts et Métiers*. Voilà la première fois que je vois un roi songer à partager son palais avec le peuple, vouloir loger chez lui non seulement les *arts*, mais le *travail*; non seulement des artistes, mais des ouvriers. — Ces grandes choses ne se firent point; il n'eut le temps de rien achever. Et qui eût repris après lui sa pensée ? Les Louis XIII, les Louis XIV, rois des grands seigneurs et de la valetaille dorée, ne pensaient qu'à mettre un abîme entre eux et la « vile multitude ». Comme des dieux, ils se tenaient isolés sur leur Olympe. — Le roi Henri IV, manqué dix-sept fois, est assassiné la dix-huitième; du jour au lendemain, la France est retournée à l'envers. En toutes choses, économie, travaux, politique intérieure et extérieure, on fait exactement le contraire de ce qu'il avait voulu. *Sécurité, stabilité* du gouvernement monarchique! L'homme mort, tout est mort : ce qui naîtra demain est l'*inconnu*. Et c'est ainsi à chaque règne.

Autre œuvre indispensable, reprise et achevée, cette fois : l'*Hôtel de Ville*, dont les travaux traînaient depuis François Ier. C'était un modeste édifice, si nous le comparons à notre vaste palais actuel : un grand corps de logis central flanqué de deux pavillons à toits aigus, surmonté d'un léger *campanile*. Deux larges arcades s'ouvraient dans le bâtiment et livrèrent longtemps passage, comme aujourd'hui nos guichets du Louvre ; l'une d'elles[1] est restée célèbre sous le nom d'*arcade Saint-Jean*. L'argent manquait : le prévôt des marchands, François Miron, généreusement, de ses propres deniers, fit ce beau cadeau à sa

---

1. La plus rapprochée du fleuve ; elle donnait passage entre la place de Grève et l'église Saint-Jean, aujourd'hui détruite. (Emplacement de la caserne Lobeau.)

ville[1]. Il méritait bien, n'est-ce pas, un souvenir de ses concitoyens : son nom donné à l'une des rues voisines. C'est aussi à l'activité de son prévôt que Paris dut les améliorations et embellissements exécutés à cette époque : des rues pavées, qui en avaient grand besoin ; quelques égouts creusés, des fontaines, plusieurs autres travaux d'utilité publique.

Je ne sais pourquoi on donne ordinairement le nom d'*enceinte de Louis XIII* à la ceinture de bastions dont nous avons

---

1. Par un sentiment élevé de respect pour l'histoire et pour nos traditions municipales, le conseil municipal de la Ville de Paris (1873) a voulu que la partie centrale de la façade principale de notre Hôtel de Ville actuel fût la reproduction exacte de l'ancien édifice. — Vous plaçant donc au centre de la place, et supprimant par la pensée les corps de bâtiments latéraux et les deux grands pavillons des coins, vous voyez l'Hôtel de Ville d'Henri IV et de François Miron. Voir le dessin, page 384.

indiqué le parcours[1], puisque tous les ouvrages importants étaient achevés dès le temps d'Henri IV; si ce n'est peut-être parce que Louis XIII faisant jeter bas les anciens remparts d'Étienne Marcel depuis la porte Saint-Denis jusqu'au Louvre, ces *boulevards*, qui constituaient auparavant dans cette partie une ligne de défenses extérieures, avancées, se trouvèrent devenir la limite de la ville Depuis longtemps les fossés avaient été comblés en partie. Les vieilles tours crénelées disparurent, et leurs mâchicoulis pittoresques, les vieilles portes de la ville qui n'avaient plus de valeur comme défenses : la porte Montmartre, la célèbre porte Saint-Honoré, devant laquelle fut blessée Jeanne Darc[2]. Il fallut les reporter plus loin, sur la ligne nouvelle de remparts ; c'est ce qu'on fit. On bâtit une nouvelle *porte Montmartre*[3], une nouvelle *porte Saint-Honoré*[4] : toujours avec tours et ponts-levis sur le fossé; entre les deux, une *porte Richelieu*, au bout de la *rue Richelieu* nouvellement ouverte. Enfin sur la Seine, à l'angle formé par le fleuve et le boulevard, s'éleva la porte *de la Conférence*[5], flanquant la muraille du grand jardin des Tuileries.

Tous les terrains compris entre l'ancienne enceinte et les bastions s'ajoutaient ainsi à l'étendue de la ville; ils se couvrirent bientôt de rues et de maisons[6]. Dans le reste du circuit, c'est-à-dire de la porte Saint-Martin à la Bastille et à la Seine, les vieux remparts étaient rasés depuis longtemps; il ne fut rien changé à cette partie des boulevards.

Tandis que la ville s'étendait vers l'occident, à l'orient elle gagnait aussi, mais d'une autre manière : par l'adjonction de l'*île Notre-Dame*. C'était encore là un projet d'Henri IV. Mais

---

1. Dite aussi *cinquième enceinte*.
2. Voir le dessin, page 307, qui représente la porte Saint-Honoré telle quelle était vers la fin du XVIe siècle, après le comblement du double fossé extérieur et la suppression des palissades.
3. *Rue Montmartre*, au coin de la rue des *Jeûneurs*.
4. *Rue Saint-Honoré*, à la rencontre de la *rue Royale* actuelle.
5. Emplacement de la place actuelle de la Concorde.
6. La superficie de Paris (en dedans de ses défenses) se trouva portée à 910 hectares environ.

l'île appartenait, comme vous le savez, aux chanoines de la Cathédrale, qui n'en faisaient rien, la laissaient en vague pâture. Du moment qu'on veut en faire quelque chose, vous êtes bien sûr qu'ils vont s'y opposer. Et, en effet, ils firent mille difficultés, quoique le terrain leur fût payé, et très bien payé ; mais c'est un système. Malgré eux, enfin, le fossé qui la coupait en deux étant comblé, l'île prit le nom d'*île Saint-Louis*, et fut rattachée aux deux rives par deux ponts[1] ; des maisons commencèrent à s'y élever ; elle devint le quartier paisible, silencieux, que nous voyons aujourd'hui.

En ces temps-là, la mode était déjà à la magnificence : le *grand règne* approchait. Le roi, les princes, les grands, la cour, se laissaient entraîner à des dépenses énormes, étalaient un luxe majestueux, mais ruineux. Qui payait? Le peuple, évidemment. Les rois n'ont que ce qu'ils prennent. L'argent, donc, du pauvre peuple, durement extorqué, les sueurs du misérable paysan exténué de labeur sur son maigre sillon allaient à payer les fêtes, les dorures, les diamants, les meubles somptueux, les châteaux, les palais. De tous les temps, les rois ont eu leurs dépenses de luxe et d'apparat ; mais cela va croissant d'une manière effrayante. Sous Louis XIII, c'est déjà folie ; sous Louis XIV, ce sera fureur. — On se remet aux travaux du Louvre, sur un plan agrandi ; on augmente encore le vaste palais des Tuileries. — « Henri IV l'avait bien fait ». — Grande différence : Henri IV bâtissait pour la France, Louis XIII pour lui tout seul. Henri IV entendait élever un *musée des arts et du travail*, Louis XIII une caserne à courtisans, toute dorée. « Mais, dira-t-on, il fallait que Paris eût dans son Louvre un palais digne d'un roi de France ».

Eh bien, soit. Mais pourquoi, par exemple, ce ruineux *Luxembourg*[3] ? C'est une fantaisie de la reine[4]. Elle veut avoir

---

1. Le *pont Marie*, et le *pont de la Tournelle*, ce dernier ainsi appelé parce qu'il aboutissait près de la vieille tour de l'enceinte qui portait ce nom.
2. Voir le dessin, page 310, représentant la façade du palais du Luxembourg sur le jardin, en son état actuel.
3. Marie de Médicis.

ici un palais qui lui rappelle, par son architecture, le palais des Médicis de Florence. On achète d'immenses terrains aux portes de la ville, et un édifice italien s'élève à Paris, au milieu de somptueux jardins.

Allez le voir, ce Luxembourg, si vous voulez avoir une idée de l'architecture italienne de la Renaissance. — Les vastes corps de logis n'ont rien de bien beau, à l'extérieur; mais la façade vers la ville est élégante et riche, avec ses deux terrasses et son joli pavillon central surmonté d'un dôme[1]. Là vous remarquerez ces colonnes à gros anneaux, inventés par notre Philibert Delorme, et dont je vous ai parlé. — Dans les jardins, qui depuis ont bien changé d'aspect, on admirait les larges terrasses à balustrades de pierre, les statues, le bassin et son jet d'eau, surtout une jolie fontaine que vous pourrez

1. Les bâtiments ont été depuis agrandis et remaniés, mais toujours à peu près selon le même style d'architecture.

voir encore, ombragée de beaux grands arbres[1]. Merveilleux séjour, enrichi à l'intérieur de mille coûteuses recherches, meubles, tapisseries, glaces, objets d'art : la reine y vécut trois ou quatre ans.

Hélas! où allons-nous, si non seulement les reines et les princes, mais les ministres aussi se mettent à bâtir des palais? Voici le *Palais-Cardinal*, élevé par Richelieu, et qui s'appelle le *Palais-Royal* depuis qu'il a été légué au roi par le ministre. En plein cœur de Paris, aujourd'hui, tous les Parisiens, tous les étrangers qui ont passé à Paris ont vu son élégante façade à grandes arcades, avec terrasses, balustrades, et large portail en façon d'arc de triomphe[2]. Derrière le bâtiment, un vaste jardin : mais les galeries qui le bordent et les maisons qui l'entourent n'existaient pas au temps de Richelieu. Cette

---

1. Elle a été déplacée, et les statues qui l'ornaient ont été changées. — Voir le dessin, page 312, qui la représente dans son état ancien.
2. Voir le dessin ci-dessus.

splendide demeure, l'admiration des gens de cour, dut coûter bien cher à... ceux auxquels, d'une manière ou d'une autre, directement ou indirectement, le cardinal prit l'argent. Après ce terrible *homme rouge*[1], qui a rendu, il faut le reconnaître, de signalés services à la France, la reine Anne d'Autriche y habita, avec son Mazarin. Celui-ci, qui était *rouge* aussi, prenait bien mieux que l'autre. Ce fut probablement le plus grand voleur de la terre[2]. Venu d'Italie sans un sou, il sut faire une monstrueuse fortune de plus de cent millions, qui en vaudraient trois cents aujourd'hui. Et pendant ce temps-là, la France mourait de faim! — Naturellement.

1. Le rouge est la couleur de la robe des cardinaux.
2. On dirait aussi le plus fameux coquin, si le cardinal Dubois ne fût venu depuis.

LE GRAND SIÈCLE

 n se sent pris au nez d'une forte odeur d'encens; l'œil est ébloui d'un chatoiement de dorures, une fanfare triomphale retentit : c'est le *Grand Règne* qui arrive. — Et cela fait tant de bruit, et d'éclat, et de fumée, que plusieurs en sont restés la vue trouble et l'oreille assourdie, ne voulant plus rien voir ni entendre.

La fanfare de triomphe, vous aussi l'avez entendue sonner dans nos histoires. On vous a fait assister au pompeux défilé des gloires de l'époque, hommes de génie et de talent de tout ordre, écrivains, orateurs, artistes, hommes de guerre et hommes d'État. Et, le brillant tableau achevé, on n'a pas manqué de placer au centre de ce rayonnement la majestueuse figure du *Roi Soleil*. Il est de tradition de conclure : « Il fallait ce grand roi pour faire ce grand siècle. » — Ou, en un titre qui dit la même chose : « Le siècle de Louis XIV. »

Siècle éclatant, qui le nie? siècle de magnificence, de fête éternelle, et tout d'or sur une face. Mais il y a un revers; et ce revers, c'est : *banqueroute*.

Entendons-nous. L'immense effort de la Renaissance, l'antiquité retrouvée, les arts renouvelés, les sciences créées par les grandes découvertes du xvie siècle, qui nous ont changé la face du monde, cent ans de travaux assidus, de patientes études, le vaste rayonnement de l'imprimerie, tout cela devait bien aboutir enfin à quelque chose! Ce qui eût été étonnant, c'est qu'il n'en fût rien sorti. La merveille, vous en conviendrez, eût été si un homme, un roi, eût *empêché* ces causes de produire leur effet naturel : un grand développement d'art et de civilisation[1]... Louis XIV, donc, arrive au beau moment. Pour se couronner de toutes ces gloires, qu'a-t-il fait? Il est leur contemporain[2]. — Arrachez ces faux rayons, ces lauriers empruntés : il reste un homme médiocre, d'une prodigieuse vanité.

---

1. On pourrait, au contraire, se demander pourquoi elles n'ont pas produit davantage : car cette époque, si remarquable pour la forme, l'est bien moins pour la pensée.

2. Mais la banqueroute, par exemple, est bien à lui ; c'est la carte à payer des conquêtes et des folles dépenses du roi. — Il y a encore une chose que l'on n'a pas assez remarquée. Ce long règne dura 74 ans. Par cela seul il se trouve naturellement comprendre un plus grand nombre d'hommes célèbres et de faits éclatants qui se grouperont, dans le temps, autour du nom de Louis XIV. Circonstance très *effective*, qui s'ajoute à bien d'autres pour concourir à cette prodigieuse illusion d'optique si largement exploitée au

Pas de cœur, chez cet homme; un sec, hautain, cruel égoïsme[1]. De plus, il est bigot. Cela ne l'empêche pas de commettre bien des petits péchés... mais, paraît-il,

Il est avec le ciel des accommodements,

et le roi fait pénitence en exterminant les protestants. Il expie ses fautes par des crimes. « La grande pensée du règne », ce n'est pas la conquête de la Flandre et de la Franche-Comté; non pas même la *succession d'Espagne* : c'est la *Révocation*[2]. — Cette odieuse Saint-Barthélemy prolongée vingt ans, l'horreur des *dragonnades*, le désert des Cévennes, le massacre des Vaudois, les égorgements et les bûchers, l'enfer des galères, les enlèvements d'enfants et les tortures de femmes, — je ne peux pas tout dire ! — et, pour finir, un demi-million de Français jetés hors de France : voilà sa part à lui; cette gloire est sienne. Pour cette œuvre pieuse, si longtemps implorée avec larmes, que l'Église, enfin exaucée, éclate en hymnes de triomphe et de reconnaissance[3] : l'histoire, l'irrespectueuse histoire, prononcera autrement.

Il y a au Thibet un homme... qui est dieu. Cent millions d'adorateurs prosternés le disent et le croient. Ceci ne serait

profit de l'idolâtrie monarchique. — Je demande bien pardon d'insister ; mais c'est que la légende de *Louis le Grand* n'est pas seulement menteuse, elle est corruptrice. C'est une chose immorale que de tromper un peuple, en lui faisant prendre le faste, la puissance, pour de la *grandeur*. On est grand par le cœur, par le génie ou par le caractère : laquelle de ces choses nous montrera-t-on dans l'idole de Versailles ? — Montesquieu, qui s'y connaissait, dit le mot juste : « Il a *l'air* d'un grand roi ». Oui, l'air, la pose...

1. Il faut ajouter : une ignorance extrême. Louis XIV savait à peine lire et écrire.

2. Même but à l'extérieur : l'extermination des protestants. Les guerres de Hollande, d'Allemagne, l'entreprise avortée d'Angleterre, ce ne sont pas des guerres nationales, ni des guerres *politiques;* ce sont des croisades. Lui-même le dit : « *Ne vous y trompez pas, c'est une guerre religieuse.* »

3. « Poussons au ciel nos acclamations et disons à ce nouveau Constantin, à ce nouveau Théodose, ce que les Pères dirent autrefois dans le Concile de Chalcédoine : « *Vous avez affermi la foi, vous avez exterminé les héréti-« ques, Roi du Ciel, conservez le roi de la terre !* Voilà ce que nos pères ont « admiré..., etc., etc. ». (Bossuet, *Sermons*.)

rien; mais c'est qu'il le croit aussi! Tâchez, ô mes amis, de vous figurer cette situation renversante d'un homme en train de s'adorer lui-même... — La France voit quelque chose de semblable au temps de Louis XIV. — Depuis qu'il porte des braies, pauvre enfant, on lui a tant de fois dit qu'il est d'une race supérieure et quasi divine, qu'il y a en lui quelque chose de surhumain... que, ma foi, il en est à le croire. Il croit... que ne croit-il pas? Il croit que sa naissance est *un miracle*, et lui-même un *don de Dieu* aux mortels : il s'appelle *Dieudonné*[1]. Il croit que l'esprit de Dieu descend en lui et l'inspire, qu'il est un *vice-dieu*, pour tout dire un dieu terrestre[2]... Mais la terre, est-ce assez? On en doute. Il prend pour son emblème le *soleil*, et une devise qui signifie : *Il suffit à plusieurs mondes*[3] ! — On le représente en Apollon, dieu de la beauté, il est flatté ; on le représente en Mars, dieu des triomphes guerriers, en Jupiter, du haut des nuages foudroyant la terre : il trouve cela tout naturel. Il lit au plafond de sa chapelle de Versailles cette inscription : « Le triomphateur entrera dans son temple[4] »; Bossuet, du haut de la chaire, laisse tomber ces mots étranges : « O rois, vous êtes des dieux!... » Il ne s'étonne point. Lui-même il institue sa propre religion et règle le cérémonial de son culte ; cela s'appelle l'*étiquette*[5]. Le dieu se lève, le dieu s'habille, le dieu se couche, le dieu mange : autant d'offices solennels. — Mais le dieu mange trop, le dieu a la colique; Fagon, son mé-

---

1. *Louis-Dieudonné...*
2. « Je suis le lieutenant de Dieu... Lorsque je prends une résolution, « Dieu m'envoie son esprit... Je possède la vie et la fortune de mon peuple en « toute propriété... On me vole ma gloire quand on en acquiert sans « moi... etc... » *Mémoires de Louis XIV.* — « L'État, c'est moi. » — « La « volonté de Dieu est que quiconque est né sujet, m'obéisse sans discerne- « ment. »
3. *Nec pluribus impar.* Formule d'une demi-obscurité sacrée, comme il convient aux oracles.
4. *Intrabit templum suum dominator.* Cette inscription s'y voit encore, dans son équivoque impie.
5. Citons, comme exemple, un de ces rites. Quand une grande dame, une duchesse traversait la chambre à coucher du roi, « elle devait plier le genou et faire la révérence au lit (vide) de sa Majesté ». (E. Pelletan, *Décadence de la Monarchie.*)

decin, arrive avec une purge, et dans la pénombre, derrière cette portière demi soulevée, j'entrevois l'apothicaire du roi avec l'outil du *Malade imaginaire*... — Et pourquoi donc ne ririons-nous pas un peu?

Paris riait bien, lui; — sous cape : mais l'écho entendait. Que la cour adorât, elle était payée pour ce faire. Mais Paris n'était pas payé; au contraire, c'était lui, avec la France, qui faisait les frais du culte. Paris mécontent, Paris *frondeur*, — les temps de la Fronde n'étaient pas déjà si loin, — médisait du culte et du dieu, du cérémonial sacré, des grands seigneurs valets, chamarrés de cent couleurs, pomponnés de rubans et de dentelles, avec leurs monumentales perruques enfarinées d'amidon. Que voulez-vous? Paris n'est pas courtisan. C'est pourquoi tout despote, d'instinct, a Paris en horreur. Louis le Grand, mes chers compatriotes, détestait sa *bonne ville* de tout son cœur de roi. Sa divinité se sentait mal à l'aise chez nous. Il se dit avec raison qu'un dieu devait habiter dans les nuages, et ne pas se faire voir de trop près aux mortels. De cette pensée naquit *Versailles*.

Malgré Colbert, qui cherche à le retenir par les magnificences du Louvre, le roi échappe, le roi émigre. Le Louvre, une fois encore et pour un siècle, est abandonné; il reste à l'état de maison en construction, les murs inachevés, les bâtiments sans toitures, les fenêtres à jour, la cour d'honneur encombrée de gravois. Tout va à Versailles, tout fond au gouffre de Versailles. Là, un palais immense, toute une ville; là des jardins, des eaux jaillissantes, difficiles et ruineuses merveilles; là un faste inouï, une fête éternelle, l'apothéose sans fin et la flatterie sans mesure, les prosternements jusqu'à terre des grands seigneurs et des prélats de cour. Là, si la France meurt de faim, si les provinces se dépeuplent, si les villages disparaissent, si les campagnes, redevenues sauvages, se couvrent de broussailles, si le pays, comme une charrette lancée sur un chemin en pente, roule à l'abîme de la ruine et de la banqueroute, — le roi n'en daigne rien savoir. Il vit à mille pieds au-dessus de la terre des hommes. Le roi, à Versailles, est comme dans un autre monde : « hors de France ». Il ne voit plus ni la

France, ni le monde; il ne voit que Versailles, son Versailles, sa cour, son peuple doré de grands seigneurs mendiants et de dames en galante parure. Le reste n'existe pas pour lui.

Longtemps, trop longtemps, il règne : c'est-à-dire il écrase et il étouffe. Il a fatigué le monde. Et lui-même il est las. Les jours brillants sont passés ; et voici les revers. — Dites s'il est sous le ciel un objet plus misérable que ce vieux dieu, égoïste, malade et aigri, qui se consume d'ennui dans ses petits appartements obscurs de Versailles, entre sa sèche Maintenon et son confesseur, le méchant jésuite Tellier ? Il meurt, enfin, laissant au monde, à l'histoire, le type accompli, l'idéal du despote. Il meurt ; mais le mal qu'il a fait ne disparait pas avec lui : la ruine reste, et la corruption, pour empester l'époque qui va suivre.

L'art se comprend par l'histoire, et l'histoire se comprend par l'art. Si vous voulez avoir une idée du « siècle de Louis XIV », mais *vu par son beau côté*, et tel qu'il s'efforçait de paraître, venez contempler, par exemple, la célèbre *colonnade* de notre Louvre, œuvre, comme vous le savez, du médecin-architecte Claude Perrault. Placez-vous bien en face; au premier coup d'œil vous êtes saisi par l'aspect majestueux de l'ensemble. Il est certain que cela a un grand air. C'est très grand, d'abord, comme dimension, en hauteur et en largeur ; la disposition est belle, et d'une noble simplicité. Au-dessus d'un rez-de-chaussée qui n'est là que comme un socle, *règne*, — c'est bien ici le mot, — un long péristyle, une sorte de portique ou promenoir couvert à hautes colonnes corinthiennes, cannelées, avec de riches chapiteaux; accouplées, c'est-à-dire disposées deux par deux, soutenant une puissante corniche, elle-même surmontée d'une balustrade. Trois pavillons peu en saillie, un au centre et un à chaque extrémité, coupent en deux le long promenoir, sans pourtant interrompre l'ordonnance[1] de colonnes qui se continue

---

1. Série, rangée.

LA COLONNADE DU LOUVRE

devant les pavillons, d'un bout à l'autre de la façade, comme la corniche elle-même et la balustrade. Cela forme deux grandes lignes horizontales dominantes : le socle d'appui des colonnes, la corniche. — Il y a de la sculpture, au pavillon central surtout ; il n'y en a pas trop. Voilà l'impression d'ensemble.

Tout d'abord vous voyez que ceci ne ressemble plus du tout à ce que nous avons vu de l'architecture de la Renaissance, au Palais-Royal, par exemple, aux hôtels de la ville, dans le Louvre lui-même aux jolis bâtiments de Pierre Lescot, à la gracieuse galerie d'Henri IV. Nous avons dit comment nos architectes français, dans un ingénieux mélange de colonnes grecques, d'arcs romains, de goût italien et de traditions françaises, combinant tout cela à leur façon, étaient arrivés à faire un art à eux, original jusqu'à un certain point, élégant, riche, fin. Mais avec la *colonnade du Louvre*, justement, voici un art tout autre qui commence, et d'après une autre idée. Il s'agit maintenant d'imiter, purement et simplement, et du plus près possible, les anciens, les Romains et les Grecs, surtout les Grecs. Cela s'appellera l'*art classique*. Notre colonnade, par exemple, c'est le péristyle, le promenoir à colonnes d'un temple grec, enlevé au premier étage et plaqué contre la face d'une maison. Reste à savoir s'il est bien raisonnable de copier les monuments des anciens Grecs, sous un autre ciel et à une autre époque, pour notre usage à nous autres modernes, qui n'avons ni les mêmes idées, ni les mêmes mœurs. Mais les copier fidèlement et dans le véritable goût des Grecs, ce n'était même pas possible ici[1].

1. Un détail, par exemple, qui a bien sa valeur. Les tuyaux de cheminées sont une nécessité de construction. Au XVIe siècle, on cherche à en faire un *motif* d'ornementation; on donne à ces appendices une importance exagérée et des proportions énormes, avec des ornements qui attirent l'œil. C'était dépasser le but. Vient l'architecture classique, qui les supprime tout à fait : il n'y avait point de cheminées chez les Grecs ! — Mais comme nous ne sommes pas sous le ciel d'Athènes, et qu'en définitive on ne peut pas mourir de froid par respect pour les traditions, force est d'en venir à surmonter, après coup, les *acrotères*, les majestueuses terrasses à balustrades de nos monuments, d'une forêt de tuyaux de poêles plus ou moins coudés, qui ne figuraient point sur le plan — mais qui se voient, dans la réalité, — et qui découpent sur le ciel de maigres et bizarres silhouettes, aussi peu *classiques* que possible.

Regardez toujours la colonnade : ces portiques n'ont pas d'arcades, les colonnes supportent l'architrave et la corniche directement, *à la grecque*. Mais Perrault, malgré lui, n'a pu se dispenser de faire du mélange : la porte, les grandes fenêtres des pavillons ont des arcs *romains*. Et puis voyez encore, au pavillon du milieu, ce fronton. Le fronton est une chose bien grecque, certainement. Mais dans un édifice grec le fronton est un *pignon sur colonnes*; il est là pour fermer l'extrémité d'un toit à deux pentes. Mettre un fronton là où il n'y a pas de toit, c'est une idée qui ne serait jamais venue à un vrai Grec, bien sûr... C'est comme si on mettait une colonne là où il n'y a rien à porter, ou un tuyau de cheminée là où il n'y a pas de foyer[1]...

Cette idée d'imiter les anciens plus exactement, on le croyait du moins, que les architectes de la Renaissance française, cette idée qui constitue l'*architecture classique*, est bien du temps de Louis XIV. A partir de ce moment tout veut paraître majestueux; tous les palais, tous les châteaux, à commencer par Versailles, ressembleront à la façade du Louvre. Cela devenait monotone et ennuyeux.

Pour en finir avec notre colonnade, je pourrais vous faire observer qu'elle-même n'est pas sans défaut. Cet immense socle, par exemple, le rez-de-chaussée, sur lequel elle est plantée, est beaucoup trop haut... — Mais voilà que vous m'interrompez : « Je pensais, dites-vous, à autre chose. Ce beau grand portique, « majestueux, vaste, à quoi sert-il ? » — A rien du tout, mon ami. C'est une *façade*... — « Et comment cela correspond-il « avec les distributions intérieures de l'édifice, les apparte- « ments ?... » — Très mal. Rien de plus gênant. Cela ôte le jour et bouche les fenêtres. Et songez aussi que ce bâtiment, qui est là pour fermer le quatrième côté du grand carré du Louvre, ne ressemble en rien aux trois autres côtés; qu'il n'a aucun rapport, ni de forme, ni de style, ni même de dimension, avec le reste du palais, pas plus qu'un fronton de temple grec qu'on collerait à une église gothique[2]. — « Mais alors... » —

1. Les architectes de la Renaissance française, qui prodiguent les frontons, encourent le même reproche.
2. Comme par exemple à l'église Saint-Gervais.

Je vous l'ait dit, c'est une façade. Cela ne se rattache pas au reste, n'importe; cela ne sert à rien, cela gêne, n'importe encore. C'est une façade : c'est *pour paraître* ; c'est fait pour le dehors et pour les yeux des passants. — Et cela n'en ressemble que mieux au *Grand Règne*, tout en *façade*, lui aussi, où tout est pour la représentation, pour le dehors et le *paraître*[1] !

Un autre monument du même temps (1675), nous dira encore mieux la même chose : je veux parler de l'*Hôtel des Invalides*. — Un asile digne et fier pour nos pauvres soldats mutilés,

> Pour ces nobles débris de nos champs de victoire,

c'était, direz-vous, une bonne pensée. — D'accord[2]. Et j'ajouterai : une justice. Un roi qui, pour sa part, a fait tant d'éclopés, de manchots et de jambes de bois, c'est bien le moins qu'il en loge quelques-uns. Si je vous demandais de faire le *programme* d'un tel établissement, vous diriez : « De vastes bâtiments, — « car il y aura beaucoup de pensionnaires ! — grandioses par « leur ampleur même, d'une architecture noblement simple « et sévère, comme il convient pour de vieux guerriers, riche « sans faste et sans dorure. Mais surtout que tout soit fait pour « eux, pour leur bien-être et leur commodité. » Bien. Mais nous sommes sous le Grand Règne, et je crains que notre projet, trop raisonnable, ne plaise pas au Grand Roi. Du plus loin, ce vaste dôme, démesurément élevé, qui domine les toits de la capitale, nous avertit que ces craintes ne sont pas vaines. Nous approchons ; nous découvrons un monument splendide, un palais d'une magnificence somptueuse et recherchée. Du premier coup d'œil vous jugez que *l'accessoire l'emporte sur le prin-*

---

1. Le palais des Tuileries reçut aussi, sous Louis XIV, des agrandissements assez considérables.
2. La première idée en appartient à Henri IV.

cipal... La partie importante de tout l'établissement, c'est... la chapelle ! — Chapelle ? Dites une grande et merveilleuse église : non, *deux églises*, avec frontons et colonnades, avec statues et trophées : à l'intérieur toutes de marbre, resplendissantes de dorure, d'un faste inouï. Et dans le palais, des salles magnifiques, salles *du Gouvernement, du Conseil;* des logements luxueux pour les princes, les généraux et leurs *maisons*, l'état-major... si bien qu'il ne reste plus de place pour les *invalides*. On les case comme on peut, sous les combles ; aux mansardes, les jambes de bois[1] ! — Comprenez, comprenez donc : ce n'est pas à ses soldats blessés, c'est à lui-même, c'est à sa gloire, c'est à ses triomphes, que le roi a élevé ce monument d'orgueil et de faste, où l'inutile est tout. Cette église profane, ce dôme altier qui coûte un demi-million chaque fois qu'on le redore, c'est un temple que Louis XIV dédie à Louis XIV. — Et que la France paie, cela va sans dire.

Quoi qu'il en soit, c'est la plus grande et la plus belle église de Paris en ce genre d'architecture : examinons-la ; rendons-nous compte de sa forme[2]. Les temples *grecs*, comme vous le savez, étaient des bâtiments rectangulaires avec frontons et colonnades ; le véritable temple *romain* est un édifice rond, couvert d'une coupole. Le grand sculpteur et peintre italien, *Michel-Ange*, un jour, imagine de poser un temple romain sur un temple grec : il fait un immense et grandiose édifice qui s'appelle Saint-Pierre de Rome. L'idée, au fond, était-elle bien raisonnable ? N'importe ; cela plut fort, parut majestueux. On voulut des dômes partout. Comme tous les palais étaient des imitations de la colonnade du Louvre, toutes les églises furent des copies de Saint-Pierre de Rome. Cette église que vous voyez en est une. En bas, le fronton grec à colonnes ; en haut, la coupole romaine. Mais que cette *imitation d'une imitation* est loin des premiers modèles, de la gracieuse simplicité des Grecs, de la majestueuse simplicité des Romains ! Un fronton à deux

---

1. **Les dispositions intérieures ont été modifiées depuis.** — Le tombeau de Napoléon a été placé sous le dôme, en 1840.
2. Voir le dessin, page 313.

étages, cela n'est pas grec ; des espèces de *contreforts* contournés en spirale pour appuyer la coupole, cela n'est pas romain. Répétons-le encore, car il faut le comprendre ; le grand mérite de l'architecture antique[1], c'est la *raison*. Rien d'inutile. S'il y a des colonnes, c'est qu'il y a un toit à porter ; s'il y a un fronton, c'est qu'il y a un pignon. Tout « membre » de l'édifice sert, et on voit clairement son utilité : cela satisfait et charme. Mais ici, voyez, on met des colonnes pour qu'il y ait des colonnes, des frontons pour qu'il y ait des frontons. Cela ne sert à rien, qu'à paraître... C'est encore l'esprit du *Grand Siècle*.

Que cette description nous dispense, vous et moi, d'aller visiter les autres églises de la même époque et de la même architecture que nous avons à Paris, l'église de la Sorbonne[2] et celle du Val-de-Grâce[3], dans le quartier des écoles, bâties dès Louis XIII. Jetez seulement un coup d'œil, en passant, au palais de l'Institut, qui fait face au Louvre, sur la rive opposée de la Seine. Toujours la même disposition, un dôme sur un fronton, un souvenir de Saint-Pierre de Rome[4]. On dirait une petite église... et c'en est une en effet.

Il faut encore citer un édifice d'utilité générale, dû à l'initiative de Colbert, bâti par Perrault : l'*Observatoire*, sur les hauteurs du midi ; bâtiment majestueusement froid et ennuyeux, si mal approprié à sa destination qu'à peine achevé, il fallut tout le bouleverser[5].

1. De l'architecture grecque, surtout, et de l'architecture romaine dans les édifices purement romains ; et même de l'architecture gothique de la bonne époque.
2. 1635.
3. 1645. — Et encore l'église de l'Assomption (1670), rue Saint-Honoré.
4. La partie centrale de l'édifice était la chapelle du *Collège des Quatre-Nations*, fondée par un legs de Mazarin (1665). Voir le dessin, page 342. Cette église est devenue la salle des séances de l'Institut.
5. Les dômes irréguliers qui le surmontent ne sont pas des fantaisies d'architecture, mais des dispositions nécessaires pour les observations astronomiques. — De la même époque datent l'hôpital de la *Salpêtrière*, la manufacture des *Gobelins*, la création de l'Opéra et de la Comédie-Française.

Une chose triste à dire, c'est combien, sous ce règne, l'art fut flagorneur. Je ne parle pas seulement de la littérature ; je n'ai pas besoin de vous rappeler les flatteuses allusions de Racine et même de Molière, les enthousiasmes pensionnés de Boileau[1], les homélies courtisanes de Bossuet. Mais la peinture, la sculpture ne sont pas moins serviles.

Pas une œuvre d'art qui, d'une façon ou de l'autre, ne soit une adulation.

« Lui toujours, lui partout... »

en peinture, en gravure, en mosaïque, en pierre, en marbre, en bronze, en or, sous tous les aspects et sous toutes les formes ; à Versailles, à Paris, l'œil ne peut rencontrer autre chose. Il semble qu'il n'y ait plus sous le ciel un autre objet possible que *le roi*, à peindre, à sculpter, à chanter. L'architecture, elle

---

1. Il est vrai que sans cela leurs œuvres n'auraient pu voir le jour. La flatterie, sous Louis XIV, n'était pas seulement de mode, elle était de *consigne* ; le silence même un danger.

aussi, s'en mêle ; elle encombre notre Paris de lourdes flatteries bâties en pierre.

Voyez, par exemple, la *porte Saint-Martin* sur le boulevard. — La porte Saint-Martin, massive *fabrique*[1], que fait-elle là au milieu de la rue, cette arche de pont ? Elle gêne énergiquement la circulation. N'importe, c'est un monument de l'histoire ; on a bien raison de la conserver. Si elle gêne trop, qu'on la transplante ailleurs. Mais ce serait fort dommage qu'elle disparût[2]. Tout le monde ne peut pas aller à Versailles contempler l'apothéose du Roi-Soleil, le voir monter dans la *gloire* dorée au milieu des nuages, en Apollon, en Mars, en Jupiter foudroyant. Il est bon que nous ayons ici un échantillon, et que tout passant puisse le voir représenté en Hercule dompteur de monstres, avec sa massue, foulant aux pieds la Hollande, — la Hollande qui le fit reculer ; — représenté, dis-je, à la manière antique, c'est-à-dire tout nu, avec une immense perruque sur la tête... — et l'inscription en lettres d'or, mise là de son vivant : *A Louis le Grand*[3]. Plate adulation de ce temps, qui se trouve retournée, sans qu'on y ait touché, en mordante caricature ! La *porte Saint-Denis*[4], sa voisine, moins lourde, plus élégante, ornée de sculptures plus en relief, d'obélisques et de trophées, portant la même inscription, est un autre chant du même poème.

Mais ce n'eût pas été assez de deux arcs de triomphe pour ce grand conquérant, — qui oncques ne vit bataille[5], sinon de loin ; — il en faut deux, trois autres, également élevés aux frais des Parisiens, non moins ridicules par l'emphase de leurs emblèmes et de leurs devises[6] : la *porte Saint-Antoine* près de

---

1. Edifice qui ne sert à rien, qui n'est que pour l'ornement d'un jardin, d'une place, etc.
2. Elle n'est pas, du reste, sans quelque mérite artistique. Voir le dessin, page 326.
3. En latin : *Ludovico magno*.
4. Voir le dessin, page 328.
5. Il commandait parfois ses armées *en personne* — à la façon que chacun sait ; c'est-à-dire qu'il suivait l'armée dans son carrosse, à prudente distance, entouré de grands seigneurs et de dames.
6. Elles obstruaient absolument le passage, ce qui leur a porté malheur. On les a démolies.

la Bastille, la *porte Saint-Bernard,* accolée de même aux flancs de la vieille Tournelle : cette dernière[1] avec l'inscription :

A la Providence de Louis le Grand.

En avez-vous assez de cette divinité et de sa *Providence ?* Il y a mieux encore. *Il y avait,* devrais-je dire, car vous ne

---

1. Un cinquième arc de triomphe vraiment magnifique, dessiné par Claude Perrault, l'architecte de la colonnade, fut commencé sur la place du Trône ; mais il ne fut point achevé.

verrez pas l'autel du dieu. C'est dommage. Du moins vous pourrez voir le sanctuaire : cette jolie petite place ronde qu'on appela la place des Victoires, créée tout exprès. Au milieu, sur un piédestal de marbre entouré d'une grille, le roi, couronné par la Victoire, foulant aux pieds un monstre, emblème des résistances à la conquête ; à ses pieds quatre esclaves enchaînés, figurant les nations humiliées et vaincues : le tout était en bronze, et doré[1]. Aux quatre coins, quatre flambeaux ; puis l'inscription : « A l'Immortel[2] ! » Le jour de la dédicace[3], — comment dire autrement ? — aux éclats des fanfares, au bruit du canon, au milieu des prosternements et des génuflexions, l'encens fuma devant l'idole... « J'y étais », dit Saint-Simon, qui raconte la chose. A cette *messe païenne* il s'étonne, lui qui pourtant est un courtisan ; le cœur lui manque, il a honte en face de l'histoire. Mais le dieu, lui, n'a pas honte ; il avale intrépidement l'encens. Treize ans passent, et au beau milieu des revers, de la ruine et de la disette, le roi *Louis le Vieux* recommence la chose, se bâtit la *place des Conquêtes*, — actuellement *place Vendôme*[4], — se décerne à lui-même une nouvelle statue colossale et triomphale[5] ; il assistait en personne à l'inauguration.

Revenons à nos bâtisses. Nous avons étudié au Louvre de Pierre Lescot l'art de la Renaissance ; puis, par la colonnade du Louvre, l'église des Invalides, nous avons vu naître l'art classique, dont l'idée était d'imiter de plus près les anciens. Je veux maintenant vous faire suivre, de monument en monument, le progrès de cette idée. Nous aurions à voir au choix *Saint-Sulpice* ou le *Panthéon* ; mais le Panthéon vaut mieux. — Prenez une lorgnette jumelle de spectacle, ouvrez à demi ses tirages, et plantez-la debout : vous avez la façade de Saint-

---

1. Cette statue a été détruite en 1792. La statue équestre de Louis XIV, qui remplace l'ancienne, est de 1822.
2. *Viro Immortali.*
3. 1686.
4. Ainsi appelée parce qu'elle occupait l'emplacement d'un ancien *hôtel de Vendôme*. Elle est de forme carrée (1699).
5. Cette statue a été détruite en 1792. Son emplacement est occupé par la colonne *Vendôme*, élevée à la gloire d'un autre despote.

Sulpice ; les tirages figurent les tours. Victor Hugo dit que le Panthéon ressemble à un gâteau de Savoie... je n'y contredis pas. Mais c'est un gâteau fort monumental ! — L'ensemble est imposant et majestueux, un peu lourd. C'est toujours « un dôme sur un fronton », un temple romain sur un temple grec, comme aux Invalides ; mais voici la différence. L'architecte, Soufflot (1764), entend se tenir plus près de l'antiquité. Le temple grec a la forme rectangulaire : imaginez deux édifices semblables se croisant par le milieu, se traversant : vous avez l'étage inférieur du Panthéon, qui figure, en plan, une croix. — Sauf cette disposition chrétienne du plan, c'est bien exactement le temple grec, avec son portique à colonnes, son fronton, son vaste emmarchement[1]. Au centre, où les deux parties de l'édifice se croisent, l'architecte plante dessus un temple romain complet : une colonnade circulaire, supportant une puissante corniche, et par-dessus encore, la coupole. Mais voyez plutôt où conduit une idée. Soufflot avait projeté, pour éclairer son édifice, de larges fenêtres dans les murs latéraux. Des fenêtres ? Otez-moi cela ! Les temples grecs n'en avaient point, de fenêtres ! — pour une bonne raison, c'est que le toit laissait au milieu un large espace tout à ciel ouvert, ce qui éclairait suffisamment l'intérieur. — Mais dans nos climats on ne peut pas laisser les édifices à découvert ; et comme il faut bien voir clair à l'intérieur, force sera d'en venir à faire des fenêtres. Hélas ! oui ; mais du moins on les cachera, derrière les colonnes, derrière les frontons, derrière l'édifice, on fera si bien qu'on ne pourra les voir du dehors, en sorte que l'édifice aura du moins l'air d'être aveugle. — C'est précisément l'inverse, comme vous voyez, de l'idée gothique, qui est de mettre l'église toute à jour, toute en vitrages. Ces grands, immenses murs, plats, gris, sans ouvertures ni ornements, ont un aspect lourd et donnent l'idée d'un monument funèbre. — A temps on se souvient que les temples romains, eux, avaient des fenêtres. « On pourrait donc, sans hérésie, en mettre dans la *partie romaine* de l'édifice, c'est-à-dire au dôme

---

[1]. Large degré découvert.

central ? » — « Sans doute ». — « Quel bonheur ! Sans cela notre dôme restait noir comme une voûte de four ! » — Et on fit cette rangée d'ouvertures à la base du dôme, les seules qu'on puisse apercevoir dans tout le bâtiment.

Du moment qu'on est lancé dans la voie de l'imitation de plus en plus exacte de l'antiquité, il n'y a pas de raison pour s'arrêter en chemin. Après ce que nous venons de voir il n'y a plus qu'un pas possible, en fait d'imitation ; c'est de copier, purement et simplement, un édifice ancien ; c'est d'aller pour ainsi dire chercher tout fait, en Grèce, un temple païen de deux siècles antérieur à notre ère, et de le planter en plein Paris chrétien du xviiie siècle. On en arrivera là, cela ne peut manquer. Ce dernier *progrès* se fera, soyez sûr... Il se fait ; et c'est la Madeleine[1]. — Il en résulte du moins, pour nous, un avantage : le plaisir de voir un temple grec sans faire le voyage de Grèce. Profitez-en, puisqu'en voici un au grand complet, sur plan rectangulaire, avec son fronton-pignon, décoré de sculptures à la manière antique, son *prostyle* et son *péristyle*, son emmarchement[2]. Point de fenêtres ! Les colonnes sont des colonnes corinthiennes, cannelées, fort belles ; et là vous pourrez admirer la richesse du chapiteau corinthien. — La Madeleine donc, est un temple grec : mais un temple grec énorme, gigantesque. Et savez-vous ce qu'il en résulte ? C'est que notre temple n'a de grec que la *forme*, l'apparence, point du tout la structure. Les Grecs faisaient toujours leurs colonnes *monolithes*, c'est-à-dire d'une seule pierre ; mais allez donc chercher des blocs de pierre de quinze mètres de hauteur ! Les colonnes de la Madeleine sont bâties par assises, par *tambours* superposés. Les Grecs, d'une colonne à l'autre, posaient l'*architrave*, aussi d'une seule pierre ; ici, on a formé un semblant d'architrave avec plusieurs morceaux assemblés, taillés en coin comme les claveaux d'un arc : ce qui est tout à fait opposé aux traditions des Grecs, d'abord, mais, de plus, fort mauvais, nullement solide : il faut retenir ces claveaux mal appuyés avec de grosses barres de fer cachées. Mais voyez ce portique majestueux ; placez-vous en face, et puis reculez-vous un peu de côté pour découvrir la file de colonnes qui fuit, s'allonge en perspective aux flancs de l'édifice : n'est-ce pas vraiment beau ? Sans doute. Et c'est que, malgré la différence de dimensions, de matière et de structure, malgré la pierre grise et le ciel gris, un

---

1. Voir le dessin, page 335. Dans le plan primitif, la Madeleine devait ressembler au Panthéon, avec colonnade circulaire et coupole.

2. Il y a deux frontons, deux prostyles, deux emmarchements, en un mot une seconde *façade* postérieure.

temple grec est toujours une belle chose. « Et maintenant,
« dites-vous, entrons ; j'ai hâte de voir, au fond de la *cella*[1], la
« statue colossale du *Jupiter Olympien*, assis dans sa majesté
« sur son piédestal de marbre blanc ; et à ses pieds l'autel, le
« trépied de bronze à brûler les parfums... » — Arrêtez...
n'entrez pas ! Vous allez gâter votre rêve ! — « Et comment
cela ? » — Laissez-moi vous expliquer la chose.

Ces deux monuments que nous venons d'étudier, le Panthéon
et la Madeleine, ont eu des malheurs. Avant qu'ils fussent
achevés, on se demandait déjà ce qu'on pourrait bien en faire...
Voilà ce que c'est que d'élever des édifices qui ne sont ni de
nos temps, ni de nos mœurs. S'est-on jamais demandé ce qu'on
ferait de Notre-Dame ? Non. Pourquoi ? Parce que c'est une
église, que c'est fait pour cela, et ne peut pas être autre chose.
Le Panthéon, lui aussi, avait d'abord été fait pour être une
église : l'église Sainte-Geneviève, en remplacement de l'ancienne
église de la fameuse abbaye, qui tombait de vétusté[2]. Mais cet
édifice ne s'accordait aucunement avec une telle destination.
Par exemple, on n'eût pu avoir de cloches, faute de clocher.
L'intérieur était mal disposé pour placer les objets du culte,
pour faire les cérémonies. Le bâtiment n'était pas encore
achevé à l'époque de la Révolution, quand la Convention eut
l'idée d'en faire un *Panthéon*, comme on disait alors, c'est-
à-dire une sorte de temple ou plutôt de musée consacré aux
grands souvenirs de l'histoire, aux grands hommes dont on eût
placé à l'intérieur les bustes, les statues, les portraits, avec
inscriptions commémoratives des services rendus à la patrie ;
dans ses caveaux on ensevelissait les grands citoyens jugés
dignes de cet honneur. C'était une idée du temps, une idée à *la
romaine*[3]. Au fronton se voyait l'inscription fameuse qui s'y
lit encore : *Aux grands hommes la Patrie reconnaissante* ; et
une scène représentant la Patrie distribuant des couronnes.

1. Grande salle rectangulaire du temple grec.
2. Sous Louis XV, en 1764.
3. Le Panthéon de Rome était un temple à *tous les dieux*, et en même temps à tous les héros.

Quand vint la Restauration, qui était un gouvernement de petits hommes, on refit du Panthéon une église, on arracha l'inscription, et on mit à la porte les grands hommes, la **Patrie et la reconnaissance**... Plus tard[1] l'inscription reparut au fronton, avec une belle composition du sculpteur David d'Angers, pour remplacer l'ancienne ; l'édifice redevint temple, jusqu'à ce que Napoléon le Petit le rendit au clergé, qui n'en fit rien. La République enfin l'a restitué à la noble destination que la Convention lui avait assignée ; et notre grand poète Victor Hugo, le premier, a été porté au Panthéon au milieu d'une pompe plutôt triomphale que funèbre. — Quand on monte jusqu'au haut du monument, de la *Lanterne* qui surmonte le dôme, on a une vue splendide sur Paris et les environs.

La Madeleine eut une semblable destinée, et pour la même cause. Sous Louis XVI, le monument que vous voyez commençait à s'élever, et on entendait bâtir une église. Il resta inachevé pendant la Révolution. Puis l'empereur Napoléon, le grand tueur d'hommes, s'empara de l'édifice commencé, pour en faire, conformément à sa structure, un temple ; non pas un temple dédié, comme l'autre, comme celui de la Convention, au souvenir des grands hommes qui ont rendu d'illustres services à la patrie et à l'humanité, mais dédié à la guerre et aux hommes de guerre, à la gloire batailleuse et conquérante : c'est-à-dire, en définitive, à lui-même (1806) : une pensée à la Louis XIV. Toujours les despotes ont eu envie de temples... Le *Temple de la Victoire*[2] ne fut pas achevé. Qui l'en empêcha ? La défaite. — Quand la France, épuisée d'hommes, subit à son tour des revers cruels, quand dans notre patrie humiliée et vaincue l'ennemi eut ramené les rois par la main, il ne pouvait plus être question de Temple à la Victoire. Le monument redevenait tout simplement l'*église de la Madeleine* (1816). Or, comment en faire une église, de ce temple grec ? Ne pouvant pas en faire une église, on imagina de mettre une église dedans... On fit quelque chose qui est *contenu* dans l'édifice,

---

1. Après la révolution de juillet (1830).
2. Sa dédicace officielle était : à la Grande Armée.

comme dans une boîte, mais qui ne tient pas à l'édifice; un
intérieur qui ne ressemble aucunement à l'extérieur, ni par la
disposition, ni par le style, ni par rien. On éleva là-dedans une
grande salle, couverte par trois *dômes*, invisibles du dehors,
percés chacun, défoncés plutôt d'une vaste ouverture circulaire
couverte de vitrages comme une serre, pour éclairer tant bien
que mal l'intérieur, en l'absence de fenêtres. Mais ce jour qui
tombe d'en haut par de grands trous ronds, jette en bas des
ombres fuyantes et bizarres; tout est noir en dessous, la moitié
de l'édifice est dans l'obscurité; il y a des peintures et des
statues, et on ne les voit pas. Puis des colonnes et des arcades,
des frontons, des corniches, des peintures, des dorures, beaucoup d'or; un luxe inouï de décoration : et à la fin tout cela ne
ressemble à rien, ni à une église, ni à un temple, ni à quoi que
ce soit de raisonnable et d'utile.

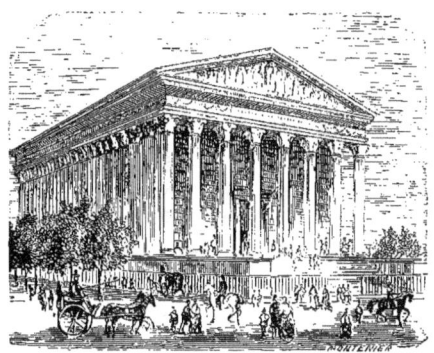

Pour suivre les transformations de l'architecture et les destinées des monuments, nous avons, en ces dernières pages,
devancé le cours du temps, passé par-dessus les années et les
événements. Revenons à l'ordre des siècles; et avant d'entrer
dans l'âge contemporain par cette grande porte de la Révolution,
jetons un dernier coup d'œil sur l'âge qui finit, l'âge monarchique; achevons l'esquisse du Paris de Louis XIV et de
Louis XV. — Constatons d'abord que depuis Henri IV, malgré
les misères, les exactions, les banqueroutes, les disettes, les

désordres, malgré tout, — malgré les rois, — Paris s'est augmenté. Malgré les rois : croiriez-vous que ces gens-là s'étaient imaginés d'empêcher Paris de s'étendre ! La ville monstre, la *ville monde*, dans son fourmillement immense et son accroissement irrésistible, leur faisait peur. Mais empêchez donc, vous, un enfant de grandir ! Le terrible enfant croissait et faisait craquer sa ceinture, qu'on ne voulait pas élargir. — Henri II, *le Chimérique*, avait le premier hasardé cette sottise de *défendre de bâtir des maisons* au delà de certaines limites ; on en bâtit cependant. Louis XIII eut la même prétention ; Louis XIV le despote fit de même, de même encore Louis XV, et cela ne servit à rien. On frappa d'amende quiconque bâtissait, comme si c'eût été un délit ; les gens payèrent l'amende et bâtirent. Les maisons levaient du sol en dedans et en dehors des enceintes, comme des champignons après la pluie ; logis de bourgeois, de marchands et d'ouvriers, riches hôtels de grands seigneurs, de magistrats, de gens de finance[1]. La population augmentait rapidement. Sous Henri IV, 250,000 âmes peut-être ; 500,000 sous Louis XIV ; et à la Révolution on arrivait à 700,000 : il fallait bien loger toutes ces âmes-là. Et si à certains moments on gênait la ville pour s'étendre, le résultat était qu'elle croissait en hauteur ; les maisons, au lieu de trois ou quatre étages, en eurent cinq, six, entassés. Les rues en devenaient plus enfoncées, les petites cours plus obscures et plus humides. A d'autres moments tout cédait, les défenses étaient vaines ; la ville prenait du large ; il se faisait de nouvelles rues et de nouveaux quartiers[2]. Les rois durent laisser reculer les

---

[1]. Sous Louis XV, on comptait à Paris près de 500 rues, 100 places et placitres, 9 ponts, et 25,000 maisons. Voir le plan de la page 363 pour l'étendue comparative de la ville sous Louis XIV.

En outre des monuments dont nous avons parlé, il faut citer, du règne de Louis XV, l'École militaire (Champ de Mars, 1752), la Halle aux blés (1763), l'Hôtel des monnaies (1771) ; plus une foule de couvents et de chapelles.

[2]. Les rues nouvelles des quartiers du Temple, du Marais, d'autres sur l'emplacement de l'Hôtel de Soissons, le quartier neuf de la Chaussée-d'Antin, etc. — La rue Quincampoix, devenue célèbre sous le Régent par les affaires de la banque de Law, est une vieille rue du centre de la ville, près de la rue Saint-Martin. Là étaient les bureaux de Law. Elle a conservé à peu près sa physionomie.

limites. Dès Louis XIV (1670), de la Bastille à la porte Saint-Martin, et bientôt jusqu'en face des Tuileries, les anciens *boulevards* à bastions disparurent[1]. Sur leurs levées renversées, sur leurs fossés comblés, sur leurs vieilles portes rasées on fit de larges allées plantées d'arbres, qui conservèrent le nom guerrier, mais n'étaient plus que de simples promenades, non pas des travaux de défense. Ce sont nos *grands boulevards* actuels. — Mais combien différents, alors, de ce qu'ils sont aujourd'hui ! Longues avenues silencieuses, d'aspect mélancolique, entre les champs et les jardins ; à l'extérieur le promeneur voyait s'étendre les cultures morcelées, le réseau des petits chemins ; çà et là un *bourg* rustique groupé autour de son église : le vieux bourg de la *Ville-l'Évêque*[2], celui du *Roule*[3], la ferme des *Mathurins*[4], celle de la *Grange-Batelière*[5] ; le village des *Porcherons*, un amas de guinguettes. En face des simples percées qui tenaient lieu de portes s'étendaient, s'allongeaient dans la campagne, aux bords des grandes voies, des rangées de maisons, d'auberges, de hangards, qui formaient les faubourgs. C'est sur l'allée que furent plantés les arcs de triomphe qui s'appelèrent la porte Saint-Martin, la porte Saint-Denis, et qui gênaient la circulation en rétrécissant les issues. — Vers l'intérieur, l'interminable avenue n'était guère bordée que de jardins haut murés d'hôtels et de couvents, de couvents surtout : les couvents pullulaient sous le Grand Roi.

A peine avait-on fini de raser les bastions du Nord, qu'on jetait bas, au midi, la muraille croulante, l'antique muraille de Philippe Auguste, déjà entamée de larges brèches. Ses dernières tours tombèrent, ses vieilles portes ; on combla les fossés. Cela donnait de l'air et de l'espace aux quartiers de la rive gauche. Puis, sous Louis XV, on commença, autour de l'*Université*, une ceinture d'avenues plantées semblables à

---

1. Excepté celui de la Bastille, qui persista plus longtemps.
2. Emplacement de la rue de ce nom.
3. Emplacement de Saint-Philippe-du-Roule.
4. Emplacement de la rue des Mathurins, près de la Madeleine.
5. Rue Grange-Batelière.

celles du nord, qu'on appela les *nouveaux boulevards* : ce sont nos *boulevards du Midi* actuels[1]. L'enceinte, de ce côté, se trouvait donc énormément agrandie, englobant les anciens faubourgs, l'immense faubourg Saint-Germain, le Luxembourg. Mais, disais-je, ce n'était pas là une défense ; et pour la première fois depuis les Romains, Paris se trouva dépourvu de tout rempart, à l'état de *ville ouverte*[2].

En compensation, il se décrassait. Les nouvelles rues étaient plus larges et plus droites, mieux pavées : cela fit honte aux anciennes. Dans le vieux Paris central, le plus tassé et le plus populeux toujours, on commençait à redresser, à élargir certaines voies, les plus fréquentées ; on repava les rues mal pavées, on en pava d'autres qui ne l'étaient point[3]. Pour la première fois, les noms des rues furent écrits aux coins, et les maisons portèrent des numéros (1728). — On creusa quelques égouts ; mais le *grand égout*, qui suivait à peu près le parcours de l'ancien ruisseau de Ménilmontant, recreusé, resta longtemps encore à découvert : un simple canal, une rivière d'ordure… Un assez grand nombre de *fontaines* publiques furent élevées, notamment la jolie *fontaine de la rue de Grenelle*; l'eau était amenée des hauteurs environnantes par des aqueducs et des canaux. Des quais nouveaux furent construits sur les deux rives, prolongeant ou raccordant les anciens ; plusieurs *ports* établis[4]. — Enfin on songea à éclairer la ville.

Nous avons peine à nous figurer, nous autres, habitués aux vives clartés du gaz, aux rayonnements fulgurants de la lumière électrique qui font de la nuit un jour, à nos rues jusqu'à mi-

---

1. Boulevards des Invalides, Montparnasse, Port-Royal, Saint-Marcel et l'Hôpital (à peu près). Les allées des Invalides à l'Observatoire furent ouvertes les premières (1760).
2. L'étendue superficielle de la ville, limitée à ces boulevards, était de 1100 hectares environ.
3. Sous Louis XIII encore plus de la moitié des rues n'étaient point pavées.
4. Notamment le quai de Nesle (quai de la Monnaie), le quai des Quatre-Nations (quai de l'Institut), le quai Lepelletier vers la place de Grève, le quai de la Grenouillère (quai d'Orsay). — Le Port aux Vins avec la Halle aux Vins.

nuit si mouvantes et si animées, ce que pouvait être une ville comme Paris dépourvue d'éclairage : *Paris sans chandelle !* La ville était restée obscure comme au moyen âge ; les bourgeois de Louis XIII se renfermaient chez eux, dès le soleil couché, ni plus ni moins que ceux de Philippe Auguste. Le soir, on ne rencontrait presque personne dans les rues. Les grands seigneurs qui allaient aux fêtes, aux soupers, se faisaient accompagner par des valets armés et portant des torches. Nul ne se fût hasardé sans armes, sans escorte. Traverser sa rue était un acte de courage. Les ponts étaient des coupe-gorge. La fameuse *cour des Miracles* existait encore, et sa hideuse population, et la racaille du Temple, un monde de filous et de *grinches*[1]... Tout cela, dès la nuit tombante, se répandait dans la ville sombre, rôdant, guettant la proie...

> Le bois le plus funeste et le moins fréquenté
> Est au prix de Paris un lieu de sûreté,

a dit Boileau ; et cette fois il n'y a pas d'hyperbole poétique ; c'était la pure réalité. — On crut faire quelque chose, au temps de Louis XIV (1688), en établissant dans chaque rue quelques lanternes munies de simples chandelles de suif, jaunes et insuffisantes clartés. Cela n'empêcha pas les vols nocturnes et les assassinats ; cela n'empêcha pas le célèbre Cartouche et sa bande de *travailler en grand* pendant des années sur le Pont-Neuf (1720), au beau milieu de Paris, malgré le guet et la police. Cinquante ans après seulement (1765), on remplaça ce luminaire par des lampes pourvues de réflecteurs, appelés *réverbères*, qui se multiplièrent peu à peu, et durèrent jusqu'à l'éclairage au gaz : vous pourriez peut-être encore rencontrer quelqu'une de ces lanternes en certaines rues solitaires des quartiers perdus, vers les fortifications.

Pour compléter la revue des embellissements de Paris, il nous reste à citer la *place Louis XV*, depuis appelée *place de la Révolution*, et qui porte aujourd'hui le beau nom de *place de la*

---

1. Voleurs assassins.

Concorde. Dans une situation unique, près de la Seine, entre le jardin des Tuileries et les promenades ombreuses des Champs-Élysées, ayant en perspective la Madeleine d'un côté, de l'autre le Palais de la Chambre des députés, c'est aujourd'hui l'une des plus admirables places du monde entier. Vers la fin de Louis XV elle était déjà fort belle. Au centre s'élevait la statue équestre du roi, entourée d'allégories et d'inscriptions flatteuses, que l'aversion populaire retournait en cruels sarcasmes[1]. — Ah! les choses sont bien changées! Ils sont loin les jours où tout Paris priait, pleurait pour lui! Louis n'est plus le *bien-aimé*. Que n'avait-il pas fait pour changer cet amour gratuit en haine méritée? Haine dont le flot monte d'heure en heure, menace de l'engloutir[2]... Haine réciproque, du reste. Le vrai monument du règne ce n'est pas un édifice, le Panthéon ou la Madeleine; ni même une place, la place Louis XV : c'est une route. C'est la route que le roi fit percer pour aller de son Versailles à Vincennes ou à Compiègne sans être obligé de traverser cet odieux Paris qu'il ne voulait plus revoir; on l'appelait : la *route de la Révolte*[3].

Il semble que la Révolution est mûre... — Attendez encore : le pauvre peuple attend bien, lui. Pourquoi tant de patience ? C'est qu'il espère, ce peuple. Il espère que le *bon Louis XVI* va tout réparer. Pourra-t-il? Voudra-t-il? — En attendant que

---

1. Cette statue fut détruite en 1792. Autour du piédestal étaient sculptées quatre Vertus, emblèmes des vertus royales de Louis XV. On fit ce vers :

Les Vertus sont à pied, et le Vice à cheval.

2. Une chose, surtout, atroce, rendait cette haine implacable ; les enlèvements d'enfants que la police royale faisait en plein jour dans les rues. Les mères n'osaient pas laisser sortir leurs enfants. Il y eut des émeutes, réprimées par des massacres. On cria : « Allons brûler Versailles. » — De là la peur du roi et le chemin de la Révolte.

3. Cette route existe encore en dehors de nos fortifications, entre Levallois et Clichy.

l'expérience s'achève, une chose se fait qui ne plait pas aux Parisiens : une nouvelle enceinte. Non pas une enceinte militaire, mais une enceinte *fiscale*; non pas un mur pour défendre, mais un mur pour faire payer (1784). — On le fit ce mur, immense, pour englober davantage[1]; à chaque issue, un bâtiment d'octroi et une barrière. Ce sont nos *anciennes barrières*, connues de tous les Parisiens, et dont quelques bâtiments de péage existent encore[2]. — On n'était pas content, en ville.

Le mur murant Paris rend Paris murmurant,

dit un plaisant quelconque, dans un calembour célèbre. Mais il n'y avait point, au fond, de quoi rire. Paris ruiné, Paris écrasé d'impôts, entre la disette et la banqueroute, *Paris sans pain* voyait l'or fondre à Versailles, couler, passer par centaines et centaines de millions en cadeaux aux grands seigneurs, — car le roi Louis XVI est très bon, il ne sait pas refuser[3]. Paris murmurait, cela se comprend. Il ne se fâcha point pourtant. Pour que le vieux lion se levât, secouât sa crinière, il fallait autre chose. — Mais un jour le bon roi entoure sa capitale de régiments étrangers, à sa solde, qui empêchent les vivres de passer, affament la ville; la Cour furieuse, qui voit la Révolution marcher à grands pas, complote on ne sait quoi de noir et de sinistre. — « Il est temps ! » — Paris se lève et prend la Bastille.

La Révolution, cette fois, avait commencé en province[4]. La France entière avait signifié ses volontés. Mais la royauté résistait, rusait. Il y eut un moment d'hésitation. Alors Paris prend en main la cause du peuple de France. A partir de ce

---

1. Près de 24 kilomètres. La superficie de la ville en dedans de ces limites se trouva portée à 3,000 hectares environ.
2. Notamment un de ceux de la barrière de Fontainebleau, au midi, place Denfer-Rochereau ; à l'est, ceux de la barrière du Trône, actuellement place de la Nation.
3. Sous Louis XVI, 135 millions une année, 156 l'année suivante, etc. Un courtisan, Coigny, avait un million du roi par an. On est loin de savoir tout.
4. Evénements de Bretagne, du Dauphiné.

moment, les choses marchent. Tout obstacle est emporté. Le flot de la Révolution monte, monte comme la mer, comme la mer immense et irrésistible; il submerge ce vieux monde, ces institutions pourries, la vieille injustice féodale, datant de la conquête barbare...

C'est Paris qui a écrit dans l'histoire cette grande date, l'une des plus grandes de l'histoire : 14 juillet 1789.

LA RÉVOLUTION — L'EMPIRE

 E n'ai pas à vous raconter la Révolution. Il ne faut pas y toucher, à cette grande et terrible histoire, si l'on n'a devant soi l'espace, en soi la force, le souffle héroïque... Mais comment ne pas dire un mot de la prise de la Bastille, ne serait-ce qu'à titre d'événement parisien ? — Car ce fut bien une chose *parisienne*, non pas seulement par la forme, dans la spontanéité du mouvement, l'élan, la

furia irrésistible, — en même temps la lucidité, la merveilleuse sûreté de vue qui fit comprendre à tout un peuple où le coup devait porter ; mais aussi par le fond, par la pensée. Il y avait, voyez-vous, entre Paris et la Bastille quelque chose comme une haine personnelle et de longue date. Depuis des siècles la population et la vieille forteresse s'entre-regardaient de travers. Là-haut les gueules des canons se montraient aux embrasures, tournées aussi bien vers la ville que vers le dehors. Sur un signe, la Bastille eût pu raser le quartier Saint-Antoine et le faubourg. Comme prison, elle était plus odieuse encore. Il y avait des légendes sur ses affreux cachots, noirs, pleins de rats[1]... Se dire qu'on pouvait être jeté là, pour la vie peut-être, pour l'oubli, sans jugement, sur un mot du roi, du ministre, d'un simple commis, à la demande d'une grande dame ou d'une femme de chambre, il y avait bien de quoi donner de mauvais rêves. Nul n'était assez grand ni assez petit, assez puissant ni assez inconnu pour se croire en sûreté. — La prise de la Bastille fut un coup d'audace inouïe, soudain, comme le choc d'une trombe. Vous la savez par cœur, cette journée héroïque, cette première journée de la liberté dont la France a fait son glorieux anniversaire, sa fête nationale. Je ne vous en répéterai pas le récit. Il y eut un cri de joie immense, à faire crouler le ciel, qui d'écho en écho s'entendit de toute l'Europe, et jusqu'en Amérique. Mais le soir et les jours suivants, quand tous eurent pu voir les horribles cachots, sans jour, sous la terre, les monstrueuses chaînes usées par le frottement, un flot de colère remonta. On se mit à démolir jusqu'au sol la sinistre bâtisse. C'était prudence, du reste. La royauté eût bien pu la

---

1. Et la légende était au-dessous de la réalité. — Les *lettres de cachet*, ordres d'emprisonnement secrets et sans jugement, n'étaient point une chose rare, une ressource extrême pour des affaires d'État. C'était la chose la plus commune ; les ministres en donnaient *en blanc* aux évêques, aux grands seigneurs, aux dames. Il n'y avait qu'à remplir le blanc, mettre votre nom, vous disparaissiez. Le seul Saint-Florentin, sous Louis XV et Louis XVI, en donna pour sa part *cinquante mille*. La Bastille, à Paris et en province, avait des succursales par centaines : surtout *les couvents*. Un homme, une femme étaient enlevés, jetés dans un couvent fermé, sans que la famille pût jamais savoir où ni pourquoi : souvent la victime elle-même l'ignorait. — Et cela sous le *bon* roi Louis XVI.

ressaisir par surprise, en faire encore une fois sa forteresse, son instrument de domination et de terreur. Quand elle disparut, il sembla que cela donnait du jour et de l'air à Paris. On respira plus à l'aise. — « Puis on les reprit, ces pierres; on en bâtit le pont de la Révolution[1], *afin qu'elles fussent à jamais foulées aux pieds du peuple*[2]...

« Le Champ de Mars, voilà le seul monument qu'a laissé la Révolution. L'Empire a sa colonne, et il a pris encore presque à lui seul l'Arc de Triomphe; la Royauté a son Louvre, les Invalides; la féodale Église de 1200 trône encore à Notre-Dame; il n'est pas jusqu'aux Romains qui n'aient laissé les Thermes de César[3].

Et la Révolution a pour monument... le vide.

Son monument, c'est ce sable, aussi plat que l'Arabie. Un *tumulus* à droite et un *tumulus* à gauche[4], comme ceux que la Gaule élevait, obscurs et douteux témoins de la mémoire des héros...

Mais un grand souffle parcourt la grande plaine, que vous ne sentez nulle part ailleurs, une âme, un tout-puissant esprit...

Et si cette plaine est aride, si cette herbe est séchée, elle reverdira un jour[5]! »

. . . .

---

1. Pont de la Concorde.
2. Des lignes tracées à travers le pavage de la place de la Bastille marquent l'emplacement de la forteresse. — A peine débarrassés du moyen âge, nos pères de 89 avaient conservé le goût des figures, des symboles. Cela se vit surtout dans les fêtes populaires, fêtes de la Raison, de la Liberté, de l'Être suprême, etc. A Paris et ailleurs elles ressemblaient, plus que l'on ne voulait en convenir, aux fêtes des anciens cultes, à telle fête même du moyen âge. Ce qui rendit plus d'une ridicule, c'était justement que pour représenter des idées nouvelles, on se servait des vieilles formes. Quand, au contraire, mettant de côté ces formes usées, la mythologie, etc., on se laissait aller aux simples inspirations de la nature, on trouva des choses belles et vraiment touchantes.
3. Du César Constance et du César Julien.
4. Deux levées de terre bordaient autrefois le Champ de Mars dans toute sa longueur. Elles furent élevées expressément pour la *Fête de la Fédération*, le premier anniversaire de la prise de la Bastille (14 juillet 1790).
5. Michelet. Histoire de la Révolution française ; *La Fête des Fédérations*.

Je m'arrête, malgré moi. J'allais être entraîné à retranscrire, l'autre après l'une et jusqu'à la dernière, ces pages incomparables de la *Fête des Fédérations*, les plus belles peut-être de l'histoire, les plus brûlantes qui aient jamais été écrites, les plus profondément humaines, et aussi les plus *françaises*... L'étranger qui les lira se sentira français, du moins pour une heure. Lisez-les vous-mêmes, et si vous les avez lues, relisez-les encore : votre cœur en grandira. — Journées de la Révolution et de la France! 4 *Août! Fédération!* Quel peuple en a de pareilles dans ses annales?

En celle-ci la France entière, d'un élan, se leva. — Le rendez-vous est Paris. Toute province, même la plus éloignée, toute ville, tout village a voulu en être, par ses représentants. — Qui se souvint, ce jour-là, des anciennes divisions, des jalousies de ville à ville et de province à province? Tout cela oublié, abjuré. Et qui eût imaginé alors cette opposition entre Paris et la province qu'on a inventée depuis, tant rebattue, afin de la faire? La Nation elle-même est là, venue exprès pour signer la Révolution au bas de la page, et, comme on eût dit en vieux langage, pour *avouer* son Paris de tout ce qu'il a fait en son nom.

Quand, dans la plaine noire de foule, devant l'autel de la Patrie, quatre cent mille Français s'embrassèrent; quand le canon tonna et que toutes les mains se levèrent : alors jusqu'aux différences de parti disparurent ; tous jurèrent d'un élan immense, plein de ferveur et d'espoir. La fête magnifique du Champ de Mars fut la fête de *l'unité* de la patrie ; plus encore, s'il est possible : de la concorde, de l'union des cœurs.

« — Oui. Mais ce ne fut qu'un jour. Et maintenant vont venir des jours de discorde et de haine. Nous allons voir le désordre et l'insurrection, les vengeances et les représailles sanglantes, la fureur sombre, la défiance, et enfin cet accès de fièvre mortelle qui s'appelle *la Terreur*. » Cela est vrai. Mais pourquoi? Il faut aussi le dire. Et dès le jour de la fête il aurait pu prévoir l'orage, celui qui eût regardé de près, là, au milieu de ce peuple jurant avec tant d'amour, avec tant de foi, ce petit groupe hostile, serré, plein d'arrière-pensées mauvaises, étranger à la France; la conspiration, la trahison même : je veux dire la Cour, le haut clergé, la reine; le parjure en personne : Louis XVI.

C'est triste à dire, mais il le fallait, dis-je. Car il y a ici une légende, et cette légende obscurcissait l'histoire. On n'y comprenait rien. La marche précipitée des événements, la fureur croissante du peuple, la terrible mêlée de 93 paraissaient des effets sans cause. Un demi-siècle durant on a exploité contre la Révolution, contre la cause du peuple, la *légende de la pitié*. On avait pitié « de ce pauvre bon roi, faible seulement, trop faible; mais honnête au fond, victime innocente qui expiait les crimes de ses ancêtres; de cette pauvre jeune reine, si charmante et si malheureuse; » — et on oubliait d'avoir pitié de la « vieille mère France », que le bon roi, la charmante reine vendaient à l'étranger. — Le voile est tombé, la légende est démolie. La trahison est mise à nu : nous avons en main les pièces du marché. Quelles pièces? Les lettres mêmes de la reine, des ambassadeurs, conservées aux Archives de Vienne et publiées récemment[1]. — Que Louis XVI fût un méchant homme, c'est ce que nul, même après cela, ne dira. Il était né bon, même sensible; honnête... du moins il eût voulu l'être. Eh bien, tels sont les fruits de l'éducation monarchique: ce malheureux roi, digne de pitié, en effet, conspira, trahit la France, mentit, mentit jusqu'à sa dernière minute.

Il jure en ce jour: il jurera bien d'autres fois encore; et chaque serment, d'avance, est un parjure. Il jure, en 91, de défendre la Constitution[2] : et cette constitution, acceptée par lui, il trame, pour la renverser, la guerre civile. La guerre civile, ce n'est pas assez; il fait appel à l'étranger, il implore l'invasion. Une ligue de rois se forme contre la France : chose monstrueuse, le roi de France en est. Il marchande avec eux l'envahissement et le démembrement de la patrie. Car les rois ne veulent rien faire pour rien. Pour prix du service, l'Autriche et la Prusse entendent garder notre Alsace; — déjà! — et de plus

---

1. *Arneth*. Pièces publiées en 1865.
2. 14 septembre.

encore les Alpes et la Navarre : — le moyen de prendre le reste[1]. N'importe ; accepté[2]. — 92! La guerre éclate. La coalition des rois a comploté d'écraser la France révolutionnaire ; Paris, surtout, Paris, leur *bête noire*[3], l'objet de leur haine inoubliable ! Le sang de nos soldats va couler sur vingt champs de bataille. Le roi, à la face du monde, a déclaré la guerre[4] : en dessous, il s'entend avec l'ennemi[5]. Il désorganise la défense[6]. Et d'avance la reine a fait savoir à l'Autriche le plan de campagne de nos généraux, le point d'attaque, — tout ce qu'il faut, enfin, pour qu'on nous taille en pièces[7]...

Le peuple, en 92, ne savait pas tout cela. Mais il savait, à n'en pouvoir douter, qu'il était trahi, enveloppé, enlacé de trahisons. Et cela le mettait en rage. Tel jour on apprenait qu'une ville avait été livrée ; tel autre qu'un général avait passé à l'ennemi. Le prussien Brunswick lançait son manifeste sauvage, menaçant la France du fer et du feu, Paris d'une destruction totale[8]. — Mettez-vous donc, je vous prie, par la pensée, au milieu de ce Paris défié et frémissant, quand éclatent coup sur coup les désastreuses nouvelles ; quand on se dit : « ils sont à cinquante lieues ; ils sont à quarante lieues.... » Jetez-vous aux flots de cette population enfiévrée, haletante, quand les tambours battent par les rues la générale de la *patrie en danger*, quand le canon d'alarme du Pont-Neuf tonne d'heure en heure jusqu'au coucher du soleil, et que le canon de l'Arsenal répond comme un écho ; quand l'immense drapeau noir, des fenêtres de l'Hôtel de Ville, pend jusqu'à terre en lugubres plis. Ecoutez le tocsin de Notre-Dame, dont chaque coup sourd frappe sur le cœur comme un glas ; ou bien l'ardente *Marseillaise*, qui,

1. 7 mars 91.
2. 20 avril 91. Pièces *Arneth*.
3. C'est le mot de Bismarck en 1871 : *La bête est morte !* — Non.
4. 20 avril 92. Pièces *Arneth*.
5. Après comme avant (21 mai 92). Pièces *Arneth*.
6. 12 juillet 92.
7. 26 mars 92. Pièces *Arneth*.
8. « Toute ville qui se défendra sera brûlée... Paris sera l'objet d'une exécution militaire. » — Tels étaient, pourtant, les alliés des émigrés, les amis du bon roi, ceux qu'il appelait en France...

pour la première fois, éclate sur nos places, comme un chant de clairon :

Tremblez, tyrans... *Et vous, perfides!...*

Mais il sait, ce Paris, qu'il a, au cœur de la place, dans ces Tuileries fermées, gardées de troupes étrangères, l'éternelle conspiration, l'ennemi du dedans tendant la main à l'ennemi du dehors ; cette Cour, qui calcule la marche de l'invasion, compte les jours, qui danse de joie à chaque revers de nos armes et prend le deuil pour les victoires. Alors, peut-être, alors, vous comprendrez la fureur concentrée de Paris et ses soubresauts de colère[1]. Et d'avance ceci vous explique 93. — Qu'est-ce que la Terreur ? Une riposte enragée à la Vendée[2].

Paris, en 92, hérissé de piques, planté de factionnaires, parcouru de patrouilles, avait l'aspect d'un camp. En 93, c'était la physionomie plus sombre d'une ville assiégée, quand la population a déjà trop souffert, que les privations, les alternatives d'espoir et de colère, les divisions, les défiances, ont jeté les esprits dans un état violent et hors nature, d'où éclatent des traits d'héroïsme et des actes d'affolement sauvage. On essaya des fêtes; mais le cœur n'était plus aux fêtes. Trop d'affreux spectacles avaient assombri les âmes.

La Révolution n'a point bâti. Vraiment elle avait autre chose à faire, quand l'Europe des rois se dressait contre nous, quand la Vendée se soulevait à l'appel du clergé, que la conspiration ouvrait la France à l'ennemi et que *la patrie était en danger !* On coulait des canons, on forgeait des piques, on fabriquait de la poudre, on improvisait des armées. Mais si elle n'a point

---

1. 20 juin, 10 août.
2. Il faut entendre ici l'universelle conspiration royaliste et cléricale dont l'insurrection de l'Ouest était une explosion.

bâti, la Révolution a fondé. Quoi? La liberté, l'égalité; la France moderne, en un mot. Quoi encore? Comme choses de détail, beaucoup de grands établissements nationaux. Et pour ne parler ici que de Paris, citons la fondation de nos grands musées, au Louvre (1793), des musées et des cours d'histoire naturelle au jardin des Plantes[1] (1793); nos archives nationales, le Conservatoire de musique (1795); le Conservatoire des Arts et Métiers[2] (1793) : si elle avait pensé aux arts, aux lettres, à l'histoire, la Révolution n'oubliait pas non plus les ouvriers. Puis encore l'Ecole polytechnique (1794), une Ecole militaire (1794), l'Ecole normale (1795), l'Ecole des Mines (1793), le bureau de l'Observatoire[3] (1795), l'Institut (1795); tout cela en cinq ans, en pleine guerre, en pleine fièvre. Et, remarquez : toutes fondations d'enseignement. — L'Eglise et les rois, pendant mille ans, s'étaient bien donné garde d'instruire le peuple. La Révolution, dès son premier jour, comprend que là est sa tâche. L'*Instruction publique*, de l'Institut à l'Ecole primaire, un immense ensemble : c'est son monument, à elle, que personne ne démolira. — Les institutions fondées, on les loge où on peut, comme on peut, dans des locaux arrangés à la hâte, parfois d'anciens couvents : le Conservatoire des Arts et Métiers, dans l'ancienne abbaye de Saint-Martin-des-Champs[4], les grands musées, au Louvre. — La Révolution a donné le Louvre à la France; et personne n'a été si hardi que de le lui reprendre. Du palais des rois, bâti pour eux et leurs courtisans, elle a fait le palais de la nation, le

---

1. Le premier établissement du Jardin des Plantes, sous le nom de *Jardin du roi pour l'étude des plantes médicinales*, date de 1626 (Louis XIII). Très petit à l'origine, il a été considérablement agrandi par Buffon (1739), puis sous la Révolution et depuis encore.
2. Et les premières expositions industrielles.
3. Bureau des longitudes.
4. Le Conservatoire des Arts et Métiers occupe encore les bâtiments de l'abbaye du XIIe et du XIIIe siècle. (Voir le dessin page 351); l'église est devenue la *salle des machines*, et le magnifique réfectoire des moines (XIIIe siècle) est maintenant la *Bibliothèque*. Il reste, en outre, quelques fragments de remparts, une tourelle, enfin, sur la rue Saint-Martin, la tour qui formait l'angle de l'enceinte. (Tour du Vert-Bois, restaurée). Voyez le dessin page 204.

palais du peuple; le nôtre, où nous sommes chez nous, tous largement accueillis, conviés au milieu des monuments de l'histoire et des chefs-d'œuvre de l'art. Elle a donné aux Parisiens nos beaux jardins des Tuileries, du Luxembourg. — Puis deux autres cadeaux encore : l'élection de sa *municipalité*[1], droit supprimé plus tard par le despotisme, rendu, repris encore et finalement restitué[2] par la République; l'abolition de l'*octroi*[3], impôt inique et vexatoire, léger pour le riche, écrasant pour le pauvre, et que l'Empire se hâta de rétablir... Mais quoi ? De toutes les conquêtes de 89 il en a été ainsi; après un siècle nous en sommes à reprendre, pied à pied, toutes les réformes, toutes les libertés données en un jour par la Révolution, retirées par les Restaurations et les Empires.

On a fait grand bruit des dévastations commises par la Révolution dans nos monuments... En réalité, il y eut, à Paris, des statues de rois et de saints brisées, quelques sculptures mutilées, objets d'art et d'histoire regrettables; quelques *reliquaires* fondus ; — je ne parle pas des cloches, des statues de

---

1. 27 juin 1790.
2. Quoique encore amoindri.
3. 1ᵉʳ mai 1791.

bronze qu'on fondit pour faire des canons ; c'était une nécessité du temps. Il ne fut point touché aux monuments eux-mêmes. Les chanoines et les curés, depuis le XVIe siècle, avaient fait bien d'autres dégâts dans les beaux édifices du moyen âge pour les accommoder à leurs nouveaux goûts ! Véritables profanations au point de vue de l'art et de l'histoire, accomplies en toute bonne intention et tranquillité d'âme... et que nos archéologues avouent en les déplorant[1]. Notre-Dame, dès avant 89, n'était pas reconnaissable ; il a fallu dépenser des millions pour remettre le monument dans son ancien état.

Malheur aux peuples qui s'affolent de la gloire[2] ! Ils perdront la liberté. Or la liberté est la vie des peuples. — La France eut ce malheur d'adorer la victoire. Quand le vainqueur revenait de ses foudroyantes campagnes « couvert de lauriers », comme on disait alors, on ne se contentait pas de l'acclamer : on l'encensait. Les gens se jetaient à genoux devant lui : il leur mit le pied sur la tête. C'était justice ; qui se prosterne est fait pour être écrasé[3].

L'histoire de Napoléon, quand on y pense, n'a pas l'air d'une chose humaine et possible. Une bataille qui dure quinze ans, de sanglantes chevauchées à travers le monde, les coalitions des rois coup sur coup brisées, l'Europe découpée en royaumes pour les frères et les soldats du conquérant ; puis un écroulement immense, des désastres plus prodigieux que les victoires : on dirait plutôt un poème gigantesque et barbare intercalé de force dans l'histoire réelle. Lui-même était à la mesure de ces événements énormes. — Grand ? Sans doute : grand comme l'incendie qui dévaste, comme l'inondation qui

1. Viollet-le-Duc
2. De la fausse gloire des conquêtes et des guerres ambitieuses.
3. « Les Français, disait Bonaparte, ne sont pas faits pour la liberté : un maître, des hochets, voilà ce qu'il leur faut. » (Miot.)

submerge, comme le fléau qui extermine. Mais pour être un *grand homme* il lui manquait deux choses, qui font l'homme : un cœur, une conscience. Vous ne trouverez, chez cet être, ni sentiments, ni passions généreuses[1] : rien qu'une fureur, ce n'est pas assez dire, une rage d'ambition, une faim inassouvie de gloire. Cette gloire dévorante fit une épouvantable consommation de vies humaines : un million et demi de Français fauchés par la mitraille. Mais, pourquoi ne parler que des Français ? Les autres, après tout, étaient aussi des hommes. Et qui dira les veuves, les enfants sans pères, les mères sans enfants, la misère, la douleur plus meurtrière que l'épée ; nulle maison sans deuil, nulle âme sans blessure... Puis, par-dessus, les ruines de l'invasion, la honte d'un gouvernement imposé par l'étranger : voilà ce que valut à la France la gloire de Bonaparte, son génie, *son étoile !*

Napoléon n'aimait point Paris. Pourquoi ? C'est qu'à Paris, surtout, *on pense*. Or il avait en haine toute pensée. Il entendait faire de la capitale une caserne. A la caserne, on ne raisonne pas, on ne parle pas : on obéit. La consigne était de se taire. Donc Paris fut traité rudement. Plus d'animation, plus de libre vie ; sauf les pompes de la cour et les fêtes officielles, la ville avait un aspect morne et contraint. On fit quelques travaux d'utilité publique : des marchés, des quais, deux ou trois ponts[2]. Mais les esprits n'étaient point à ces choses-là. On se taisait, on écoutait le bruit lointain du canon.

L'empire s'est fait représenter à Paris par quatre monuments, monuments de gloire guerrière, naturellement : un temple, deux arcs de triomphe, une colonne, qui sont quatre copies d'après l'antique. Du Temple de la Victoire, autrement dit l'église de la Madeleine, nous avons assez parlé. L'arc de

---

1. Mais des vices, et des petitesses vaniteuses, compatibles, paraît-il, avec le génie.
2. Entre autres le pont d'Iéna, le pont d'Austerlitz.

triomphe de la place du Carrousel avec ses colonnes de marbre, ses chapiteaux de bronze, est un joli édifice, qui fait honneur au bon goût... des Romains, puisque c'est une reproduction exacte de l'arc de Septime Sévère à Rome[1]. Seulement les bas-reliefs et les statues antiques du modèle ont été remplacés, bien entendu, par des sujets modernes à la gloire du moderne César. L'édifice, par lui-même, est de taille respectable; mais au milieu de cette cour immense, en face de ce Louvre énorme, il fait assez l'effet d'un bronze de cheminée fort réussi, avec le *sujet* triomphal qui le surmonte. On s'étonne un peu de ne pas voir un cadran dans le rond de l'arcade centrale.

L'autre, au contraire, l'arc de l'Etoile, a pour principal mérite sa masse gigantesque et sa position dominante au bout de la belle avenue des Champs-Elysées[2]. On cite comme un chef-d'œuvre le beau groupe sculpté appliqué contre l'un des

---

1. Voir le dessin, page 343.
2. L'arc de l'Etoile ne fut achevé qu'en 1836. Voir le dessin ci-dessus.

pieds droits de l'arcade et figurant le *départ des guerriers* : groupe souvent appelé, du nom de son auteur, la *Marseillaise* de Rude. Quelle vie, quelle expression ! Quel entrainement ! Les trois autres groupes ne sont pas non plus sans mérite. Mais ceci ne fait pas, en réalité, partie de l'édifice.—En passant, admirez avec moi, ô mes amis, de quel esprit, de quelle pensée profonde et tout à fait philosophique ont fait preuve les conquérants, jaloux de léguer à la postérité leur gloire sublime par un monument qui la consacre, quand ils ont choisi cette forme de l'arc de triomphe, si expressive : « une porte ouvrant sur le vide... » Ici surtout, l'application est belle et parlante, plus que partout ailleurs ; car des prodigieuses conquêtes de notre nouvel Alexandre, dès son vivant, il ne restait rien, rien du tout, — que du bruit, du vent, de la fumée. Même il n'eut pas le plaisir de passer sous son arche. On n'avait pas encore eu le temps de l'achever, que déjà il n'y avait plus ni triomphe ni triomphateur.

Mais le vrai monument de l'empire, c'est sa colonne, copie de la *colonne Trajane*[1]. Seulement la colonne Trajane est de marbre ; celle de la place Vendôme est revêtue de bronze, « pro-« venant des canons pris sur l'ennemi : » — politesses qu'on échange, entre nations. Et les bas-reliefs disposés en spirale ascendante sur le fût de la colonne romaine sont des chefs-d'œuvre ; ceux de la colonne napoléonienne sont très médiocres : autre différence. — N'importe ; allez le contempler, ce monument d'orgueil que le soldat victorieux, dans l'enflure de sa toute-puissance, s'est dédié à lui-même. Une colonne..., c'est bien cela ; pour qu'au-dessus des trophées de la gloire commune, lui, là-haut, lui seul se dresse, domine, se détache, comme porté dans les nuages. — « Mais non... ô surprise ! dites-vous, ce n'est pas lui !... » — Ah ! je vois ce qu'il y a ; vous cherchiez le Napoléon de la légende :

> Il avait petit chapeau
> Avec redingote grise [2]...

[1]. Érigée à Rome en l'honneur de l'empereur Trajan.
[2]. Béranger.

Et vous ne le retrouvez pas. Mais c'est lui tout de même. Seulement, il est grimé. C'est Bonaparte dans le rôle de César[1].

Ils sont étonnants, ces despotes. Tous comédiens[2]. Vous avez vu Louis XIV en Apollon. Voici Napoléon en César. Mais César, lui, jouait le rôle d'Alexandre le Grand. Et Alexandre entendait représenter le personnage d'un demi-dieu, de Thésée, de Bacchus triomphateur de l'Inde ! — Au temps de l'empire, les Romains étaient fort à la mode. L'architecture, les arts, les ameublements, forts laids, les costumes prétendaient *imiter l'antique*. Les femmes s'habillaient à la romaine. Le maître jouant César, chacun prend son petit bout de rôle dans la pièce. Or, tout acteur a plus d'un costume. Changement à vue : le voici dans la défroque de Louis XIV. Il lui faut une cour, des chambellans, des dames d'honneur, un cérémonial, un *grand lever*... Mais il ne se croira pas roi pour tout de bon s'il n'est *sacré*. Autre comédie. On fait venir le Pape de Rome. La scène se passe à Notre-Dame. Beaucoup de figurants, décor splendide ; la pièce a coûté, à monter, 85 millions. Je vois[3] l'acteur faisant son entrée, en robe, en manteau à longue queue qui traîne, avec couronne et sceptre, collier, anneau royal, avec main de justice de saint Louis et globe d'or de Charlemagne : tous les joujoux de la royauté en enfance. Les chœurs partent, et l'orchestre... Dérision ! Grand et terrible dans la fumée des batailles, il se fait à plaisir petit et ridicule. — Autre chose très royale : le divorce. Les rois, au temps jadis, divorçaient à qui mieux mieux. Lui, c'est pour épouser une fille de roi. Alors il se trouve tout à fait de la famille, et méprise royalement le peuple ; il se prend au sérieux dans son rôle. Il est ivre d'orgueil, bouffi ; il éclate. Il dit : « Ma dynastie ! » — « Il est fou, tout à fait fou, disait Marmont ; cela finira mal ».

---

1. Sous Louis-Philippe, la statue fut remplacée par un Napoléon en petit chapeau, et sous le second empire, le Napoléon-César reparut sur la colonne. Tel il y est encore.
2. Et lui plus que tout autre. *Comediante, tragediante !* disait le pape Pie VII. — Il avait pris des leçons de pose avec le grand acteur Talma.
3. Dans le tableau de David.

C'était facile à prévoir. Lui seul ne le voyait pas : son *étoile* l'aveuglait.

La *Restauration*, comme son nom l'indique, s'était donné pour tâche de *défaire la révolution*. La chose était déjà bien commencée par Bonaparte : ce qu'il avait fait de la *liberté*, vous le savez. Maintenant, c'est le tour de l'*égalité*.

Restaurer l'ancien régime, toute la vieille machine qui avait craqué en 89, les anciens ordres de l'État, noblesse et clergé, avec leurs bons vieux droits, franchises et privilèges gothiques ; revenir à Louis XIV, — à François 1ᵉʳ, pourquoi pas, ou encore à Philippe Auguste ? — supprimer le temps et effacer l'histoire, faire reculer l'horloge des siècles et tourner le monde à l'envers, tel était le rêve de ces gens-là.

Le moment paraissait bien choisi ; la France était vaincue, c'était l'occasion, ou jamais, de l'enchaîner, de la ramener aux antiques servitudes. Prussiens, Autrichiens, Anglais, entrés chez nous en maîtres, nous avaient apporté dans leurs bagages un roi pour la France ; un roi à eux, le roi *émigré*, qui avait combattu dans leurs rangs contre la patrie. Paris désarmé vit entrer, par l'arc de triomphe de la porte Saint-Denis, Louis XVIII escorté de Prussiens : les cosaques bivouaquaient aux Champs-Élysées, en face des Tuileries. La pauvre France dut subir cette honte d'un gouvernement imposé par l'étranger : il n'y avait plus d'hommes, l'Empire les avait tous fait tuer. — Ils avaient leurs armées campées dans nos champs, logées dans nos maisons. Le pays était forcé de nourrir, de payer l'ennemi. — L'ennemi ? qu'ai-je dit ? ce ne sont pas des ennemis ; bien au contraire. Ce sont *les alliés*, nos alliés, nos amis, amis du roi, des grands, des nobles, du clergé. Il n'y a pas d'autre ennemi en France... que le peuple français.

Tout le monde était fatigué. Les grands orages de la Révolution avaient fait désespérer de la liberté. On en avait assez de la gloire ! Un petit despotisme doux, tranquille, aurait été supporté avec patience, pour avoir la paix. Mais la paix, ce n'était pas cela que voulait la *réaction*, — la Cour, les nobles, le clergé. La guerre ! Guerre à la révolution, c'est-à-dire à la nation, Guerre sourde, d'embûches et de menées, tant que dura Louis XVIII, qui voulait vivre ; puis guerre déclarée, guerre folle, tambour battant, trompettes sonnant, avec ce violent étourdi de Charles X. Guerre chevaleresque, des nobles contre les vilains. Rétablissement des titres, privilèges, rétablissement du droit d'aînesse. De la dîme et de la corvée, on ne parle pas encore, mais cela pourra venir[1]. Guerre sainte, vraie croisade : car il s'agit, par-dessus tout, d'Église et de biens d'Église. Évêques, moines sont comblés. On ne voit plus, à Paris comme en province, que processions, missions, *expiations*[2] ; que capucins et jésuites : c'est à croire que la France, est devenue un couvent. — Les émigrés, retour de Prusse, traitent la population avec une insolence de conquérants ; le clergé fait peser dans chaque localité une intolérable petite tyrannie d'inquisition. La France est excédée : cela ne peut durer. — C'est le moment que choisit cet étonnant Charles X pour rompre le pacte qu'il a juré, lancer ses fameuses *ordonnances bottées* à la Louis XIV, dire : « Je veux ! » — Allons, il faut encore « un accès de révolution ». Il le faut ; ou bien alors renions 89 et retournons aux servitudes féodales.

Paris, une fois de plus, paya de son sang pour la liberté de la France. Ce fut l'affaire de trois jours : les fameuses *journées de juillet* (1830). Il y eut là, comme dans les vieilles légendes, un duel entre un vivant et un *revenant* ; le revenant, l'ancien

---

1. En attendant, on donne un milliard aux émigrés ; mille millions à ceux qui ont déserté à l'ennemi et servi contre la Patrie.
2. Le monument par lequel s'exprime la Restauration (le seul qu'elle ait élevé à Paris), c'est un tombeau, et, de plus, un tombeau vide ; un mensonge historique en pierre... la Chapelle dite *expiatoire*. — Plus, quelques églises, une couple de ponts.

régime, et le vivant, Paris. Paris vainquit, et le roi des émigrés[1] reprit le chemin de l'étranger.

La couronne tombant du front de Charles X, quelqu'un qui passait par là lestement l'attrapa, avant qu'elle eût touché à terre, et la mit sur sa tête. Ce quelqu'un était Louis-Philippe d'Orléans. Une coterie de gens habiles, avant qu'on eût le temps de se reconnaître, l'avait assis sur le trône. Paris se trouva n'avoir versé son sang que pour lui. Trois jours avant, personne n'y pensait, à ce duc ; le lendemain, la France apprenait avec surprise qu'on lui avait escamoté une révolution.

L'homme intelligent qui fit cela n'essaya pas de restaurer *l'aristocratie*, qui d'ailleurs le haïssait. Il vit très bien que la noblesse était chose finie. Il se dit : « Je serai le roi de la bourgeoisie ». Il n'avait, lui, nul souci de conquête ni de gloire ; peu même de cette ambition du pouvoir absolu qui est la maladie des rois. Il avait bien de l'ambition, mais à sa manière ; ambition de bon bourgeois qui veut *fonder sa maison*. La royauté lui avait paru « une bonne affaire » ; il était là pour faire sa fortune et celle de sa famille. Il la fit.—Le roi faisant ses affaires, chacun voulut faire les siennes ; ce fut le beau temps des manieurs d'argent, des hommes de bourse. L'argent, en ces temps-là, faisait l'homme ; et qui n'était pas riche, n'était rien. Le peuple ne comptait pas. Pour être citoyen, pour être *électeur* il fallait avoir *tant*. Cet honnête système s'appelait le *cens*. Plutôt que d'y renoncer, plutôt que de rendre au peuple le droit de vote, — non pas même au peuple entier, seulement à certaines personnes, gens instruits, médecins, avocats, etc., mais qui n'étaient pas *des riches*, — il aima mieux tomber, et tomba en effet.

Le règne de Louis-Philippe fut un temps de paix[2]. Paris en profita pour s'agrandir, s'embellir, se donner de l'air et se débarbouiller du moins. Ces agrandissements, les œuvres considérables exécutées alors, ponts, ports, quais, rues, places, fon-

---

[1]. Charles X, alors comte d'Artois, avait le premier organisé l'émigration et fait appel aux armes étrangères.
[2]. De paix extérieure : mais il y eut beaucoup d'émeutes à Paris.

taines, ressortiraient davantage sans la grande transformation accomplie à l'époque dernière, et devant laquelle tous les travaux antérieurs disparaissent. L'Hôtel de Ville terminé, agrandi, eût dès lors à peu près, en façade, les dimensions et l'aspect qu'il a aujourd'hui[1]. L'arc de triomphe de l'Étoile fut également achevé. Puis les restes, les *cendres*, — comme on disait alors — de Napoléon, ramenées de Sainte-Hélène, furent déposées sous le dôme des Invalides dans un magnifique tombeau, au milieu d'un concours immense et enthousiaste de population. Ce fut comme un triomphe, ce reflet posthume des vieilles gloires de la France; il sembla, ce jour-là, que le peuple se sentit vengé, du moins en pensée, des hontes de la Restauration et des platitudes de la royauté bourgeoise. — On ne savait pas, alors, où tout cela pouvait conduire[2]...

Pour orner la belle place de la Concorde on avait fait venir d'Égypte, à grands frais, un monument d'une valeur inestimable, un merveilleux *obélisque* de granit rose du temps du roi Ramsès[3], tout couvert d'inscriptions hiéroglyphiques ; on le planta sur une base de granit. La difficile opération de l'érection du monolithe, accomplie en présence du roi, au milieu d'une foule pressée et anxieuse, fut une noble et belle fête[4]. Mais à l'autre bout de Paris s'élevait un monument d'une signification plus actuelle, et plus cher au cœur des Parisiens : je parle de la *colonne de Juillet*, sur la place de la Bastille[5]. La colonne de bronze, sur sa base de marbre, se dresse, élancée et svelte, plus élégante que celle de l'empire, portant fièrement à cinquante mètres dans les airs la statue dorée du *Génie de la Liberté.* — Monument de la victoire du peuple qui

---

1. On acheva aussi le Palais du quai d'Orsay, affecté successivement à différents usages, et dont l'utilité n'a jamais été bien démontrée.
2. A Sedan.
3. Il compte plus de trente-quatre siècles d'existence. Il provient des ruines de la grande ville de Thèbes dans la Haute-Égypte, où il était dressé près du palais dit Palais de Louqsor.
4. Le 25 octobre 1836.
5. Achevée en 1840. Élevé en souvenir des Journées de Juillet, ce monument porte gravés en lettres dorées, sur le bronze, le nom des citoyens qui périrent en défendant la cause de la liberté.

eût dû fonder la liberté du peuple et ne fit guère que la fortune de la bourgeoisie ! N'importe : vous n'imaginez pas comme les enfants du faubourg l'aiment, ce Génie doré, vainqueur de la Bastille. Dans les mauvais jours du second empire, le voir, de la grande rue populeuse, planer dans la perspective, nous relevait le cœur : c'était un souvenir, et comme une espérance…

Sous le règne de Louis-Philippe, trois choses vinrent changer la physionomie de la capitale plus que nul monument n'eût pu faire : l'éclairage au gaz, les chemins de fer, les fortifications de Paris. L'éclairage au gaz, timidement essayé sous la Restauration [1], au temps de Louis-Philippe s'étend, chasse les reverbères fumeux, illumine la ville. Admirable invention moderne ! Pour la première fois la nuit est vaincue. — Il ne faudrait pas vous figurer pourtant que l'éclairage eût dès lors la splendeur que nous lui voyons aujourd'hui, quand, par les nuits d'hiver, Paris, le riche Paris du centre et des boulevards, ébloui, étincelle de feux ; que de merveilleux cordons de lumières vont se déroulant en perspectives sans fin, que le reflet des brillants magasins lutte avec l'éclat des candélabres. Cet aspect féerique de *Paris la nuit*, illuminé, plus animé, plus mouvant de foule, plus brillant que le jour, est une chose toute récente. Cette splendeur a son inconvénient, pourtant : c'est qu'elle habitue le Parisien, de plus en plus, à faire de la nuit le jour ; et sa santé n'y gagne pas.

Les chemins de fer, aussi, eurent à Paris de petits commencements. Quoique l'invention fût d'origine française, on laissa, comme toujours, les Anglais en profiter les premiers. Les habiles, chez nous, n'y croyaient point. M. Thiers, l'homme d'État devenu si célèbre, prédisait alors solennellement qu'un chemin de fer ne serait jamais « qu'une curiosité scientifique », comme nous le dirions aujourd'hui des ballons. Le malin petit

---

1. 1816 — 1822.

bourgeois a dû bien rire depuis de sa prophétie, lui qui a tant voyagé en chemin de fer, dans sa vie ! Mais voyez-vous, c'est un métier chanceux que celui de prophète, à notre époque, et surtout quand il s'agit de science et d'inventions. — « Où a-t-on mis l'impossible ? »

En 1835, donc, on essaya du chemin de fer : un tout petit bout de ligne, de Paris à Saint-Germain, avec une gare minuscule. Moins de six ans après Paris avait ses quatre grandes lignes des quatre points cardinaux[1] ; plus tard vont s'ajouter les petites lignes accessoires de Sceaux, de Vincennes[2], la ligne de Ceinture pour les relier. — Ainsi vont les choses, en notre siècle *à la vapeur*. En telle année, personne n'y veut croire ; trente ans passent, la France, l'Europe, sont couvertes d'un réseau de fer qui va s'étendant, serrant ses mailles ; les voies du commerce sont changées, les conditions de la vie matérielle à Paris et dans les provinces, les rapports entre les nations, la tactique de la guerre, tout. Faites donc des projets lointains, de la politique *à longues vues*... — Je pourrais vous en dire autant à l'occasion des fortifications de Paris, *imprenables* quand on les fit ; vingt ans après insuffisantes ; aujourd'hui — j'allais dire insignifiantes ; mais il faut distinguer.

Les fortifications de Paris comprennent deux choses différentes : une *enceinte continue*, un rempart ; puis une couronne de forts détachés sur les hauteurs environnantes[3]. Il n'est pas facile de dire de quelle utilité le rempart nous a été dans la guerre de 1870 ; mais enfin il était ce qu'il pouvait être à l'époque où il fut construit. Quant aux forts détachés, ils ont rendu possible la belle défense de Paris. En somme, les fortifications furent une pensée patriotique. Depuis si longtemps les rois et Napoléon lui-même laissaient la capitale ouverte, sans défense ! Si, en 1815, Paris avait eu des remparts quelconques, des forts, les choses eussent bien pu changer de face.

---

1. Il est bien entendu que les gares primitives, devenues rapidement insuffisantes, ont dû être reconstruites depuis.
2. 1854 — 1859.
3. Qui furent portés plus tard au nombre de 16.

L'enceinte continue, œuvre immense pour le temps [1], enveloppait avec Paris une douzaine de petites communes qu'on appelait *communes suburbaines*, et qui étaient en dehors du *mur d'octroi*. Paris les dévora ; elles ne s'en portent pas plus mal pour cela, devenues des quartiers de la grande ville [2]. Le rempart n'a pas moins de 30 kilomètres, neuf lieues de tour [3]. Il se développe, à l'ouest et au nord, dans la plaine, monte aux flancs des collines de Belleville et du plateau du midi ; son point faible est au *saillant* qu'il forme à la sortie de la Seine, au lieu dit le *Point-du-Jour*. — Si maintenant vous jetez un coup d'œil sur la disposition des défenses, vous reconnaîtrez qu'en réalité c'est encore le vieux système du temps de Louis XIV et de Vauban, dont je vous ai expliqué le principe :

1. Elle a coûté 500 millions.
2. Annexion, 1860.
3. La superficie qu'il enveloppe est de 7,802 hectares. L'enceinte achevée, le vieux mur d'octroi de Louis XV fut démoli ; il resta quelques bâtiments des anciennes barrières, que l'on utilisa de diverses façons.

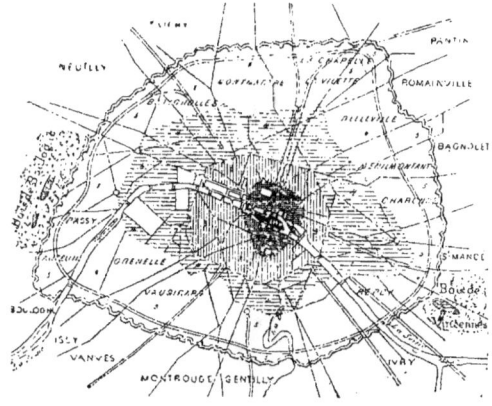

Agrandissements successifs de Paris.

Le plan ci-joint permet de juger des agrandissements successifs de Paris, depuis l'époque gallo-romaine jusqu'à nos jours.

1. Lutèce Romaine. — 2. Paris sous Philippe Auguste. — 3. Paris sous Louis XIII. — 4. Paris à l'époque de la Révolution. — 5. Enceinte actuelle de Paris avec les communes annexées.

des *fronts* dentelés comme en dents de scie, des *bastions* peu saillants, laissant entre eux des parties rentrantes que l'on nomme *courtines*. Le fossé est large et profond ; les ouvrages sont de terre, excepté la muraille verticale extérieure, l'*escarpe*, qui est très épaisse, construite en pierre meulière très dure afin de résister au poids des terres et au choc des boulets. — Au temps où fut élevé ce rempart il était considéré comme imprenable, ai-je dit, à cause de son étendue même. Remarquez enfin que cette opinion, malgré les changements énormes arrivés depuis ce temps dans l'art terrible de la guerre, n'a pas été absolument démentie : car la ville de Paris, en 1870, n'a pas été *prise* en réalité, la ligne des remparts n'a pas été forcée, il n'y a point eu d'assaut, ni de brèche faite ; Paris ne s'est rendu que par famine. — « Il a toujours été plus difficile de nourrir Paris que de le défendre ».

PARIS CONTEMPORAIN

 A seconde République (1848) n'a pas élevé de monuments; ses ennemis ne lui en ont pas laissé le temps. Son œuvre, pour laquelle elle était née, ce fut de donner à la France le *suffrage universel*[1], que personne désormais ne lui ôtera. Le suffrage universel, précieux outil, fort et tranchant, entre les mains du bon travailleur, je veux dire le peuple... Mais il faut savoir s'en servir.

---

1. Et l'abolition de l'esclavage.

La France, en ce temps-là, ne sut pas s'en servir : plusieurs fois de suite elle s'est blessée avec[1]. Elle a fait depuis quelque peu son apprentissage.

Mais quelle faute ce fut de remettre les destinées du pays à des mains indignes ! Celui à qui on donnait la république à garder, et qui en profita pour l'étrangler, était un aventurier sans génie ni conscience, ambitieux par tradition, fourbe par nature, conspirateur de son métier, connu pour l'être. — Tel fut le maitre que la France se donna.

Napoléon, — le vrai, celui de Wagram, — avait pour lui son génie, son audace prestigieuse, Marengo, les Pyramides, Lodi ! L'autre, *le douteux*, qu'avait-il ? Un passé louche, de coupables folies, un esprit faux et trouble. Quoi encore ? — Un nom, rien qu'un nom. Ce nom fatal, après un demi-siècle, avait encore le pouvoir de tuer la liberté.

Le coup d'État de brumaire était un crime de grand jour, au moins, un coup de sabre de soldat orgueilleux qui brave le monde, et se parjure en plein soleil. Le coup d'État de décembre fut « un vilain crime de nuit », un « mauvais coup », guet-apens de voleur au coin d'une ruelle. Des représentants empoignés dans leur lit par la police, cela remplaça la charge du pont d'Arcole. Un massacre d'hommes désarmés dans les rues, des mitraillades de femmes et d'enfants sur le boulevard, une tuerie au hasard, dans les allées, dans les maisons, par des soldats ivres : telle fut la *victoire de Montmartre*, pour faire pendant à Austerlitz.

Il faut bien le dire, puisque c'est la vérité : Paris laissa faire. Il y eut une tentative de résistance, quelques barricades : le peuple ne bougea pas. Les ouvriers disaient : « La République ? qu'est-ce que ça nous fait ? » En province, les paysans étaient enchantés. Paris laissa faire, et la France approuva. La France était trompée, il est vrai ; mais elle avait voulu l'être. Triste défaillance ! dire « oui » au parjure et au massacre ! C'est pourquoi dans l'expiation chacun aura sa part, et ceux qui ont

---

1. Élection d'une assemblée réactionnaire ; élection de Louis-Napoléon. Plébiscites de l'empire.

commis le crime, et ceux qui l'ont laissé passer : la France, l'invasion, — Paris, le siège, — l'Empire, la honte.

Le coup ayant réussi, le *prince*, comme on disait, fut acclamé, exalté, chanté et encensé. On l'appela le sauveur de la société. L'archevêque de Paris chanta un *Te Deum* solennel à Notre-Dame. L'Église toucha cette main sanglante. L'empire était fait.

Dix-huit ans durant, la France porta le poids de l'empire. Un despotisme écrasant. Toute honnêteté suspecte, toute pensée espionnée. Point d'*opposition*[1]. On vit des raretés en fait de servilisme. On crut la conscience humaine morte : on se trompait, elle n'était que proscrite. En face de ce silence, de cet étouffement, les plus fiers, les meilleurs, ceux qui le pouvaient, du moins, choisirent l'exil, refusèrent de rentrer. « Ne pas voir le crime heureux, ne pas entendre ses fanfares[2]... » c'est pour cela qu'on se réfugiait aux sapinières de Veytaux[3], aux rochers de Guernesey[4], en Belgique, partout où une terre libre voulut bien donner asile aux proscrits. Sauf cette petite chose, — la conscience, — tout semblait aller comme à l'ordinaire. Il y eut des guerres, pour la gloire[5] ; un empire, c'est-à-dire une monarchie militaire, ne peut pas se passer de guerres. Il y eut des visites de princes et de reines. Il y eut deux *Expositions Universelles*, l'une en 1854, au *Palais de l'Industrie* des Champs-Élysées, bâti tout exprès, et qui se trouva trop étroit ; l'autre au Champ de Mars, en 1867, immense et magnifique. Ce furent deux belles solennités, celles-là, pour la pensée comme pour les yeux ; car les expositions, ces fêtes du travail, si les rois et les empereurs les décrètent, parfois, ce sont toujours les peuples qui les font[6]. — Paris vit une cour toute dorée, des fêtes sans fin, fêtes du couronnement,

---

1. Excepté tout à la fin.
2. Merlin.
3. E. Quinet.
4. V. Hugo.
5. Et d'autres pour l'argent : le Mexique.
6. La grande Exposition Universelle de 1867 fut installée dans un vaste bâtiment construit en fonte, en fer, en verre, comme celui de 1878, mais de forme ovale, avec un jardin central, et tout autour des jardins et des édifices annexes. La galerie la plus remarquable était celle des *machines*.

fêtes du mariage et du baptême[1], fêtes religieuses et fêtes militaires, processions et triomphes[2]; un luxe inouï, une prodigalité effrénée, une dépense sans mesure et emprunts sur emprunts, une effrayante apparence de prospérité : — prospérité de viveur qui *mange* son fonds en débauches, jusqu'au jour où arrivent la débâcle et l'huissier. — Les complices du guet-apens,

> Un tas d'hommes perdus de dettes et de crimes[3],

eurent leur part de butin. Ils se ruèrent comme à la curée. Pendant dix-huit ans cette bande fourragea à même à travers la fortune de la France. Ils firent pis que piller la France, ils la corrompirent. Le vrai nom du second empire est : *Orgie*.

Pour Paris, cette époque-là pourrait encore s'appeler autrement : l'*Age de pierre*... Jamais on n'avait tant bâti. Ce fut une fureur, une maladie : *la fièvre de la truelle!* Dans l'espace de quinze ans Paris fut transformé, pour mieux dire refait à neuf. Ceux qui l'avaient vu dix ans auparavant ne s'y retrouvaient plus. Des quartiers neufs surgissaient[4], les vieux quartiers, percés à jour en long et en large, de grandes trouées en ligne droite, changeaient de face. Partout des rues neuves, des boulevards neufs, larges, plantés d'arbres; de distance en distance de jolis jardins de verdure, appelés d'un mot anglais, *squares*. Puis des ponts, des quais, des égouts, des fontaines. De toutes parts s'élevaient de vastes édifices, palais, églises, théâtres, casernes, marchés; des hôtels somptueux, et surtout des maisons, des maisons, des maisons!... Tâchons de nous

---

1. 29-30 janvier 1853. — 14 juin 1856.
2. Après les guerres de Russie et d'Italie.
3. Corneille
4. Quartier des Champs-Élysées, etc. Les anciennes communes suburbaines enveloppées dans l'enceinte de 1840 furent en 1859 annexées à Paris, et devinrent quartiers de la ville.

débrouiller à travers tout cela. D'abord, tranchant en plein dans la masse compacte du vieux Paris comme une percée dans une forêt, c'est l'immense coupure du grand boulevard qui va du midi au nord, de l'Observatoire à la gare de l'Est, à travers les deux bras de la Seine et la Cité, fendant, avec le fleuve, la ville en quatre blocs[1]. Sur la rive gauche, dans l'ancien *quartier latin*, il va doublant parallèlement la vieille rue Saint-Jacques, la rue des Écoles au moyen âge. Sur la rive droite, il est tracé entre la rue Saint-Denis et la rue Saint-Martin, les deux grandes voies parallèles depuis les Romains. La rue Rivoli, successivement prolongée de la place de la Concorde jusqu'à la place de la Bastille par la rue Saint-Antoine qui la continue, redresse l'ancienne grande voie transversale ; en face, sur l'autre rive, le boulevard Saint-Germain se recourbe légèrement en arc de cercle, de la Seine à la Seine, depuis le pont de la Concorde, jusqu'à l'extrémité de l'île Saint-Louis. Puis ce sont partout, sur la rive droite comme sur la rive gauche, de longues rues, avenues ou boulevards, coupant en droite ligne l'ancien réseau des rues croisées en façon de toile d'araignée : les principales sont *rayonnantes*, c'est-à-dire se dirigent des quartiers du centre vers l'extérieur. — A l'ouest, tout un immense quartier créé : le quartier des Champs-Élysées, de la Madeleine à l'Arc de Triomphe, traversé de magnifiques avenues avec des maisons qui sont comme des palais : c'est le quartier des riches, large, clair, aéré, tout blanc de nouveauté, en face du vieux quartier rechigné, obscur, gris, de la noblesse, qui est l'ancien faubourg Saint-Germain sur la rive gauche. A partir de l'Arc de Triomphe, douze grandes avenues rayonnantes ont été tracées ; d'autres rues, d'autres boulevards encore. Tout à l'opposé, c'est-à-dire dans les laborieux quartiers de l'est[2], on a de même sillonné obliquement la masse confuse des anciens faubourgs de trois ou quatre belles et longues avenues, allant semblablement se réunir au rond-point

---

1. Boulevard Saint-Michel, sur la rive gauche. Boulevard du Palais, dans l'île. Boulevards de Sébastopol et de Strasbourg, sur la rive droite.
2. Quartiers du faubourg Saint-Antoine, du faubourg du Temple.

de la place de la Nation[1], qui fait pendant à celui de l'Étoile[2], — et pourtant ne lui ressemble guère ! Voilà ce qu'on aperçoit tout d'abord, quand on jette un coup d'œil sur la carte du nouveau Paris. Et maintenant, impossible de vous énumérer toutes les rues neuves, tranchées à même dans les vieux pâtés de maisons des quartiers du centre, ou tracées à travers les terrains dans les quartiers extérieurs et bientôt bordées de constructions ; ce serait tout un dictionnaire ! Nous n'énumérerons pas non plus les avenues plantées, les *squares* grands et petits, les places et placitres ; seulement je citerai trois beaux parcs publics[3] : le parc *Monceaux* dans le nouveau quartier des Champs-Élysées, le parc des *Buttes-Chaumont* sur les pentes de la colline de Belleville, et le parc *Montsouris*, avec son *observatoire*[4], sur le plateau du midi, joignant les fortifications et Montrouge ; sans compter les deux bois situés aux portes de la ville, l'un à l'est et l'autre à l'ouest, le bois de Vincennes et le bois de Boulogne, transformés en beaux parcs avec allées et pelouses, ruisseaux, lacs et cascades. Je ne vous décrirai point les immenses travaux d'utilité ou d'embellissement, quais et ponts, fontaines, égouts, exécutés alors ; j'aurais seulement un mot à ajouter sur l'architecture des édifices de cette époque.

Cette transformation de Paris était, il faut le dire, nécessaire, inévitable. Puisque la population croissait[5], il fallait bien bâtir des maisons, ouvrir des rues neuves, créer des quartiers. Des ponts, des édifices publics, de grands travaux de toute sorte devenaient indispensables. Et aussi bien il était urgent de donner de l'air et du jour à ce Paris du centre, qui étouffait dans ses vieilles rues. Depuis surtout qu'il y avait des chemins de fer, les anciennes voies devenaient trop étroites pour

---

1. Précédemment place du Trône.
2. De l'Arc de triomphe.
3. Ajoutés aux jardins des Tuileries, au jardin du Luxembourg, au jardin des Plantes et à la promenade des Champs-Élysées que la ville possédait déjà.
4. Observatoire météorologique.
5. En 1831, 786,000 habitants ; en 1846, 1.053,000, en 1867, 1,700,000 ; aujourd'hui (1888), elle est de 2,250,000 habitants environ.

la circulation, et c'était un encombrement inouï. Donc il fallait faire des percées, des débouchés, de larges canaux pour ce flot vivant de la foule. — Oui, la transformation était nécessaire. Mais il eût fallu y mettre le temps, la mesure, non pas se précipiter à démolir et rebâtir Paris dans quinze ans. Surtout il eût fallu le faire autrement, et dans un autre but ; pour le bien du peuple, non pour l'enrichissement d'une coterie de gens de cour et de gens d'affaires, et les intérêts du gouvernement. L'empire avait lancé toutes choses dans la voie d'un luxe inouï, prodigieusement coûteux : luxe de gens qui se ruinent. — A la place des vieilles maisons absurdement entassées dans leurs rues étroites, il eût fallu construire de grandes maisons, saines, commodes, élégantes, belles avec simplicité ; on fit des palais. Tout en façade, avec des blocs de pierre énormes, comme pour des monuments, avec colonnes, frontons, statues, sculptures ; à l'intérieur, de même, le luxe, le coûteux, l'inutile : comme les palais, aussi, très incommodes à habiter. Personne n'y est *chez soi* : hélas ! le Parisien n'a plus de chez soi. Tout le monde comme en *hôtel garni*. Si bien que l'intérieur n'ayant plus ni intimité, ni agrément, chacun est tenté de s'en dégoûter et de vivre au dehors le plus possible.

Voilà un mal. Mais ce n'est pas le seul. Ce miracle d'une ville immense, toute neuve, brillante, étincelante, faite de palais, qui surgit du sol en un tour de main, ça se paie, savez-vous ? — Effroyable dépense ! Mais qui paiera ? Le peuple, évidemment, les Parisiens, vous, moi. Et comment ? En mille manières. Par l'impôt, d'abord, qui est écrasant ; et surtout par une immense enchère des loyers. Ah ! ces belles façades, dont vous vous seriez bien passés, je pense, le propriétaire ne les donne pas pour rien ! — Les ouvriers ne peuvent plus se loger dans les quartiers animés, où pourtant est leur ouvrage ; il faut fuir, fuir encore, s'éloigner du centre de plus en plus, et jusqu'aux extrémités : c'est justement, du reste, ce qu'on voulait. Même les gens d'une modeste aisance ne trouvent plus de place, si ce n'est sous les toits. Le loyer devient la grande dépense, le souci journalier de l'existence. Et comme tout se tient, les loyers augmentant, tout augmente à proportion. Le marchand, payant un prix fou pour sa boutique, est obligé de vendre plus cher. La cherté des subsistances devient extrême, et la vie très difficile pour tout le monde, à proportion. La population de Paris se trouve mise dans la situation d'un homme qui, ayant dépensé sa fortune à se faire bâtir un château, n'aurait plus de quoi vivre dedans... Et il y en aura malheureusement pour longtemps, de cette situation [1]. — Mes chers compatriotes, si vous trouvez, vous aussi comme moi, le loyer horriblement lourd, les vivres hors de prix : souvenez-vous de la *prospérité* de l'empire. On tirait alors, à votre nom, la lettre de change ; aujourd'hui le terme est échu, et vous payez. Avec ces grands travaux bien aménagés, on eût fait vivre la population de Paris pendant un siècle [2].

Et puis enfin sachez une chose ; ce que l'empire a fait à Paris, il ne l'a pas fait pour Paris, mais *contre* Paris. — Ils se disaient qu'un jour viendrait où le peuple, las de tant d'orgies, se soulèverait, les vomirait... Ils avaient disposé les choses pour pouvoir l'écraser. Le tracé des rues était étudié *militairement*. Ces larges trouées à travers les quartiers épais et populeux du centre, c'est pour donner de l'air, assurer la circulation : oui, mais c'est surtout pour faire manœuvrer des troupes [3]. Et ces longues voies par devers la place de la Nation, c'est pour prendre en revers le faubourg Saint-Antoine, le quartier des ouvriers. — Ils sont si merveilleusement alignés, ces boulevards ! c'est pour la perspective. Mais aussi ce sera si commode avec deux ou trois pièces de canon, cinq ou six mitrailleuses,

---

1. La guerre de 1870 n'était pas de nature à y mettre fin.

2. Il y a autre chose encore à dire. Quand on se jeta dans ces travaux immenses avec cette hâte furieuse, toute une population d'ouvriers, de la province *et de l'étranger*, se jeta dans Paris. Ce fut comme une invasion de travailleurs de tous états. Il était évident, pourtant, qu'à force de bâtir des maisons, un moment viendrait où il y en aurait assez ; qu'alors, même sans autre cause, le travail se ralentirait, qu'il n'y en aurait plus pour tous, qu'il y aurait chômage et misère... — Mais l'ouvrier, une fois venu à Paris, ne s'en va jamais. Il souffre, plutôt, il mourrait de faim. Il accuse le présent ; et il ne voit pas que c'est le passé qui retombe sur lui.

3. « Percer ce foyer habituel des émeutes pour venir couper à angle droit la rue de Rivoli par une nouvelle voie stratégique... etc. » (Rapport du préfet Haussmann, 1854.)

pour les balayer d'un bout à l'autre : *Rrrran*[1] *!* L'empire avait planté au cœur de la ville, aux rencontres des grandes voies, d'immenses casernes, bourrées de soldats, véritables forteresses intérieures contre la capitale ; une dans le Louvre, cachée ; une tenant pour ainsi dire toute la Cité, une derrière l'Hôtel de Ville, pour l'espionner, une à l'angle des grands boulevards, pour les enfiler ; d'autres çà et là par la ville ; et enfin tout autour de la ceinture des remparts, un chapelet d'autres petites casernes[2] — Toutes les précautions étaient bien prises, vous voyez, contre Paris. Il n'y avait que Berlin, à qui on n'avait pas pensé.

Le plus important des grands travaux de l'empire est bien l'achèvement du Louvre[3]. — Pour la dernière fois, donc, retournons à cet entassement de palais, de tous les âges et de tous les styles. Nous connaissons le *carré* de l'ancien Louvre ; placez-vous maintenant au milieu de la *Cour du Carrousel*, immense place entre le Louvre et les Tuileries qui existaient alors, et complétaient avec les deux longues galeries du Louvre un quadrilatère irrégulier, peu différent cependant d'un rectangle. Tournez-vous vers l'orient, c'est-à-dire vers l'ancien Louvre : vous avez en face de vous le gros pavillon central. Deux petits jardins enclos de grilles occupent devant vous le milieu de la cour ; ils cachent à demi la perspective... Et chose curieuse, ils sont là tout exprès. En arrêtant le regard, empêchant d'enfiler les lignes de l'édifice, ils dissimulent un peu le plan irrégulier, l'obliquité des côtés du quadrilatère, et l'inégalité des bâtiments. — Les côtés de cette cour à droite et à gauche des jardins, avec leurs portiques en arcades, les bâtiments qui font retour vers les grandes galeries, la partie

---

1. C'est le mot célèbre d'un général du 2 décembre.
2. En tout, dans Paris, quarante et une casernes.
3. Des pâtés de hautes et vieilles maisons, qui encombraient encore la place du Carrousel entre le Louvre et les Tuileries, disparurent en 1848.

occidentale de la galerie du bord de l'eau et le pavillon qui la termine, et enfin celle de la rue Rivoli entre le passage [1] et le

vieux Louvre, voilà la part du second empire. Comme dimension c'est beaucoup, et comme dépense aussi ; comme art, c'est

1. Guichet du pavillon dit de Rohan.

faible. Avec un luxe excessif, c'est lourd et froid, par-dessus tout inutile. Ces longues arcades, plus solitaires que les cloitres des anciennes abbayes, sont fermées au public : elles ne conduisent à rien ; au-dessus règnent de larges terrasses où personne n'a jamais eu occasion de mettre le pied : un promenoir pour les chats... Puis, dominant ces terrasses, tout un peuple de statues colossales debout sur des piédestaux : trop haut perchées, il ne vient jamais à personne l'idée de les regarder. Aux façades des gros, lourds pavillons, chargés, surchargés de sculptures et d'ornements, sont accolés en placage des *ordres* superposés de colonnes qui ne portent rien, pas même une corniche, ce prétexte à mettre des colonnes. Puis ce sont des *frontons*, qui ne correspondent pas à la forme du toit[1] ; ou bien des lucarnes disproportionnées, gigantesques, plus hautes et plus larges que les arcades du rez-de-chaussée, comme d'immenses portes cochères... quoiqu'il ne passe pas de voitures par des lucarnes[2]. — A travers tout cet ensemble discordant, il y a de charmants détails, de fines et gracieuses sculptures.

Pour dire adieu au palais, jetez un coup d'œil sur l'ensemble; malgré la discordance des diverses parties accolées et les défauts de chacune d'elles, l'impression générale est de grandiose et de magnificence. Et c'est là aussi le souvenir qu'on emporte ; on oublie les critiques, on se dit : « c'est bien un palais digne d'une grande nation et d'une grande capitale. » — Les Tuileries, il est vrai, manquent, hélas ! aujourd'hui ; *mais au point de vue de l'architecture*, peut-être ne sont-elles pas fort à regretter[3]. L'œuvre délicate du premier architecte, Philibert Delorme, avait été si défigurée, si surchargée, qu'il n'en restait en réalité plus rien. Plus d'un pensera que le Louvre gagne plutôt qu'il ne perd, à voir, en face de sa grande cour, au lieu d'une ligne de grises et massives bâtisses qui l'assombrissaient,

---

1. Pavillons Richelieu, Denon.
2. Pavillons Colbert, Turgot, Mollien, Daru. — Voir page 374 le dessin représentant le pavillon Turgot.
3. La perte n'en est pas moins déplorable, à d'autres égards.

s'ouvrir l'ample et lumineuse, l'*unique* perspective du jardin des Tuileries et de la place de la Concorde, avec les lointains fuyants des Champs-Elysées et l'Arc de Triomphe à l'horizon.

Mais l'édifice qui caractérise le mieux les mœurs, les goûts du second Empire, c'est bien certainement le Nouvel Opéra, le grand théâtre du chant et de la musique[1]; un énorme bâtiment, ou plutôt un massif de bâtiments agglomérés. Fort riche; fort beau serait trop dire. Mais, à l'intérieur comme à l'extérieur, c'est une profusion de colonnes, de statues, d'ornements: marbres de toutes couleurs et de toutes provenances, sculptures, peintures et dorures, une profusion éblouissante et fatigante, un luxe incroyable[2]. Ce qui exprime les temps, c'est que l'effort,

1. Sur les grands boulevards. — Voir le dessin, page 365.
2. L'architecture de l'édifice n'est pas sans mérite ; on loue surtout une chose, belle parce qu'elle est raisonnable : le parti pris de montrer à l'extérieur, par les formes du bâtiment, les dispositions intérieures ; la vaste coupole qui couvre la salle, et le pignon des combles de la scène.

la dépense, l'art, la richesse sont surtout prodigués... aux accessoires. — Puisqu'un théâtre est une *salle pour voir*, il est naturel que la splendeur, les éblouissements, les prestiges coûteux de l'illusion soient sur la scène, et puisqu'un opéra est une *salle pour entendre*, tout l'art doit réunir ses efforts pour ce qu'on entend et pour qu'on entende. Le reste est accessoire; façades et portiques, balcons, salles, promenoirs qu'on appelle *foyers*, sont choses nécessaires, mais secondaires. Ici, c'est au rebours. Le bâtiment est plus que le spectacle. La salle est plus que la scène, les foyers plus riches que la salle; et la merveille de l'édifice, célèbre dans toute l'Europe par sa magnificence ruineuse, c'est... l'escalier. La salle, resplendissante, est mauvaise : la voix s'y perd. — Le tout, dit-on, coûte cent millions [1].

Maintenant, mes chers amis, il est une chose que je dois vous annoncer, si vous ne la savez pas; c'est que nous n'avons plus d'architecture. Les Grecs eurent la leur, les Romains la leur, sans compter les autres peuples de l'antiquité. Le moyen âge eut la sienne, et aussi la Renaissance. Même le Grand Siècle en eut une : une architecture volée, il est vrai. Et nous, hommes du XIXe siècle, nous n'en avons pas. Nous avons des architectes fort savants et fort habiles, qui vous bâtiront, à votre choix, une église gothique, un palais renaissance, une maison romaine, un temple grec; qui restaureront surtout, chose très délicate, avec un art merveilleux, un monument ancien, dans le style de son époque; ce qui n'avait jamais été fait avant nous [2]. Mais d'architecture à nous appartenant, pro-

---

1. Y compris le terrain, etc. — Il faut encore citer comme ayant été construits sous l'empire les deux théâtres de la place du Châtelet (Théâtre du Châtelet; ancien Théâtre Lyrique, aujourd'hui des Nations).

2. Par exemple la restauration de Notre-Dame, de la Sainte-Chapelle, sont des œuvres d'art et de science admirables, et font le plus grand honneur aux savants architectes qui les ont accomplies, MM. Lassus et Viollet-le-Duc.

pre à notre temps et commune à tous les édifices de notre temps, nous n'en avons pas, dis-je. Je vais tâcher de vous expliquer pourquoi.

D'abord il faut reconnaitre que l'architecture a beaucoup perdu en importance depuis qu'elle n'est plus le *seul art*, absorbant tous les autres. Au XVI° siècle, la sculpture, la peinture se sont séparées de l'architecture : elles ont désormais leur vie à part. Pour nous, un édifice est un édifice, non plus un livre [1]. Nous avons d'autres moyens d'exprimer nos pensées, que nous préférons parce qu'ils sont plus clairs. Notre intelligence vit par le livre. Les sciences appellent notre attention, nos efforts d'un autre côté. Et pour les arts, la sculpture, la peinture, surtout la musique, nous disent des choses plus intimes, plus profondes, que ne saurait exprimer un édifice, si beau qu'il soit.

Mais il y a une autre raison encore : c'est que notre époque est par-dessus tout *l'époque historique*. Chaque siècle a sa tâche. Le nôtre a créé l'histoire, la grande histoire. L'histoire et l'esprit de l'histoire sont partout, dans les sciences, dans les arts aussi. Occupés que nous sommes à cette œuvre immense de reconstituer, pour ainsi dire, le passé de l'humanité, nous avons moins le temps de penser à nous-mêmes.

Et cela est surtout vrai en fait d'architecture. C'est pourquoi nous nous prenons d'admiration et d'amour pour les anciens édifices, créations des temps qui ne sont plus; nous les étudions, nous les interrogeons curieusement, nous les comprenons comme jamais ils n'ont été compris; nous les restaurons pieusement tandis que les siècles précédents les laissaient misérablement dépérir. Et nous sommes si absorbés dans cette contemplation de l'art des âges passés, que nous oublions d'en créer un pour le nôtre. Peut-être cela changera-t-il ; mais les choses en sont là pour le moment.

On fait pourtant de belles œuvres aussi, à notre époque; mais c'est, dirais-je volontiers, quand on n'y cherche pas... Ce n'est pas dans *l'architecture* proprement dite, mais dans la

---

1. Nous avons, plutôt, des livres qui sont des monuments. — Comparez ceci avec la page 188.

simple construction, dans les grands travaux, ponts, viaducs, etc., qui sont plutôt des ouvrages de science que d'art. Souvent, sans recherche et sans ornements, par la disposition des masses, la hardiesse des formes, la franchise des moyens, nos ingénieurs élèvent des constructions d'un aspect vraiment imposant et monumental, d'une sévère beauté. Et alors, tout naturellement et sans y chercher, ils se rapprochent des Romains. Ayant à exécuter des œuvres analogues, gigantesques aussi, ils sont conduits à employer des moyens semblables, une structure, des formes semblables. Je vous citerai comme exemple, à Paris, parmi les grands travaux de notre époque, le beau et grand *pont-viaduc* d'Auteuil, sur la Seine, à deux étages d'arcades : à l'étage inférieur, la route, et sur la seconde rangée d'arches, qui se prolonge au loin à droite et gauche du fleuve, passe le chemin de fer[1]. Quand on entre à Paris par la belle porte de la Seine, en remontant le fleuve, du plus loin qu'on aperçoit cette double rangée de blanches arcades, on est frappé de l'effet grandiose, en même temps de l'élégance de l'œuvre. Est-ce que cela ne vous fait pas penser tout de suite au bel aqueduc romain d'Arcueil[2], à deux étages d'arcades aussi, et dont vous avez vu la *restitution* ? Même on peut affirmer que les Romains n'auraient pas été si hardis; ils auraient donné à l'œuvre une base plus massive, ils n'auraient pas osé faire les arches inférieures si larges et si surbaissées. Plusieurs des nouveaux ponts de Paris, le *pont de l'Alma*[3], par exemple, le pont biais dit *pont Sully*[4], qui franchit la Seine obliquement en touchant la pointe de l'île Saint-Louis, sont remarquables aussi par la noble simplicité et la hardiesse de leur structure. — Certains édifices modernes dans la construction desquels entrent le fer, le

---

1. Chemin de fer de ceinture.
2. Mieux encore au pont du Gard.
3. Construit en 1854.
4. Élevé en 1879, sous la République. On doit encore remarquer le pont-viaduc de Bercy, à l'entrée de la Seine dans Paris, moins grand que celui d'Auteuil; le pont Solférino, en face des Champs-Élysées, où le métal et la pierre sont employés, et le pont Saint-Louis, en fer, d'une seule arche, sur le petit bras de la Seine, entre l'île Saint-Louis et la Cité (1861).

verre, etc., — tels que nos *Halles Centrales* par exemple[1], — sont des travaux d'utilité considérables, remarquables quelquefois, mais qui ne doivent pas être jugés comme des œuvres d'architure. J'en dirai autant du Palais de l'Industrie, aux Champs-Élysées, qui n'est qu'une grande serre[2]. De nos gares de chemins de fer je ne parlerai pas ; il est très difficile de donner un aspect monumental à ces hangars gigantesques. — Quant à notre immense Hôtel de Ville actuel, c'est bien certainement un noble et bel édifice, majestueux dans l'ensemble, élégant et *mouvementé* dans le détail, digne de la Ville de Paris, qui fait honneur à notre municipalité et aussi aux architectes[3]. Mais j'ai dit ailleurs pour quelle raison de patriotisme et d'histoire il reproduit, dans sa partie centrale, l'œuvre des temps de François 1er et d'Henry IV; et pour le reste, naturellement, se conforme au style de l'époque : en conséquence, ne saurait-il être porté au compte d'une architecture contemporaine.

Ces tâtonnements, cette absence d'un système de construction et d'ornementation complet, suivi et compris de tous, d'une architecture enfin, tout cela est exprimé très clairement dans un monument qui doit nous être cher, à cause des idées qu'il représente : les grandes idées modernes de la glorification du travail et de la fraternité des peuples : je veux parler du palais du Trocadéro. Élevé, comme vous le savez, à l'occasion de l'*Exposition universelle* de la République, en 1878, il faisait partie de l'immense décoration ; mais d'avance il était destiné à survivre, pour nous garder le souvenir de cette belle fête. Nous lui devons une visite, à ce dernier-né de nos monuments parisiens ; c'est ici que doit se terminer notre étude comparative, commencée aux Thermes des Romains. — L'emplacement, d'abord, est admirable ; en face de la Seine, du Champ de Mars, cette vastitude a quelque chose de solennel. Une colline pour base. La pente, habilement ménagée, ouvre la perspective, élargit aux yeux l'espace occupé par un joli jardin. L'ensemble

---

1. Construites en 1851 sur l'emplacement des anciennes Halles.
2. Bâti en 1852 pour les expositions industrielles.
3. MM. Ballu et Deperthes.

HÔTEL DE VILLE DE PARIS

des constructions se développe là-haut sur une étendue considérable. Parcourez de l'œil, pour commencer, la ligne des portiques, déroulant leurs arcades à droite et à gauche en demi-ellipse, comme deux grandes ailes à demi déployées, continuées et reliées par le vaste péristyle circulaire à double étage qui enveloppe de sa ceinture l'énorme pavillon central. Considérez ensuite cette *rotonde* elle-même, avec sa corniche circulaire, son dôme surbaissé, sa lanterne aplatie. Ce qui domine, n'est-ce pas, dans tout cet ensemble, c'est la ligne horizontale, mais courbe ; la forme générale est basse ; et même le pavillon central est d'aspect un peu massif. Et maintenant voyez à droite et à gauche ces deux espèces de *minarets* élancés, non pas pyramidés, mais prismatiques, comme deux hauts piliers qui ne portent rien. Ils sont carrés, tandis que tout le reste est rond. Ils sont minces quand tout le reste est large. Pour rompre ainsi violemment toutes les lignes de l'édifice, il faudrait au moins une raison, un besoin que l'on vît clairement et qui s'exprimât fortement par le contraste ; mais il n'y en a pas. On se demande ce que cela peut être, et à quoi cela peut servir. Ce ne sont ni des clochers, ni des guettes, ni des phares... On pense malgré soi à deux gigantesques cheminées... Le gros dôme bas, entre les deux, fait paraître les tourelles trop maigres et les tourelles font paraître le gros dôme plus massif[1]. — Je vous ferai remarquer encore que la rotonde est appuyée de contreforts quasi gothiques ; les larges fenêtres sont divisées par des meneaux quasi gothiques aussi, ce qui donne à cette partie un faux air d'abside d'église en contraste avec le style du portique. — A l'intérieur, la Salle des Fêtes, vaste, simple, un peu nue, enrichie seulement d'un beau buffet d'orgues, est très bien disposée pour voir, très mal pour entendre. Les grandes réunions, distributions de prix et autres solennités semblables, y offrent un splendide coup d'œil ; mais les sons roulent sous cette voûte, s'égarent et se mêlent, les puissantes sonorités de

---

[1]. Deux pavillons carrés aux flancs de la rotonde interrompent aussi désagréablement la courbe et l'ordonnance des arcades. — Voir le dessin, page 393, qui représente le pavillon central.

l'orgue en deviennent confuses ; ce qui n'a pas lieu dans nos vieilles cathédrales, par exemple à Notre-Dame.

Le despotisme est un arbre qui porte pour fruits des guerres. Les peuples ont besoin de la paix, mais les *dynasties* ont des intérêts à la tuerie. Quand un ambitieux veut arriver au pouvoir, le grand moyen, vous l'avez vu, c'est la guerre. Et quand le despote sent que l'opposition mine sous lui la terre et que le sol va lui manquer, pour raffermir son trône ébranlé un moyen dernier lui reste, et c'est encore la guerre.

Les choses en étaient là, à la fin de l'empire. — L'Empereur avait pour lui le clergé, la magistrature, l'armée, les Chambres, les riches, les paysans, tout... Et cependant il était évident pour tout le monde que l'Empire s'en allait. Cela craquait en dessous comme une maison qui va s'effondrer. A ce gouvernement d'aventure une dernière chance restait : l'aventure à courir d'une grande guerre, le *qui sait ?* des mêlées... Et déjà ils étaient partis ; ils volaient, — dans leurs rêves, — de victoire en victoire. Leurs maréchaux de cour allaient éclater comme la foudre sur les champs de bataille. Alors ils revenaient, retrempés dans le sang, redorés dans la gloire ; ils mettaient le pied sur cette *opposition* qui sourdement grondait ; à ce Paris, qui avait l'air de regimber, d'une poigne de fer, ils allaient lui retourner le mors et lui broyer les dents. Et alors l'Empire était fondé pour jamais, la régence dévote et la *dynastie* assurées... Quand ils criaient : *A Berlin !* cela voulait dire : *contre Paris !* Paris ne s'y trompait pas. — Mais quoi ? sans armée, sans canons, sans forteresses, sans généraux, sans argent, sans alliés, provoquer un puissant voisin, victorieux, qui lui-même voulait la guerre et de longue main la préparait, c'était chose hasardeuse, en vérité ! Au dernier moment, l'empereur hésitait. L'impératrice n'hésita pas. Elle et sa petite cour de dames et de jésuites, pour l'intérêt de la dynastie et de la régence prochaine, emportèrent l'affaire, lancèrent la France au milieu des hasards.

« C'est ma guerre, à moi ! » avait dit l'Espagnole. — Oui, madame ; c'est votre guerre. — Et maintenant vous, mes chers compatriotes, contemplez l'abîme de misère et d'humiliation où tombe un peuple qui s'est donné un maître. Qu'une dame étrangère tienne en main, au lieu d'une aiguille, les destinées d'une nation, et d'un mot, pour un intérêt de famille, puisse envoyer des centaines de mille hommes à la boucherie, déchaîner sur le monde un ouragan de fer et de feu, — telle est la logique, après tout, du gouvernement monarchique, et ce n'était pas la première fois, n'est-ce pas, qu'on voyait de ces choses-là.

Donc la dame eut sa guerre. Moins d'un mois passé, nos armées, misérablement inférieures en nombre et en armement, mal commandées, brisées par une première défaite, au lieu de se replier sur Paris pour défendre la capitale, — c'était encore pour des raisons de *dynastie !* — étaient conduites à l'abattoir de Sedan. Un désastre inouï dans l'histoire : quatre-vingt-cinq mille hommes prisonniers, — sans compter l'empereur, — cinq cents canons perdus, la France ouverte à l'invasion, la capitale menacée... De l'Empire, il n'était plus question. Il ne fut pas renversé ; il ne s'écroula pas, ce serait trop dire ; il s'évanouit (4 septembre.)

Quand la foudroyante nouvelle éclata et qu'on vit à nu la situation, que l'armée d'invasion débordait comme une mer sur nos campagnes, faisant de nos places fortes des îles... on comprit qu'un seul obstacle avait chance de briser le flot : Paris. Mais Paris tiendra-t-il ? Et combien de temps ? « Vingt-quatre heures ! » hurlaient les Prussiens. — « Huit jours, » disaient nos officiers, qui savaient dans quel dénûment on l'avait laissé. Paris tint quatre mois et demi.

Je ne puis vous raconter ici l'histoire de ce siège épique. Aussi bien cette histoire n'est pas faite. Ces événements d'hier, dont nous sommes encore tout vibrants, sont obscurs pour nous sur une certaine face. Plus tard, on saura mieux par quelle fatalité une population déterminée à se défendre, qui le voulait, dis-je, et qui le pouvait, en fut réduite à souffrir...

Mais souffrir, c'était encore se défendre. Crever de faim, c'était une manière de combattre[1]. Tenir ses portes fermées, seulement, trainer jour après jour et semaine après semaine, rester là, et faire rester là deux cent cinquante mille Prussiens dans la neige et dans la boue, des mois et des mois, — eux qui croyaient entrer en arrivant, — c'était donner à la France, soulevée à la voix de Gambetta, le temps de se reconnaitre, de créer des armées. Voilà ce que nous nous disions quand nous cassions nos dents sur le pain noir du siège, noir comme la suie et dur comme le caillou, fait de choses impossibles. On jeûnait avec rage. « Tenir, tenir encore, jusqu'à extinction !... » Le seul mot de *capitulation* faisait grincer les dents aux Parisiens, les jetait dans des fureurs folles et héroïques. Ils parlaient de *sortir en masse*, tous ensemble, — mal armés, n'importe ! — de tenter à rompre ce cercle de fer et de feu par la pression mécanique, la poussée aveugle d'un demi-million d'hommes tassés... ils l'auraient fait. Frémissants d'être immobiles, nerveux, pâles de jeûne et les yeux brillants de fièvre, défiants de leurs chefs, coup sur coup frappés de nouvelles désastreuses, jusqu'au dernier jour où finirent ensemble la dernière bouchée de pain noir, le dernier rat[2], la dernière croûte de fromage moisi, — ils gardèrent au cœur *l'indomptable espérance*. Était-ce tant folie ? Malgré la catastrophe de Sedan, les fautes des généraux, la désorganisation des services, les défaites sur la Loire, sans l'infâme trahison qui livra sous Metz la plus forte armée de la France[3], la France, grâce à la résistance prolongée de Paris, pouvait être sauvée encore.

Un soir, trois semaines après Sedan[4], le dernier train en-

---

1. Manière de combattre qui fait aussi des morts. Plus de 50,000 Parisiens sont morts par suite des misères du siège.
2. Sur la fin du siège un rat se vendait, à la Halle, 5, 10 et même 15 francs; une livre de chien, 40 francs.
3. 177,000 hommes.
4. Le 19 septembre 1870.

trait par la ligne de l'Ouest. Derrière, les ponts sautèrent. A partir de ce moment le grand supplice de Paris fut d'être isolé de la France, de ne pas savoir ce qui se passait au delà de ses forts [1]. La faim, le bombardement n'étaient rien au prix de cela.
— A Paris donc de se tirer d'affaire, de se nourrir, de se défendre, de se gouverner tout seul, et comme il pourrait. Rien de fait, du reste, rien de prêt. Ni canons, ni boulets, ni poudre, ni fusils, ni provisions suffisantes. Mais Paris, ai-je dit, n'est pas une ville; c'est un monde. On vit là, en fait de création spontanée, ce qu'on ne vit jamais dans une place investie. On improvisa tout. On fondit des canons, on fabriqua des fusils. On créa des bataillons : tous les hommes valides armés, exercés tant bien que mal; mal habillés, mal organisés, mais déterminés. Il se trouva que ces hommes qui n'avaient jamais touché un fusil, des ouvriers, des épiciers, des bourgeois, des artistes, au bout de quelques semaines faisaient de vrais soldats. On put le voir, plus tard, à Buzenval, et ailleurs. Le citadin devenant soldat, la cité devenait un camp. Les compagnies manœuvraient sur les places, l'artillerie roulait en ferraillant sur le pavé; le

[1]. Un des épisodes les plus émouvants du siège, c'était le départ d'un ballon. Il ne restait plus de voie ouverte que la voie des airs : on inventa *la poste aérienne*. Dès le quatrième jour de l'investissement un premier ballon s'envolait, avec d'importantes dépêches, passant par-dessus la tête des Prussiens ébahis, qui ne s'attendaient pas à cela. Quelque temps après un autre emportait Gambetta, qui allait organiser la résistance en province. Tous les deux ou trois jours il partait un ballon. Bientôt on jugea nécessaire de les lancer en pleine nuit. — « Il est onze heures, minuit ; l'aéronaute fait de brefs adieux, et s'assied dans la nacelle. Le ballon se détache de la terre, s'enfonce dans la nuit du ciel ; en un clin d'œil il est évanoui. Puis l'homme passe au-dessus de la ville endormie, au-dessus des forts tonnants, au-dessus des bivacs ennemis, dont il voit les feux épars dans la campagne. Le vent l'emporte. Plus rien, l'immensité, le silence, le noir... Où est-il ? où va-t-il ? Il le saura demain, aux lueurs tardives de l'aube. » (C. Delon. *Promenades dans les nuages*). — Soixante-quatre ballons sont partis de Paris assiégé ; presque tous sont arrivés à destination. Cinq ont été pris par les Prussiens, deux se sont perdus dans la mer. Malheureusement le retour par la même voie n'était pas possible, puisqu'on ne savait pas diriger les ballons. On employa les pigeons voyageurs. Des pigeons, emportés par le ballon revenaient et rapportaient sous leurs ailes de brèves et microscopiques dépêches, roulées dans un tuyau de plume. Mais c'était un moyen trop chanceux et bien insuffisant.

rappel battait d'heure en heure, et les sonneries de clairon se croisaient par les quartiers. Les théâtres étaient devenus des ambulances, les mairies des postes, les palais des manutentions de vivres. Au milieu de tout cela, d'autres choses qui faisaient contraste. On avait pensé qu'il ne fallait pas laisser toute vie absolument suspendue; que d'occuper les esprits de soins divers, cela soutiendrait les courages. Chose inouïe, je pense, dans une ville assiégée, affamée, sous le feu des obus qui crevaient nos toits, on créait des écoles, on ouvrait des cours publics, des conférences, on discutait des programmes; on enseignait la musique! — Ne riez pas : les Prussiens, quand ils apprirent cela, se mordirent les lèvres jusqu'au sang... — Et quelles ressources dans le cœur! Que de dévouements! Comme on donnait, et comme on se donnait! comme on se sentait frères dans le danger commun [1]! Plus d'un crut que toute barrière allait être abaissée, la réconciliation éternelle. Dans un élan de générosité sublime on eût voulu offrir la paix, l'oubli, oui, tendre la main même aux ennemis...

Les souffrances pourtant, allaient croissant. Il fallut, en décembre, rationner la population déjà exténuée, rogner le morceau, rompre en deux la bouchée. L'hiver aussi était contre nous; le froid atroce nous transperçait jusqu'aux os, la neige, la gelée faisaient rage. Plus de bois, plus de feu; on brûlait ses meubles. Plus de lumière; faute de charbon, le gaz s'éteignait. Pour des Parisiens, habitués aux vives clartés, c'était là une privation. La nuit, l'aspect de Paris, tout noir, ou gris de neige, était lugubre; on eût dit un tombeau, une ville morte, habitée par des spectres.

Il y avait trois mois que les Prussiens étaient devant Paris, et leurs affaires n'étaient pas beaucoup plus avancées qu'au

---

1. Il y eut aussi des malentendus déplorables, des troubles, des émeutes ou plutôt des manifestations tumultueuses, durement reprochées plus tard aux Parisiens. — C'est toujours un grand malheur que des dissensions civiles en face de l'ennemi. Toutefois il faut remarquer ce fait, unique peut-être dans l'histoire des sièges, que la population, enfiévrée de ses souffrances, se soulevait, non pas pour demander qu'on capitulât, mais, tout au contraire, pour réclamer qu'on se défendît d'une manière plus active, qu'on tentât des sorties, en un mot, qu'on l'exposât davantage.

premier jour. Enragés d'être tenus là si longtemps, s'étant enfin emparés des hauteurs de l'Ouest[1] qui dominent la ville, trouvant que la faim n'allait pas assez vite, ils essayèrent, — pour voir, — du bombardement. Jeter une pluie de fer et de feu, non pas sur des forts, mais sur des maisons, non pas sur des soldats, mais sur une population, des femmes et des enfants, cela leur parut une chose toute simple, et tout à fait digne d'une grande nation civilisée. — Leur feu commençait d'ordinaire à la tombée du soir, et durait jusqu'à l'aube : c'était un effet de mise en scène sur lequel ils comptaient. — Horreur grandiose, en effet. Figurez-vous la nuit immense, au-dessus de la ville sans lumière ; à l'horizon, les éclairs des canons, l'ombre sillonnée des petites fusées des obus, comme des étoiles filantes, traçant en l'air la courbe du projectile : de seconde en seconde le grondement de la pièce dans le lointain, tout près l'explosion de la bombe. Nos forts répondaient avec rage. On les entrevoyait comme des silhouettes noires à travers la fumée, que chaque coup embrasait. Qui n'a pas vu ces choses-là ne peut s'en faire une idée. Cela dura bien trois semaines[2]. — Ils croyaient, eux, qu'au premier obus éclatant dans nos rues tous les cœurs allaient faiblir... Ce fut le contraire qui arriva. La misère, les souffrances des femmes, des enfants, nous eussent fait défaillir, peut-être : la colère nous remonta. On courait aux obus ; on enlevait les morts, les blessés ; on éteignait les commencements d'incendies. Nos femmes furent héroïques ; on vit ressuscitées les Gauloises des anciens jours dans ces Parisiennes qui allaient sous le feu, par la neige et la nuit, aux postes les plus dangereux, porter des secours ou des vivres. Les projectiles défonçaient les toits, crevaient dans les chambres : les habitants se réfugièrent dans les caves. On s'y installait, on apportait le lit, le berceau ; on tendait des

---

1. Plateau de Châtillon, hauteurs de Meudon et de Saint-Cloud.
2. Le bombardement n'atteignit que les quartiers de la rive gauche ; les pièces prussiennes, des hauteurs de Châtillon où elles étaient en batterie, ne pouvaient porter plus loin. Il dura du 5 au 26 janvier. Il y eut dans cet intervalle plus de 20,000 obus jetés dans Paris, un millier de maisons effondrées, et quatre ou cinq cents morts, en majorité des enfants et des femmes.

rideaux sous les voûtes suintantes. — On commençait à s'y habituer; on dormait au bruit du canon...

Ces efforts, pourtant, ces sacrifices, cette belle colère devaient être inutiles. On capitula. Les Prussiens entrèrent en triomphe... Pâle triomphe, — comme du reste la victoire. Ils n'avancèrent pas beaucoup [1]. Ils regardèrent de loin la ville, muette, sombre, les fenêtres fermées. Ils sentirent sous leurs pieds quelque chose comme la cendre mal éteinte d'un volcan, et prudemment se retirèrent. — S'ils avaient de la mémoire, ils pouvaient se rappeler 1815, et comparer.

Il y a de tout temps des gens qui se sentent des besoins de servitude. Ils meurent s'ils ne sont valets. Il leur faut à tout prix un maître, roi, empereur, quelqu'un, enfin, devant qui ils puissent se mettre à quatre pattes. Ceux-là, en 1871, rêvaient de refaire 1815. La France vaincue, envahie, le moment leur semblait bon pour *restaurer* quelque chose. Un trône : tous étaient

---

1. Ils occupèrent seulement un moment le quartier des Champs-Élysées et les Tuileries.

d'accord. Mais qui mettre dessus ? N'importe : on verrait après. Or ils savaient que l'obstacle était Paris. Ils l'eussent voulu écrasé. Tandis que le Prussien bombardait leur capitale, ces dignes Français conspiraient bruyamment pour la *décapitaliser*. Ils parlaient de « transférer ailleurs le siège du gouvernement » — à Bourges, par exemple ; tout comme on eût dit autrefois : « mener la Cour à Blois ». — Telle fut la première nouvelle que Paris reçut le jour de la capitulation, avec le premier sac de blé. Ce fut sa récompense. On ne lui pardonnait pas de s'être défendu.

Mais comment dire ce qui suit ? La guerre civile après la guerre étrangère, et pour Paris un second siège par-dessus le premier ; des provocations folles et des représailles sanglantes, le massacre dans les rues, les convulsions du désespoir, un autre bombardement et d'effroyables incendies, Paris en flammes...[1] Non c'est trop douloureux pour un cœur français. Je m'arrête ; je dois me taire... O désastre ! ô malédiction ! Ils restaient là, nos ennemis, les bras croisés, regardant, se disant que des Français faisaient leur œuvre mieux qu'eux-mêmes : la destruction et l'abaissement de la France. Ils durent se dire que c'était bien fini, qu'elle ne s'en relèverait jamais, cette France haïe, qu'elle était pour toujours couchée dans le cercueil...

Mais une telle sève est au cœur de la France, qu'elle revécut : tel un chêne mutilé par la foudre qui reverdit et cache sous l'écorce ses blessures. Paris se hâtait d'effacer les traces de ses dévastations ; il relevait ses monuments incendiés[2], — travail immense ! — son magnifique Hôtel de Ville, plus vaste et plus beau que l'ancien[3] ; il relevait son crédit, sa fortune... Quelle est la magie de la liberté, puisque son ombre même est forte,

---

1. Pendant les derniers jours du second siège le feu fut mis aux Tuileries et à une des ailes du Louvre, à l'Hôtel de Ville, et à beaucoup d'autres édifices publics.
2. A l'exception des Tuileries dont la reconstruction a été jugée inutile.
3. Voir le dessin page 383. — Voir aussi le détail représentant l'allégorie de la Ville de Paris, au fronton central de l'Hôtel de Ville, au-dessus de l'horloge, page 1.

comme a dit un poète. Au lendemain de tant de désastres, — sept ans, c'est un jour dans la vie des peuples, — l'Europe fut étonnée de se voir invitée à la fête de la résurrection de la France : j'entends parler de la grande Exposition Universelle de 1878. Fête splendide du travail et de la paix, de la fraternité des peuples, — malgré les despotes, — de quel cœur, de quel élan elle fut célébrée ! C'est par là que je veux finir.

Bien plus belle encore que celle de l'Empire, l'Exposition de la République couvrit l'immensité du Champ-de-Mars d'un décor merveilleux, le Palais de verre, destiné à disparaître; sur la colline en face se dressa le Palais du Trocadéro, que nous avons critiqué, mais, à tout prendre, un noble édifice. Tout cela énorme, et au dernier moment trop petit. Il fallut multiplier les annexes. Spectacle merveilleux ! La toute-puissance créatrice du Travail en face des destructions de la Guerre, la révélation faite aux peuples de la vitalité, de la force inépuisable de production qui réside en eux-mêmes, la fécondité de la liberté, la solidarité universelle, la paix : tel est le sens de ces fêtes grandioses, surtout quand c'est la France, la République, Paris qui les donnent. — Que les peuples comprennent; c'est là notre espoir.

La France convoque à Paris toutes les nations : combien plus ses propres enfants ! Une autre solennité plus belle encore que la splendide Exposition qui se prépare, nous y appelle : la date séculaire de la Révolution à célébrer, les serments à renouveler de la sainte Fédération, à la face du monde : *liberté, fraternité !* — Vous y viendrez, — c'est à vous que je m'adresse, vous, nos amis de là-bas, nos frères ; — vous viendrez, ou si ce n'est pas cette fois, ce sera sans doute en quelque autre et prochaine occurence : par ce temps de chemins de fer et d'expositions, avec le service militaire, quel sera, dans vingt ans, le Français qui n'aura pas vu son Paris? Et alors vous y rencontrerez vos voisins, vos amis les plus près, Parisiens de province ou provinciaux de Paris, à votre choix, comme moi, comme nous tous, comme vous serez peut-être un jour. En eux vous vous retrouverez vous-mêmes, comme en des frères. — Vous ne vous contenterez pas de jeter un coup d'œil sur les splendeurs de *votre capitale*, sur ses richesses d'art, ses monuments; vous chercherez son âme : et vous y reconnaitrez l'âme de la France. Toute ombre de malentendu dissipée, la profonde unité du pays et de sa ville apparaîtra pour tous : cette unité que la géographie rendait nécessaire, qu'ont faite les temps, que démontre l'histoire, et que la Révolution, en un jour inoubliable, a scellé pour jamais. — Quand la France se développe et s'étale, dans son harmonieuse diversité, sur la vaste superficie de son territoire, si richement varié, entre les vertes plaines du Nord et son Midi ensoleillé, on l'appelle *Province*; quand elle se concentre au point où toutes ses activités se croisent, on l'appelle *Paris*. Et c'est toujours la même France.....

TABLE

Préface, par L. Cladel   I

Avertissement.   1
Introduction   7
Lutèce gauloise 37
Lutèce romaine. 69
Paris sous les Francs. 111
Paris sous les premiers Capétiens 133
Paris au XIIIᵉ siècle 167
Le second moyen age. 225
La renaissance 275
Le grand siècle. 313
La révolution. — L'empire. 343
Paris contemporain. 365

PARIS. — IMP. V. GOUPY ET JOURDAN, RUE DE RENNES, 71.

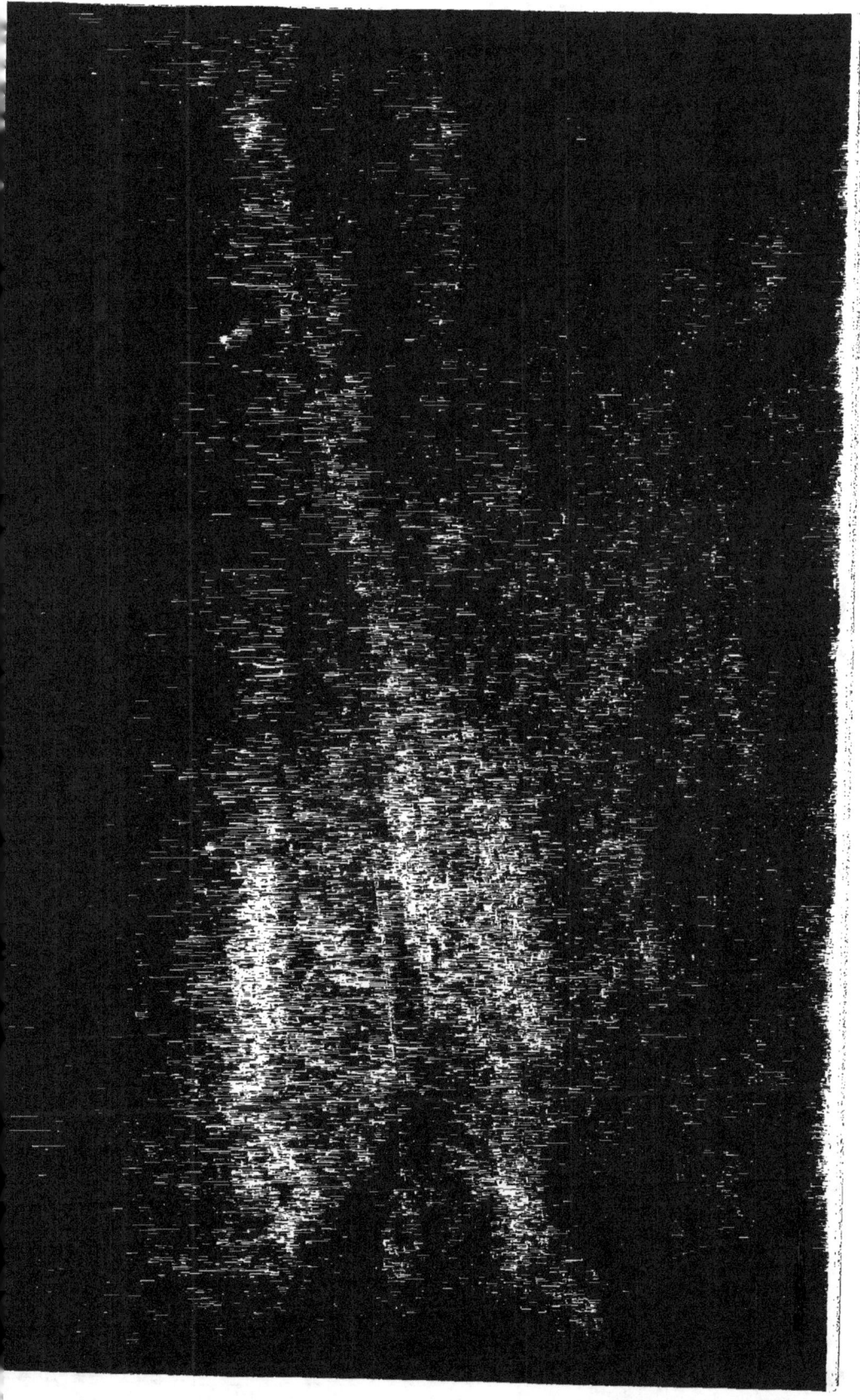

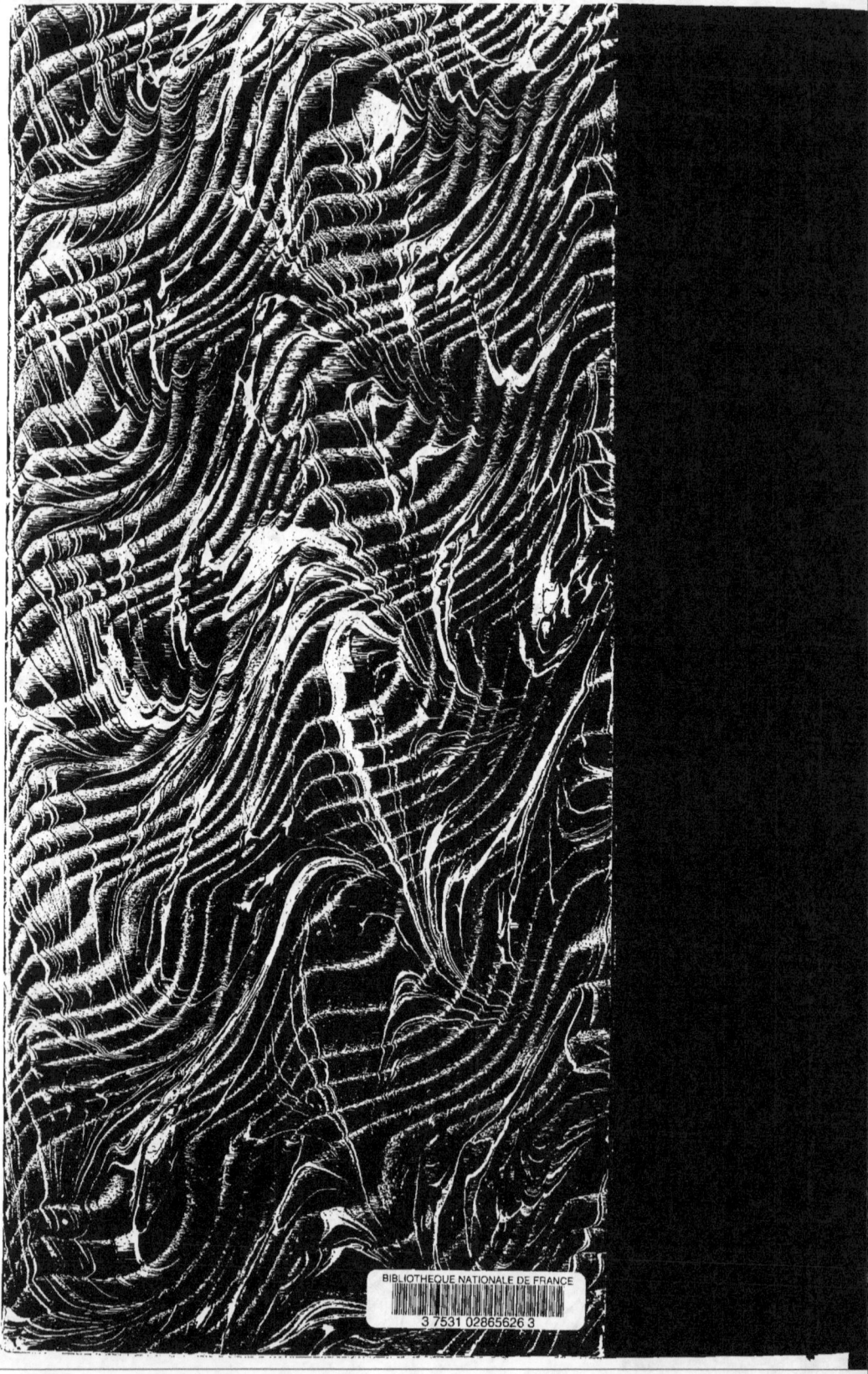

www.ingramcontent.com/pod-product-compliance
Lightning Source LLC
Chambersburg PA
CBHW060541230426
43670CB00011B/1646